KOCHWERKSTATT

Martina Meuth
Bernd Neuner-Duttenhofer

KOCH WERKSTATT

Küchentechnik, Handwerkszeug, 1000 Tipps & Tricks

Stiftung Warentest

Inhalt

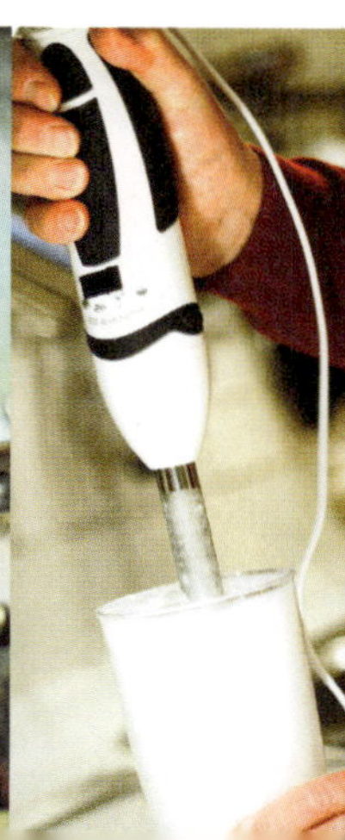

Töpfe *und* Pfannen

Handwerks*zeug*

Einleitung

So wie sich die gesamte Entwicklung der Menschheit in den letzten Jahrhunderten immer mehr beschleunigt hat, so haben sich auch die Möglichkeiten in der Küche unglaublich schnell vervielfältigt. Jahrtausende hindurch gab es nur eine Hitzequelle, nämlich das Feuer. Dieses erlaubte zwar schon eine ganze Menge fein abgestufter Hitzeführungen, aber sie erforderten viel Erfahrung und ständige Aufmerksamkeit. Kochen war eine anstrengende und zeitraubende Tätigkeit, die Unterhaltung des Feuers in der Küche eine der wichtigsten Aufgaben im Haushalt. Der Begriff „Hüterin des Feuers" zeugt davon – die Vestalinnen, die Priesterinnen der keuschen Göttin Vesta, hatten in deren Tempel, dem zentralen Heiligtum des Forum Romanum, das ewige Feuer des Römischen Reiches zu unterhalten und waren hoch angesehen. Später wurde daraus die „Hüterin des Herdes", also die Hausfrau, die selbst kochte, während die Kinder am Schürzenzipfel hingen: die Seele der Familie, die die Suppe auftrug und verteilte, die Kranken pflegte, dem von der Arbeit heimkehrenden Herrn des Hauses die Schuhe auszog, die Hauspantinen brachte und dabei ergeben aufschauend anlächelte. Das weitaus meiste dieser einstigen Frauenrolle gehört (Gott sei Dank!) so gründlich der Vergangenheit an, dass mit ihr vielleicht auch die eigentlich schöpferisch angelegte Arbeit des Kochens weggefallen ist – wir entdecken sie heute wieder, erleben eine Renaissance der heimischen Kochkunst und erfreuen uns im Rahmen des „Cocoonings", des Einspinnens in die häusliche Geborgenheit, auch wieder der Kultur eines fürsorglichen Gastgebertums.

Zusammen kochen!

Dies freilich sieht anders aus als früher! Nicht mehr ein steifes Beieinandersitzen ist gefragt, sondern Beteiligung am Vorbereiten der späteren Mahlzeit. Das Kochen selbst ist zum Event geworden, die Begabungen der Gastgeber liegen nun auch in der Planung der vergnüglichen Arbeit selbst, dem klugen Einsatz der kreativen und handwerklichen Fähigkeiten der Gäste. Die Küche ist damit nicht mehr eine untergeordnete Arbeitsstätte, sondern zu einem neuen Zentrum des familiären und gesellschaftlichen Lebens geworden. Sie ist Teil des alltäglichen Wohnraums, oft ganz real ein Bereich des Wohnzimmers. Ihre Ausstattung richtet sich längst nicht mehr nur nach praktischen Gesichtspunkten, sondern folgt ästhetischen Vorstellungen – sie gehört zu den Repräsentationsräumen, die das Selbstverständnis ihrer Bewohner dokumentieren.

Und doch wird in vielen dieser Küchen kaum noch selbst gekocht, sondern nur noch aufgewärmt und aufgebacken. Die Inhaber dieser Küchen können und wollen wir mit diesem Buch nicht erreichen. Ihre Küchen, in denen grüne Äpfel, hergestellt von Neuseelands Apfelindustrie, neben Philippe Starcks spinnenbeiniger Zitronenpresse Juicy Salif von Alessi ein dekoratives Dasein führen, sind glänzend poliert, werden aber kaum benutzt. Wir versuchen die Genießer zu erreichen, die ein gutes Essen schätzen, gute Küche für eine kulturelle Errungenschaft halten und gewillt sind, sich gleichermaßen gesund zu ernähren und mit Lust zu genießen.

Die Blütezeit der Kochkunst

Die Blütezeit der heimischen Kochkunst war zweifellos das bürgerliche Zeitalter des 19. und frühen 20. Jahrhunderts: Da hatten die bessergestellten Familien noch eine Köchin, die einfache Bürgersfrau stand selbst am Herd. Erstere verfügten über ein beachtliches Repertoire an Rezepten und über ein Können, das genaue Mengenangaben nicht brauchte, sondern mit einer Idee zu einem Gericht auskam. Anders die Bürgersfrau: Sie hatte einen eher bescheidenen Vorrat an eigenen Rezepten, suchte Anleitungen und kaufte sich wenigstens ein Kochbuch als Ergänzung des persönlichen und handschriftlich geführten Buches, das sie im Haushaltsunterricht angelegt hatte – es war die große Zeit der Grundkoch- und Haushaltsbücher, der Friederike Luise Löffler, Henriette Davidis, Katharina Prato, Sophie Wilhelmine Scheibler, Marie Schandri, Sophie Charlotte Hommer, Mathilde Ehrhardt und vielen anderen mehr …

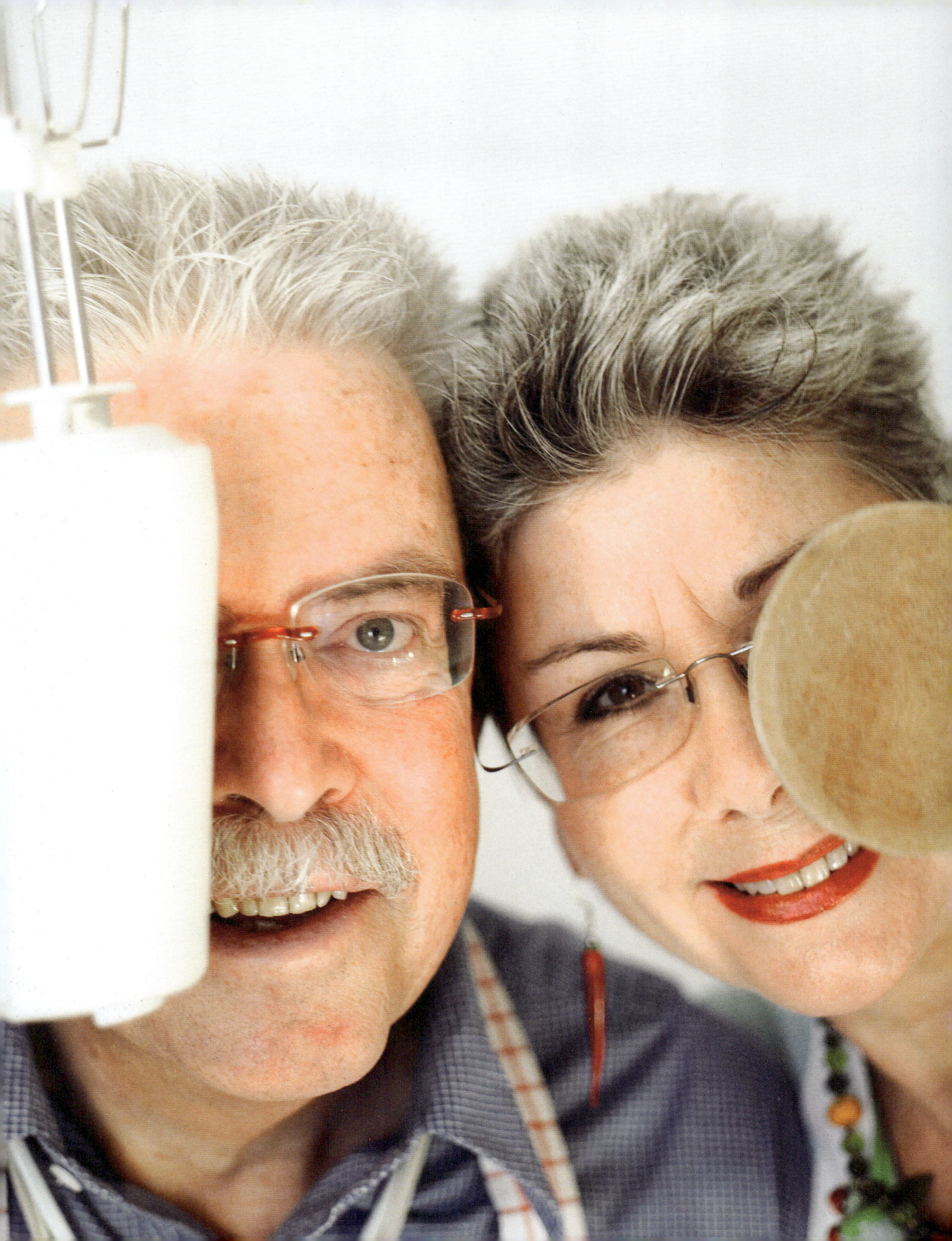

In dieser Epoche wurde am meisten – und, gemessen am Standard jener Zeit, auch am besten – gekocht. Je gebildeter und je wohlhabender, desto mehr wurde auf gediegene Qualität der Zutaten Wert gelegt. Mit dem Ersten Weltkrieg ging diese schöne heile Welt in die Brüche, nach dem Zweiten lag sie in Schutt und Asche.

Die allgemeine Kocherei in den Haushalten setzte sich zwar in allen Schichten der Gesellschaft weiter fort bis in die zweite Hälfte des 20. Jahrhunderts, aber: In den Zeiten von Kriegen, Inflation, Wirtschaftskrisen und Währungsreformen war das Sattwerden wichtiger geworden als eine gekonnte Zubereitung von Speisen. Zwei Generationen wuchsen mit Mangel an Lebensmitteln auf, mit Ersatzlösungen. Die den Geschmack prägenden Kindheitserinnerungen der zu den Notzeiten heranwachsenden Menschen wirken bis heute über Kinder und Kindeskinder nach – nicht nur die älteren verfügen über sehr bescheidene Geschmacksmuster und wenig Fähigkeiten, qualitative Unterschiede bei Produkten wie bei der Zubereitung zu erkennen. Kochtechnisch stehen viele, wenn sie denn überhaupt noch kochen, auf dem Niveau der 30er Jahre, nur küchentechnisch ist man weitergekommen.

Wie moderne Technik beim Kochen hilft

Das heißt: Die moderne Küchentechnik wird meist dazu verwendet, die Gerichte schneller und einfacher so zuzubereiten, wie man das immer gemacht hat. Damit wird man ihr aber nicht gerecht, schöpft ihre Möglichkeiten nicht aus. Wenn man zum Beispiel eine Linsensuppe kocht und am Ende mit einer Mehlschwitze bindet, statt den Stabmixer zu nehmen und einen Teil der Linsen zu pürieren, um eine viel geschmackvollere, leichtere und elegantere Bindung der Suppe zu schaffen, dann hat man das Potenzial dieses Gerätes noch nicht erkannt – da will dieses Buch helfen. Dies scheint uns umso wichtiger, weil selbst die Hersteller von genialen neuen Küchengeräten mögliche neue Zubereitungsarten meist gar nicht propagieren, sondern ebenfalls weiterhin an den alten Rezepten und Geschmacksmustern festhalten.

Man ist so vorsichtig, weil viele Menschen beim Essen und Kochen eingefleischte Traditionalisten sind. Sie wagen nichts Neues, halten an den eingefahrenen Methoden fest. Vielleicht aus Angst vor Misslingen, wenn sie es nicht wie üblich machen. „Wat de Bur nich kennt, dat fret he nich“ (norddt.), heißt es – nun, wer ist noch Bauer? Und ist dieser Spruch in einer Zeit, in der man in den Supermärkten fast täglich neue Fertigpizza-Varianten kaufen kann (und auch tatsächlich immer wieder ausprobiert), nicht ein merkwürdiges Argument?

Kommen wir noch einmal auf die Linsensuppe zurück: Die Bindung mit pürierten Linsen verändert den Grundgeschmack der Suppe nicht, lässt die Aromen von Linsen, Speck vom Anbraten, den persönlich bevorzugten Gewürzen (Pfeffer, Thymian, Zitronenschale, Muskat, Lorbeerblatt, Chili etc.) und Würzgemüsen (Zwiebel, Knoblauch, Porree, Möhre, Sellerie, Petersilie) klar und rein. Durch das Einarbeiten von etwas Luft und das Pürieren wird der Geschmack nur verstärkt, auch, weil kein Fett ihn überlagert und beschwert. Mit der sonst üblicherweise zugefügten hellen Mehlschwitze gewinnt man geschmacklich gar nichts, im Gegenteil: Die feinen Aromen werden durch den Mehlgeschmack überdeckt. Und das Fett der Schwitze bringt vollkommen unnötige Kalorien. Eine braun eingebrannte Mehlschwitze brächte zwar Röstgeschmack mit, aber der ist ja dank des zu Beginn angerösteten Specks längst vorhanden.

Es spricht also alles für diese neue, geschmacksintensivere und kalorienbewusstere Variante. Nur eine Version hätte eine gewisse Berechtigung: Sie kennen die Geschichte vom ewig meckernden Ehemann, der nie zufrieden war, was immer seine Frau ihm auch auftischte. Bis ihr eines Tages die Mehlschwitze anbrannte; weil keine Zeit mehr war, mischte sie die zu dunkel gewordene Schwitze unter die Linsen; der Mann probierte, verdrehte die Augen und sprach: „Endlich schmeckt's wie bei meiner Mutter!“

Die Wiederauferstehung der Esskultur

Die Industrie hat sich, im übertragenen Sinne, dieses „Gewürz der seligen Hausfrau“, die evidenten Lücken in der kulinarisch-kulturellen Ausbildung, geschickt zunutze gemacht und damit längst Standards gesetzt, die für die tägliche Ernährung, Kantinenessen, Imbissstuben, Currywurst- und Dönerstände, Pommes- und Pizzabuden ohnehin schon lange gilt: Nur schnelle Sättigung scheint die eigentliche Aufgabe der hier stattfindenden

Nahrungsaufnahme zu sein. Friedrich Torberg hat schon in den 40er-Jahren des letzten Jahrhunderts aus seinem Exil über die Amerikaner, die damals noch nicht einmal McDonald's kannten, nach Hause geschrieben: „Sie verrichten ihre Essdurft." Das lässt sich heute vielerorts auch bei uns besichtigen, der weitaus größte Teil des Angebots an Fertiggerichten, die in und außer Hause konsumiert werden, scheint diese Bestimmung zu haben.

Sich dieser Entwicklung zu entziehen oder sie zu durchbrechen ist nur einem relativ kleinen Teil unserer Gesellschaft gelungen – aber mit glücklicherweise wieder stark zunehmender Tendenz! Mehrere, ganz unterschiedliche Faktoren tragen hierzu bei:

- Die Aufklärungsarbeit verschiedener Organisationen zur Produktqualität, wie auch die Stiftung Warentest sie seit 1964 betreibt,
- die Fleisch- und Futtermittelskandale,
- die Meldungen über Rückstände von Pestiziden, Insektiziden, Fungiziden und anderen Chemikalien in Produkten,
- die Diskussionen um artgerechte Tierhaltung und
- die zunehmend kritische Einstellung zum Fleischkonsum überhaupt auf der einen Seite, auf der anderen einige den Genuss eher fördernde Komponenten, etwa
- die Koch-Sendungen und -Shows im Fernsehen,
- die prominente Stellung, die Köche inzwischen im öffentlichen Bewusstsein einnehmen – und damit natürlich auch die Beschäftigung mit ihrem Beruf, dem Kochen,
- einhergehend die Vorstellung, dass eine gesunde, bewusste, kontrollierte Ernährung auch Genuss bringen kann, sowie
- ein neues Verhältnis zum körperlichen Wohlbefinden (Wellness) und zu
- Lebensbedingungen, die im Einklang mit der Natur stehen, die Umwelt schonen, ökologisch korrekt sind.

Ein neuer Lebensstil

Betrachtet man die Menschen, denen viele der oben genannten Dinge wichtig sind, landet man schnell bei den sogenannten LOHAS. Der Begriff wurde gebildet aus den Anfangsbuchstaben von „Lifestyle of Health and Sustainability" (gesunder und nachhaltiger Lebensstil) und bezeichnet Menschen, die sich nicht dem Konsum verweigern, sondern gute, qualitativ korrekte und wenn möglich auch ökologische Produkte (Nahrungsmittel, Auto, Wohnung, Einrichtung, Kleidung) haben wollen, die kritische Vernunft mit lustvollem Erleben verbinden, dabei gleichzeitig auf Gesundheit und Nachhaltigkeit Wert legen.

Oft, aber nicht unbedingt sind Lohas mit überdurchschnittlichem Einkommen gesegnet, aber sie geben auf jeden Fall relativ mehr Geld für sich selbst und ihr Wohlbefinden aus. Während man ihren Anteil an der Bevölkerung der USA auf rund 30 Prozent schätzt, sollen es bei uns erst um die 15 Prozent sein. Wer in New York, San Francisco oder Washington seinen Kleingarten mit Kräutern, Salaten und Gemüsen pflegt, im Bioladen einkauft, auf saisonale und aus der Region stammende Zutaten setzt, zählt schon dazu – vorneweg Präsidentengattin Michelle Obama, die nach ihrem Einzug ins Weiße Haus einen Garten anlegen ließ.

Regionalität, Saisonalität, Qualität

Noch immer fällt es viel zu vielen bei uns schwer, sich von der „Geiz-ist-geil"-Mentalität zu verabschieden und sich zu gestatten, Geld für gutes Essen auszugeben. Aber, es gibt Hoffnung: Es werden immer mehr! Man spricht immer öfter über gutes Essen, Gesundheit und den eigenen Körper, die richtige Kost und die besten Zutaten. Nicht mehr nur alberne, das Blaue vom Himmel herunter versprechende Diäten sind Party-Thema, sondern eine besondere Einkaufsmöglichkeit, das beste Olivenöl, die neueste Schokoladenkreation. Saisonalität und Regionalität sind zu qualitativen Kriterien beim Einkauf geworden. Bauern- und gut bestückte Wochenmärkte finden immer mehr Kundschaft, Supermärkte profilieren sich nicht mehr über den Preis, sondern zunehmend über Qualität und breite Auswahl. Beim Fischhändler erkundigt man sich, ob der Fisch auch aus nachhaltiger, zertifizierter Fischerei stammt und nicht unter die zu schützenden Arten fällt. Man fragt beim Metzger nach „trocken am Knochen gereiftem" Fleisch, kauft lieber 50 Gramm lange gereiften Iberico-Schinken als fünfmal so viel Schwarzwälder oder westfälischen Schinken vom Großbetrieb (fürs selbe Geld). Man geht nicht mehr in die Filiale einer Großbäckerei, sondern sucht das kleine handwerklich arbeitende Geschäft. „Verbraucher"

genannte Genießer demonstrieren erfolgreich gegen das Verbot von Rohmilchkäse, für die Erhaltung einer Kartoffelsorte (Linda), für das Reinheitsgebot ihres Biers.

Dieses neue Bewusstsein von Qualität hat natürlich Auswirkungen auf die Küche und die Art zu kochen – gute Produkte verlangen Respekt, und den zollt man ihnen gerne. Nimmt dafür Mühe in Kauf, erkennt freudig, dass hier der Weg auch schon ein Teil des Ziels ist. Wer gerne kocht, dabei um die bestmögliche Zubereitung eines Gerichts ringt, steigert die persönliche Genussfähigkeit, gewinnt Lebensqualität. Und verändert seine Arbeitsweise, geht mit den Zutaten sorgfältiger um, passt mehr auf eine diätetisch richtige Zusammenstellung auf, achtet auf adäquate, die Aromen und Inhaltsstoffe schonende Garmethoden und die besonderen Eigenschaften und Werte des Lebensmittels erhaltende Kochzeiten, richtet sein Augenmerk auf neue, bessere Küchentechniken. Man wird neugieriger, probiert neue Produkte, neue Rezepte, neue Zubereitungsarten aus. Man gewahrt, dass beim türkischen Gemüsehändler manches Gemüse zu bekommen ist, das der Discounter nicht führt – und will es endlich selbst zubereiten. Ob in einer Zeitschrift entdeckt, einer Fernsehsendung gesehen, aus einem Gespräch mitgenommen: Manchmal genügt eine kleine Anregung, ein bestimmter Einsatz eines Küchengeräts, der Akzent eines Gewürzes, um die Neugier anzufachen und ein neues Rezept ausprobieren zu lassen.

Was dieses Buch will

Es ist in der Tat eher langweilig, sich mit monothematischen Werken zum Umgang mit dieser oder jener Maschine, einer bestimmten Garmethode oder einem neuen Verfahren zu beschäftigen. Abwechslung ist in der Küche das A und O! Man möchte ja auch lieber heute würzig Geschmortes, morgen zart Gedünstetes und am Wochenende gern einen herzhaften Braten essen, als drei Mal etwas Gedämpftes aus dem Schnellkochtopf.

So wie wechselnde Garmethoden geschmacklich immer wieder neue Eindrücke schaffen, arbeitet die moderne Küche mit unterschiedlichen Konsistenzen, Texturen und Eindrücken beim Zubeißen. In unserer altdeutschen Gemüseküche war alles Mus und Brei. Heute lieben wir

eher kürzer gegarte Gemüse – weil sie nach sich selbst schmecken und nicht „verkocht". Eigengeschmack und die dem Produkt eigene Knackigkeit zusammen ergeben einen reicheren Eindruck, das Zusammenspiel von Aromatik und Mundgefühl werden zum Erlebnis. Und: Obendrein ist das modern zubereitete, nicht mehr im Wasser gekochte oder in viel Fett und Flüssigkeit geschmorte, sondern im Dampf gegarte oder in wenig Butter oder Olivenöl gedünstete Gemüse gesünder! Weil die Mineralien, Spurenelemente und Vitamine nicht ausgelaugt oder zerstört, sondern weitgehend im Produkt belassen und erhalten wurden. Es gehört eben beides zusammen: Wohlgeschmack und Bekömmlichkeit.

So einfach ist gute Küche. Wenn man die moderne Technik nutzt und präzise arbeitende Geräte verwendet. Wie viel das Gelingen und der Wohlgeschmack eines Gerichtes vom richtigen (und fantasievollen) Gebrauch von Maschinen, dem korrekten Einsatz technischer Möglichkeiten, der Verwendung guter Werkzeuge und Geräte abhängt: Das ist das Thema dieses Buches. Mit Beschreibungen und Überlegungen, Rezepten, Tipps und Tricks soll es Sie an die moderne Küchenwelt heranführen. Wir verstehen dabei Technik nicht als Gegensatz zum gemütlichen Kochen von anno dazumal, sondern als willkommene Ergänzung der Möglichkeiten, gutes Essen auf den Tisch zu bringen.

Keine Angst vor Technik in der Küche

Kein Mensch bei uns hat etwas gegen neue Techniken bei der Benzin- oder Dieselverbrennung im Automotor einzuwenden oder lehnt Methoden zur Verbesserung der Energieeffizienz oder der Abgasreinigung ab, aber in der Küche schrecken viele zurück: Da wehrt sich der eine gegen längst erprobte Beschichtungen von Pfannen, der andere glaubt, von Mikrowellen impotent zu werden, und der Dritte befürchtet Krebs durch den Einsatz von Induktionsfeldern. Diese Technikfeindlichkeit hat in Deutschland lange gerade diese letztgenannte Technologie verhindert, die ein präzises Kochen so angenehm macht, wie man es noch nie zuvor kannte. Und warum sollte man sich mit rostenden Eisenpfannen plagen, in denen trotz aller erdenklichen Pflege immer wieder etwas anbrät und verbrennt, wenn man doch in einer beschichteten Pfanne (auch ohne je kochen gelernt zu haben) ohne Probleme ein ordentliches Rührei zustande bringen kann. Moderne Küchentechnik macht das Kochen leichter, gelingsicherer und eröffnet gleichzeitig der Kreativität und Spontaneität neue Wege ...

Natürlich kommt nicht alles von alleine. Wie man ein neues Computer-Programm nicht sofort umfassend versteht und sinnvoll anwenden kann, muss man sich mit einem neuen Herd oder einer Küchenmaschine erst einmal vertraut machen. Galt es einst, ein Feuer entfachen zu können oder einen Schneebesen effektiv zu schwingen, muss man heute lernen, die Maschine richtig zusammenzusetzen und den Backofen oder Kombidämpfer zu programmieren. Das gelingt der einen fast spielerisch, dem anderen weniger leicht, klar. Aber am Ende steht als Lohn enorme Zeit- oder Arbeitsersparnis oder beides – und das sollte doch Ansporn genug sein! Wir werden versuchen, die jeweiligen Vorteile moderner Küchentechnik herauszustellen und die Frage zu beantworten, welche Maschine wer braucht und auf welches Gerät man verzichten kann. Ein ziemlich weites Feld!

Die traditionell seinen Beruf kennzeichnenden Werkzeuge des Kochs sind der Kochlöffel und das Messer. Letzteres ist in der modernen Küche noch wichtiger geworden als es früher war. Freilich nicht mehr das Messer, das der Koch zum Schneiden und Zerkleinern in der Hand hält – Spitzenmesser in allen Varianten, sensationeller Qualität und handwerklich perfekter Ausführung, sei es aus Deutschland (Solingen), Italien, der Schweiz oder Frankreich, noch mehr aber aus Japan, sind dennoch der Traum aller Köche! – sondern von Maschinen bewegte Messer. Der Elektromotor hat Köchen und Hausfrauen für unzählige Arbeiten und Zubereitungen das Messer sozusagen aus der Hand genommen, dreht es mit rasender Geschwindigkeit und erstaunlicher Effektivität in hunderterlei Varianten. Dabei erreichen die Maschinen eine Präzision und Ergebnisse, die ohne sie nicht machbar wären.

Der Elektromotor hat die Küchenarbeit revolutioniert und Arbeiten zu einem Kinderspiel gemacht, die einst der hohen Handwerkskunst der Meisterköche reserviert waren. Wir werden ausführlich darauf eingehen und die Möglichkeiten häuslicher Perfektion und neue Wege der Zubereitung in der Spitzenküche würdigen.

Das reine Produkt

Ausgangspunkt unserer Anwendung von Küchentechnik und unserer jeweils darauf abgestimmten Rezepte ist immer das gute, von der Natur gelieferte, aber von der kenntnisreich helfenden Menschenhand geprägte Produkt. Das reine Naturprodukt ist ein Steinpilz, eine Heidelbeere, eine Tollkirsche. Naturbelassenheit alleine sagt über die Bekömmlichkeit und Qualität eines Produktes noch nicht alles aus – im Steinpilz kann es vor Maden wimmeln, die Heidelbeere kann den Fuchsbandwurm übertragen und die Tollkirsche ist äußerst giftig. Intelligente, kritische Auswahl ist also auch dem Naturprodukt gegenüber angesagt. Und bei den kultivierten Produkten (hier wird die Herkunft des Wortes deutlich sichtbar!) muss die wertvolle Arbeit von Züchtern, Gärtnern, Landwirten, Bauern hinzukommen.

In diesem Sinne bleiben wir ganz bei einer traditionellen, vorindustriellen Betrachtung von Lebensmitteln, deren originäre Qualität wir so weit wie möglich unangetastet lassen wollen. Kochen ist immer Transformation in einen anderen Zustand oder ein anderes Erscheinungsbild – selbst wenn wir eine Zutat roh belassen, setzen wir sie durch eine Bearbeitung (zum Beispiel einen speziellen Schnitt, ein kurzes Marinieren), durch Würzen und das Kombinieren mit anderen Zutaten neu in Szene. Wie sehr diese Behandlungen ein Lebensmittel verändern, und auf welche Weise das geschieht, ist von vielerlei Faktoren abhängig, besonders auch von der Küchentechnik, mit der man sich ihm nähert.

Ein Lebensmittel so zuzubereiten, dass man seinen ureigenen Geschmack genießen kann, das galt einmal für alle Küchen dieser Welt als das Ziel. Bäuerliche und regionale, später bürgerliche und Adelsküche haben freilich dann teilweise andere Ansätze und Ansprüche entwickelt. Aber gleichgültig ob die japanische oder die italienische, die chinesische oder die französische Küche: Ursprünglich wurden die Zutaten so zusammengefügt, dass die Hauptzutat den Ton angab und deutlich herausschmeckbar bleiben sollte, die weiteren Zutaten eine dienende, assistierende Funktion hatten und die hohe Kochkunst die Aufgabe hatte, die Aromenkonzentration auf den Mittelpunkt hinzuführen und gleichzeitig spielerisch zu umkreisen. Dies war auch das Prinzip der sogenannten Nouvelle Cuisine geblieben, jener Neuen Küche, die in den 70er-Jahren des letzten Jahrhunderts in Frankreich für eine Art Küchenrevolution sorgte.

Von dieser Zeit an wurde die Kreativität der Köche immer höher bewertet, so manches verselbstständigte sich und es entstanden die erstaunlichsten Zusammenstellungen. Der Erfindungsreichtum schreckte vor nichts zurück, je verrückter sich der Maître gab, desto lauter der Beifall der gastronomischen Presse. Mit falsch verstandenem, oftmals ungekonntem Crossover zwischen asiatischen und europäischen Methoden und Zusammenstellungen wurden immer mehr Zutaten und Aromen übereinandergehäuft und die Botschaft der Speisen oft unverständlich. Als alle Regeln schließlich vollkommen aufgelöst waren und auf den Tellern nur noch das pure Chaos herrschte, verlor die so lange federführende französische Küche ihre Vormachtstellung in der Welt. Die Zeit von Ferran Adrià und seinen spanischen Kollegen brach an. Davon später.

Die deutsche Küche

In obiger Aufzählung fehlt absichtlich unsere deutsche Küche – sie genießt noch immer einen bescheidenen Ruf. Das ist, wir haben es schon ausgeführt, die Folge von schlechten Zeiten. Aber als der französische Dichter und Philosoph Montaigne Ende des 16. Jahrhunderts durch Süddeutschland reiste, pries er die dortige Küche als der französischen weit überlegen an Geschmack und Vielfalt. So ändern sich die Zeiten. Die Einstellung zur kulturellen Errungenschaft des guten Geschmacks inbegriffen. Werden deutsche Gerichte mit guten Zutaten korrekt gekocht, sind sie natürlich keinen Deut schlechter als die hoch gepriesenen Speisen anderer Länder. Und diese wären, schlampig zubereitet, ja auch nicht lobenswert.

Wenn wir davon ausgehen, dass erst durch Notzeiten die Zubereitung deutscher Gerichte gelitten hat, können wir den neuen Küchentechniken eine wichtige Aufgabe übertragen. Es gelingt sicher weniger gut, sich mit Korrekturen am Bestehenden von den tradierten Geschmacksmustern zu lösen, sondern eher mit vollkommen neuen Gerichten und anderen Zubereitungsarten. Wie anders wäre der Siegeszug von Pizza und Pas-

ta, von japanischem Sushi und thailändischen Curries zu erklären? Das Neue, das Ungewohnte wird eher akzeptiert als das „nur" Veränderte, Verbesserte.

In diesem Sinne hat die moderne Küchentechnik enorme Chancen. Mit ihr lassen sich viele unserer klassischen Gerichte vollkommen neu gestalten, sodass sie einerseits ihren originären Charakter behalten oder sogar wiedergewinnen, andererseits im Glanz von etwas vollkommen Neuem erstrahlen. Nehmen wir als Beispiel ein Gericht wie das Leipziger Allerlei, das als mindere Dosenware ein ärmliches Dasein fristet, aber frisch zubereitet, mit Morcheln und Krebsschwänzen, ein Spitzengericht der feinen Küche sein kann. Dazu braucht man einen guten Herd, ein gutes Messer mit der richtigen Schnitttechnik und einen guten Topf. Denn kocht man das mit einem stumpfen Messer in beliebige Stücke zerquetschte Gemüse langsam auf einem trägen Herd in einem schlecht leitenden, zerbeulten Gefäß, dann wird es weich, grau und schlaff. Sautiert man das mit einem scharfen Messer glatt und gleichmäßig in schräge Scheiben geschnittene Gemüse aber in einem erstklassigen Topf bei lebhafter Hitze, behält es Biss, Textur und Farbe. Gute Küche ist eben eine komplexe Angelegenheit, hängt nicht nur von der Qualität der Zutaten, sondern durchaus auch von den richtigen Geräten, der richtigen Technik und der richtigen Arbeitsweise ab.

Das Leipziger Allerlei konnte sich als Dosenware natürlich nur etablieren, weil man keine Ansprüche an die Qualität des Gerichtes mehr stellte. Und, natürlich, über den Preis. Königsberger Klopse sind schließlich auch nicht naturgegebene Krankenkost in dünner Mehlschwitze, ein Hühnerfrikassee oder ein Pfefferpotthast können etwas Köstliches sein und auch ein Sauerbraten zart und delikat. Geht man solche Gerichte völlig neu an, baut das Rezept um und setzt für eine Sauce nicht die altbekannte Mehlschwitze, sondern mitgekochte Gemüse und den Stabmixer ein, geht mit Fett vorsichtiger und bewusster um, benutzt zum Anbraten eine beschichtete Pfanne, kauft nicht ein schmieriges Hack aus sehnigem Fleisch, sondern dreht sich ein magere Mischung aus sorgsam hergerichteten Muskelsträngen selber frisch durch den Wolf, so wird das Ergebnis ein Traum sein, der jeden überzeugt …

Entfremdung durch Technik: Die Molekularküche

Im Mittelpunkt steht also das erkennbar gute Produkt. Erkennbarkeit war nicht mehr das Ziel bei der letzten Küchenrevolution, die aus Spanien, genauer Katalonien, zu uns kam, noch genauer: die von Ferran Adrià und seinem Restaurant El Bulli ausging. Da wurde zunächst mit dem Produkt frei experimentiert, wobei neue küchentechnische Erfahrungen gesammelt und überzeugende Verfahren entwickelt wurden. Aber wie so häufig geriet diese sensible Entwicklung in eine modische Strömung, deren rasch anschwellende Eigendynamik alles mit sich riss. Nicht mehr individuelle, feinfühlige Kreativität bestimmte schließlich die Marschrichtung, sondern wirtschaftliche Verwertbarkeit. Am Ende konnte man manche Zubereitung der Spitzenköche nicht mehr vom Herstellungsprozess eines Industrieprodukts unterscheiden. Inzwischen hat Adrià, ein kluger Mann, seinen Ausstieg aus der Sache erklärt: Die Entfremdung vom und die Verfremdung des Produkts als Prinzip ist durchdekliniert.

Die Spitze der kreativen Küche hat sich dabei mit industriellen Vorgehensweisen beschäftigt beziehungsweise Verfahren entwickelt, die auch in der Industrie verwendet werden können. Sie hat sich schließlich in den Dienst der Industrie gestellt – und dabei ihre Unschuld verloren. Wenn sie auch, weil sie gute, geschmackvolle Produkte als Ausgangsmaterial fordert, auf künstliche und natürliche Aromen verzichten kann, so hat sie sich doch auf eine Ebene begeben, die nicht mehr die originäre Wahrheit des Produktes in den Mittelpunkt stellt, sondern die Verfremdung, die beabsichtigte Täuschung. Was spielerisch und witzig begann, endete, wenn man es vorurteilslos betrachtet, in Eulenspiegelei.

Wir verzichten deshalb in diesem Buch auf die Erläuterungen der Kochtechniken dieser sogenannten Molekularküche, die inzwischen eher hochtrabend und bedeutungsschwanger daherkommt, und mit der anfangs so leichthändigen Kreativität Adriàs nichts mehr zu tun hat.

Auf zu neuen kulinarischen Ufern!

Spanien hat uns trotzdem damit in den letzten Jahrzehnten etwas vorgeführt, das sehr beachtenswert ist: Das Land, das nach der Diktatur Francos träge und verschlafen vor sich hin dümpelte, erwachte und erblühte in kulinarischer Hinsicht auf das Erstaunlichste: Allenthalben wurden die hervorragenden traditionellen Produkte geschützt und ihre Herstellung festgeschrieben, wobei man sich an den hohen Standards Frankreichs orientierte und keine Verwässerung zuließ, wie das etwa in Italien und Deutschlands geschah (und geschieht). Die Spanier sind mit Recht stolz auf die Vielfalt und Qualität ihrer landwirtschaftlichen Spitzenprodukte, die die beispielhafte Erneuerung der Kochkunst des Landes mit sich gebracht hat.

Wir wünschen uns für Deutschland eine ähnliche Entwicklung! Teilweise hat sie auch schon eingesetzt – beim Wein hat es begonnen, es folgten einzelne Gemüsesorten (beispielsweise Spargel), die Sektoren Käse und Milchprodukte, Wurst und Brot, langsam kommt es beim Fleisch wieder in die Gänge. Das ist wichtig, denn die handwerklichen Prozesse des Käsens oder Wurstens, des Schlachtens, Zerlegens und Fleischreifens, des Pökelns, Räucherns und Trocknens von Schinken, des Einlegens von Weißkraut zur Gewinnung von Sauerkraut und von jungen Heringen zur Herstellung von Matjes – all das sind kulturelle Leistungen, die gepflegt werden müssen, wollen wir nicht in der kulinarischen Wüste landen. In Deutschland hatten wir eine reiche Tradition auf diesen Gebieten, vorzügliche, weltberühmte Produkte – aber zwei angezettelte und verlorene Kriege haben ihre Spuren hinterlassen. Und dann haben die kleinen, handwerklichen Betriebe zu schnell vor den großen Herstellern kapituliert. Denen genügt es meist, die gesetzlichen Mindestanforderungen an das Produkt zu erfüllen und dabei so billig wie möglich zu sein. Manchmal bleiben allerdings auch diese Mindestanforderungen auf der Strecke oder es werden unzulässige Verfahren gewählt – davon ist dann in den Tests der Stiftung Warentest zu lesen.

Besser einkaufen

Wer sich vor all dem wirkungsvoll schützen will, kocht selbst und kauft selber ein. Das Einkaufen ist in den letzten Jahren für immer mehr Menschen vom stressigen Müssen zu einem angenehmen Erlebnis geworden. Auch daran ist im weiteren Sinne die Technik schuld: Unsere modernen Kühlschränke sind so gut geworden, dass man nicht mehr täglich oder mindestens zwei Mal die Woche einkaufen muss, es reicht ein ebenso ausgiebiger wie vergnüglicher Marktbummel am Samstag vollkommen aus: In den Schubladen der neuen Kühlgeneration, die individuell und aufs Grad genau gekühlt und wahlweise mit feuchter oder trockener Kälte beschickt werden können, halten sich Fisch, Fleisch, Salat, Kräuter und Gemüse doppelt oder drei Mal so lange wie in den früheren Geräten. Spargel oder Artischocken, zum Beispiel, lassen sich im feucht geregelten Fach, zusätzlich in ein feuchtes Tuch geschlagen, ohne weiteres zehn Tage ohne merkliche geschmackliche Einbußen aufbewahren. Weiterhin die wunderbare Möglichkeit, ohne Mühe und dauerndes Vergießen von Wasser aus kippeligen Eiswürfelschalen über genügend Eiswürfel verfügen zu können – entweder bereitet der Kühlschrank solche oder man stellt sich einen mehr oder weniger automatisch arbeitenden Eiswürfelbereiter in eine Ecke, Kammer oder den Flur. Kostet nicht die Welt, man kann seinen Wein großzügig kühlen, jederzeit einen Drink mixen und die Tomaten nach dem Überbrühen rasch abschrecken, sodass sie nicht weitergaren, das Fruchtfleisch fest bleibt

Technik und Technologie machen Küchenarbeit und Kochtechnik einfacher. Das ist die Botschaft, die wir in diesem Buch vermitteln wollen. Folgen Sie uns in eine Welt, in der es gewiss weniger stimmungsvoll zugeht als einst im Bauernhof, der ja so gerne von der Werbung als Idylle bemüht wird. Glauben Sie diesen verklärenden Bildern nicht! Sie zitieren Zeiten, in denen es die Menschen sehr viel schwerer hatten, als wir es uns vorstellen können oder wollen. Seien wir dankbar für die vielen kleinen und großen Helfer, die uns heute zur Hand gehen, die wir nicht lange bitten müssen und die uns weniger kosten als die menschlichen dienstbaren Geister in der damaligen Zeit. Gutes Essen kann nicht aus Nostalgie entspringen, sondern aus bewusstem Umgang mit der Tradition und dem klugen Einsatz der heutigen Mittel.

Traditionen pflegen heißt nicht, die Asche aufzubewahren, sondern das Feuer am Brennen zu halten. Genau das wollen wir tun: aber nicht im alten Kohleherd, sondern auf dem Induktionsfeld oder in einem Kombidämpfer!

Das Wunder des Elektromotors

a

7 ... 14
5 ... 14
2 ... 7
7 ... 14
2 ... 14
7 ... 14

a Das Wunder des Elektromotors

Nichts hat die Küchenarbeit so sehr verwandelt wie der Elektromotor – körperlich anstrengende und die Arbeitskraft längere Zeit bindende Tätigkeiten entfallen, werden mühelos und schneller, besser, häufig sogar ganz ohne Aufsicht durchgeführt. Dank des Elektromotors wurde es möglich, komplizierte Rezepte zu ändern, zu erleichtern, viele Zubereitungen wurden überhaupt erst durch die Leistungen von Maschinen möglich.

Alles dreht sich

Die ersten Elektrogeräte waren sehr genau auf ganz bestimmte Arbeiten ausgerichtet. Im Laufe der Jahrzehnte wurden sie immer vielseitiger, entwickelten sich von Spezialisten mit eng begrenztem Wirkungskreis zu Universalisten mit unzähligen Funktionen.

Glaubt man den Beschreibungen und fantasievollen Werbesprüchen der Hersteller, dann können ihre Küchenmaschinen, Zerkleinerer, Hand- und Stabmixer natürlich alles bestens. In der Realität sieht das anders aus, da sind die Unterschiede groß. Denn die angepriesenen Funktionen führen keineswegs immer zu denselben, gleichermaßen befriedigenden Ergebnissen. Das Angebot auf dem Markt ist geradezu unüberschaubar groß, zu den unterschiedlichsten Maschinen kommen auch noch diverse Zusatzgeräte mit eigenen, nur von diesem Hersteller angebotenen Funktionen. Infolgedessen gibt es unterschiedliche Vorzüge, gepaart mit verschiedenen Nachteilen, sodass man als Anwender hier seine eigenen Erfahrungen mit seinem Gerät machen muss und immer klar sein sollte, dass nicht alle Geräte alles gleich perfekt erledigen.

Leider hat man als Kunde ja kaum die Möglichkeit, vor dem Kauf erst einmal zu testen, was das betreffende Gerät nun wirklich kann. Man wird sich zunächst informieren, auf den Webseiten der Stiftung Warentest nach Testberichten suchen, eventuell in einem Verbraucherzentrum oder bei den Stadtwerken dieses oder jenes ausprobieren und dann oft das Gerät jenes Herstellers nehmen, mit dem man schon gute Erfahrungen gemacht hat. Und wenn sich damit gut arbeiten lässt, es praktisch zu handhaben ist und die gewünschten Rezepte damit gelingen, wird man zufrieden sein. Tatsächlich stellt man auf Internetforen fest, dass nahezu jeder von „seinen“ Maschinen und Geräten meist begeistert ist, obwohl – und das zeigt sich bald, wenn über Ergebnisse diskutiert wird – kaum einer andere Geräte ausprobiert hat, und gar nicht weiß, wie sie arbeiten.

Im Prinzip ein gutes Zeichen, wenn die Leute zufrieden sind, ist ja alles in Ordnung. Das Problem ist nur: Die Geräte können so unterschiedlich arbeiten, dass am Ende ein völlig anderes Ergebnis herauskommt. Und wenn die Sauce, die man nach Rezept mit dem Mixstab oder dem Schneebesen aufgeschlagen hat, gar nicht so cremig ist, wie die beigefügte Abbildung zeigt oder im Gegenteil viel dicker, fester ist, also ganz anders als erhofft – wer ist schuld? Das Rezept? Die Zutaten? Oft ist es schlicht und einfach das Gerät ...

a1 Stabmixer *und* Zubehör

Die Ausrüstung dieser Geräte kann sehr unterschiedlich ausfallen: Der eine Hersteller glaubt, mit einem einzigen Messer auskommen zu können, der andere liefert verschiedene Messer und Scheiben für den immer gleichen Stab. Zu dem einen Motorteil gibt es verschiedene Zusatzgeräte, die einfach aufzustecken sind, ein anderes Gerät besteht lediglich aus einem festen Stab, ohne zusätzliche Möglichkeiten. Natürlich stellt jeder Hersteller sein Konstruktionsprinzip als das beste dar. Das ist sein gutes Recht. Und beim Gebrauch beweisen die verschiedenen Ergebnisse, dass durchaus viele Wege nach Rom führen können. Manche allerdings erreichen Rom gar nicht erst – und überhaupt: Wo liegt eigentlich Rom in diesem Fall?

Kleine, aber feine Unterschiede

Mancher Stab scheitert bereits am simplen Aufmixen einer Mayonnaise (sie flockt aus), während der andere Kräuter nicht ordentlich schneidet, sondern eher zerreißt. Der eine kann Eiswürfel ganz hervorragend zerkleinern, während der andere sich vergeblich daran abarbeitet. Es werden bei dem einen Mixstab die verschieden festen Zutaten für eine Sauce allesamt perfekt und gleichmäßig zerkleinert und vermischt, während der nächste nur einen Teil zermust, ein Rest aber in gröberen Stückchen erhalten bleibt. Für manche Mixstäbe genügt es, die Zutaten vorab grob zu zerkleinern, andere verlangen einen feineren Zuschnitt, sonst können seine Messer die Stücke nicht packen.

Es gibt Stäbe, deren Messerflügel eine ausgesuchte Schrägstellung haben, sodass sie alle Zutaten stark verwirbeln und dadurch sofort Luft mit einarbeiten, also eine Creme leicht schaumig schlagen, während andere absolut gerade kreisen, die Masse mit weniger Dynamik umwälzen und deshalb eine eher kompakte, glatte Creme bereiten.

Leichtgewicht oder Kraftprotz

Zum Aufschlagen einer Vinaigrette oder einer Mayonnaise wird man mit einem handlichen, leichten Gerät kaum Schwierigkeiten haben – das geht schnell und verlangt vom Mixstab nicht viel Kraft. Hier kommt es mehr auf die Drehzahl an – je höher, desto schneller und umso sicherer gelingt diese Arbeit, denn es soll ja in diesem Fall eine Emulsion entstehen, die innige Verbindung also zweier im Grunde unvereinbarer Substanzen, den wässrigen und öligen Bestandteilen einer Vinaigrette. Und das gelingt umso besser, je schneller diese beiden Substanzen miteinander verquirlt werden. Das schafft auch ein einfaches Billiggerät, das mit 120 Watt 20 000 Umdrehungen pro Minute liefert. Eine stabile Senfvinaigrette kriegt man damit prima hin. Aber ein glattes Püree von festem Gemüse, wie beispielsweise von gedünsteten Möhren, vermutlich nicht. Andererseits gibt es solide und teure Maschinen, die ebenfalls nur 120 Watt liefern und nicht mehr als 7000 Umdrehungen schaffen – und das ist für eine stabile Essig-Öl-Emulsion eindeutig zu wenig. Aber, wie gesagt, das muss man ausprobieren oder man kann Testberichte studieren. Für die Rezepte in diesem Buch zum Beispiel haben wir ein 600-Watt-Gerät benutzt, das stufenlos regelbar ist, von normal bis turbo. Die Umdrehungszahl gibt der Hersteller gar nicht erst an. Die Stiftung Warentest ist der Meinung, höhere Wattzahlen haben keinen Einfluss auf das Mix-ergebnis. Es werden die Zutaten dadurch nicht feiner zerkleinert oder inniger vermischt.

Neben dem Preis – auch da ist die Spanne gewaltig: sie reicht von 10 bis über 200 Euro – kommt es natürlich auch auf das richtige Aussehen an und auf das verwendete Material: billiges Plastik, hochwertiges Plastik oder Edelstahl, alles ist auf dem Markt verfügbar. Und während der bescheidenen Hausfrau vielleicht gar nichts anderes in den Sinn kommt, als ein simples weißes Kabel als Stromzuführung vollkommen ausreichend zu finden, leistet sich der ambitionierte Hobbykoch ein exquisites Spiralkabel am getönten Metallic-Korpus. Es gibt für jeden etwas!

1250
1000

Der Stabmixer

Der Stabmixer (oder Mixstab) hat die alltägliche Arbeit in der Küche stärker verändert als alle anderen Geräte, die große Küchenmaschine eingeschlossen! Denn mit ihm lassen sich Dinge vollbringen, die früher nicht möglich waren oder nur mit sehr hohem Aufwand. Im Handumdrehen stellt er cremige Saucen von einer geschmacklichen Intensität her, die früher nur in langwierigen und aufwendigen Arbeitsgängen mühsam und kostspielig erreicht werden konnten.

Deutlich wird dieser Quantensprung zum Beispiel an der klassischen Eiersauce, wie sie der Hofkoch des Königs von Bayern, Johann Rottenhöfer, in der zweiten Hälfte des 19. Jahrhunderts zu Schwarzwurzeln zubereiten ließ: Da wurde das Gelbe von sechs hartgekochten Eiern durch ein feines Haarsieb passiert, gesalzen, gepfeffert, eine Prise Zucker hinzugegeben, auch Öl, Essig und sehr fein geschnittene (zuvor blanchierte) Petersilie, es wurde gerührt und geschlagen, mit Kraft und Ausdauer eine dick fließende Sauce produziert, die sich nicht trennen sollte. Das war Schwerstarbeit, und nicht einmal immer von Erfolg gekrönt, leider. Denn es konnten die Zutaten ausflocken, die Sauce gerinnen oder gleich von vornherein keine Bindung eingehen.

Seit es den Pürierstab gibt, ist das zum Kinderspiel geworden: Alle Zutaten in ein Mixgefäß füllen (oder einen hohen Becher), mit dem Stab einmal nach unten drücken, das Messer rotieren lassen, mehrmals auf und ab fahren – nach 20 Sekunden ist die Sauce nicht nur fertig, sondern auch noch perfekter gebunden und stabiler als es Rottenhöfers feine Kreation jemals zu sein vermochte. Hinzu kommt: Es entfällt das um-

Stabmixer: Tipps für den Kauf

Keine Alleskönner Wer von einem Stabmixer einen Alleskönner erwartet, wird später enttäuscht sein. Überlegen Sie sich vorher, für welche Arbeiten Sie das Gerät hauptsächlich verwenden wollen.

Scheibe oder nicht? Manche Stäbe verfügen über eine Scheibe und können dadurch Sahne oder Eiweiß schlagen – nicht perfekt, aber es geht. Wenn Sie einen Handmixer haben, können Sie auf diese Funktion verzichten.

Drehzahl Wer mehr auf Emulsionen Wert legt (Mayonnaise, Vinaigrette etc.) sollte auf die Drehzahl achten – je höher, desto inniger und stabiler die Verbindung.

Form der Messer Kompliziert aufgebaute Messer – in verschiedenen Ebenen pürieren zwar weiche Zutaten meist hervorragend, aber feste Bestandteile können sich vor die eng gestellten Messer legen und werden dann nicht oder ungleichmäßig zerschlagen.

Auswechseln der Messer Bei Geräten mit verschiedenen Messern darauf achten, dass das Auswechseln praktisch gelöst ist und man kein Werkzeug dazu braucht.

Große Glocke Mixer mit eng vom Kopf umschlossenem Messer versprechen mehr als sie halten: Sie erfassen meist nur bereits vorher recht klein geschnittene Zutaten. Die Glocke sollte also möglichst weit sein!

Fester Stab oder Aufsteckgerät? Fest mit dem Motorblock verbundene Stäbe sind weniger anfällig, bei Aufsteckgeräten kann die Kupplung ausleiern oder mangelhaft schließen.

Material Feste, solide Kunststoffe können Metallgehäusen gleichwertig sein. Plastikgeräte aus weichem, billigem Material mögen zum Pürieren von Suppen und Saucen noch gute Dienste leisten, halten aber stärkeren Beanspruchungen nicht stand.

Zubehör Wer nicht zu viele verschiedene Geräte bei sich herumstehen haben will, kann mit den von einzelnen Herstellern angebotenen Zusatzgeräten (kleiner Mixbecher oder Zerhacker, großer Mixer mit Schnitzelwerk und Reibe, Teigrührer, Schneebesen, Eiscrasher etc.) zurechtkommen – bis auf den kleinen Mixbecher sind sie aber alle den jeweils speziellen Geräten unterlegen: für den Ein-Personen-Haushalt mit mittleren Ansprüchen vielleicht ausreichend, für die gut mit einer Küchenmaschine ausgerüstete Küche oder anspruchsvolle Benutzer überflüssig.

Leistung Hohe Wattzahlen verbessern nicht automatisch die Ergebnisse.

ständliche Passieren des Eigelb – wobei ja zwangsläufig ein Teil des Eigelbs im Sieb zurückblieb. (Dieses musste dann auch noch mühsam herausgespült werden und übrigens im Rezept von vornherein hinzugerechnet werden, heute kommt man also mit weniger aus!) Auch muss die Petersilie nicht blanchiert werden, sie kann roh bleiben und wird dennoch fein zermust. Und trotz aller Energie beim Schlagen per Hand erreicht Rottenhöfer eines nicht: die Intensivierung des Geschmacks durch die vom Schlagmesser des Elektrogerätes hineingewirbelte Luft.

Mörser contra Mixstab

Man vergleiche nur mal eine nach der klassischen, althergebrachten Arbeitsmethode zubereitete, also mühsam im Mörser gestampfte Aioli mit der aufgemixten modernen Variante: Das traditionelle Rezept verlangt, zunächst Knoblauchzehen in einem Mörser zu zerreiben – eine kraft- und zeitraubende Angelegenheit, die schließlich, vielleicht aus Ungeduld, oder auch mangels ausreichender Ausdauer, oft nicht vollendet erledigt wird, sodass unschöne Knoblauchstückchen bleiben: bereits die erste Voraussetzung, dass die Bindung nicht gelingt. Denn der Knoblauch gibt nicht nur seinen Geschmack, sondern hilft vor allem mit seiner gelatinösen Kraft, die Sauce anzudicken und zu binden. Aber nehmen wir an, es klappt, dann muss man den Knoblauch mit Eigelb und Öl aufschlagen – und zwar mit dem Schneebesen, bis das Handgelenk brennt!

Eine Viertelstunde ist jetzt leicht vergangen, etwas weniger, wenn Sie statt des Schneebesens den elektrischen Handrührer bemüht haben. Wenn Sie den Knoblauch, statt ihn zu mörsern, durch die Presse drücken, können Sie auch Zeit und Arbeit sparen, jedoch ist diese Art der Zerkleinerung alles andere als perfekt und Sie müssen die Sauce noch durch ein Sieb passieren, was Zeit und Geschmack (Verlust der Knoblauchstückchen) kostet.

Die mit dem Mixstab hergestellte Version hingegen ist mühelos in einer Minute zubereitet: Alle Zutaten und die Hälfte des Öls in ein passendes Gefäß geben, den Stab hineinhalten und alles miteinander cremig schlagen, dann langsam den Rest des Öls zulaufen lassen. Abschmecken – fertig!

Vorsicht: Spritzer!

Erste Versuche mit dem Mixstab enden nicht selten als kleine Katastrophe, die den zukünftigen Umgang mit dem Gerät nachhaltig zu prägen geeignet ist. Vielleicht ist es Ihnen auch schon so ergangen: Die Bratensauce soll glatt gemixt werden. Am praktischsten wäre es, denkt man, dies gleich im Bräter zu erledigen, wo in der einen Zentimeter hoch stehenden Sauce die Gemüse liegen, die man mitpürieren will, um der Sauce Stand und Geschmack zu geben. Schneller, als man darüber nachgedacht hat, schießt eine Fontäne über den Rand, Hemd oder Bluse ist bekleckert, Spritzer an der Wand – und die gewünschte glatte Sauce ist keineswegs entstanden. Hat man den Stab falsch gehalten? Ist das Ding überhaupt zur vorgesehenen Dienstleistung fähig? Die Gäste warten, verärgert zieht man sich um, die Sauce wird durch ein Sieb passiert und ist alles andere als zufriedenstellend. Was hat die Bedienungsanleitung gesagt? Was hätte man anders machen sollen?

Der Mixstab muss in der Flüssigkeit untertauchen können, die er aufmixen oder pürieren soll. Das bedeutet: Sauce samt Gemüse in einen Mixbecher umfüllen, hoch genug, damit nichts herausspritzen kann. Und natürlich darf das Gerät erst eingeschaltet werden, wenn es ganz eingetaucht ist! Wird es eingeschaltet und dann erst eingetaucht, ist das Spritzen kaum zu vermeiden. Doch es lässt sich natürlich die Sauce auch im Bräter oder im Topf pürieren. Dafür muss man diesen an einer Seite anheben (eventuell das Fleisch herausnehmen und auf einem Teller beiseitestellen), mit einem Gummi- oder Silikonschaber alles in die tiefste Stelle befördern und genau dorthinein den noch nicht eingeschalteten Mixstab halten: Beim Mixen vorsichtig hin und her, nicht auf und ab fahren, und immer darauf achten, dass der Mixkopf schön von Sauce umgeben ist.

Bei manchen Stabmixern ist das einfach, denn das rotierende Messer wird wie von einer Glocke beschützt. Mit einem solchen Stab kann man schon relativ kleine Mengen erfassen, ohne dass es spritzt. Andere Messer sind nur von einer Art rundem Deckel beschirmt. Dass man hier mehr Sauce braucht, damit das Messer vollkommen in die Flüssigkeit eintaucht, ist klar. Kleinere Mengen muss man deshalb stets in einen schmalen, hohen Mixbecher, in ein passendes Glas oder eine Tasse mit geraden Wänden umfüllen.

Die Messerschärfe

Auch die speziell gehärteten Messer des Mixstabs verlieren mit der Zeit an Schärfe. Wechselmesser kann man leicht, fest eingebaute Messer nur mit Mühe, kompliziert mit Flügeln in mehreren Ebenen ausgestattete Messer lassen sich überhaupt nicht nachschärfen. Im Prinzip arbeitet man mit einem Wetzstab, der zunächst drei oder vier Mal in einem Winkel von etwa 12 Grad über die angeschrägte Seite, dann zwei bis drei Mal absolut flach über die gerade Seite des Messers gezogen wird. Gegebenenfalls muss man sich so behelfen: Mit der Rückseite eines kleinen Küchenmessers (Officemesser) erst an der angeschrägten, dann an der glatten Seite entlangfahren – das nützt, weil so das Messer nicht geschärft, sondern nur entgratet wird (siehe Seite 412). Natürlich ist das nicht perfekt, aber eine leichte Verbesserung der Schärfe bringt es doch!

Der Stabmixer macht Suppen & Saucen leicht

Die ersten Stabmixer hat man genau hierfür entwickelt: um weich gekochtes Gemüse mit der Flüssigkeit und in dem Topf zu pürieren, in dem es gekocht wurde. Beispielsweise für Babykost. Aber auch eine vollkommen neue, superpraktische Idee für intensive Gemüsecremesuppen, wie man sie früher nicht kannte. Der Mixstab machte auf einmal eine Qualität von Speisen möglich, die einst der großen Küche vorbehalten war, weil nur mit aufwendigen anderen Hilfsmitteln zu erreichen: Nur Spitzenköche brachten das Kunststück zustande, ausschließlich aus Gemüse, Sahne und Ei eine samtige Bindung zu schaffen.

Die bürgerliche Küche brauchte dafür die Mehlschwitze. Sie wissen schon: Genauso viel Mehl wie Butter in einem Topf anschwitzen – nur wenig für helle, leicht braun geröstet für dunkle Suppen oder Saucen. Dann mit Brühe oder dem Sud ablöschen, in dem man zuvor das Gemüse gegart hat. Dabei muss man höllisch aufpassen, dass keine Klümpchen entstehen, man will ja eine glatte, mehr oder weniger dickliche Sauce. Die muss schließlich eine gewisse Zeit kochen, damit sich der Mehlgeschmack verliert. Am Ende schmeckt man mit Salz, Pfeffer und passenden

Gewürzen ab und kann noch mit Sahne verfeinern und mit Eigelb binden (legieren), ein Stück Butter mit dem Schneebesen einschlagen, frisch gehackte Kräuter zufügen. Ziemlich viel Arbeit, und obendrein dank der Mehlschwitze und der abschließenden Zugaben von Sahne und womöglich auch noch Ei eine eher mächtige und kalorienträchtige Angelegenheit.

Dank des Mixstabs kann man auf all diese Hilfskonstruktionen verzichten: Man mixt das Gemüse (oder auch nur einen Teil davon) zum glatten Püree und erzielt damit die gewünschte, mehr oder weniger cremige Konsistenz der Suppe oder Sauce. Und zum Schluss genügt ein kleines Stückchen Butter oder ein Löffelchen aromatisches Öl: Mit dem Mixstab untergemixt, hebt es den Eigengeschmack und gibt der Cremesuppe oder der Sauce Glanz. Und ist kalorienmäßig nahezu völlig zu vernachlässigen.

10 Tipps zum Umgang mit dem Mixstab

1. Gebrauchsanweisung durchlesen – das macht zwar keinen Spaß, aber später hat man mehr davon!
2. Gerät immer erst einschalten, wenn es vollkommen in die Flüssigkeit eingetaucht ist.
3. Mit rührenden Bewegungen dafür sorgen, dass alles erwischt wird, was zerkleinert werden soll.
4. Zu emulgierende Saucen in engen Gefäßen aufmixen (nicht in der Salatschüssel!), mit dem Stab senkrecht auf und ab fahren, eventuell ab und zu etwas Luft ziehen lassen, um die Sauce leichter zu machen.
5. Wenn sich etwas im Messer verklemmt hat oder nicht gemixt wird, muss man das Messer davon befreien. Aber vorher den Stecker ziehen oder den Mixvorsatz abnehmen – höchste Verletzungsgefahr!
6. Fassen die Messer trockenes Gut nur mangelhaft, etwas Flüssigkeit (Brühe, Wein oder Öl) zufügen. Das ist auch wichtig, um Oxidation zu vermeiden!
7. Bei harten Zutaten zunächst immer nur kurz laufen lassen, damit sie wieder zur Ruhe kommen und nicht vor den Messern herumtanzen und ausweichen – so werden sie schneller zerkleinert.
8. Den Mixer nie länger als in der Gebrauchsanweisung angegeben laufen lassen – er kann überhitzen und kaputt gehen.
9. Nach dem Mixen das Gerät gleich vom Netz nehmen, die im Messerkopf verbliebenen Zutaten herausschleudern oder herausschaben.
10. Gerät wieder anschließen und in einer Tasse mit heißem Wasser laufen lassen. Die Prozedur eventuell wiederholen – dann ist es sicher sauber!

Feine Cremesuppen

Das Prinzip ist immer ähnlich: Gemüse wird angedünstet, mit Wasser oder Brühe gargekocht und dann glatt gemixt, zusammen mit etwas Sahne für die Cremigkeit, Kokossahne für den exotischen Geschmack. Gewürze passend zur Hauptzutat, vom Wurzelwerk wie Möhren, Sellerie, Kartoffeln bis zu zarterem wie Mais, Spargel oder grüne Bohnen. Im Folgenden haben wir drei Lieblingsrezepte zusammengetragen – sanft cremig und immer feurig gewürzt.

a1 Erbsen-Cremesuppe

Mit Erbsen aus der Tiefkühltruhe schnell gemacht. Ein kleiner Bambusspieß mit im Wok pfannengerührten Garnelen macht sie zum feinen Einstieg in ein elegantes Menü.

Für vier Personen
- 2 EL Butter
- 1 große Schalotte
- 1 Knoblauchzehe
- 1 kleine rote Chilischote
- 250 g Erbsen
- Salz, Pfeffer
- ca. 125 ml Brühe
- 200 ml Sahne
- 1 Spritzer Zitronensaft

Garnelen:
- 8 geschälte Garnelenschwänze
- 1 TL Sojasauce
- 1 Prise Zucker
- 1 unbehandelte Zitrone
- 1 EL Speisestärke
- 2 EL Olivenöl
- Salz, Pfeffer

Die Butter in einer Kasserolle aufschäumen lassen, fein gewürfelte Schalotte und Knoblauch darin andünsten. Die ebenso winzig gewürfelte, entkernte Chilischote, schließlich auch die Erbsen zufügen. Salzen, pfeffern, die Brühe angießen. Zugedeckt drei bis vier Minuten köcheln. Mit Sahne auffüllen und weitere drei Minuten ziehen lassen. Mit dem Mixstab glatt mixen. Die jetzt leuchtend grüne Cremesuppe nochmals abschmecken, mit Salz und vor allem mit Zitronensaft.

Für die Einlage die Garnelen längs halbieren, wenn nötig, den Darm entfernen. Die Hälften in einer Schüssel mit Sojasauce und Zucker sowie etwas Zitronenschale mischen und einige Minuten marinieren. (Gefrorene Garnelen zuvor in einer Schüssel mit kochendem Wasser bedecken, nach einer halben Minute durch ein Sieb abgießen und unter kaltem Wasser gründlich abbrausen. Wenn nötig die Garnelen schälen, das Schwanzende jedoch dranlassen, das sieht hübsch aus!)Die Garnelen schließlich mit Stärke überpudern, gut damit einreiben. Jeweils vier Hälften auf einen kleinen Bambusspieß fädeln.

Im Wok das Olivenöl erhitzen, die Garnelenspieße darin unter Rühren eine Minute braten, bis sie am Schwanzende rosa geworden sind und ihr Fleisch weiß schimmert. Die Garnelen dabei salzen und pfeffern.

Zum Servieren die Suppe nochmals erhitzen und abschmecken, mit dem Mixstab aufschäumen und in Suppentassen verteilen. Die Spießchen als Dekoration auf den Rand setzen.

a1 Kürbis-Kokos-Suppe

Kürbis ist ja unglaublich vielseitig, weil dessen milder Geschmack sich so abwechslungsreich variieren lässt. Mit Kokossahne und asiatischen Gewürzen bekommt die Suppe ein exotisches Flair. Ideal ist der pflegeleichte Hokkaidokürbis, dessen leuchtend orangefarbene Schale man nicht abschneiden muss, weil sie sich beim Kochen auflöst. Man kann aber auch jede andere Kürbissorte verwenden.

Für vier bis sechs Personen
1 Zwiebel
2 Knoblauchzehen
1–2 frische Chilischoten
1 TL fein gewürfeltes Zitronengras
1 EL fein gewürfelter Ingwer
2 EL Erdnussöl
1 TL Sesamöl
500 g Kürbisfleisch
400 ml Kokossahne
½ Zitrone (Saft)
1 EL Fischsauce
1 TL Zucker,
Salz, Pfeffer

Kürbiskern-Croûtons:
1 Weißbrotscheibe
2 EL Kürbiskerne
2 EL Olivenöl

Die Zwiebel würfeln, ebenso Knoblauch und die entkernten Chilis, zusammen mit dem Zitronengras und Ingwer im heißen Öl andünsten – dafür beide Sorten in einer Kasserolle erhitzen. Das gewürfelte Kürbisfleisch zufügen und mitdünsten. Mit der halben Menge Kokossahne zugedeckt 20 Minuten weich köcheln. Dann mit dem Mixstab glatt mixen, dabei so viel Kokossahne zufügen, bis die Suppe die richtige, sanftcremige Konsistenz hat.

Die Suppe mit Zitronensaft, Fischsauce, Zucker, Salz und Pfeffer abschmecken – die Suppe sollte feurig scharf, zum Ausgleich ein bisschen süß, aber auch ausgewogen säuerlich und salzig sein.

Für die Croûtons das Brot zentimeterklein würfeln, zusammen mit den Kürbiskernen in Olivenöl in einer Pfanne golden braten. Dies lässt sich übrigens gut im Voraus tun, die Croûtons kann man auch kalt über die Suppe streuen.

a1 Petersilienwurzel-Cremesuppe

Die weißlichen Rübchen, tatsächlich die Wurzeln der glatten Petersilie, haben einen sanften, milden Geschmack. Damit die Suppe schön cremig wird, lässt man eine mehlige Kartoffel mitkochen.

Für vier Personen
250 g Petersilienwurzeln
1 mittelgroße Kartoffel
1 Zwiebel
1–2 Knoblauchzehen
2 EL Olivenöl
ca. 300 ml Brühe
Salz, Pfeffer
ein Hauch Cayennepfeffer
100 g Sahne
1 Spritzer Worcestershiresauce
etwas abgeriebene
Zitronenschale und -saft

Die Petersilienwurzeln wie die Kartoffel mit dem Sparschäler dünn schälen, würfeln. Zwiebel und Knoblauch pellen und ebenfalls würfeln. Alles in einer Kasserolle im heißen Öl andünsten, bevor mit zwei Dritteln der Brühe aufgefüllt wird. Salzen, pfeffern, mit Cayennepfeffer würzen. Zugedeckt etwa 30 Minuten leise köcheln lassen, bis alles weich ist. Die Sahne angießen, aufkochen und jetzt mit dem Mixstab alles glatt pürieren.

Die Suppe eventuell mit einem Schuss Brühe auf die gewünschte cremige Konsistenz bringen. Kräftig abschmecken, mit Worcestershiresauce, Zitronenschale und -saft.

Die Suppe nochmals mit dem Mixstab aufschäumen, in Suppentassen verteilen. Petersilienöl (Seite 57) mit einer schwungvollen Bewegung auf die Oberfläche klecksen.

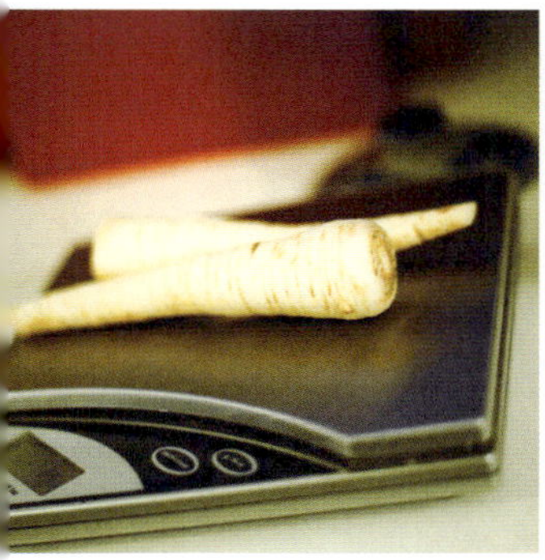

Marinaden und Salatsaucen

Der Mixstab ist ideal, um Marinaden oder Salatsaucen herzustellen, zum Beispiel zum Anmachen von Blattsalaten oder für feine Vorspeisensalate mit den unterschiedlichsten Bestandteilen. Mit dem Mixstab lassen sich die Zutaten schnell und problemlos zusammenmixen. Wichtigste Zutat – neben einem erstklassigen Öl und anständigem Essig oder Zitronensaft: Kräuter der Saison. Je nach Jahreszeit und Geschmack immer wieder variieren. Dabei kann man sich auf ein einziges Kraut konzentrieren oder Mischungen wählen. Entscheidend ist immer, gezielt auszusuchen und klug zu komponieren. Es ist schade, wenn zu viele verschiedene Elemente sich gegenseitig erschlagen und keine Kräuterfülle, sondern ein undefinierbarer Mischmasch entsteht. Ziel muss es sein, ein Kraut mit seiner charakteristischen Würze in den Vordergrund zu stellen und mit wenig anderen Kräutern (und Gewürzen) unterstützende, die geschmackliche Bandbreite erweiternde Kompositionen zu schaffen.

a1 Kräuter-Vinaigrette

Im Frühling den ersten, zarten Kopfsalat beispielsweise mit Liebstöckel und Schnittlauch, im Sommer herzhafter mit viel Basilikum, Schnittlauch und ein bisschen Petersilie. Oder Estragon allein – ohne weitere Kräuter, weil sein eindeutiges Parfum schon für sich begeistert; höchstens noch ein wenig Schnittlauch zufügen. Oder auch etwas Kerbel? Man könnte lange darüber philosophieren …

Für vier bis sechs Personen
3–4 Stengel glatte Petersilie
3–4 Stengel Basilikum
1 unbehandelte Zitrone
1 gehäufter TL Dijonsenf
1 Knoblauchzehe
Salz, Pfeffer
ca. 100 ml Olivenöl
evtl. 1 Prise Zucker

Die Blätter der Kräuter von den Stielen zupfen. Zusammen mit dem Saft der Zitrone (diese zuvor mit der Handfläche auf der Arbeitsfläche rollen, damit die Zellen platzen und sie mehr Saft gibt), etwas abgeriebener Schale, Senf, Knoblauch, Salz und Pfeffer in ein Mixgefäß füllen.

Mit dem Mixstab aufmixen, dabei das Öl hinzufließen lassen, bis die Sauce leuchtend grün und schön cremig ist. Nochmals abschmecken, eventuell auch mit einer Prise Zucker.

a1 Kapern-Anchovis-Vinaigrette

Eine würzige Sauce, die zu allen mediterranen Gemüsen passt, von Artischocken bis Zucchini – wie hier als Beispiel auf dem Bild rechts angerichtet: mit Kräuter-Vinaigrette und einer Rouille (Rezept Seite 39).

Für vier bis sechs Personen
2 TL scharfer Senf
2 Knoblauchzehen
2 gehäufte TL Kapern
1 EL Weinessig
1–2 Anchovisfilets
Saft und Schale von ½ Zitrone
1 TL Olivenpaste (Tapenade)
125 ml Olivenöl

Alle Zutaten in ein Mixgefäß füllen, mit dem Mixstab aufmixen, nach und nach das Öl hinzufließen lassen. Kräftig abschmecken.

Tipp: Wenn Sie in Salz eingelegte Kapern haben, diese vorher gründlich abspülen. Sind die Kapern in Essig eingelegt, so verwenden Sie diesen statt des Weinessigs.

a1 Mayonnaise

Wer einmal eine aus guten Zutaten selbst angerührte Mayonnaise gekostet hat, wird vermutlich für das Fertigprodukt gleichen Namens verloren sein. Und mit dem Mixstab gelingt eine Mayonnaise so kinderleicht und garantiert, dass es keinen Grund mehr gibt, darauf zu verzichten. In einem Schraubglas bleibt sie im Kühlschrank auch wunderbar frisch.

Für vier bis sechs Personen
1 EL Senf
1 Eigelb
1 TL Weißweinessig
oder Zitronensaft
Salz, Pfeffer
1 Prise Zucker
125–150 ml Öl
1 Spritzer Worcestershiresauce

Senf, Eigelb, Weißweinessig (oder Zitronensaft),Zucker, Salz und Pfeffer und die Hälfte des Öls in den Mixbecher füllen. Mit dem Mixstab aufschlagen, dabei langsam das Öl hinzufließen lassen, bis sich alles innig zu einer festen Creme verbunden hat.

Nochmals abschmecken, eventuell mehr Salz und Säure, aber auch einige Tropfen Worcestershiresauce zufügen. Falls die Mayonnaise zu dick ist, mit einem kleinen Schuss Fleisch- oder Gemüsebrühe verdünnen, notfalls auch mit einigen Tropfen Wasser.

Tipp: Zum Aufschlagen können Sie nach Gusto ein neutrales Erdnuss- oder Sonnenblumen- oder Rapsöl benutzen. Sie können aber auch ein leichtes, mildes, beispielsweise ligurisches Olivenöl nehmen.

Wichtig: Die Mayonnaise bindet umso besser, je mehr Säure Eigelb und Öl unterstützen. Geben Sie deshalb unbedingt den Essig oder Zitronensaft gleich zu Anfang hinzu – vorsichtig, aber trotzdem mit Mut; die Säure des Senfes allein reicht nicht, der Senf selbst wirkt freilich als Stabilisator. Das feine Abschmecken können Sie nach dem Aufschlagen noch vornehmen.

a1 Ailloli *und* Rouille

Aus einer Mayonnaise wird eine Aioli (wie man in Italien sagt) oder Ailloli (in Frankreich), wenn man sie mit reichlich Knoblauch aufmixt, und diese wiederum zur Rouille, wenn man sie am Ende mit Paprikapulver und Cayennepfeffer oder Chilipulver aromatisiert und schärft. Beide Saucen passen bestens zu Fisch und Meeresfrüchten, aber auch wunderbar zu Gemüse, angefangen bei gebratenen Auberginen über gekochte grüne Bohnen oder Kartoffeln, gedünstete Kohlrabi, Möhren oder Zucchini bis zu geschmorten Gurken oder Zwiebeln.

Für vier bis sechs Personen
1–2 Knoblauchzehen
2 TL Dijonsenf
1 EL Weißweinessig
1 Eigelb
Salz
1 Prise Zucker
100–125 ml mildes
(z. B. ligurisches) Olivenöl

Für eine Rouille außerdem:
1 kleine scharfe Chilischote
1 TL Paprikapulver

Knoblauch, Senf, Essig, Eigelb, Salz und Zucker – und wenn eine Rouille entstehen soll, auch Chili und Paprika – in den Mixbecher füllen. Mit dem Stab glatt mixen, dabei das Öl hinzufließen lassen, bis eine dicke, cremig-feste Mayonnaise entstanden ist. Nochmals abschmecken – falls die Sauce zu fest wirkt, mit einem Löffel saure Sahne oder Joghurt verdünnen.

Tipps: Voraussetzung für das schnelle Gelingen der Ailloli ist, genau wie bei der klassischen Mayonnaise: Die Zutaten sollten alle die gleiche Temperatur haben, sonst mögen sie sich nicht so gern verbinden. Meist geschieht das, wenn die Eier aus dem Kühlschrank kommen und das Öl Zimmertemperatur hat – was normal ist, weil zum Beispiel Olivenöl nicht gekühlt werden muss – kann es passieren, dass die Sauce ausflockt. Man sollte also die Eier für die Mayonnaise mindestens eine Stunde vorher aus dem Kühlschrank holen. Wer das vergessen hat, behilft sich so: zuerst Senf, Essig und Eigelb in einer Tasse oder im Mixgefäß verrühren und das Gefäß für ein, zwei Minuten in heißes Wasser stellen. Man kann die Mischung auch mit einem Schuss heißem Wasser oder Brühe glatt rühren, ehe das Öl eingearbeitet wird, und so auf gleiche Temperatur bringen.

Dieser Schuss heißes Wasser hilft übrigens in jedem Fall, wenn die Mayonnaise grisselig wird und zu gerinnen droht. Und sollte das alles doch nichts nützen, beginnt man einfach noch mal komplett von vorn: Diesmal darauf achten, dass tatsächlich alles gleiche Temperatur hat, und sobald die Emulsion dann gebunden hat, kann man nach und nach die verunglückte Sauce zufügen und einarbeiten.

Wozu servieren: Klassischerweise gehört die Ailloli natürlich zum sanft gesottenen Stockfisch mit seinen verschiedenen Gemüsen, die Rouille hingegen zur Bouillabaisse. Es sind perfekte Grillsaucen und sie schmecken mit gekochten Artischocken (Seite 340).

a1 *Asienwürzige* Schnittlauch-Mayonnaise

Entfernen wir uns noch ein wenig weiter von der klassischen Mayonnaise, die mit Kräutern zu strecken immer gefährlich war: Die aus den Kräutern austretenden Säfte sind durchaus geeignet, die klassisch aufgeschlagene Mayonnaise zu trennen. Die mit der Gabel, dem Schneebesen oder Handmixer erreichte Bindung ist nicht so stabil, dass sie diesem Angriff widerstehen könnte. Eine mit dem Stabmixer aufgeschlagene und unter Zugabe von Kräutern vollendete Emulsion hingegen hält!

Für vier Personen
2 EL Dijonsenf
3 dicke Knoblauchzehen
3 grüne Chilischoten (Thai-Chili)
Saft von ½ Limette
1 EL Fischsauce
(Nam Plaa, Nuoc Mam)
1 haselnussgroßes Stück Ingwer
Salz, Pfeffer
1 rohes Eigelb
1 hartgekochtes Eigelb
100 ml Olivenöl
1 Bund Schnittlauch

In ein nicht zu schmales, sondern lieber etwas ausladendes Gefäß den Senf geben, die geschälten und grob zerschnittenen Knoblauchzehen dazu, die entkernten und ebenfalls etwas klein geschnittenen Chilischoten zufügen sowie Limettensaft, Fischsauce, Ingwer, Salz und etwas Pfeffer, schließlich auch die beiden Eigelbe.

Etwa 2 EL Olivenöl angießen und alles mit dem Mixstab durchmixen, bis ein homogener Brei entstanden ist. Nun langsam unter ständigem Mixen das Öl zugießen, wobei die Sauce richtig dick werden soll. Schließlich den grob gehackten Schnittlauch zufügen und so lange mixen, bis die Sauce ganz seidig-glatt und leuchtend grün geworden ist.

Tipp: Schmeckt köstlich zu Meeresfrüchten aller Art, Schnecken und Muscheln, Scampi oder Garnelen. Probieren Sie Bigorneaux, das sind kleine schwarze Meeresschnecken – muss man beim Fischhändler vorbestellen. Sie werden in Salzwasser wenige Minuten sanft gekocht, im Sud abgekühlt und serviert. Bei Tisch pult man sie mit einer großen Stecknadel aus ihrem Häuschen: Dazu stößt man zuerst das dünne, feste Deckelblättchen beiseite, sticht mit der Nadel in das Fleisch und dreht es schließlich aus dem Häuschen. Dann tunkt man das Fleisch in diese Sauce und verspeist sie mit etwas Weißbrot, am besten Baguette. Eine wundervolle, gesellige Vorspeise, bei der man sich prächtig unterhalten kann, ohne schon zu viel zu verspeisen.

Als Wein dazu darf es ein kräftiger Weißburgunder oder Chardonnay sein, der seinen Ausbau im Barrique (kleinen Holzfass) erfahren haben kann.

Pasten & Cremes

Sehr häufig kauft man solche Zubereitungen fertig beim Händler. Aber mit dem Mixstab kann man kleine Mengen sehr gut selbst herstellen – und dabei auch prima Reste verwerten!

a1 Speckcreme

Lässt sich aus den fetten Teilen vom ganz normalen Bauchspeck oder luftgetrockneten rohen Schinken machen. Besonders köstlich vom in Salz gereiften italienischen Rückenspeck, dem sogenannten Lardo (siehe Bild unten links).

Für vier bis sechs Personen
150 g Speck
1 frische rote Chilischote
1–2 Knoblauchzehen
1 EL Rosmarinnadeln
Pfeffer

Den gewürfelten Speck mit entkernter Chilischote, geschältem Knoblauch, Rosmarin und Pfeffer in den Mixbecher füllen. Mit dem Mixstab geduldig glatt mixen und mit Pfeffer würzen. Anfangs ist es nötig, alles, was sich in der Mixglocke zwischen den Messern versteckt, immer wieder loszulösen. Achtung: dafür unbedingt jedes Mal den Stecker ziehen oder den Motorblock abnehmen. Höchste Verletzungsgefahr!

a1 Kräuterbutter

Je länger man alles mixt, umso feiner und cremiger wird die Butter. Die pürierten Kräuter färben sie leuchtend grün. Zur Rolle geformt, lässt sich die Kräuterbutter auch gut einfrieren, eine hervorragende Methode, für die kräuterlose Zeit vorzusorgen …

Für vier bis sechs Personen
150 g Butter
3–4 Stiele glatte und krause Petersilie
3–4 Stiele Kerbel
3–4 Stiele Estragon
3–4 Stiele Basilikum
1 Liebstöckelstiel
½ Bund Schnittlauch
Salz
etwas abgeriebene Zitronenschale

Die Hälfte der Butter, sie sollte zimmerwarm sein, zuunterst in den Mixbecher füllen. Die von den Stielen gezupften Kräuterblätter zufügen, etwas Salz und Zitronenschale. Die restliche Butter obenauf geben. So lässt sich alles leichter mit dem Mixstab glatt pürieren.

Tipp: Zum Aufbewahren die Kräuterbutter in Klarsichtfolie zu einer Rolle formen – so lassen sich bei Bedarf Scheiben abschneiden.

a1 Rosenkohlcreme

Ein verblüffender Aufstrich, der auch denen schmeckt, die normalerweise keine Freunde dieses Kohlgemüses sind.

Für vier bis sechs Personen
250 g Rosenkohl
Salz
1 Chilischote
1–2 Knoblauchzehen
1 kleine Zwiebel
5 EL Olivenöl
einige Kerbelblättchen
½ Bund Schnittlauch
Muskat, Pfeffer

Den Rosenkohl sorgsam putzen, in Salzwasser bissfest kochen. Eiskalt abschrecken, um die schöne Farbe zu erhalten. Inzwischen Chili, Knoblauch und Zwiebel fein würfeln, in zwei Löffeln Öl andünsten. Rosenkohl zufügen, auch die Kerbelblättchen. Alles mit dem Mixstab zermusen, dabei den Schnittlauch zufügen, mit Salz, Muskat und Pfeffer würzen. Am Ende frisches Olivenöl untermixen – für den Geschmack.

a1 Obazda

So nennt der Bayer einen herrlichen Aufstrich aus Camembert und Butter, herzhaft gewürzt und mit einem Schuss Bier cremig gerührt. Er darf bei keiner Brotzeit fehlen und gehört in den Picknickkorb, wenn's in den Biergarten geht ... Und schmeckt natürlich auch zu Hause auf Crostini – eine toskanisch-bayrische Liaison!

Für zwei bis drei Personen
1 reifer Camembert (250 g)
125 g zimmerwarme Butter
1 kleines Bund Petersilie
1 EL Kümmel (nach Geschmack)
2 EL Delikatesspaprika
Pfeffer
3–4 EL Bier
1–2 Schalotten oder
weiße kleine Zwiebel
3–4 Cornichons (nach Belieben)
Salz

Tipp:
Den Camembert muss man entrinden, wenn er schon so reif ist, dass er Ammoniakduft verströmt – dann hat zwar der Käse die richtige Konsistenz, aber die Rinde ist zu kräftig, schon unangenehm im Geschmack.

Käse, Butter, abgezupfte Petersilienblätter, Kümmel (gehört dazu, weil er das Gericht würziger und verdaulicher macht; wer ihn partout nicht mag, lässt ihn weg), Paprika und Pfeffer in eine Schüssel geben. Mit dem Mixstab vermischen, aber keine glatte, homogene Creme herstellen – es sollen noch Stückchen sichtbar bleiben. So viel Bier untermixen, bis die Masse eine cremige Konsistenz hat.

Schalotten und Cornichons (oder Gewürzgürkchen) von Hand fein würfeln und erst jetzt mit einer Gabel untermischen. Bearbeitet man sie mit dem Mixstab, werden sie zu sehr zermust und die Zwiebeln könnten bitter werden. Dabei die Käsecreme mit Salz abschmecken. Restliche Creme in eine kleine Deckelterrine füllen. Sie bleibt im Kühlschrank ein paar Tage frisch. Allerdings: Vor dem Servieren stets Zimmertemperatur annehmen lassen! Man kann Obazda zu Bauernbrot oder Brezeln als Brotzeit servieren – oder auf Crostini streichen.

Dazu ein Bier: frisches Pils, Vollbier oder Export! Wer durchaus kein Bier mag, weicht auf grünen Tee aus oder genehmigt sich einen knackigen Weißwein, zum Beispiel einen Gutedel aus dem Markgräfler Land oder einen fränkischen Silvaner.

Desserts

a1 Himbeereis

Schneller geht's nicht: Gefrorene Früchte in einen Mixbecher, Zucker und etwas Sahne dazu, eventuell einige Tropfen Zitronensaft, auch einen Schuss Obstbrand oder Likör und alles mit dem Mixstab pürieren. Im Handumdrehen steht ein herrlich fruchtiges Eis auf dem Tisch.

Für vier Personen
300 g gefrorene Früchte (Himbeeren, Waldbeeren, Heidelbeeren)
Zucker nach Geschmack
etwas Zitronensaft
1–2 EL Obstgeist oder -likör
150 g flüssige Sahne oder Crème fraîche

Alles in einen Mixbecher füllen und bis zur gewünschten Konsistenz glatt mixen. Nach Gusto abschmecken – mit ausreichend Süße, Säure und einem Hauch von Alkohol. In Dessertgläser oder auf Desserttellern anrichten. Nach Wunsch mit Sahne oder Crème fraîche und mit frischen oder aufgetauten Früchten dekorieren.

Tipp: Wer's lieber weniger üppig mag, nimmt statt der kalorienträchtigen Sahne Joghurt. Ideal ist für diesen Zweck ein griechischer Joghurt mit seinem besseren Stand.

a1 Pfannkuchenteig

Dass es tatsächlich für eine so simple Sache Fertigmischungen gibt, mag man nicht glauben. Mit dem Mixstab ist der Teig in Sekundenschnelle fertig. Übrigens: Je länger man den Teig ruhen, also ausquellen lässt, desto zarter und knuspriger gelingen die Pfannkuchen. Und dann darf man sie auch französisch Crêpe oder auch nach österreichischer Mehlspeisenart Palatschinke nennen. Ruhig den Teig bereits am Morgen oder sogar am Vortag anrühren und vor dem Backen nochmals aufmixen. Der Teig ist übrigens neutral, lässt sich also nicht nur süß, sondern auch herzhaft servieren. Zum Beispiel mit einem Hackfleischsugo oder einer Petersiliensalsa (Seite 54).

Für vier bis sechs Personen
(ca. 12–14 hauchdünne Pfannkuchen):
100 g Mehl
1 Prise Salz
2 Eier
125 ml Milch
125 ml Sahne

Alle Zutaten in einen Mixbecher geben und mit dem Pürierstab zu einem glatten Teig aufmixen. Zugedeckt bei Zimmertemperatur ruhen lassen. Nur, wenn man den Teig über Nacht quellen lässt, ihn dafür in den Kühlschrank stellen.

a1 *Feine* Palatschinke

Am besten schmecken Pfannkuchen ja frisch aus der Pfanne – die einfachste und schnellste Art, sie zu servieren, ist so:

Pro Person
Pfannkuchenteig, wie oben beschrieben
Butter
Konfitüre nach Geschmack
Puderzucker

Jeweils eine kleine Kelle Teig in eine beschichtete Pfanne gießen, in der ein kleines Stück (ein halber Teelöffel etwa) Butter eben zu bräunen beginnt. Die Pfanne dabei drehen und wenden, bis der Teig den Pfannenboden hauchdünn überzieht. Dann auf mittlerer Hitze backen, bis die Ränder in der Pfanne sich kräuseln und bräunen. Die Pfanne rütteln, bis der Pfannkuchen sich bewegt und durch den Schwung auf dem Boden kreist. Dann kann man mit einem Schubs den Pfannkuchen zum Wenden in die Luft befördern. Notfalls tut es allerdings auch ein kleiner Bratenwender oder eine Palette.

Servieren: Den heißen Pfannkuchen großzügig mit Marmelade bestreichen, aufrollen und mit Puderzucker bestäuben. Sofort servieren!

Tipp: Möglichst in zwei Pfannen parallel arbeiten, dann geht die Sache schneller. Wenn man den Teig in die heiße Pfanne gießt, muss man sehr fix sein und sie sehr schnell und gleichmäßig kreisen lassen, damit er sich hauchdünn und gleichmäßig verteilt. Notfalls kann man die Pfannen zwischendurch auf ein paar Eiswürfeln abkühlen, wie das die Spitzenköche in Frankreich machen, die ihre Crêpes freilich in feinen Kupferpfannen backen.

Der kleine Mixbecher

Zu manchen Mixstäben wird als Ergänzung ein kleiner Mixbecher oder Zerhacker mitgeliefert. Er wird zum Mixen mit einem Deckel verschlossen, dann kann beim Herumwirbeln nichts davonfliegen. In diesem Becher bleibt, anders als beim Mixstab, alles kompakt beieinander. Und vor allem ist eine bessere und noch schnellere Bindung von nicht sehr flüssigen Zutaten möglich.

Auch lassen sich darin kleinste Mengen verarbeiten. Ein Stück Käse zum Beispiel ist im Handumdrehen zerkleinert, und wenn es nur um ein kleines Händchen Mohn, Nüsse oder wenige Mandeln geht, die man gerieben braucht: das schafft dieser kleine Mixbecher besser als ein großer Zerhacker oder Mixer. Will man eine Zwiebel oder Petersilie hacken und gleichzeitig mit anderen Zutaten vermischen, geht das in diesem Zusatzgerät hervorragend, denn man kann hier mit weit weniger Flüssigkeit auskommen als mit dem Stabmixer im großen Mixbecher.

Und schließlich fasst der kleine Becher gerade die geringe Menge Vinaigrette, Sauce oder Marinade, die man im kleinen Haushalt täglich braucht: Alle Bestandteile des Rezepts werden eingefüllt, dann kurz aufgemixt – fertig. Natürlich kann man die folgenden Rezepte auch mit dem Stabmixer zubereiten – eventuell die Mengen erhöhen, damit das Messer genug zum Greifen hat.

a1 Tomagrette

Eine Erfindung von uns, geradezu eine Lieblingssauce, nicht nur im Sommer, wenn die Tomaten in reicher Menge vorhanden sind, sondern mehr noch im Winter, wenn man sie besonders ausnutzen will, sollte man aromatische Früchte (etwa aus Spanien oder Sizilien) bekommen haben. Das Wort setzt sich zusammen aus Tomat*en und Vinai*grette*. Eine säurefrische Sauce, die man als Salatsauce, mehr aber noch als Universalwürze verwenden kann. Es finden hier die Kerne von Tomaten Verwendung, die normalerweise im Abfall landen. In ihnen steckt nämlich erstaunlich viel Geschmack!*

Reicht je nach Verwendungszweck für zwei bis acht Personen
Kerne und Fruchtwasser von 1 oder 2 vollreifen Tomaten
2–3 Knoblauchzehen
½ kleine Zwiebel oder 1 Schalotte
1 kleine frische Chilischote (nach Belieben grün oder rot)
¼ bis ½ unbehandelte Zitrone
Salz, Pfeffer aus der Mühle
Zucker
100 ml Olivenöl

Tomaten auswählen, die ein gefülltes Inneres haben – das können ganz normale Sorten sein (Strauchtomaten) oder auch Fleischtomaten wie Ochsenherzen (Cuore di Bue, Cœur de Bœuf). Diese sozusagen durch den Äquator (wenn der Stielansatz als Nordpol angenommen wird) halbieren, sodass alle safthaltigen Kammern aufgeschnitten werden.

Die geschälten Knoblauchzehen und die grob gewürfelte Zwiebel in den Mixbecher geben. Eine Chilischote zufügen – deren Schärfe macht die Sauce erst richtig lebendig! Nehmen Sie eine grüne Schote, wenn Sie die schlanke Fruchtigkeit betonen wollen, und eine rote, wenn Sie die Sauce schärfer, üppiger und runder wünschen.

Aus den Tomaten die Kerne samt dem sie umgebenden Fruchtwasser mit einem Teelöffel herauslösen und in den Mixer füllen. Salzen, pfeffern und mit Zitronensaft würzen und säuern. Nach Belieben auch die Schale der (ungewachsten und gut abgewaschenen, einer Natur- oder Biozitrone) zufügen, ruhig am Stück oder auch gerieben. Je nach Süße der Tomaten eine gute Prise Zucker zufügen, um Fruchtigkeit und Säure in ein ausgeglichenes Verhältnis zu bringen.

Olivenöl angießen. Mixbecher verschließen, den Stabmixer aufsetzen und alles so lange pürieren, bis eine homogene Sauce entstanden ist, in der aber winzige Partikelchen für eine gewisse Struktur sorgen.

Tipp: Diese Sauce können Sie ohne Weiteres 2 bis 3 Tage in einem Schraubglas im Kühlschrank aufbewahren; vor dem Verwenden immer kräftig aufschütteln oder noch einmal durchmixen.

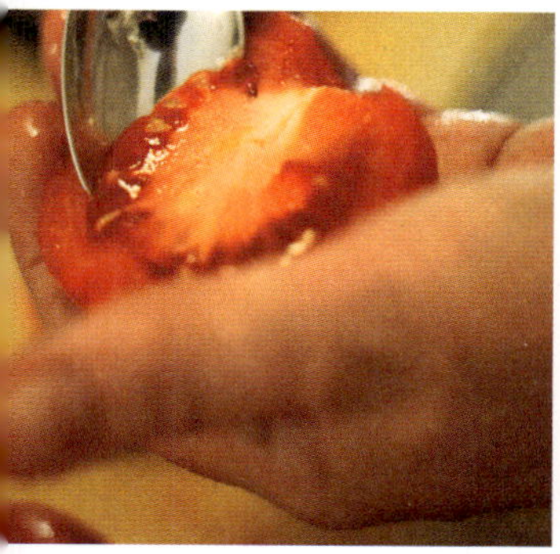

Variationen

Je nach Verwendungszweck und Geschmack können Sie die Würze der Sauce verändern. Etwa frische Kräuter (Basilikum, Estragon, Petersilie, Kerbel, Koriandergrün) hinzufügen, mit Wein- oder Apfelessig säuern, einen Schuss Balsamico zugeben, mit Ingwer aromatisieren und mit Soja- oder Fischsauce anreichern (zum Beispiel zu asiatisch gewürzten Gerichten), mit anderen Ölsorten passende Akzente setzen – etwa mit Walnuss- oder Haselnussöl, mit Kürbiskernöl oder mit einer Mischung aus kaltgepresstem und asiatischem Sesamöl.

a1 Tomataise

Hier also wird im Unterschied zur Tomagrette das Fruchtfleisch verwendet. Außerdem werden die Zutaten nicht roh verarbeitet, sondern gekocht beziehungsweise gedünstet und dann aufgeschlagen, wie eine Mayonnaise, indem man langsam gutes Olivenöl in dünnem Strahl hinzufließen lässt.

Reicht je nach Verwendungszweck für zwei bis acht Personen

- Das Fruchtfleisch von 1–2 Tomaten
- 1 kleine Zwiebel
- oder 1 große Schalotte
- 1–2 EL Olivenöl zum Dünsten
- 1 Knoblauchzehe
- Salz, Pfeffer
- evtl. etwas Zucker
- nach Belieben Cayennepfeffer
- oder frische Chilischote
- etwas Balsamico
- 4–5 EL Olivenöl

Das Tomatenfleisch und die gewürfelte Zwiebel, ohne sie zu bräunen, in einer Kasserolle im heißen Olivenöl weich dünsten. Den gehackten Knoblauch zufügen, salzen und pfeffern. Wenn die Tomaten eher säuerlich und nicht süß sind, etwas Zucker zufügen. Einige Minuten schmurgeln, nur dann länger kochen und reduzieren, wenn die Tomaten sehr wässrig waren. Abkühlen lassen.

Im Mixbecher (oder auch mit dem Pürierstab) aufmixen, dabei Cayennepfeffer (Chili) sowie Balsamico zufügen und langsam das Öl hinzufließen lassen. Zu einer cremigen Sauce aufmixen.

Tipp: Diese Tomataise können Sie auch aus dem Vorratsschrank herstellen, wenn Sie ein fertig gewürztes Tomatenpüree nehmen, das Sie dann ohne weitere Zutaten – höchstens noch etwas Salz und der Balsamico sind notwendig – mit dem Öl aufschlagen können. Sie hat dann zwar nicht die strahlende Frische, die frische Tomaten einbringen, aber schmeckt gleichermaßen köstlich.

Wir haben versucht, die Tomataise aus rohen Tomaten (Concassée) herzustellen – es geht, selbstverständlich, schmeckt aber mehr wie die Tomagrette und gewinnt nicht den Stand und die dichte Cremigkeit, die man für eine mayonnaiseartige Sauce verlangt. Dann lieber gleich eine rohe Tomatensauce zubereiten, wie sie im Sommer am besten zu frisch gekochter Pasta schmeckt.

a1
Variationen mit Tomagrette *und* Tomataise

Die Tomagrette eignet sich als Begleitung zu fast allen gekochten oder gedämpften Gemüsen – zum Beispiel Blumenkohl, Brokkoli, Möhren, Fenchel, Zucchini, grünen und weißen Bohnen, Tomataise passt zu allem, zu dem eine normale Mayonnaise passt: Fisch, Fleisch und Gemüse!

Tomagrette mit Zucchiniblüten

Tomagrette Kartoffelsuppe

Tomagrette auf Aubergine

Tomataise mit Hühnerbrust

Tomagrette zu Zucchiniblüten

Ganz junge Zucchini werden mit der Blüte gedämpft, nur gesalzen und mit der Tomagrette serviert.

Tomagrette in Kartoffelsuppe

Kartoffelsuppe zubereiten, wie auf Seite 433 beschrieben. In die heiße Suppe einen Löffel kalte Tomataise geben, eine Spirale hineinziehen und alles mit einem fein geschnittenen Kraut (Petersilie, Schnittlauch oder, wie in diesem Fall, in feinste Streifen geschnittene Blätter vom Staudensellerie) bestreuen: ungeheuer erfrischend und angenehm!

Tomagrette auf gebratenen Zucchini & Auberginen

Zucchini und Auberginen auf der Aufschnittmaschine in gleichmäßig 3 mm dicke Scheiben schneiden. In Olivenöl scharf braten, leicht salzen oder auf dem Grill garen. Die heißen Scheiben mit der kalten Tomagrette anrichten – dieser Gegensatz ist ein interessanter Effekt beim Verspeisen. Nach Belieben mit einem Kraut würzen (beispielsweise Basilikum).

Tomagrette zu Fleisch und Fisch

Als Sauce auf dünn aufgeschnittenem und auf einer Platte ausgelegtem Fleisch (Tafelspitz oder anderes gekochtes Rindfleisch, Kalbsnuss, Schweinebraten) oder Wurst (Fleischwurst, Lyoner, Jagdwurst).
Zu gekochtem oder gebratenem Fisch unbedingt mit Kräutern mixen oder nachher damit bestreuen.

Tomagrette und Kräuter

Frische Kräuter in die Tomagrette mixen, was natürlich die Farbe verändert, oder nach dem Servieren damit bestreuen. Eigentlich eignen sich alle Kräuter. Besonders gut passen Basilikum, glatte oder krause Petersilie, Estragon oder Koriandergrün.

Tomataise zu Hühnerbrust

Die in dünne Scheiben aufgeschnittene Brust eines Brathähnchens wird mit Tomataise angerichtet, darüber kommt ein Esslöffel voll scharfer Brösel (Rezept Seite 58), ein wenig Balsamico danebentropfen und mit gehacktem Estragon (oder einem beliebigen passenden Kraut) bestreuen.

a1 *Grüne* Tomataise *zum* Carpaccio *vom* Kalbskopf

Dafür braucht man nicht etwa unreife, sondern grünfleischige Tomaten, wie die Sorte Evergreen oder Green Zebra – man findet sie immer öfter als sogenannte Wildtomaten auch im Supermarkt. Sie sind milder im Geschmack, haben weniger Säure, brauchen daher eine kräftigere Würze.

Für vier Personen
1 Zwiebel
2–3 Knoblauchzehen
2 EL Olivenöl
4 reife grüne Tomaten
1–2 grüne Chilischoten
3 Pimentbeeren
6 Pfefferkörner
Salz
½ TL Zucker
1 EL Fischsauce
1–2 EL Apfelessig
ca. 100 ml Olivenöl zum Aufmixen

Für den Kalbskopf:
800–1000 g ausgelöster Kalbskopf (sogenannte Maske)
1–2 Bund Suppengrün (nach Größe)
1 Zwiebel
je 1 EL Senf- und Pfefferkörner
Salz
2 getrocknete Chilischoten

Den Kalbskopf bereits am Vortag kochen: Wenn es der Metzger nicht schon erledigt hat, Knorpel und harte Teile entfernen, nur das Fleisch und die helle Haut zu einer kompakten Rolle wickeln und mit Küchenzwirn verschnüren. Mit dem gewürfelten Suppengrün und allen Gewürzen von Wasser bedeckt, zunächst ohne Deckel, langsam zum Kochen bringen, dann den Deckel auflegen und den Kalbskopf auf kleinster Stufe etwa zwei Stunden gar ziehen lassen. Noch lauwarm straff in Klarsichtfolie wickeln, dabei schön rund formen, damit man später eine schöne Schnittfläche hat. Über Nacht kalt stellen.

Für die Tomataise Zwiebel und Knoblauch würfeln und im Olivenöl weich dünsten. Die grünen Tomaten häuten, grob zerkleinern und mitsamt den Kernen zu den weichen Zwiebeln geben. Die entkernten Chilis zufügen, auch die mit dem Fleischklopfer zerdrückten Gewürzbeeren, Salz, Zucker und Fischsauce. Leise fünf bis zehn Minuten köcheln. Essig zufügen und alles mit dem Mixstab so glatt wie möglich pürieren, dabei so viel Olivenöl untermixen, bis die Sauce die gewünschte Cremigkeit hat.

Zum Servieren den Kalbskopf auf der Aufschnittmaschine (oder mit einem Messer, dessen schmale und scharfe Klinge zuvor unbedingt angewärmt werden muss) in dünne Scheiben schneiden. Auf vorgewärmten Tellern anrichten, damit die gelatinösen Scheiben ein wenig schmelzen. Die grüne Tomataise in dekorativen Klecksen darüber verteilen. Eventuell rundum eine dünne Linie („*un filo*“, einen Faden, wie der Italiener sagt!) Olivenöl träufeln.

Flüssiges und Cremiges mit Biss

Während man mit dem Mixstab hervorragend glatte Saucen herstellen kann, eignet sich der kleine Mixbecher oder Zerhacker auch dazu, Cremiges oder Flüssigkeiten mit festen Bestandteilen so in Verbindung zu bringen, dass gleichmäßig zerkleinerte Stückchen in der cremigen oder flüssigen Hauptsubstanz erhalten bleiben und trotzdem zusätzlich eine einigermaßen stabile Verbindung entstanden ist. Der Zerhacker nimmt also nicht nur die Arbeit des Zerkleinerns auf sich – was beispielsweise bei Thaisaucen der größte Aufwand ist, wenn man alle festen Zutaten mit dem Messer hackt –, sondern schafft es, eine Bindung herzustellen, die man sonst nur erreicht, wenn man einen Teil der Zutaten zusätzlich im Mörser stampft. In Thailand ist dies selbstverständlich, hierzulande dürfte es aber kaum jemand tun – der kleine Mixbecher gibt uns damit eine gewisse Originalität der Speisen zurück.

a1 Thaivinaigrette

Damit kann man jeden Salat aufpeppen, denn die feurige Schärfe der Chilis belebt. Sie wird durch Zucker ausgeglichen; Zitronen- oder Limettensaft sorgt für Frische. Diese Salatmarinade ist besonders leicht, weil sie völlig ohne Öl auskommt.

Für vier bis sechs Personen
1 rote und Chilischote
1 grüne Chilischote
2 Knoblauchzehen
1 walnussgroßes Stück Ingwerwurzel
1 ebenso großes Stück Galgant (Thaiingwer)
1–2 Schalotten oder 1 junge Zwiebel
1 Zitronengraskolben
2–3 Kaffirlimettenblätter
1 Stück Schale einer Kaffirlimette
1–2 Korianderwurzeln
3–4 EL Zitronen- / Limettensaft
1 TL Zucker
2–3 EL Fischsauce

Chilis entkernen, Knoblauch, Ingwer, Galgant und Schalotte(n) schälen – alles grob zerkleinert, auch das Zitronengras, in den kleinen Mixbecher füllen. Die Kaffirblätter vom dicken Stiel befreien, zusammen mit Limettenschale, Limettensaft, der geputzten Korianderwurzel (nie wegwerfen, sie steckt voller Geschmack!) sowie Zucker und Fischsauce zufügen. Kurz mixen, bis alles nicht zu fein zerkleinert ist.

Die Vinaigrette soll deutlich scharf und sauer schmecken, durch ihre Süße aber gemildert wirken.

Tipp: Immer erst unmittelbar vor dem Servieren über den Salat träufeln, den man zum Beispiel so zusammenstellen und anrichten kann wie rechts beschrieben.

a1 Schweinebauch *mit* Thaivinaigrette

Den Schweinebauch kann man, in Klarsichtfolie eingewickelt, tagelang im Kühlschrank aufbewahren und hat so immer eine wichtige Zutat für einen solchen erfrischenden Vorspeisen- oder Imbisssalat zur Hand. Statt der hier aufgeführten Blätter kann man natürlich je nach Saison alle möglichen anderen Salat- und Kräuterblätter verwenden.

Für sechs bis acht Personen
600 g durchwachsener Schweinebauch
1 Zitronengras
2 Knoblauchzehen
1 Stück Ingwer
1 Stück Galgant
1 Zwiebel
3 EL Fischsauce
1 EL Zucker
1 grüne Chilischote
1 rote Chilischote
2–3 Kaffirlimettenblätter

Für den Salat:
1 Kopfsalatherz
1 Chicoreestaude
1 Handvoll Feldsalatröschen
1 Handvoll Wasserkresse
1 Handvoll Sojabohnensprossen
1 kleine Gärtnergurke
frische Kräuter:
– Minze
– Koriandergrün
– Thaibasilikum
– Europakoriander

Außerdem:
Thaivinaigrette nach Rezept

Den Schweinebauch in einen möglichst genau passenden Topf betten, die Schwarte nach unten. Zitronengras, Knoblauch, Ingwer, Galgant und Zwiebel, alles geputzt und grob zerkleinert, zufügen, auch Fischsauce und Zucker sowie die längs halbierten Chilis und die Kaffirblätter. Alles mit Wasser knapp bedecken.

Ohne Deckel langsam zum Kochen bringen, nach dem ersten Aufwallen die Hitze herunterschalten. Den Schweinebauch auf kleinem Feuer ungefähr 60 bis 80 Minuten gar ziehen lassen. Im Sud abkühlen. Dann herausnehmen, in Klarsichtfolie wickeln, in eine passende Schale betten und am besten ein Gewicht daraufsetzen, damit das Fleischstück eine akkurate viereckige Form bekommt, und kalt stellen.

Zum Servieren die Salat- und Kräuterblätter waschen, trocken schütteln und als Bett bunt gemischt auf einer Platte verteilen. Das Fleisch auf der Aufschnittmaschine (oder mit einem scharfen Messer) in hauchdünne Scheiben schneiden. Locker auf dem Salatbett verteilen. Die Thaivinaigrette nach Rezept zubereiten, überall Kleckse davon auf den Salat setzen. Die restliche Vinaigrette in einem Glas oder einer Saucière zum Nachnehmen dazustellen.

Tipp: Ein solcher Salat ist in Thailand stets ein wichtiger Bestandteil einer Mahlzeit – er lässt sich vielseitig abwandeln. Siehe dazu auch den Thaisalat von der Kalbszunge, Rezept Seite 136.

a1 Macadamia-Kräuter-Relish

Diese nussig-würzige Kräutermischung gibt nicht nur Duft und Geschmack, sondern auch einen interessanten Biss. Passt zu Fleisch und Fisch, ist auch prima über gegrilltem Gemüse.

Für vier Personen
50 g Macadamianüsse
1 Knoblauchzehe
1 cm dicke Scheibe Ingwerwurzel
1 Chilischote
Eine Handvoll asiatischer Kräuter:
– Koriandergrün
– Thaibasilikum
– chinesischer Schnittlauch
Schale ½ Kaffirlimette
2 Kaffirlimettenblätter
2 EL Zitronen- oder Limettensaft
½ TL Zucker
2 EL Fischsauce

Die Nüsse mit geschältem Knoblauch und Ingwer, entkernter Chilischote sowie den abgezupften Kräuterblättern in den kleinen Mixbecher füllen, Kaffirlimettenschale sowie Kaffirblatt zufügen. Mit Limettensaft und Fischsauce auffüllen, Zucker hinzustreuen. Kurz mixen, bis die Nüsse schön zerkleinert sind und dem Relish eine gewisse Bindung geben.

a1 Petersiliensalsa

Gut zu Steaks oder anderem kurz gebratenem Fleisch, zu kaltem Braten oder zu gedämpftem Gemüse. Oder einfach zu einer heißen Wurst!

Für vier Personen
1 Bund glatte Petersilie
2 rote Chilis
1 EL Zitronenöl (Seite 58)
2 EL Zitronensaft
Schale von ½ unbehandelten Zitrone
1 Schalotte
oder 1 kleine weiße Zwiebel
2 Knoblauchzehen
1 EL Fischsauce
2 EL Olivenöl

Die abgezupften Petersilienblätter, entkernte Chilis, Zitronenöl, Zitronensaft und frische Zitronenschale mitsamt der geschälten Schalotte (oder der weißen Zwiebel) in den kleinen Mixbecher füllen. Fischsauce zufügen und kurz durchmixen, bis alles gleichmäßig zerkleinert ist und sich gut vermischt hat.

a1 *Asienwürziger* Senf

Gibt ganz normalen Frankfurter (oder Wiener) Würstchen ein exotisches Flair, passt aber auch einfach so aufs Brot, zum Schweinebraten oder ist eine fabelhafte Grillsauce!

Für vier Personen
100–150 g mittelscharfer Senf
1 kleine Schalotte oder rote Zwiebel
1–2 Knoblauchzehen
1 walnussgroßes Stück Ingwerwurzel
1 rote Chilischote
1 grüne Chilischote
(nach Gusto eine mildere Jalapeño oder auch die schärferen Thaichilis),
1 EL neutrales Öl
1 TL Sesamöl
evtl. frisches Koriandergrün

Den Senf in eine kleine Schüssel füllen. Zwiebel, Knoblauch, Ingwer und Chilis putzen, schälen beziehungsweise entkernen und grob zerkleinert in den kleinen Mixbecher füllen. Neutrales Öl sowie Sesamöl sofort zufügen – das ist wichtig, damit die Zutaten beim Mixen keinen Luftkontakt bekommen und womöglich durch Oxidation einen unangenehmen metallischen Geschmack entwickeln. Nur so lange mixen, dass die Zutaten nicht zermusen, sondern noch kleine Stückchen erkennbar sind. Nach Belieben am Ende noch einige Korianderblätter mitmixen. Diese Mischung unter den Senf rühren.

Würzöle & Scharfe Brösel

Aus ganz einfachen Zutaten schnell gemacht und deshalb immer zur Hand, wenn ein Gericht zusätzlich Pep braucht oder ein Teller eine pfiffige Dekoration. Vor allem Zitronenöl und die Scharfen Brösel lassen sich in einem Schraubglas lange aufbewahren. Ein wenig davon über den Teller geträufelt oder dekorativ verstreut – und das Essen bekommt Duft, Farbe und Biss.

Kräuteröle sollten Sie aber nie länger als drei, vier Tage aufbewahren, sonst leidet der Geschmack.

Kräuterölkleckse auf der Oberfläche einer Cremesuppe sehen immer schön aus und setzen pfiffige geschmackliche Akzente. Man kann alle möglichen Kräuter dafür verwenden. Empfindliche Kräuter, die an der Luft schnell oxidieren, wie Basilikum, muss man blanchieren, bei Petersilie, Dill oder Koriander ist es nur nötig, wenn man das Öl einige Tage aufbewahren will. Auch Frühlingszwiebel- oder Schnittlauchöl, das stets eine angenehme frühlingsfrische Zwiebelnote auf den Teller bringt, sollte man immer frisch mixen.

a1 Petersilienöl

Lässt sich natürlich auch mit jedem anderen Kraut machen, zum Beispiel mit Schnittlauch oder Frühlingszwiebeln.

Für sechs Personen
1 Tasse Petersilienblätter
einige Körnchen Salz
ca. 125 ml Olivenöl

Die Blätter von den Stielen zupfen (Schnittlauch und Frühlingszwiebeln grob in Stücke schneiden). In den kleinen Mixbecher stopfen, einige Salzkrümel zufügen und das Öl so lange mixen, bis die Blätter absolut fein zerkleinert sind und das Öl grün leuchtet.

Je nasser die Blätter noch vom Waschen waren, umso milchiger wirkt zunächst das Öl, weil die Feuchtigkeit mit dem Öl emulgiert. Das trennt sich jedoch nach einer Weile, und das Öl sieht wieder schön grün aus.

Tipp: Man kann das Würzöl abwandeln und zusätzlich parfümieren, indem man ein kleines Stück Zitronenschale mitmixt, ein Stück Chilischote für fruchtige Schärfe und geschmackliche Tiefe sorgen oder sogar eine Knoblauchzehe ihren charakteristischen Beitrag leisten lässt.

a1 Zitronenöl

Passt glänzend zu Fisch, zu Risotti und zu allen Arten von Gemüse. Natürlich braucht man gute, unbehandelte Zitronen, dafür am besten Bio- oder Naturzitronen.

Für vier bis sechs Personen
2 EL Zucker
2 unbehandelte Zitronen
100 ml Olivenöl

Den Zucker in einer Kasserolle karamellisieren, mit Zitronensaft ablöschen, die in feine Würfel geschnittene Zitronenschale zufügen. Köcheln, bis ein gelber, duftender Karamell entstanden ist. Abkühlen lassen, mit dem Öl vermischen und in ein kleines Schraubglas füllen. Vor Gebrauch gut schütteln!

a1 *Scharfe* Brösel

Damit kann man verblüffende Akzente setzen – die würzigen Brösel sind dekorativ und geben Geschmack, wirken aber auch durch ihre Konsistenz. Man streut sie zum Beispiel über Pasta statt geriebenen Käse. Oder garniert damit einen Salat – zum Beispiel mit Hühnerbrust, siehe Seite 50. Statt Sobrassada kann man auch Chorizo aus Spanien oder eine andere scharfe Paprikawurst nehmen. Man darf mit dieser Idee auch ganz nach Geschmack spielen, es eignen sich im Prinzip alle fetten, würzigen Würste, zum Beispiel Blutwurst, oder luftgetrockneter Speck.

Für ein Schraubglas von ca. 200 g
150 g Sobrassada (auch Chorizo oder eine andere scharfe Wurst)
evtl. 2–3 Knoblauchzehen
1 getrocknete Chilischote
ca. 40 g Semmelbrösel

Die Wurst häuten, in Scheiben schneiden und auf Backpapier oder auf Folie verteilen und auf einem Blech bei 200 Grad Heißluft ungefähr 10 Minuten rösten.

Alles in den kleinen Mixbecher füllen, auch die Gewürze und die Semmelbrösel zufügen und mixen, bis alles zu feinen Böseln, keinesfalls aber zu Staub geworden ist.

In einem Schraubglas bleiben die Brösel lange frisch.

a2 *Der* Handrührer

Wer je mangels entsprechender elektrischer Hilfe schon mal Eischnee von Hand hat schlagen müssen, der weiß spätestens dann diesen handlichen Motor mit seinen Rührschlägern zu schätzen. Denn es braucht ganz schön Energie und auch seine Zeit, bis aus glibbrigem Eiklar schöner, steifer Schnee geworden ist, und man spürt am Ende deutlich, dass man dafür eine Menge unterschiedlicher Muskeln in Bewegung hat setzen müssen.

Kleiner Helfer für die kleine Küche

Ob Sahne steif zu schlagen ist oder Eischnee gebraucht wird, der Handrührer ist schnell zur Hand, braucht nicht mühsam zusammengebaut zu werden – die Rührbesen einstecken und schon geht's los. Mit den Knethaken, die für stabilere Teige nötig sind, sieht es schon ein wenig anders aus: Die ackern sich eine ganze Weile brav auch durch festere Konsistenzen, einen Fleischteig beispielsweise für Falschen Hasen oder Bouletten kriegen sie prima hin. Aber ab einer gewissen Teigfestigkeit, vor allem von einer entsprechenden Teigmenge an – und aus nur einem Pfund Mehl Brot zu backen und dafür den Backofen überhaupt anzuwerfen, das lohnt sich einfach nicht – ist der kleine Motor überfordert. In diesem Fall muss man mit eigener Muskelkraft die Sache übernehmen oder sie der großen Küchenmaschine überlassen. Gerade für kleine Haushalte ist der Handrührer aber eine Alternative zur Küchenmaschine, zumal man seine Funktionalität wie beim Mixstab auch mit zusätzlichem Zubehör erweitern kann.

Den Handrührer hält man während seiner Arbeit in der Hand, wie der Name bereits andeutet. Und das kann lästig sein. Wenn man beispielsweise eine Zutat vergessen hat und sie außer Reichweite steht. Dann muss man abschalten und das Gerät abstellen – dumm, wenn das Modell keine Standfläche hat und die Rührschläger die Arbeitsfläche beschmutzen.

Dass stets eine Hand mit dem Halten des Apparats beschäftigt ist, ist mühsam. Ein praktisches Traggestell gibt es nicht für alle Modelle. Und den Handrührer während des Rührens auf dem Schüsselrand abzustellen ist nicht ratsam, eine zu wackelige Konstruktion, die man nicht aus den Augen lassen darf.

Trotzdem ist ein Handrührer eine fabelhafte Ergänzung. In einer ambitionierten Küche, vor allem, wenn viel gebacken wird oder oft aufwen-dige Desserts auf den Tisch kommen, hat der Handrührer als Zusatz-, als Zweitgerät seine Chance. Da kann er wahrlich nützlich sein: Während die Küchenmaschine mit ihrem ausdauerfähigen Rührwerk beispielsweise das langwierige Schneeschlagen übernimmt, tut der Handrührer seinen unermüdlichen Dienst am Herd, wo er derweilen im Wasserbad die Eigelb für die Soufflémasse heiß und dicklich schlägt. Das nämlich kann die Küchenmaschine nicht (Ausnahme: Küchenmaschine mit Heizfunktion, Seite 165). So ist der Handrührer für gewisse Arbeiten unersetzlich.

An manche Modelle lässt sich noch ein Mixstab anschließen – aber nötig ist das nicht. Denn beide Geräte beanspruchen nicht viel Platz in der Küchenschublade. Teuer sind sie auch nicht. Und im Allgemeinen sind die angeblichen Alleskönner in den jeweiligen Disziplinen selten so gut wie die Spezialisten. Lieber einen guten Mixstab und einen einfachen Handrührer – dann ist man für alles in der Küche gewappnet.

a2 Stollensoufflé *mit* Waldbeerensauce

Ein herrliches Dessert, mit dem Sie groß rauskommen; denn ein Soufflé gilt immer als besonders diffizil und dieses ist ganz schnell und völlig problemlos gemacht. Außerdem findet so der Christstollen auch lange nach Weihnachten noch eine vorzügliche Verwendung. Und wenn gerade kein Stollen zur Hand ist, tut's auch jedes andere Gebäck, vom Englischen Kuchen bis zu Amaretti.

Für vier bis sechs Personen
100 g Stollen (oder anderes Gebäck)
100 g Sahne
2 Eigelb
3 EL Zucker
2 Eiweiß
1 Prise Salz
Butter und Zucker
für die Förmchen

Waldbeerensauce:
300 g gemischte Beeren (Heidelbeeren, Himbeeren, Brombeeren, Erdbeeren – kann auch TK sein)
2–3 EL Zucker
1 Spritzer Zitronensaft

Den Stollen in Würfel schneiden und in einer Schüssel mit der warmen Sahne (Mikrowelle höchste Stufe, 30 Sekunden) beträufeln. Zugedeckt 15 Minuten ziehen lassen, bis das Gebäck weich ist.

Die Eigelb in einen Rührkessel geben, 2 EL Zucker zufügen, über eine Kasserolle hängen, in der Wasser leise kocht. In diesem Wasserbad mit dem Handrührer schlagen, einige Minuten, bis eine dicke helle Creme entstanden ist. Das eingeweichte Gebäck zufügen und alles miteinander innig vermischen. Beiseitestellen.

In der Zwischenzeit in der Küchenmaschine (oder in einem zweiten Rührkessel mit den peinlich sauberen Rührschlägern) die Eiweiß mit der Salzprise langsam zu steifem Schnee schlagen, den Zucker hinzurieseln lassen. Schlagen, bis er nicht mehr knirscht und der Schnee dicht und weich ist. In zwei Portionen mit dem Gummischaber vorsichtig unter die Stollen-Eigelb-Masse heben.

Souffléförmchen gut ausbuttern und mit Zucker ausstreuen. Die Masse darin verteilen, die Förmchen in eine Bratenform stellen und diese auf der mittleren Schiene in den auf 180 Grad vorgeheizten Ofen setzen (Heißluft, 200 Grad bei Ober- und Unterhitze). So viel heißes Wasser angießen, dass die Förmchen bis knapp unter dem Rand in diesem Wasserbad stehen. Die Soufflées 18 bis 20 Minuten backen.

Für die Sauce unterdessen die Beeren mit Zucker verrühren und mit einem Spritzer Zitronensaft würzen. Durch die Flotte Lotte drehen, um alle Kernchen aufzufangen.

Zum Servieren einen Spiegel Sauce auf Desserttellern verteilen, die Soufflés aus ihren Förmchen lösen und auf der Sauce anrichten. Mit Puderzucker bestäuben und rasch servieren, dazu die restliche Sauce in einer Sauciere oder kleinen Schüssel dazureichen.

Dazu passt ein Gläschen süßer Dessertwein, beispielsweise ein Eiswein aus der Pfalz.

a2 Stollen-Parfait *mit* Orangensalat

Die geeiste Variante zur Stollen-Resteverwertung. Lässt sich übrigens auch mit anderen Gebäckresten zubereiten und ist immer ein verblüffendes und köstliches Dessert.

Für vier bis sechs Personen
100 g Stollen
250 ml Sahne
2 EL Orangen- oder Quittenlikör
3 Eigelb
50 g Zucker
1 Prise Salz

Orangensalat:
2 Orangen
(besonders gut: Blutorangen)
2 El Orangenlikör
Zucker
evtl. einige Tropfen Zitronensaft

Den Stollen zerkrümeln, in einer Schüssel mit einigen Esslöffeln Sahne benetzen, auch den Likör darüberträufeln. Gut durchweichen lassen.

In der Zwischenzeit die Eigelb im Wasserbad mit dem Handrührer zu einer dicken, hellen Creme heiß schlagen, dabei den Zucker hinzurieseln lassen und die Salzprise zufügen. Unter die warme Creme den eingeweichten Stollen mischen.

Am Ende die restliche Sahne steif schlagen und in zwei Portionen unter die Eiermasse ziehen.

Eine halbrunde Parfait- oder eine Kastenform mit Klarsichtfolie auskleiden, die Parfaitmasse einfüllen. Mit Folie abdecken. Im Gefrierer über Nacht fest werden lassen.

Für den Orangensalat die Früchte mit dem Messer bis aufs Fleisch schälen – die dünne weiße Haut dabei mit abschneiden. Jetzt mit einem kleinen Officemesser das Fruchtfleisch keilförmig aus den Häuten schneiden. Über einer Schüssel arbeiten, damit herabtropfender Saft aufgefangen wird. Die Schnitze in diesen Saft legen, mit Orangenlikör und Zucker, eventuell auch mit etwas Zitronensaft würzen.

Zum Servieren das Parfait aus der Form lösen, in fingerdicke Scheiben schneiden. Auf Desserttellern anrichten, mit dem Orangensalat umkränzen.

a2 Vanille-Butter-Creme

Sie ist die klassische Füllung für die verführerischen Macarons (Seite 122), passt aber auch als Creme für Biskuits (Seite 77) oder als Füllung für Pfannkuchen (Seite 46).

Für ein Rezept Macarons oder Biskuits als Pfannkuchenfüllung für sechs Personen
2 Eiweiß
100 g Zucker
170 g zimmerwarme, frische Butter
1 Vanilleschote
1 EL Zitronen- oder Kirschlikör

Eiweiß und Zucker in eine halbrunde Metallschüssel, einen sogenannten Rührkessel, füllen, mit den Schneebesen des Handrührers langsam schlagen, die Schüssel dafür in ein Wasserbad setzen. So lange schlagen, bis die Masse weiß, dicht und heiß geworden ist. Die Schüssel aus dem Wasserbad nehmen und den Schnee noch so lange weiterschlagen, bis er stabil und glänzend ist. Das alles dauert seine Zeit und es wäre praktisch, wenn Sie einen sicheren Stand für Ihren Handrührer zur Verfügung hätten.

Jetzt die Schneeschläger mit den Knethaken tauschen, stückchenweise die Butter unter die noch warme Masse rühren, die jetzt schmilzt und beim Abkühlen die Creme stützt. Mit dem ausgeschabten Mark aus der Vanilleschote und einem Spritzer Likör würzen.

Die Vanillecreme ist stabil, sie bleibt in einem gut verschlossenen Behälter einige Tage frisch; man kann sie sogar einfrieren. Vor dem Verarbeiten im Kühlschrank auftauen, dann nochmals mit dem Schneebesen kurz aufschlagen.

Tipp: Die Creme kann man statt mit Vanille auch mit Orangen- oder Zitronenschale parfümieren, dann natürlich auch mit Orangen- oder Zitronenlikör würzen. Man kann sie auch mit etwas Erdbeer- oder Himbeerkonfitüre rosa färben – passend zu mit Speisefarbe rosa gefärbten Macarons.

a2 Canache-Creme

Ebenfalls eine perfekte Füllung für Macarons (Seite 122), vor allem wenn sie mit Kakaopulver dunkel gefärbt sind. Übrigens auch die leichteste Mousse au Chocolat der Welt – in zweierlei Hinsicht: Sie macht wirklich keine Mühe und sie hat erheblich weniger Kalorien als die klassische Version mit Eigelb.

Für vier Personen
300 g Sahne
200 g Edelbitterschokolade

Die Sahne aufkochen, Schokolade zerbröckeln und darin langsam schmelzen. Im Kühlschrank vollständig abkühlen und fest werden lassen. Schließlich mit den Schneeschlägern des Handrührers cremig aufschlagen.

stop
1
2
3

a3 *Die große* Küchenmaschine

Rühren, Schlagen, Kneten, Mixen, Raspeln, Raffeln, Reiben, manche können sogar kochen – eine Küchenmaschine kann ganz schön vielseitig sein und einem eine Menge strapaziöser Küchenarbeit abnehmen. Ob und wie man diese verschiedenen Möglichkeiten nutzt, das hängt natürlich von einem selber ab, den persönlichen Vorlieben, Bedürfnissen und Speisegewohnheiten, und natürlich von der Größe des Haushalts.

Die (fast) Alleskönnerin

Wer Kuchen lieber fertig kauft und kaum aufwendige Desserts zubereitet, wird auf einen solch raumgreifenden Apparat vielleicht ganz verzichten. Will man gelegentlich eine Suppe oder Sauce mixen, ist ein Mixstab viel effektiver. Und um ab und zu eine Möhre in Scheiben oder einen halben Kohlkopf in feine Streifen zu schneiden, tut's auch ein simpler Gurkenhobel – der außerdem anschließend kurz unter den heißen Wasserhahn gehalten schneller wieder sauber ist, als die einzelnen Teile des Schnitzelwerks zum Reinigen auseinandergenommen sind.

Wer aber immer wieder Teige rührt und knetet, der wird eine Küchenmaschine schnell als segensreiche, arbeitserleichternde Erfindung zu schätzen wissen, zumal, wenn die dazugehörige Getreidemühle auch noch das Mehl frisch mahlen kann. Oder wenn die Familie alltäglich nach frisch geriebener oder geschnetzelter Rohkost giert. Und erst recht, wenn man sein Hackfleisch selbst durch den Wolf drehen will, sei es, weil man eigene Tiere verwertet oder größere Portionen zu verarbeiten hat.

Ein wenig Historie

Die erste Küchenmaschine hat man vor fast hundert Jahren in Amerika entwickelt – diese KitchenAid wird übrigens, in modernisierter Form und technisch weiterentwickelt, bis heute produziert und ist mit ihrem nostalgischen Look geradezu Kult. Bald hielten die ursprünglich für den professionellen Einsatz in Bäckereien und Restaurants konzipierten Geräte auch im Haushalt Einzug. Dort wurde Hauspersonal immer rarer und die Hausfrau war dankbar für maschinelle Unterstützung. Auch in Deutschland wurden Küchenmaschinen zum begehrten Objekt, in den 50er-Jahren gehörte sie zum Traum von einer anspruchsvollen Einbauküche. So war sie auf der Investitionsliste für die junge Familie lange Zeit das angesagte Hochzeitsgeschenk. Da stand dann auf dem Gabentisch ein Riesentrumm von Kiste mit einer schweren Maschine drin, samt einer Vielzahl von unterschiedlichstem Zubehör und einer roten Schleife drum – und das junge Paar spätestens nach den Flitterwochen vor der Frage, wie alle diese Teile in der zumeist winzigen Küche der ersten Wohnung Platz finden sollten. Und wenn die frisch gebackenen Eheleute, statt selber zu kochen, immer öfter industrielle Fertigkost bevorzugten, verschwand der Apparat in einer schwer zugänglichen Ecke und wurde nie mehr hervorgeholt.

Denn die guten Eigenschaften einer Küchenmaschine, nämlich ihre vielseitige Einsatzfähigkeit, die ja auch auf einem umfangreichen Programm von Zubehör beruht, sind zugleich das Problem: Wer jedes Mal die verschiedenen Teile erst mühsam zusammensuchen, zusammenbauen, aufstellen und gar noch anschließen muss, erledigt die Arbeit dann eben doch lieber schnell von Hand oder mit dem Hand- oder Stabmixer und lässt die Küchenmaschine Maschine sein.

Es wird nur dort, wo es stets griffbereit und immer einsatzfähig ist, das Gerät auch regelmäßig benutzt. Deshalb sollte eine Küchenmaschine ihren festen Standort auf der Arbeitsfläche haben, frei zugänglich, ans Stromnetz angeschlossen und so bestückt, dass man sich sofort an die Arbeit machen kann. Seltener genutzte Zubehörteile werden praktischerweise in einer Schublade darunter, dahinter oder daneben verstaut, damit sie ebenfalls zur Hand sind, wenn man sie braucht.

Die Küchenmaschine: Tipps für den Kauf

Auch die besten Küchenmaschinen sind keine Alleskönner – jeder Hersteller hat sein eigenes Konzept, wobei der eine mehr auf Vielseitigkeit setzt, der andere vielleicht mehr auf die perfekte Teigbereitung, der dritte auf ein gutes Schnitzelwerk Wert legt. Fragen Sie den Fachhändler, lassen Sie sich eventuell auch bei einem Verbraucherverband oder Ihren Stadtwerken beraten.

Welche Funktionen brauchen Sie? Überlegen Sie im Voraus, welche Funktion die Wichtigste für Sie ist, wo die weiteren Prioritäten liegen und worauf Sie auch verzichten können.

Schnitzelwerk Bei manchen Maschinen wirft das Schnitzelwerk das bearbeitete Gemüse nach außen aus, sodass Sie eine beliebig große Schüssel unterstellen können. Wird in einen Behälter darunter geschnitzelt, sollte dieser ausreichend groß sein, damit Sie die Maschine nicht dauernd auseinandernehmen müssen, um ihn zu leeren.

Kleiner Mixaufsatz Da in einem großen Behälter kleine Mengen mit dem Universalmesser meist nicht optimal bearbeitet werden können, ist ein zusätzlicher kleinerer Mixaufsatz praktisch (wenn Sie dafür nicht den kleinen Mixbecher vom Stabmixer vorziehen).

Große Teigschüssel Achten Sie auf eine ausreichend große und stabile Teigrührschüssel – sie sollte erlauben, einen Teig aus zwei Kilogramm Mehl zu kneten, damit sich zum Beispiel Brotbacken lohnt.

Eine zweite Rührschüssel Leisten Sie sich eine zweite Rührschüssel, in der Sie beispielsweise Eischnee schlagen können, den Sie dann sofort – ohne die Schüssel erst spülen zu müssen! – unter die vorher gerührte Teigmasse heben können.

Wie schlägt der Schneebesen? Prüfen Sie, ob auch der Schneebesen die ganze Schüssel gleichmäßig ausschlägt.

Messer schärfbar? Schauen Sie sich das Messer genau an: Es sollte so konstruiert sein, dass Sie es mit einem Wetzstahl nachschärfen können – kompliziert gebaute Messer lassen dies nicht zu und Sie müssen ein neues kaufen, wenn es stumpf geworden ist. Das geht schneller, als man denkt, zum Beispiel, wenn man Zucker oder Salz mit Gewürzen vermischt. Zum Schärfen zunächst drei Mal im Winkel von etwa 12 Grad über die angeschrägte Seite der Schneide fahren, dann zwei Mal ganz flach über die glatte Seite; eventuell wiederholen.

Lautstärke Achten Sie auf die Angabe des Herstellers zur Geräuschentwicklung: Viele Maschinen sind sehr laut! Bei mehr als 78 Dezibel wird's ungemütlich, besser wären 75 Dezibel (jeweils 3 Dezibel mehr bedeuten eine Verdopplung der Lautstärke!), das entspricht in etwa normalem Verkehrslärm. Lassen Sie im Zweifel die Maschine einmal laufen, bevor Sie sich zum Kauf entscheiden.

Schmutzfänger vermeiden Rillen und Zwischenräume zwischen einzelnen Verkleidungsteilen sind Schmutzfänger. Die Bedienungselemente sollten entweder hinter einer Folie liegen oder bündig mit dem Maschinenkörper abschließen, damit sich neben oder unter ihnen kein Schmutz einnisten kann. Übergänge zu Sockeln oder erhabenen Maschinenteilen sollten zum leichteren Abwischen gerundet sein, nicht mit einer rechtwinkligen Kante anschließen, die sich nur schwer reinigen lässt.

Verarbeitung Achten Sie auf solide Verarbeitung und ausreichende Stabilität: Vor allem beim Schnitzelwerk ist wichtig, dass die Halterung dem Druck sicher widersteht, wenn man Möhren oder Sellerie reibt oder schnitzelt. Wird dabei nämlich die Scheibe schräg gedrückt, wird nicht alles erfasst und es bleiben zum Schluss größere Reste zwischen Scheibe und Deckel übrig. Deswegen sollten Sie auch überprüfen, dass die Scheiben dicht und exakt unter dem Deckelaufsatz laufen.

Einfache Bedienung Prüfen Sie, wie leicht und gleichzeitig sicher sich Schüsseln und Aufsätze, Knethaken und Schneebesen einsetzen und entfernen lassen. Die Bewegungen sollten Ihnen angenehm und einleuchtend sein – es gibt Maschinen, bei denen sie sich selbst erklären und harmonisch zu erledigen sind, bei anderen erschließen sie sich nicht und man wird immer wieder Probleme damit haben.

Kabelfach? Da die Maschine im Prinzip immer einsatzbereit an ihrem Platz stehen sollte, ist ein Kabelfach sinnvoll, damit nicht mehr Kabel als nötig auf der Arbeitsplatte stört. Die Zusatzgeräte sollten in der Nähe (zum Beispiel in einer Schublade unter der Arbeitsplatte) untergebracht werden können. Und für das Messer sollte es einen speziellen Behälter zur Aufbewahrung geben, um die Verletzungsgefahr zu verringern.

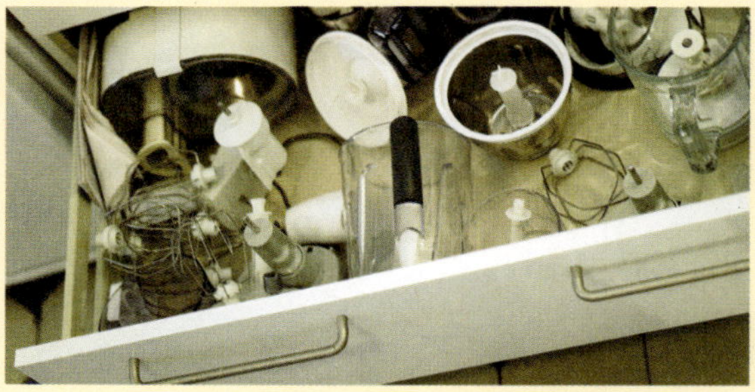

Vom Rühren & Schlagen

Wer gerne Kuchen bäckt, wird die Rührschüssel aufgesetzt haben, mit dem entsprechenden Besen zum Rühren von leichteren Teigmassen, zum Schlagen von Schaum, Sahne oder Eischnee. Denn Rührkuchen heißt Rührkuchen, weil die Zutaten dafür lange gerührt werden müssen. Was wie eine Binsenweisheit klingt, ist die Grundvoraussetzung für das Gelingen des Kuchens. Erst langes, geduldiges Rühren gibt dem Teig seine Konsistenz und dem Kuchen seine charakteristische feine Krume. Je länger, umso besser: Nur so bekommt der Kuchen feine Poren und geht schön gleichmäßig auf! Und es gilt auch andersrum der Schluss: Wenn der Kuchen sitzen bleibt oder nach dem Backen zusammenfällt, also „klitschig" wird, dann wurde der Teig nicht ausreichend lange gerührt! Es muss die Butter zur glatten, dichten, sahnigen Creme geworden sein und sich innig mit dem Zucker verbinden, und dieser muss sich dafür erst auflösen, bis er nicht mehr knirscht. Die Eier müssen mit ihrem Lecithin dieser Masse ein stabiles Gerüst geben, das später, wenn das Mehl seinen Kleber einbringt, dem Teig Festigkeit verleiht. All das braucht Zeit! Und die Kraft und Geduld, vor allem aber die Ausdauer, die dafür nötig sind, bringt eine Maschine eher auf als der Mensch, vor allem tut sie das ohne Murren.

Der Wert des Faktors Zeit

Eins muss klar sein: Die Maschine übernimmt die Arbeit, aber sie verkürzt nicht die Zeit! Ein Missverständnis, dem man häufig begegnet, vor allem, wenn es um Eischnee geht. Der verlangt nämlich sehr viel Ausdauer, bis er stabil genug ist, genügend Luft in die Teigmasse zu schleusen und sie dann aber auch darin zu halten, um sie aufzulockern. Deshalb schlagen die Wiener Spitzen-Konditoren – was von Ihnen aber niemand verlangt! – ihren Eischnee mindestens eine halbe Stunde: Nicht umsonst sind ihre Feinbäckereien weltberühmt. Die Vorstellung von der Verkürzung eines Prozesses durch die Maschine ist unter dem Diktat der Geschwindigkeit unserer Zeit für viele Hersteller ein offenbar unwiderstehliches Ideal: Immer wieder kann man in den Gebrauchsanweisungen Zeitangaben lesen, die einfach für ein wirklich gutes Ergebnis nicht ausreichend sind. Manchmal werden in den Rezepten deshalb Zutaten als Hilfsmittel eingesetzt, die eigentlich vollkommen unnötig wären, wenn man der Maschine mehr Zeit gäbe. Das ist umso unverständlicher, weil man die Zeit ja nicht selbst aufzuwenden hat, sondern die Maschine – man selbst kann in der Zwischenzeit ja wichtigere Dinge erledigen!

Eischnee mit Spitzen

Eiweiß gehört zunächst auf der langsamen Stufe aufgeschlagen, zusammen mit einer Salzprise, die die Eiweißketten stabilisieren hilft, die sich nun verknüpfen sollen. Wenn der Schaum nach einigen Minuten (wie lange das dauert, hängt von der Menge ab) eine gewisse Fülle aufweist, darf man die Geschwindigkeit erhöhen, bis der Schnee allmählich fester wird; und ganz am Ende sorgt ein kurzes Schlagen auf stärkster Stufe für noch bessere Stabilität. Das bedeutet etwa zehn Minuten unermüdliches Schlagen! Denn es dauert seine Zeit, bis sich die Proteine ineinander verschlingen und ein festes, tragfähiges Netz bilden können. Weil der Mensch zu Ungeduld neigt, ist hier das Rührwerk der Küchenmaschine auf alle Fälle verlässlicher als der Handrührer, den man zu gern einfach auf höchste Geschwindigkeit schaltet und dann nach zwei Minuten beiseitelegt.

Perfekter Eischnee ist steif und glänzt, er bildet feste Spitzen und wenn man die Schüssel auf den Kopf stürzt, bewegt er sich keinen Millimeter. Dabei wirkt er eher wie eine seidige Salbe, weil die Luftbläschen ganz fein und dicht sind, nicht wie wolkiger Schnee – das wäre ein Zeichen dafür, dass das Eiweiß zu schnell geschlagen wurde. Dessen größere Luftbläschen platzen rasch wieder und schaffen es nicht, eine Teigmasse nachhaltig aufzulockern oder gar zu stützen. Und noch eins: Eischnee braucht Platz, damit sich er sich entwickeln und ausreichend Luft speichern kann, schon deshalb muss die Rührschüssel dafür geräumig sein. Idealerweise sollte sie aus Metall sein (Edelstahl), nicht nur, weil sie dann schön kühl bleibt, auch, weil eine glatte Metallfläche sich leichter reinigen lässt als Plastik. Kleinste Fettpartikel oder Eigelbreste können nämlich das Steifwerden des Eischnees beeinträchtigen, weshalb es sinnvoll ist, immer zuerst den Eischnee zu schlagen, bevor in der Rührschüssel die übrige Teigmasse anrührt wird. Oder noch besser: gleich eine zweite Rührschüssel besorgen, die man als Zusatzzubehör kaufen kann. Wer gern und oft bäckt, wird das nicht als Luxus, sondern als überaus nützlich empfinden.

a3 Sandkuchen

Früher waren Kuchen aus diesem sehr feinen, flaumigen Teig überaus beliebt und gehörten zur nachmittäglichen Kaffeetafel. Man verzierte sie gern mit Buttercreme (Frankfurter Kranz) oder überzog den in einer Kastenform gebackenen Kuchen mit Schoko- oder Zuckerguss. Der zarte Teig zergeht geradezu auf der Zunge, wenn er ausreichend lange gerührt wurde. Es ist Zeit, ihn wiederzuentdecken! Die Butter wird hier übrigens am Ende haselnussduftend und heiß unter den fertigen Teig gerührt, das gibt dem Kuchen seinen typischen Geschmack.

Für zwei Kastenformen von je 1,2 l Inhalt
8 Eier
2 Prisen Salz
250 g Zucker
abgeriebene Schale einer Zitrone
1 EL Vanillezucker
250 g Speisestärke
30 g Mehl
1 EL Rum
225 g Butter

Für den Guss:
250 g Puderzucker,
3–4 EL Zitronensaft
Zitronenlikör oder Rum

Eier sorgsam trennen. Die Eiweiß mit einer Salzprise wie beschrieben in ungefähr 10 Minuten steif schlagen.

Zucker und Eigelb mit dem Schneebesen der Küchenmaschine zu einer hellen Creme schlagen, dabei die Zitronenschale zufügen, auch den Vanillezucker und die Salzprise.

Eischnee portionsweise unter die Eiercreme ziehen, gleichzeitig auch esslöffelweise die durchgesiebte Stärke und das Mehl einarbeiten. Am Ende den Rum und die in einem kleinen Topf erhitzte, gerade braun werdende und nach Haselnüssen duftende Butter unter die Teigmasse rühren. Dabei zügig arbeiten und die Masse sofort in eine mit Backpapier ausgekleidete Kastenform gießen – noch besser ist eine Silikonform geeignet!

Den Kuchen zunächst bei 190 Grad Heißluft (210 Grad Ober- und Unterhitze) etwa 20 Minuten hellbraun backen, dann mit einem Messer in der Mitte längs einen 3 Zentimeter tiefen Schnitt setzen, damit der Kuchen schön aufbrechen kann. Schließlich bei 160 Grad Heißluft (180 Grad Ober- und Unterhitze) in circa 20 Minuten fertig backen. Noch heiß aus der Form kippen und auf einem Kuchengitter auskühlen lassen.

Entweder nur mit Puderzucker bestäuben oder mit Zitronen- oder Rumguss überziehen: Dafür den Puderzucker mit Zitronensaft, Zitronenlikör oder Rum zu einem dicken Guss anrühren. Auf den noch warmen Kuchen mit einer Palette oder einem Pinsel dick auftragen. Aber: Die aufgebrochene Mitte bleibt frei von Zuckerguss!

Tipp: Die Backzeit hängt von der Größe der Backform ab – wer die Masse statt in zwei Formen zu verteilen in einer großen Form bäckt, muss sie entsprechend verlängern: Bei 190 Grad eine halbe Stunde anbacken, dann bei 160 Grad den Kuchen 30 bis 35 Minuten fertig backen.

a3 Quarktorte

Ein Käsekuchen der besonderen Art: Er hat keinen Boden, sondern besteht nur aus duftiger Quarkmasse und zergeht auf der Zunge. Allerdings hat er einen Haken: Man muss bereits am Vortag daran denken, den Quark abtropfen zu lassen (siehe Tipp). Am allerbesten schmeckt er übrigens gerade eben noch lauwarm.

Für eine Springform von ∅ 26 cm
175 g Butter
250 g Zucker
6 Eier
1 TL Zitronenschale
3 EL Zitronensaft
2 EL Zitronenlikör
1 kg Magerquark oder Schichtkäse
100 g Hartweizengrieß
1 EL Mehl
½ Päckchen Backpulver
1 Prise Salz
3 EL Butter zum Einfetten der Form und zum Überglänzen am Ende
2–3 EL Grieß zum Ausstreuen der Form
Puderzucker zum Bestäuben

Die zimmerwarme Butter mit Zucker in der Küchenmaschine mit dem Schneebesen zu einer dicken, hellen Creme schlagen. Unterdessen die Eier sorgfältig trennen. Nach und nach die Eigelb der Creme zufügen und weiterschlagen, bis die Masse dicht und cremig ist. Mit Zitronenschale, Zitronensaft und Zitronenlikör würzen.

Den trockenen Quark in einer Schüssel mit Grieß, Mehl und Backpulver glatt rühren; falls er beim Abtropfen sehr trocken und deshalb dafür zu fest geworden ist, den Mixstab zu Hilfe nehmen. Schließlich in zwei Portionen unter die Eiercreme in der Küchenmaschine mischen, dafür den Schneebesen, wenn vorhanden, gegen den Rührbesen austauschen.

Die Eiweiß mit der Salzprise zu steif-cremigem Schnee schlagen, ebenfalls portionsweise unter die Quarkmasse ziehen.

Den Boden einer Springform mit Backpapier bespannen, den Rand mit Butter ausstreichen, den Grieß hineinschütten und die Form drehen und wenden, bis sie innen davon gleichmäßig überzogen ist.

Die Quarkmasse einfüllen, die Form etwas schütteln, damit sie sich gleichmäßig verteilt.

Bei 160 Grad Heißluft (180 Grad Ober- und Unterhitze) etwa 65 bis 70 Minuten backen. Aus dem Ofen holen, in der Form etwa 10 Minuten abkühlen. Dann aus der Form lösen und mit dem Papier, das am Boden übersteht, auf ein Kuchengitter ziehen. Dort weiter auskühlen lassen. Und erst kurz vor dem Servieren mit Puderzucker bestäuben.

Tipp: Ideal wäre es, wenn Sie für diesen Kuchen einen österreichischen Topfen bekommen würden, der weniger Wasser enthält als unser deutscher Quark oder Schichtkäse, ansonsten aber dasselbe ist. Aber man kann sich auch behelfen: Ein passendes Sieb mit Küchenpapier auslegen und den Quark oder Schichtkäse hineinfüllen. Über eine Schüssel setzen, einen Deckel auflegen oder Klarsichtfolie darüberspannen und das Ganze für 24 Stunden in den Kühlschrank stellen. Es ist erstaunlich, wie viel Flüssigkeit da herausläuft – übrigens äußerst gesunde Molke, die Sie trinken können. Man kann übrigens auch den Quark ganz üppig zur Hälfte mit Mascarpone ersetzen – das macht die Torte natürlich zu einer unwiderstehlich dichten Sache.

a3 Kirschkuchen

Die klassische Rührteigmasse – zu gleichen Teilen Butter, Zucker, Eier, Mehl – man sagt dazu auch „Eischwerkuchen", weil die Eier das Maß sind: so viel die Eier wiegen, braucht man jeweils auch von den anderen Zutaten. Statt der Kirschen kann man natürlich jegliches andere Obst dafür verwenden, entsprechend der Jahreszeit: von Aprikosen und Pfirsichen bis Äpfel und Birnen; besonders köstlich ist der Kuchen mit Rhabarber! Immer unwiderstehlich, weil fruchtig und zugleich wunderbar krumig und duftig. Und im Handumdrehen gemacht!

Für eine Springform von ∅ 24 cm
180 g Butter
180 g Zucker
1 Prise Salz
3 Eier (180 g)
1 Tütchen Vanillezucker
1 unbehandelte Zitrone oder Limette
2 EL Schnaps oder Likör
(passend zum Obst, also hier Kirschwasser oder -likör)
150 g Mehl
30 g Stärke
1 TL Backpulver
1 kg frische Süß- oder noch besser Sauerkirschen
(oder 1 Glas abgetropfte eingemachte Kirschen)
Butter und Semmelbrösel
für die Form

Die zimmerwarme Butter in Stücke schneiden und in der Küchenmaschine mit dem Zucker und der Salzprise so lange rühren, bis eine sanfte Creme entstanden ist und der Zucker sich vollständig aufgelöst hat. Nach und nach die Eier zufügen. Dabei weiterhin rühren, bis eine schaumige, duftige Masse entstanden ist. Mit Vanillezucker, abgeriebener Zitronen- oder Limettenschale, 2 EL Zitronen- oder Limettensaft und dem Alkohol würzen.

Mehl, Stärke und Backpulver durch ein Sieb zufügen und rasch untermischen, am besten den Intervallschalter benutzen, der das Mehl immer nur in kurzem Schwung einarbeitet, denn jetzt darf der Teig nicht mehr zerrührt werden.

Die Springform mit Butter ausstreichen und mit Zucker ausstreuen. Den Rührteig einfüllen und mit dem Gummischaber glatt streichen. Vermutlich haben Sie jetzt den Eindruck, dass die Teigmenge nie und nimmer ausreichen wird. Sie steht jetzt gerade mal knapp zweifingerhoch in der Form. Aber der Teig wird beim Backen bis zum Rand hochsteigen – vorausgesetzt, er wurde lang genug gerührt.

Die frischen Kirschen entstielen und entsteinen, die eingemachten Kirschen abtropfen und dicht an dicht so eng wie möglich nebeneinander in den Teig drücken. Dabei von außen nach innen arbeiten und darauf achten, dass der Teig gleichmäßig verteilt bleibt – und nicht in der Mitte hochsteigt.

Den Kuchen bei 180 Grad Heißluft (200 Grad Ober- und Unterhitze) etwa 1 Stunde backen.

Tipp: Auch andere Früchte immer geputzt, entkernt, eventuell auch halbiert oder geviertelt, wenn nötig (zum Beispiel Äpfel) auch geschält, senkrecht in den Teig hineinsetzen – in jedem Fall dicht an dicht, von außen nach innen und möglichst in hübschem Muster. Rhabarber gefädelt, in 4 Zentimeter langen Stücken, die zunächst eingezuckert werden und ein wenig Saft ziehen müssen, weil sie sonst den Teig zu sehr aufweichen. Der Teig steigt beim Backen hoch und umschließt die Früchte rundum, die am Ende nur an der Oberfläche ein bisschen herausgucken, wenn sie nicht, wie etwa die schweren Sauerkirschen, ganz auf den Boden sinken. Aber wenn er dann krumig und locker drübersteht, wurde der Rührteig ausreichend lange gerührt und ist der Kuchen gut gelungen.

a3 Erdbeer-Sahne-Biskuit

Ist schnell gemacht und im Frühsommer einfach umwerfend! Natürlich kann man außerhalb der Erdbeersaison den Biskuit auch mit anderen Früchten bedecken, Himbeeren zum Beispiel, Pfirsiche oder sogar exotische Mango.

Für eine Springform von ∅ 26 cm

Biskuit:
3 Eier
Salzprise
100 g Zucker
1 EL lauwarmes Wasser
60 g Mehl
60 g geriebene Mandeln
3 Eiweiß
Butter und Zucker für die Form

Belag:
300 g Speisequark
2 EL Zucker
abgeriebene Zitronenschale
Zitronensaft
200 g Schlagsahne
600 g Erdbeeren
Puderzucker

Die Eier trennen. Zuerst die Eiweiß mit der Salzprise zu dichtem glänzendem Schnee schlagen. Dann die Eigelb weiß und dick schlagen, dabei den Zucker hinzurieseln lassen. Erst aufhören zu schlagen, wenn der Zucker völlig gelöst ist.

Mehl und Mandeln locker darübersieben. Mit sparsamen Bewegungen rasch unterziehen. Sofort etwa ein Drittel des steif geschlagenen Eischnees untermischen. Erst wenn er die Teigmasse aufgelockert hat, den restlichen Schnee unterheben.

Ohne den Teig auch nur einen Moment stehen zu lassen in die ausgebutterte und mit Zucker ausgestreute Form füllen. Diesen Teigboden 30 Minuten bei 180 Grad Heißluft (200 Grad Ober- und Unterhitze) hellbraun backen.

Noch heiß aus der Form lösen und kopfüber gestürzt auf einem Kuchengitter auskühlen lassen. Danach auf eine mit Tortenspitze belegte Platte setzen, den Ring der Springform wieder darum schließen.

Inzwischen den Quark mit Zucker, Zitronenschale und -saft glatt rühren und abschmecken. Die steif geschlagene Sahne unterziehen. Auf dem Tortenboden verstreichen. Den Ring gut damit ausfüllen. Die Erdbeeren dicht an dicht daraufsetzen, dabei darauf achten, dass sie ein schönes Muster ergeben. Mit Puderzucker bestäuben.

Den Rand vorsichtig abnehmen. Und die Erdbeer-Sahne-Torte sofort servieren – sie schmeckt frisch am allerbesten!

Tipps: Sollten sich die Eigelb nicht gut verbinden, womöglich sogar ausflocken, einen Esslöffel lauwarmes Wasser zufügen.

Quark: Er sollte auf keinen Fall zu feucht sein, auch hier ist es am besten, man lässt ihn einen Tag in einem mit Küchenpapier ausgelegten Sieb abtropfen.

Der Knethaken für stabile Teige

Bei den meisten Küchenmaschinen muss man den Rühr- oder Schlagbesen gegen ein kraftvolleres Werkzeug austauschen, sobald es um feste Teige geht. Selbst ein lockerer Hefeteig, mehr noch ein butterschwerer Briocheteig und erst recht herzhafte Brotteige müssen gehörig gewalkt, geknetet und durchgearbeitet werden. Das kostet auch den Knethaken viel Kraft. Ebenso ginge beim festen Nudel- oder beim zähen Spätzleteig, sogar beim weicheren Strudelteig der Rührbesen möglicherweise kaputt.

Dafür muss man die Küchenmaschine also erst mal umrüsten, und dann ist alles ganz einfach: Die Zutaten in die Rührschüssel füllen, die Maschine einschalten, die nötige Flüssigkeit in die laufende Maschine geben; auf keinen Fall die gesamte Menge auf einmal – denn wie viel exakt nötig ist, damit der Teig die richtige Konsistenz bekommt (was ist überhaupt die richtige Konsistenz? Manche lieben den Teig eher weich, andere bevorzugen ihn fester), das lässt sich auf den Milliliter nicht angeben, denn das hängt von den unterschiedlichsten Faktoren ab: Luftfeuchtigkeit und Raumtemperatur, Mehlqualität, vor allem, wie lange das Mehl gelagert war, welches Mehl überhaupt (gerade bei Brot wichtig!), mit welchem Mahlgrad und nicht zuletzt die Frage: Wie fest oder luftig soll das Gebäck später werden? Im Laufe der Zeit wird man sich die nötige Erfahrung ganz von selbst aneignen und seine Rezepte am Ende ohne allzu genaues Abmessen buchstäblich im Griff haben. Dann wird man wissen, wie der Teig beschaffen sein muss, damit das Backergebnis befriedigt.

Der Teig ist fertig, wenn er sich zu einer Kugel zusammenballt und glatt vom Schüsselrand löst. Ist er noch zu weich oder wirkt er womöglich noch klebrig und zäh, gibt man löffelweise noch etwas Mehl hinzu und arbeitet es nochmals durch kräftiges Kneten ein. Fühlt er sich im Gegenteil zu fest an, hilft tropfenweise mehr Flüssigkeit, die ebenfalls gut untergeknetet gehört. Auf alle Fälle gilt auch hier, wie schon beim Schlag- oder Rührbesen: Die Maschine übernimmt die Arbeit, aber sie verkürzt nicht die Zeit. Ob Maschine oder Menschenhand – der Teig muss ausreichend lange geknetet werden, bis sich die Zutaten miteinander verbunden haben, der Kleber des Mehls beginnt, sich zu entwickeln und die nötigen Strukturen zu bilden.

a3 Nudelteig

Eine kleine Menge Nudelteig lässt sich rasch mit den Händen kneten – aber wenn man sich schon die Mühe macht und Nudeln selber produziert, dann doch auch gleich für den Vorrat – vor allem, wenn man über eine elektrische Nudelmaschine verfügt.

Für acht bis zwölf Portionen
500 g Mehl
4–6 Eigelb
2–3 ganze Eier
1 gestrichener TL Salz
2–3 EL Olivenöl

Das Mehl in die Rührschüssel füllen, den Knethaken einsetzen. Die Eigelb zufügen, ebenso die ganzen Eier und Salz. Die Maschine zuerst 2 Minuten auf kleiner Einstellung kneten lassen, dabei das Öl zufügen. Langsam die Geschwindigkeit erhöhen und den Teig beobachten: Falls er zu fest wirkt, einige Tropfen lauwarmes Wasser zufügen. Ist er dagegen zu weich, ein bis zwei Löffel Mehl einarbeiten.

Den Teig schließlich mit dem Teigschaber aus der Schüssel kratzen, auf der bemehlten Arbeitsfläche von Hand durchkneten und schließlich luftdicht in einen Gefrierbeutel verpackt bei Zimmertemperatur eine halbe Stunde ruhen lassen. Das ist nötig, damit das Mehl seinen Kleber ausbilden kann und der Teig seine Elastizität verliert. Rezepte für Nudeln finden Sie ab Seite 146.

a3 Strudelteig

Strudelteig wird wie Nudelteig (Seite 78) gemacht, nur mit erheblich weniger Ei. Er ist in der Maschine tatsächlich ruckzuck fertig. Übrigens lässt er sich prima einfrieren – zu Kugeln geformt, jeweils ausreichend für einen Strudel, und flach gedrückt. Zuerst auf einem mit Klarsichtfolie ausgelegten Tablett vorgefrieren, dann luftdicht in Beutel oder Dosen verstaut. Die flachen Teigkugeln sind bei Zimmertemperatur nach einer guten Stunde gebrauchsfähig.

Für vier bis sechs Strudel
500 g Mehl
½ TL Salz
2 EL Öl
1 großes Ei
ca. 200 ml Wasser

Das Mehl in die Rührschüssel mit dem Knethaken füllen, Salz, Öl und Ei zufügen. Die Maschine einschalten, auf mittlerer Geschwindigkeit laufen lassen, dabei langsam und in stetem Strahl das lauwarme Wasser zugießen. Wenn sich alles zu einem weichen Teig verbunden hat, weitere fünf Minuten auf höherer Geschwindigkeit kneten lassen.

Den Teig dann zu einer Kugel geformt unter einer mit heißem Wasser ausgespülten Schüssel eine halbe Stunde ruhen lassen. Dann in vier Portionen teilen und nach Rezept verarbeiten

a3 Apfelstrudel

Ein süßes Mittagessen – in diesem Fall gibt's vielleicht als Vorspeise eine Suppe oder einen Salat. Oder man serviert ihn als üppiges Dessert …

Für vier bis sechs Personen
½ Portion Strudelteig

Füllung:
Ca. 1 kg aromatisch-säuerliche Äpfel (Gravensteiner, Elstar, Boskoop)
1 unbehandelte Zitrone
2–3 EL Zucker
evtl. ¼ TL Zimt
evtl. etwas Cayennepfeffer
100–150 g Butter
2 gehäufte EL Mandelblättchen
100 g Semmelbrösel
2 EL in Rum (oder Apfelbrand) eingeweichte Rosinen
ca. 125 ml halb Milch/halb Sahne zum Begießen

Den Teig wie beschrieben herstellen und ruhen lassen. Die Äpfel vierteln, schälen, vom Kerngehäuse befreien, quer in feine Scheibchen hobeln (eventuell im Schnitzelwerk, per Hand oder auf dem Gurkenhobel) und in einer Schüssel mit Zucker, Zitronensaft, abgeriebener Schale der halben Zitrone vermischen. Mit einem Hauch Zimt, eventuell sogar mit einer Spur Cayenne würzen.

Die Butter in einer Pfanne schmelzen, die Hälfte davon in eine Schüssel abgießen, die brauchen wir später zum Bepinseln. In der restlichen Butter die Mandelblättchen anrösten. Herausheben und beiseitestellen. Schließlich die Semmelbrösel in der Pfanne rösten, bis sie duften.

Zum Ausrollen des Strudelteigs ein großes Küchentuch auf der Arbeitsfläche ausbreiten. Mit Mehl bestäuben. Die Teigkugel, die so warm und weich sein sollte, dass sie fast schon von alleine in die Breite fließt, mit dem Nudelholz dünn ausrollen. Und dann vorsichtig ausziehen: Dafür mit den bemehlten Handrücken unter die Teigfläche fahren und sie durch Anheben behutsam dehnen. Keine Angst dabei: Der Teig ist elastisch genug, er gibt nach, wird durchscheinend dünn. Sollte ein Löchlein reißen, einfach durch Zusammendrücken flicken. Am Ende sollte man das Muster des Küchentuchs darunter deutlich erkennen können.

Die gesamte Teigfläche mit flüssiger Butter einpinseln. Auf einem Drittel der Fläche, und zwar eine der langen Seiten entlang, die Hälfte der Butterbrösel verteilen. Darauf die Apfelscheibchen streuen, dazwischen die Rosinen und die Mandelblättchen (oder Stifte) geben. Die restlichen Brösel auf dieser Apfelschicht verteilen – die übrigen zwei Drittel der Teigfläche bleiben frei!

Jetzt wird der Strudel aufgerollt: Das Tuch an der belegten Seite anheben, es rollt sich so der Strudel nahezu von selbst auf. Mithilfe des Tuchs auf das Backblech oder in eine feuerfeste flache Bratenform heben, dort zu einem U oder einer Schnecke zusammenbiegen. Den Strudel mit reichlich flüssiger Butter einpinseln und bei 200 Grad Heißluft (220 Grad Ober- und Unterhitze) etwa 35 bis 40 Minuten backen.

Aber Achtung: Bereits nach 5 bis 10 Minuten Backzeit die Milch-Sahne-Mischung angießen! Während des weiteren Backens ab und zu nochmals mit Butter einpinseln, bis die Hülle knusprig und goldbraun geworden ist.

Dazu gehört klassischerweise entweder nur nicht zu fest geschlagene, fast noch fließende Sahne oder natürlich eine verführerische Vanillesauce – das Rezept auf Seite 293. Probieren Sie mal einen nicht ganz trockenen Cidre dazu!

a3 Herzhafter Apfelstrudel mit Blutwurst

Ein Apfelstrudel muss nicht immer süß sein: Diese herzhafte Version mit Blutwurst, gerösteten Zwiebeln, Äpfeln und viel Majoran ist zusammen mit einem knackigen Salat ein originelles Mittag- oder Abendessen.

Für vier Personen
½ Portion Strudelteig (Seite 80)
100–150 g Butter
100 g Semmelbrösel
500 g Äpfel
1 unbehandelte Zitrone
1 Zwiebel
2 Knoblauchzehen
reichlich getrockneter Majoran
250 g Blutwurst
Salz, Pfeffer
viel Schnittlauch

Den Teig zur großen Fläche hauchdünn ausrollen. Mit flüssiger Butter einpinseln. Zuerst geröstete Semmelbrösel als Unterlage auf die eine Hälfte der Teigfläche verteilen. Darauf Apfelschnitze (geschält, geviertelt, entkernt, quer in Scheibchen geschnitten, mit Zitronensaft beträufelt, damit sie sich nicht verfärben, und mit abgeriebener Zitronenschale gewürzt), in etwas Butter angeröstete Zwiebelringe, fein gehackten Knoblauch, reichlich Majoran und Würfel von guter Blutwurst (Flöns) verteilen. Salzen, pfeffern, schließlich mit Schnittlauch bestreuen.

Den Strudel aufrollen, mit Butter bestreichen und bei 200 Grad Heißluft (220 Grad Ober- und Unterhitze) backen.

Dazu ein kühles Bier! Weinliebhaber halten sich an einen Gutedel oder Ruländer.

a3 Hefeteig

Der Hefezopf zum Sonntagskaffee, die geliebten Krapfen, eigenes Brot oder die selbstgemachte Pizza – für alles braucht man Hefeteig. Und für den ist die Küchenmaschine nun wirklich eine unschlagbare Hilfe. Nicht umsonst war früher das Teigkneten am großen Brotbacktag Männersache! Heute erledigt das die Maschine. Bei uns ist es üblich, auf ein Pfund Mehl einen Würfel Hefe zu rechnen, mit immer 42 Gramm. Dabei käme man mit einem halben Würfel bestens aus. Allerdings muss der Teig dann länger gehen. Aber das kann man sich zunutze machen, indem man den Teig für das Frühstücksbrot bereits am Vorabend ansetzt und im Kühlschrank über Nacht ruhen lässt. Dem Geschmack des Teigs tut das auf jeden Fall gut, er wird auch saftiger; außerdem ist sein Gerüst stabiler, er ist weniger empfindlich und er fällt nicht so leicht zusammen. Hefeteig ist die Basis für Zwetschgen- oder Apfelkuchen, für Dampfnudeln oder Buchteln ebenso wie der Teig für den Hefezopf oder im heißen Fett gebackene Fasnachtskrapfen.
Hier das Grundrezept:

Für zwei große Kuchenbleche
oder für zwei Hefezöpfe
500 g Mehl (Type 405)
½ –1 Würfel Hefe (von 42 g)
ca. 250 ml Milch
2 gestrichene EL Zucker
60 g Butter
1 Prise Salz
abgeriebene Schale einer Zitrone
1 TL Vanillezucker
2 Eier

Alle Zutaten sollen die gleiche, möglichst Zimmertemperatur haben. Die Eier und Butter also rechtzeitig aus dem Kühlschrank holen – so kann sich alles problemlos verbinden.

Das Mehl in die Rührschüssel der Küchenmaschine füllen, den Knethaken einsetzen.

Die Hefe in einer Tasse voll lauwarmer Milch mit einer Gabel glatt rühren, einige Zuckerkrümel zufügen – das ist die Starternahrung für die Hefepilze. Mit Schwung in das Mehl schütten, so, dass sich die Flüssigkeit mit etwas Mehl vermischt. Mit einem Tuch gut zugedeckt etwa 15 Minuten stehen lassen. Dann haben sich Blasen gebildet, die zeigen, dass die Hefe ihre Arbeit aufgenommen hat.

Jetzt den restlichen Zucker, die Butter in Flöckchen und die Salzprise, die Zitronenschale und den Vanillezucker zufügen. Die Maschine einschalten und auf langsamer Stufe den Knethaken in Bewegung setzen. Die Eier dazugeben, dann langsam die verbliebene Milch hinzufließen lassen – dabei beobachten, ob man tatsächlich die gesamte Menge braucht oder ob der Teig schon zuvor die richtige Konsistenz erreicht hat. Er soll weich und formbar sein, nicht zu fest – sonst wird auch das Gebäck nachher zu fest!

Wenn er sich glatt vom Schüsselrand löst, noch gute drei bis vier Minuten kräftig durchkneten lassen. Dann den Teigkloß mit bemehlten Händen zum Gehen in eine große Teigschüssel umfüllen. Die Rührschüssel der Küchenmaschine bietet dafür nicht ausreichend Raum. Zugedeckt an einem warmen, zugfreien Ort zwei Stunden gehen lassen.
Danach den Teig auf einem Holzbrett – bitte nicht auf einer kalten, womöglich steinernen Arbeitsfläche: Hefeteig ist enorm kälteempfindlich – nochmals, aber diesmal von Hand durchwalken. Dann nach Rezept weiterverarbeiten.

a3 *Einfacher* Gugelhupf

Wer den Guglhupf gern üppiger mag, der knetet am Ende noch gewaschene Rosinen, gehackte Nüsse und/oder gewürfeltes Zitronat und Orangeat unter den Teig.

Für eine große oder
zwei kleine Guglhupfformen
1 Portion Hefeteig (Seite links)
Butter für die Form
evtl. 125 g Rosinen oder Sultaninen
evtl. 2 EL Rum oder Weinbrand
50 g gehackte Mandeln
evtl. 50 g gewürfelte Sukkade
Puderzucker zum Bestäuben

Den Teig wie beschrieben zubereiten und zweimal gehen lassen. Jedes Mal erneut fest zusammenschlagen, ruhig auch mehrmals auf die Arbeitsfläche aufklatschen – als ob Sie einen Frust loswerden müssten. Anschließend jedes Mal zugedeckt etwa eine Stunde gehen lassen.

Wenn gewünscht, jetzt die in Rum oder Weinbrand eingelegten Rosinen, Mandeln und Sukkade unterkneten. Den Teig in zwei Portionen teilen, nochmals durchwalken, zu einem Kranz formen und rund um den Schornstein in die mit Butter ausgestrichenen Gugelhupf-Form(en) setzen. Nochmals zugedeckt eine Stunde gehen lassen.

Bei 180 Grad Heißluft (200 Grad Ober- und Unterhitze) etwa 30 bis 40 Minuten backen.

Einen süßen Guglhupf mit Puderzucker bestäuben. Will man ihn lieber zum Glas Wein servieren, ihn einfach nackt lassen.

a3 Zwetschgen- *und* Apfelkuchen *vom Blech*

Natürlich kann man auch auf ein und demselben Blech beide Obstsorten verarbeiten – dann kann sich jeder aussuchen, was er am liebsten mag.

Für zwei große Backbleche
1 Portion Hefeteig (Seite 84)
75 g Haselnüsse oder Mandeln und
75 g Zucker
1 kg Zwetschgen
1 kg Äpfel
1 Zitrone
100 g brauner Zucker
zum Bestreuen
75 g Butterflöckchen

Den Hefeteig wie beschrieben zubereiten und gehen lassen. Dann auf Backpapier dünn ausrollen und auf zwei große Backbleche breiten. Nüsse oder Mandeln zusammen mit dem Zucker im elektrischen Zerhacker (siehe Seite 121) fein zerkleinern, gerecht auf den Teigböden verteilen.

Die Früchte vorbereiten: Die Zwetschgen längs halbieren, den Stein herauslösen, die beiden Hälften dabei nicht trennen. An der oberen, spitzen Seite einmal einschneiden. Mit dieser Seite nach oben dicht an dicht auf den Teigboden setzen.

Die Äpfel schälen, vierteln, das Kerngehäuse herausschneiden. Die Viertel längs in nicht zu dünne Scheiben schneiden. Die Apfelschnitze sofort mit Zitronensaft beträufeln, damit sie schön hell bleiben und sich nicht verfärben. Die Apfelscheibchen dachziegelartig dicht aneinanderlegen, bis der Teigboden in hübschem Muster davon bedeckt ist.

Sowohl Zwetschgen wie Äpfel gleichmäßig mit braunem Zucker bestreuen, Butterflöckchen darauf verteilen. Die Bleche bei 200 Grad Heißluft in den Ofen schieben, die Kuchen 30 bis 35 Minuten backen.

Wer mit Ober- und Unterhitze arbeitet, muss die Bleche nacheinander bei 220 Grad backen, jeweils 30 bis 35 Minuten.

Tipp: Mixen Sie mit den Nüssen und dem Zucker auch einige Basilikumblätter mit – dieser Duft tut den Früchten unglaublich gut!

a3 Hefezopf *mit* Mohn-Nuss-Füllung

Sieht bildschön aus und bleibt lange saftig. Besonders gut schmeckt er – wie eigentlich jedes Hefegebäck – ganz frisch, gerade eben noch ein kleines bisschen warm …

Für sechs Personen
½ Portion Hefeteig (Seite 84)
1 Eigelb
3–4 EL Milch

Mohn-Haselnuss-Füllung:
100 g Haselnüsse
150 g Mohn
125 ml Milch
2 EL Honig
1 Prise Salz
nach Belieben auch 50 g Rosinen oder Korinthen

Den Teig wie auf Seite 84 beschrieben zubereiten und gehen lassen.

In der Zwischenzeit die Füllung herstellen: Die Haselnüsse in einer trockenen Pfanne etwa 5 Minuten rösten, dabei die Pfanne immer wieder schütteln, damit die Nüsse rösten, aber nicht verbrennen. Dann im elektrischen Zerhacker zusammen mit dem Mohn fein mahlen.

Die Milch aufkochen, den Honig darin auflösen und die Salzprise zufügen. Wenn Rosinen in die Füllung kommen, sie jetzt darin eine Weile einweichen. Wenn die Milch wieder etwas abgekühlt ist, die gemahlenen Nüsse und Mohn einrühren und eine halbe Stunde quellen lassen.

Den Teig in drei Portionen teilen, aus jeder einen langen Strang von 3 Zentimeter Durchmesser formen. Jeden dieser Stränge flach drücken und jeweils ein Drittel Füllung in der Mitte der Bahnen verteilen. Die Längsseiten über der Füllung zusammennehmen und den Teig gut zusammendrücken – nirgends darf die Füllung herausschauen. Nach Belieben jeden Strang auch nochmals um sich selbst drehen. Schließlich aus den drei Strängen einen Zopf flechten und auf das mit Backpapier oder Backfolie belegte Blech betten.

Eigelb und Milch miteinander glatt rühren, den Zopf damit überall gleichmäßig einpinseln. Bei 170 Grad Heißluft (190 Grad Ober- und Unterhitze) etwa 45 Minuten backen.

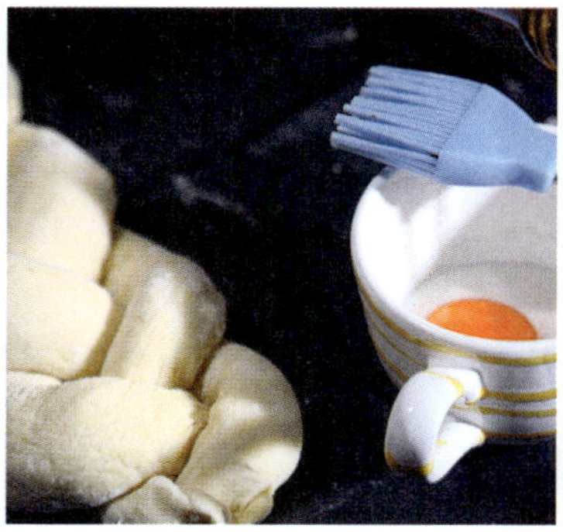

a3 Brioche

Hierfür muss der Teig noch zarter sein und besonders duftig, deshalb braucht er noch mehr Eier, und damit er gleichzeitig üppiger wird, auch mehr Butter. Frische Süßrahmbutter sollte es sein, nicht nur, weil sie besonders gut schmeckt, sondern auch die besten Backeigenschaften hat! Besonders feinporig wird die Brioche, wenn man den Teig zwei bis drei Mal gehen lässt, immer wieder erneut durchknetet und anschließend über Nacht im Kühlschrank ruhen lässt. Am nächsten Morgen Zimmertemperatur nehmen lassen, dann nochmals tüchtig durchkneten, bevor man ihn formt und bäckt. Das ist zwar durchaus aufwendig und zeitraubend, aber dann wird die Brioche auf der Zunge zergehen. Und weil es so aufwendig ist, Brioches zu backen, sie sich aber prima einfrieren lassen, hier gleich die Menge für zwei – eine davon wird noch lauwarm in einen Gefrierbeutel verpackt und eingefroren. Zum Auftauen etwa eine Stunde vor Gebrauch aus dem Eisfach nehmen und etwas antauen lassen. Am Ende bei 200 Grad Heißluft noch etwa 10 Minuten aufbacken. Die Brioche schmeckt garantiert wie frisch!

Für zwei Briocheformen
(à ca. 1,2 l Inhalt)
500 g Mehl
½ Würfel Hefe
2–3 EL Milch
2 EL Zucker
6 Eier
1 Prise Salz
250 g zimmerwarme, weiche Butter
Mehl für die Arbeitsfläche
Butter für die Formen
1 Eigelb
3 EL Sahne oder Milch
1 Prise Salz

Das Mehl in die Rührschüssel der Küchenmaschine geben, den Knethaken einsetzen. Die Hefe in einer Tasse mit der lauwarmen Milch und einigen Zuckerkrümeln verrühren und in das Mehl schütten. Zugedeckt 15 Minuten stehen lassen, bis die Hefe zu einem dicken, festen Schaum geworden ist.

Dann zunächst vier Eier und den restlichen Zucker zufügen, die Maschine einschalten und auf langsamer Geschwindigkeit (etwa Stufe 2 von 14) die Zutaten mischen. Sobald sie sich zu dicken Krümeln verbinden, die beiden restlichen Eier zufügen. Diesen Teig 15 Minuten lang von der Maschine durchmengen lassen, bis er ganz weich geworden ist.

Die weiche Butter in 20 bis 22 Stückchen schneiden, sie einzeln zufügen, dabei die Geschwindigkeit etwas erhöhen (zunächst auf 4, mit zunehmender Buttermenge bis 10) und den Teig kräftig kneten lassen. Wenn er die gesamte Buttermenge aufgenommen hat, noch weitere 2 bis 3 Minuten (auf höchster Stufe) durcharbeiten.

Schließlich den Teig mit bemehlten Händen aus der Maschinenschüssel heben, auf der – natürlich ebenfalls bemehlten – Arbeitsfläche nochmals durchwalken. Der sehr weiche Teig klebt leicht am Arbeits-

brett fest, ihn dann mit einer Palette (siehe Seite 453) oder einem großen Messer losschneiden und noch einen Hauch Mehl darüberstäuben.

Zu einer Kugel formen, in eine große, mit Mehl ausgestaubte Schüssel betten. Zugedeckt ein bis zwei Stunden bei Zimmertemperatur gehen lassen. Dann nochmals durchwalken, jetzt klebt der Teig nicht mehr, trotzdem immer nur mit bemehlten Händen anfassen. Erneut zu einer Kugel formen und in der Schüssel zugedeckt gehen lassen.

Dies am besten nach zwei Stunden nochmals wiederholen, bevor der Teig in einen großen Gefrierbeutel gepackt wird – genügend Raum lassen, damit er aufgehen kann. Den Beutel mit einer Klammer oder einem Gummiband verschließen. In die Schüssel betten und über Nacht in den Kühlschrank stellen.

Am nächsten Tag zwei Stunden lang Zimmertemperatur nehmen lassen, dann nochmals durchwalken. Dann ein Viertel des Teigs abnehmen und wiederum halbieren, jede Portion nochmals durchkneten und zur Kugel formen. Die übrigen drei Viertel ebenfalls halbieren, durchkneten und zu Kugeln formen.

Die größeren Kugeln jeweils in eine mit Butter ausgestrichene Briocheform betten. In die Mitte der Oberfläche eine 2 Zentimeter tiefe Mulde drücken, hinein eine kleine Kugel setzen etwas festdrücken.

Das Eigelb mit Sahne oder Milch und einer Salzprise verquirlen, die Oberfläche der Brioches damit gleichmäßig einpinseln. Im 200 Grad heißen Ofen mit Umluft circa 35 Minuten und bei Ober- und Unterhitze circa 40 Minuten backen. Falls die Brioches dabei zu dunkel werden, Alufolie locker darüberbreiten – glänzende Seite nach oben.

Die Brioches gleich aus ihrer Form kippen und aufrecht auf Kuchengittern abkühlen lassen.

Tipp: Um die typische Form zu erzielen, die kleinen Kugeln so ausrollen, dass sie einen Kegel bilden, dann auf die mit einer tieferen und größeren Mulde versehenen großen Kugeln setzen, sodass nun eine Art Zapfen in den großen Kugeln stecken – die Verbindung ist inniger und die kleine Kugel fällt weniger leicht ab. Aber natürlich kann man die Brioche auch in der Kastenform backen.

a3 Brotteig *Grundrezept*

Im Prinzip auch nichts anderes als ein Hefeteig, eben ungesüßt und ohne Eier und mit gar keinem oder höchstens einem bisschen Fett als Geschmackselement. Für Weißbrot nimmt man etwas Butter, für helles Bauernbrot vielleicht zwei Löffel Schweineschmalz oder zerlassenen Speck, und für einen Pizzateig oder Ciabattabrot natürlich Olivenöl fürs Aroma.

Für drei bis vier schlanke Brotlaibe
1 kg Mehl (Type 550 bis 816)
½ –1 Würfel Hefe
½ TL Zucker oder Honig
ca. 750 ml lauwarmes Wasser
1 gestrichener EL Salz
evtl. 2 EL geschmolzenes Schweineschmalz, Butter oder Olivenöl

Das Mehl in die Rührschüssel der Küchenmaschine füllen, den Knethaken einsetzen. In einer Tasse die Hefe mit Zucker oder Honig und einem guten Schuss lauwarmem Wasser glatt rühren. Mit Schwung ins Mehl schütten, damit sich die Flüssigkeit mit etwas davon vermischt. Mit einem Tuch zugedeckt etwa 15 Minuten gehen lassen, bis dieser sogenannte Vorteig Blasen wirft.

Dann die Maschine einschalten, das Salz und Schmalz, Butter oder Öl zufügen und nun langsam, in stetem, aber dünnem Strahl so viel Wasser angießen – dabei die Maschine auf mittlerer Geschwindigkeit laufen lassen –, bis sich alles zu einem weichen, aber formfesten Teig zusammenballt und glatt vom Schüsselrand löst. Jetzt die Maschine den Teig noch acht bis zehn Minuten kräftig durchkneten lassen. Erst dann herausheben, nochmals durchwalken und zu einer Kugel geformt in eine mit Mehl ausgestreute, große Schüssel betten.

1 bis 2 Stunden gut zugedeckt gehen lassen, bis sich das Teigvolumen verdoppelt hat. Erneut durchwalken, in Portionen teilen und größere Brotlaibe oder kleine Brötchen formen. Mit einer Rasierklinge oder einem sehr scharfen Messer einritzen, damit das Brot schön aufbrechen kann – Brot mehrmals schräg einschneiden, Brötchen kreuzförmig. Auf einem bemehlten Brett unter einem Tuch nochmals eine halbe Stunde gehen lassen.

Auf einem gut vorgeheizten Backstein (siehe Seite 202) je nach Größe der Brote 30 bis 50 Minuten backen, Brötchen brauchen nur 20 bis 25 Minuten. Die Brote oder Brötchen sind gar, wenn sie sich hohl anhören, sobald man auf die Unterseite klopft. Auskühlen lassen – wer für den Vorrat bäckt, sollte die Brote ganz frisch, fast noch lauwarm einfrieren.

Tipp: Nach fünf Minuten eine Tasse Wasser auf den Ofenboden schütten – dieser Dampf sorgt für ein gutes Klima und eine schöne Bräune. Wer Angst um seinen Ofen hat (aber es kann eigentlich nichts passieren), stellt die Tasse Wasser einfach hinein. Und wer einen Backofen mit Dampfzufuhr hat, weiß natürlich, was er zu tun hat. Zur schöneren Bräunung kann man die halb gebackenen Laibe auch mit Wasser einpinseln.

a3

Brotpapier

Große Mode in Italien: hauchdünne backblechgroße, krachend knusprige Blätter aus Brot- beziehungsweise Pizzateig. Man nennt sie auch lautmalerisch crochiarelle. Üblicherweise nimmt man dafür Weizenmehl der Type 550 bis 816. Wer selber mahlt, nimmt Weizen oder Dinkel und lässt die Körner auf der feinsten Stufe durchlaufen.

Für ca. zehn backblechgroße Blätter
½ Portion Brotteig (Seite 93)
(mit Dinkel oder Weizen, oder wie oben beschrieben)
4–5 EL Olivenöl
Salz (z.B. Fleur de Sel)

Den Teig herstellen und ein erstes Mal gehen lassen, wie im Grundrezept beschrieben.

In Portionen teilen, zu Kugeln formen und zugedeckt noch einmal 20 bis 30 Minuten gehen lassen. Jeweils auf Backfolie (oder Backpapier) sehr dünn ausrollen. Dann einfach durch die Nudelmaschine laufen lassen, dabei die Walzen jedes Mal enger stellen, bis sie fast auf Nudelstärke sind. Die Teigplatten auf Bleche breiten, mit Olivenöl einpinseln und mit Salz bestreuen. Bei 200 Grad Heißluft (220 Grad Ober- und Unterhitze) etwa fünf bis acht Minuten backen, bis das „Papier" hellbraun und knusprig geworden ist.

Das Brotpapier bleibt tagelang knusprig, wenn man es offen und trocken aufbewahrt. Sollte es bei regnerischem Wetter einmal feucht und weich werden, kann man es im heißen Ofen wieder aufbacken – aber Achtung: Es wird schnell zu dunkel!

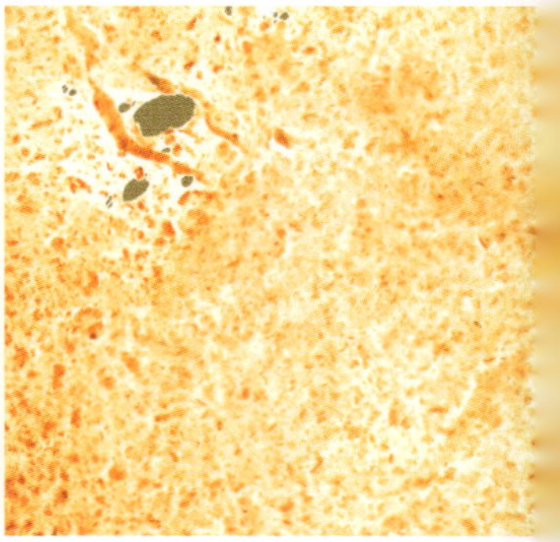

Getreidemühle

Wer gerne Brot bäckt, wird früher oder später auch dazu kommen, das Getreide dafür frisch zu mahlen. Dafür gibt es fabelhafte Mühlen, in denen die Körner zwischen Steinen zerrieben werden, genau wie bei der klassisch klappernden Mühle am rauschenden Bach. Stein hat den Vorteil, sich nicht leicht zu erwärmen, und mahlt daher besonders schonend – das dauert allerdings auch seine Weile. Große Küchenmaschinen verfügen oft über eine Steinmühle als Zubehör – das ist sehr praktisch, weil man einfach oben die Körner reinschüttet und unten fällt das Mehl in die Rührschüssel. Man muss also nichts umfüllen und die Mühle nimmt keinen Platz auf der Arbeitsfläche weg.

Die meisten Hersteller bieten klassische Mahlwerke mit einem Mahlstein aus keramikgebundenem Korund an – und nur ein solches sollten Sie nehmen, wenn Sie wirklich feines Mehl mahlen wollen. Kegelmühlen aus Edelstahl haben zwar den Vorteil, dass Sie auch Mohn oder Mandeln darin mahlen können, weil sie sich leicht vom dabei ansetzenden Fett reinigen lassen, sie mahlen aber nicht wirklich fein. Gleiches gilt für manche Küchenmaschinen mit Heizfunktion (Seite 165), die das Getreide mit ihren Messern aber nicht eigentlich mahlen können, sondern nur fein schroten. Nur eine relativ langsam arbeitende Steinmühle garantiert auch, dass sich das Ganze beim Mahlen nicht erhitzt, das Mehl seine wertvollen Inhaltsstoffe bewahrt.

Leidenschaftliche Brotbäcker nehmen aber doch lieber eine größere Mühle mit eigenem, stärkerem Motor. Es sollte unbedingt ein ruhig laufender Industriemotor sein (ist als solcher angegeben!), der auch längeren und stärkeren Belastungen standhält (beispielsweise Mais, der nur von den größeren und entsprechend teureren Geräten bewältigt wird). Diese Mühlen arbeiten auch leiser als die der Küchenmaschine. Für alle, die nicht nur Mehl mahlen, sondern auch Flocken fürs Müsli herstellen wollen, gibt es Mühlen, die zusätzlich über Edelstahlwalzen verfügen, welche diese Arbeit im Handumdrehen selbst für eine mehrköpfige Familie erledigen – für den Ein-Personen-Haushalt tut's freilich auch eine handbetriebene Flockenmühle.

Welche Art von Getreide man für seinen Brotteig nimmt, ob man es ganz fein mahlt oder lieber gröber schrotet, oder in welchem Verhältnis man die unterschiedlichen Mahlgrade mischt, ist natürlich Geschmackssache. Genauso wie die verschiedenen Gewürze, mit denen man seinem Lieblingsbrot immer wieder einen anderen Geschmack verleihen kann.

a3 Dinkelbrot

In der eigenen Mühle kann man auch mit verschiedenen Getreidesorten spielen – Dinkel, Roggen, Emmer –, auch Mischungen ergeben immer wieder einen anderen Geschmack und Biss.

Für drei Laibe und sechs Brötchen
1 kg Dinkelkörner (nach Gusto auch Weizen und Dinkel gemischt)
½–1 Würfel Hefe
ca. 750 ml Wasser
½ TL Honig oder
1 Prise Zucker
1 EL Salz
1–2 EL Olivenöl,
zerlassenen Speck
oder flüssiges Schmalz
nach Belieben Gewürze:
Kümmel, Koriandersamen oder Anis

Die Körner auf der feinsten Stufe mahlen. Wer ein gröberes Brot backen will, kann nach der Hälfte die Einstellung etwas gröber einstellen.

Inzwischen den Hefewürfel in eine kleine Schüssel bröckeln, mit etwas lauwarmem Wasser auflösen und glatt rühren. Dabei den Honig oder die Zuckerprise einrühren.

Weiter verfahren, wie für den Brotteig auf Seite 93 beschrieben und schließlich ebenso backen.

Universalmesser

Es ist sozusagen die Grundausrüstung der Küchenmaschine, es mischt, hackt und zerkleinert: Weiches wird püriert, Hartes in Stückchen zerkleinert, deren Größe man selbst über die Dauer des Betriebs bestimmt. Man kann also auch Früchte darin fein zerkleinern, zum Beispiel für eine Erdbeercreme.

a3 *Gestreifte* Erdbeercreme

Ein schnell gemachtes Dessert mit dem Duft nach Sommer!

Für sechs Personen
500 g reife, duftende Erdbeeren
3–4 EL Zucker
5 Blatt Gelatine
200 g Schlagsahne

Die Beeren mit dem Zucker vermischen. Etwas Saft ziehen lassen, dann in der Küchenmaschine pürieren.

Die Gelatine in einem kleinen Topf in kaltem Wasser einweichen, dann bei milder Hitze auf dem Herd oder in der Mikrowelle (circa 30 Sekunden, höchste Stufe) schmelzen lassen. Zuerst ein paar Löffel Erdbeerpüree in den Topf zur Gelatine geben und gut verrühren, dann diese Mischung wiederum zum Erdbeerpüree geben und untermischen. Ein, zwei Stunden kalt stellen, bis Straßen sichtbar bleiben, wenn man mit einer Gabel durchfährt.

Ein Drittel davon abnehmen und beiseitestellen. Unter den Rest die steif geschlagene Sahne ziehen. Jeweils 2 bis 3 Esslöffel davon in Dessertgläser verteilen, darüber jeweils einen Teil des Erdbeergelees füllen, dann wieder Erdbeersahne bis alles aufgebraucht ist. Die Gläser kalt stellen und die Creme erstarren lassen.

Tipp: Dazu passen wunderbar kleine Haselnuss-Guglhüpfchen (Rezept Seite 122).

a3 Mürbteig *Grundrezept*

Diesen Teig aus viel Butter, Zucker und Mehl produziert man lieber mit dem Universalmesser der Küchenmaschine, nicht mit den Knethaken. Denn die kalte, feste Butter soll dafür eher gehackt als gerührt werden, der Teig soll ja keine Krume entwickeln, sondern mürbe bleiben. Nicht umsonst nannte man früher diesen Teig auch Hackteig, und tatsächlich hat man alle Zutaten dafür auf dem Backbrett aufgehäuft und sie mit einem oder sogar beidhändig mit zwei großen Messern so lange gehackt und immer wieder vermischt, bis sie sich zu einem Teig verbunden hatten. Das kann das Universalmesser der Küchenmaschine natürlich auch! In einen Gefrierbeutel luftdicht verpackt, läßt sich Mürbteig fabelhaft einige Tage im Kühlschrank aufbewahren. Deshalb lohnt es sich, gleich die doppelte Portion zu produzieren.

Für zwei Springformen von je
∅ 26–28 cm
500 g Mehl
250 g kalte Butter
¼ TL Salz
1 großes Ei
150 g Zucker
evtl. 2–3 EL Grappa

Das Mehl in die Küchenmaschine geben, die kalte Butter in Stücken obenauf verteilen, Salz zufügen, das Ei sowie den Zucker. Die Maschine auf schneller Geschwindigkeit arbeiten lassen, bis sich alles zu einem Teig verbunden hat, dabei den Schnaps zufügen. Das muss alles schnell gehen, damit die Butter sich nicht erwärmt, sonst schmiert der Teig.

Tipp: Wenn der Teig zu weich erscheint, auf keinen Fall mehr Mehl zufügen! Sonst bekommt man nachher keinen mürben Kuchen, sondern eher brettharten Beton. Lieber alles aus der Rührschüssel holen, in Folie wickeln und kalt stellen, bis sich der Teig wieder formen lässt.

a3 Aprikosentarte

Unwiderstehlich, vor allem dann, wenn die Früchte wirklich reif sind und mit der ihnen eigenen, einzigartigen Gleichzeitigkeit von Süße und Säure betören.

Für eine Springform von ∅ 28 cm
½ Portion Mürbteig
Butter für die Form
250 g Ricotta
abgeriebene Zitronenschale
2–3 EL Zucker
2 Eigelb
1,2 kg Aprikosen, reif aber fest

Tipp:
Ricotta, hergestellt aus der Molke, die beim Käsemachen übrig bleibt, indem sie nochmals erhitzt wird (italienisch ricotta, wiederaufgekocht), stellt man bei uns unbegreiflicherweise nicht her, importiert sie aus Italien. Sie ist delikater als Quark, weil ohne dessen Säure.

Den Mürbteig wie beschrieben zubereiten, ruhen lassen, dann auf einem Stück Klarsicht- oder Plastikfolie dünn ausrollen. (Am besten den Gefrierbeutel, in dem man den Teig hat ruhen lassen, aufschlitzen.)

Mithilfe der Folie zur eingefetteten Springform transportieren, kopfüber stürzen und die Springform mit dem Teig auskleiden. Die Folie vorsichtig abziehen.

Ricotta mit Zucker, Zitronenschale und Eigelb mit dem Mixstab oder Schneebesen glatt quirlen, auf dem Teigboden verteilen. Die Aprikosen halbieren, entsteinen, dicht an dicht auf dieser Creme anordnen.

Die Form auf der untersten Schiene in den Ofen schieben. Bei 200 Grad Heißluft (220 Grad Ober- und Unterhitze) etwa 30 Minuten backen. Der Rand soll dunkelbraun und knusprig sein, die Aprikosen dürfen ruhig schon dunkle Stellen zeigen.

a3 *Salziger* Mürbteig *Grundrezept*

Für eine Springform von ∅ 28 cm
250 g Mehl
½ TL Salz
125 g kalte Butter
1 Ei
2–3 EL Wasser

Alle Zutaten in die Küchenmaschine mit dem Universalmesser füllen und schnell auf mittlerer Stufe mischen. Auf die Arbeitsfläche kippen und mit kühlen Händen rasch zu einer Kugel formen. In einen Gefrierbeutel gehüllt mindestens eine halbe Stunde kalt stellen.

Tipp: Statt eines ganzen Eis kann man auch nur ein bis zwei Eiweiß verwenden – die zum Beispiel beim Belag übrig bleiben.

a3 Lauchquiche

So eine Quiche ist anpassungsfähig: Mit einem Salat ein Imbiss, in schmale Tortenstücke geschnitten fein zum Aperitif, und in kleine Würfel oder hübsche Rauten geschnitten sogar gut zum Aus-der-Hand-Essen. Hierzu braucht man natürlich einen salzigen Mürbteig, der sich auch ideal für herzhaft gefüllte Mini-Tarteletts zum Aperitif eignet.

Für eine Springform von ∅ 28 cm
1 Portion salziger Mürbteig
Butter für die Form
3 Lauchstangen (ca. 300 g)
100 g durchwachsener Speck
2 Knoblauchzehen
2 Eier
250 g saure Sahne
Salz, Pfeffer
Cayennepfeffer
Muskat
eventuell ½ TL Raz-el-Hanout

Den Teig ausrollen und die mit Butter ausgefettete Form damit auskleiden. Den Lauch putzen, welke äußere Blätter entfernen, die Stangen längs aufschlitzen und gründlich auswaschen. Mit dem Schneidmesser des Schnitzelwerks quer in dünne Ringe hobeln. Den Speck in feine Streifen schneiden. In einer großen Pfanne den Speck vorsichtig auslassen, nur sanft bräunen, den Lauch zufügen und einige Minuten dünsten. Den Knoblauch fein würfeln und mitdünsten.

Unterdessen Eier und saure Sahne mit dem Mixstab glatt mixen, dabei mit Salz, Pfeffer, Cayennepfeffer und Muskat kräftig würzen. Nach Belieben auch mit Raz-el-Hanout einen exotischen Duft verleihen. Den Lauch mit dieser Eiercreme verrühren und auf dem Teigboden verteilen.

Die Quiche auf der untersten Schiene bei 200 Grad Ober- und Unterhitze (wenn möglich sogar Unterhitze verstärken!) etwa 30 bis 35 Minuten backen, bis der Boden appetitlich gebräunt und der Belag gestockt ist. Sollte er dabei zu dunkel werden, Alufolie als Schutz lose darüberbreiten.

Tipp: Raz-el-Hanout ist eine Gewürzmischung, die ursprünglich aus Marokko stammt, wo jeder Gewürzhändler seine eigene Mischung herstellt – daher der Name, der „Chef des Ladens“ bedeutet. Es gibt also, entsprechend einem indischen Garam Masala (Currypulver), kein genau definiertes Rezept. Hinein gehören zum Beispiel: schwarzer und weißer Pfeffer, Lang-, Mönchs- und Kubebenpfeffer, Paradieskörner und Piment, Chili, Kardamom, Zimt und Nelken, Lorbeerblatt, Ingwer, Galgant und Kurkuma, Muskatnuss und Macis, Kreuz- und Schwarzkümmel, Koriander, Fenchel und Anis, Jasmin-, Rosen- und Lavendelblüten, Veilchen- und Schwertlilienwurzel …

a3 Feine Wildterrine

Die Farce für diese Wildterrine ist mit dem Universalmesser schnell und mühelos gemacht. Früher musste man die Masse mehrmals durch ein immer feineres Sieb treiben, heute erledigt diese Arbeit der Mixer. Dabei unbedingt, wie im Rezept beschrieben, Eiswürfel mitmixen, das Fleisch sehr gut vorkühlen, Wärme kann alles ruinieren. Trotzdem macht eine solche Terrine eine gewisse Mühe, das lässt sich nicht beschönigen. Man muss die Zutaten über mehrere Tage hinweg vorbereiten. Aber für eine größere Runde als elegante Vorspeise oder auf einem großen Buffet ist eine solche feine Terrine ein repräsentatives Meisterstück. Beim Einkaufen der Zutaten wird man vielleicht Probleme mit den großen Speckscheiben haben, mit denen die Terrinenform ausgekleidet wird. Sie sollten so groß wie nur irgend möglich sein, damit die Schutzhülle nicht zu viele Nahtstellen bekommt. Bitten Sie den Metzger, ein etwa 10 bis 12 Zentimeter breites Stück vom fetten Rückenspeck quer, also mit seiner Breitseite, auf der Aufschnittmaschine in dünne Scheiben zu schneiden. (Mit einem Haushalts-Allesschneider klappt das nicht, dafür braucht man das große Schneidblatt einer Profimaschine!) Und zwar nicht stärker als eine normale Wurstscheibe, etwa einen bis zwei Millimeter dünn, sonst wirkt die Terrine später plump und unschön. Wenn Sie ihn rechtzeitig bitten, kann er das Stück vorher anfrieren, dann tut er sich leichter. Er möge dann die dünnen Scheiben unbedingt auf Klarsichtfolie nebeneinanderbreiten und immer wieder Klarsichtfolie dazwischenlegen, damit man sie leicht voneinander trennen kann. Die Reststücke, die keine schöne Scheibe mehr ergeben, lassen Sie sich für die Farce einpacken.

Für eine Terrine von 1,5 l Inhalt
700 g schieres, also sehnen- und flechsenfreies Wildfleisch (vom Reh oder Hirsch) zum Beispiel aus der Schulter
200 g durchwachsener Schweinebauch
150 g geräucherter Speck
200 g grüner (also ungeräucherter), fetter Speck
je 3 EL Cognac und Marsala (oder Portwein, Madeira)
je 2 Thymian- und Rosmarinzweige
2–3 Stücke Orangenschale
2–3 Knoblauchzehen
2 Lorbeerblätter
10 Wacholderbeeren
5 Pimentkörner
125 ml Sahne
3–4 Eiswürfel
Pfeffer aus der Mühle
1 TL Salz
2 TL brauner Zucker
1 EL Pastetengewürz
Cayennepfeffer
50 g Pinienkerne
1–2 Thymianzweige für die Garnitur

Außerdem:
Große Scheiben grünen Specks
Lorbeerblätter,
1–2 Chilischoten und
Thymianzweige zum Dekorieren

Für das Gelee:
Knapp 150 ml kräftiger Rehfond (selbst gemacht oder aus dem Glas)
4 EL Marsala (auch Portwein oder Madeira)
1 EL Grand Marnier
Saft einer halben Orange
1 EL Fischsauce
1 EL Sojasauce
2 Blatt Gelatine

Das Wildfleisch, falls es noch nötig sein sollte, von jeglichen Sehnen und Flechsen säubern. Ein besonders schönes, flechsenfreies Stück von etwa 250 g abschneiden und beiseitelegen. Das restliche Fleisch, auch Schweinebauch und beide Specksorten, in dreizentimetergroße Würfel schneiden. In einen Gefrierbeutel füllen, Cognac und Portwein, die Kräuter, Orangenschale, zerdrückten Knoblauch, Lorbeerblätter und zerquetschte Wacholderbeeren und Pimentkörner zufügen. Das schöne Fleischstück im Ganzen dazupacken.

Den Beutel gut verschließen, dabei alle Luft herausdrücken. So bleibt das Fleisch vor Sauerstoff geschützt. Mindestens einen, ruhig zwei Tage im Kühlschrank marinieren; immer wieder den Beutel drehen und wenden, damit sich die Gewürze und Aromen gut verteilen. Die Fleischwürfel schließlich herausholen, gut abtropfen lassen, dabei die Marinade auffangen. Die Fleischwürfel mit Küchenpapier abtrocknen.

Das besonders schöne Fleischstück in knapp zweizentimetergroße, möglichst exakte Würfel schneiden, zurück in den Marinadenbeutel mit den Gewürzen legen und erneut kaltstellen.

Die Speckwürfel (beide Sorten) in einer großen, unbeschichteten, sehr heißen Pfanne kurz rundum anbraten. Sobald etwas Fett ausgetreten ist, den Speck herausheben, die übrigen Fleischwürfel darin anbraten, portionsweise, damit die Würfel stets Bodenkontakt haben und richtig braten, auf keinen Fall dürfen sie Saft ziehen. Auf starker Hitze rasch auf allen Seiten anbraten, innen sollen die Fleischwürfel noch roh bleiben, dabei mit Salz und Pfeffer würzen.

Den Pfanneninhalt bis zum nächsten Tag gut durchkühlen. Vor dem Verarbeiten ruhig noch für ein, zwei Stunden in den Tiefkühler geben. Das Fleisch muss eiskalt sein, sogar etwas angefroren. Das ist wichtig, damit sich das Eiweiß beim Pürieren nicht erwärmt und seine Bindungsfähigkeit verliert – sonst wird die Terrine grob und trocken.

Die eiskalten Fleisch- und Speckwürfel im Mixer (Universalmesser) zu einer feinen, cremigen Farce pürieren, dabei die restliche Marinade mitsamt den Gewürzen (Wacholderbeeren, Orangenschale, Knoblauch) zufügen, auch die Eiswürfel mitmixen und schließlich auch die Sahne, alle Gewürze (Salz, Pfeffer, Pastetengewürz) zufügen. Die Farce soll cremig wirken und muss intensiv gewürzt sein – nach dem Garen und Abkühlen verliert sie einiges von ihrem Geschmack, deshalb darf sie jetzt ruhig ein wenig überwürzt wirken.

Fortsetzung nächste Seite

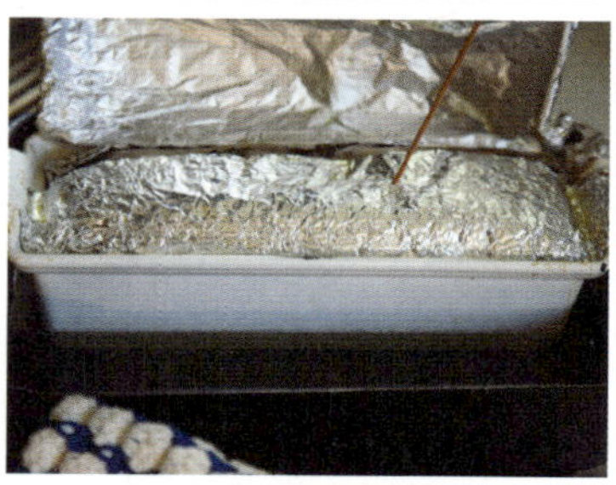

Feine Wildterrine

Eine schmale, längliche Terrinenform (oder Kastenform) mit Folie und Speck auskleiden. Dafür die Folie auf der Arbeitsfläche ausbreiten, die Speckscheiben in der Länge der Form als akkurate Fläche auslegen, so, dass der Speck nachher die ganzen Terrinenwände auskleidet, an den Längsseiten sogar noch über den Rand hinausreicht, damit man ihn nachher über die Farce klappen kann. Die Folie dann in die Form betten und vorsichtig überall festdrücken.

Zunächst eine dünne Schicht Farce auf dem Boden glatt streichen. Darauf einen Teil der aufbewahrten Fleischwürfel sowie einige Pinienkerne verteilen. Mit einer Schicht Farce bedecken, wieder Fleischwürfel und Pinienkerne – immer daran denken, dass die Terrine am Ende in Scheiben geschnitten wird und ein schönes Bild ergeben soll. Jede Schicht behutsam festdrücken, damit keine Luftlöcher bleiben, und glattstreichen. Die überstehenden Speckscheiben über diese Füllung klappen und behutsam festdrücken. Eine Speckscheibe oben quer als Abschluss legen. Diese Oberfläche mit Lorbeerblättern, einer längs halbierten Chilischote und Thymianzweigen verzieren. Alles mit Alufolie abdecken und sorgsam verschließen. Die Form in einen Bräter setzen und diesen mit heißem Wasser füllen. Im 150 Grad heißen Backofen (Heißluft; Ober- und Unterhitze 170 Grad) etwa 50 bis 55 Minuten garen.

Um zu prüfen, ob die Terrine gar ist, mit einem Bambusstäbchen hineinstechen, es muss dort klarer Saft auslaufen. Ein Fleischthermometer, das man in die Mitte einsteckt, sollte knapp 65 Grad anzeigen.

Die Terrine aus dem Wasserbad nehmen und langsam abkühlen lassen. Solange sie noch warm ist, ein exakt passendes Brettchen auf die Oberfläche legen (das muss man sich mal von einem handwerklich geschickten Menschen zuschneiden lassen, wenn man gerne Terrinen macht; kaufen kann man so ein Teil unbegreiflicherweise nicht) und mit einem Gewicht beschweren, damit die Terrine guten Zusammenhalt bekommt. Es darf allerdings nur so schwer sein (im Allgemeinen genügt eine große Konservendose), dass das flüssige Fett gerade eben bis zum Rand steigt, aber nicht überläuft – sonst wird die Terrine trocken.

Die Wildterrine gut verschlossen (mit Alufolie oder dem Terrinendeckel) mindestens einen, besser zwei oder drei Tage im Kühlschrank durchziehen lassen, bevor sie serviert wird. Zum Servieren mit einem großen, langschneidigen Messer zunächst eine Scheibe noch in der Form abschneiden, dann lässt sich alles leichter aus der Form stürzen und mit dem Elektromesser in fingerstarke Scheiben schneiden.

Tipp: Zur Terrine wird gewürfeltes Wildgelee gereicht, das man bereits am Vortag zubereitet: Dafür Fond, Marsala mit Grand Marnier, Fisch- und Sojasauce auf- und auf 200 ml einkochen, die eingeweichte Gelatine darin auflösen, die Flüssigkeit kräftig abschmecken und fest werden lassen. Zum Servieren in feine Würfel schneiden und als essbare Dekoration daneben anrichten.

Raspeln, Schnitzeln, Reiben

Ob die Kartoffeln für Puffer zu zerkleinern sind, Rotkohl in Streifen oder Möhren in Scheibchen zu schneiden – hier kann die Küchenmaschine mit ihrem Schnitzelwerk zeigen, was sie kann. Jede, auch große Mengen zerlegt sie damit nach Wunsch, und immer in derselben Stärke – das ist wichtig, denn wenn das Gemüse in unterschiedlich dicke Scheiben oder Streifen geschnitten ist, ist es nicht zum selben Zeitpunkt fertiggegart. Da ist der eine Teil womöglich schon zerfallen, obwohl andere Scheiben noch mehr als bissfest sind.

Für ein solches Schnitzelwerk gibt es unterschiedliche Einsätze und man muss sich genau anschauen, wofür man welche Art von Reiben braucht. Die Sternchen-Reibe nützt, um altbackenes Brot oder trocken gewordenen Kuchen in wunderbare Brösel zu zerkleinern. Und man wird nie mehr Semmelbrösel kaufen oder gar fertiges Paniermehl, wenn man entdeckt hat, um wie viel besser es aus dem eigenen Lieblingsbrot oder -brötchen schmeckt. Man kann damit auch Kartoffeln für Reibekuchen zermusen. Und wenn man auf diese Weise Äpfel frisch reibt und mit steifgeschlagener Sahne vermischt, hat man blitzschnell ein köstliches Dessert!

Der Scheibenschneider sollte in unterschiedlichen Stärken hobeln können: dünne Scheiben für Gurken zum Salat, für feste Gemüse wie Möhren, Kohl oder auch Kartoffeln zum Gratin und dickere für zarteres Gemüse wie Zucchini. Der Julienneschneider mit seinen senkrecht stehenden Messerchen hobelt alles in exakte, streichholzfeine Streifen, ideal für die chinesische Küche, aber auch beispielsweise für eine schnelle Einlage in der klaren Brühe. Nach demselben Prinzip, nur mit größeren Abständen, arbeitet der Pommes-Frites-Schneider. Für viele Familien unentbehrlich, vor allem, weil sie sich nicht auf die Fertig-Pommes mit ihren Fetten zweifelhafter oder zumindest unbekannter Herkunft einlassen wollen. Die normale feine oder grobe Reibe schneidet hingegen das Gemüse in eher rundliche Schnipsel, wie man sie für Rohkostsalate braucht.

In jedem Fall gilt für alle diese Einsätze: Sie sind enorm hilfreich und sparen viel Mühe, wenn man mehr als nur eine kleine Portion zubereitet. Nur dann ist der Aufwand, die Maschine umzurüsten oder zusammenzusetzen und die einzelnen Teile nachher wieder zu spülen, abzutrocknen (bei fast allen Modellen und allen Teilen in der Spülmaschine) und wieder wegzuräumen, sinnvoll. Das merkt man im Laufe der Arbeit mit dem Gerät – kann allerdings auch nachhelfen! So ist die praktische Unterbringung des Zubehörs enorm wichtig, denn man wird sie nur einsetzen, wenn man die Einzelteile nicht erst mühsam zusammensuchen muss, sondern möglichst griffbereit am Einsatzort vorfindet.

Fleischwolf

Der Fleischwolf ist leider ziemlich aus der Mode geraten und scheint den meisten Menschen entbehrlich. Hackfleisch kauft man beim Metzger, und seit die strenge Hackfleischverordnung aufgehoben wurde, sogar im Supermarkt. Allerdings sieht man dem fein zerkleinerten Fleisch nicht unbedingt an, aus welchen Teilen es sich zusammensetzt. Vertrauen ist gut, selber das Fleisch durchzudrehen und die Kontrolle darüber zu haben, woher es stammt, ist besser – nicht nur aus geschmacklichen Gründen.

Große Küchenmaschinen bieten häufig einen Fleischwolf als Zubehör an, und tatsächlich kann dieser durchaus sehr hilfreich sein. Wichtig ist, dass er stabil ist, denn es sind enorme Kräfte nötig, wenn beispielsweise Sehnen im Fleisch zerschnitten werden müssen. Und man muss darauf achten, neben einer mittelgroben und groben Scheibe auch eine feine Scheibe mitgeliefert zu bekommen – manchmal ist diese nur als Extra-Zubehör gesondert zu bestellen. Aber sie ist unbedingt nötig, wenn man Hackfleisch oder Tatar selber machen will. Sonst muss man das Fleisch womöglich, wie es früher häufig noch in Rezepten zu lesen war, zweimal durchdrehen – aber dann verliert es jegliche Struktur und allen Biss.

Nicht geeignet sind übrigens alle Hackmesser, elektrischen Zerhacker und sonstigen Mixer, um Hackfleisch zu produzieren. Auch wenn die Rezeptbroschüren für den Mixer mit seinem Universalmesser und für die mit dem Stabmixer betriebenen Zerhacker anderes behaupten. Zerkleinern können sie natürlich: Mit hoher Geschwindigkeit entsteht dann eine breiige, strukturlose Masse. Das ist gut für Terrinen, Pasteten, Farcen und Ähnliches. Aber Hackfleisch hat seinen Namen nicht von einem mit hoher Geschwindigkeit rotierendem und alles klein hackendem Messer, sondern heißt so, weil es früher mit dem großen Messer auf dem Hackstock kleingehackt wurde. Eine mühsame Arbeit, die allerdings eine fast körnige Masse mit winzigen Fleisch- und Fettstückchen zum Ergebnis hatte, wie man es mit dem langsam drehenden Fleischwolf guter Qualität auch erzielen kann. Was zum Beißen, das je nach Art der späteren Verwendung den Gerichten eine lockere, saftige Struktur gibt. Mit dem Zerhacker hergestelltes Hackfleisch hingegen bindet als kompakter Brei viel zu fest ab, das Gericht wirkt in der Folge auf der Zunge trocken und zergeht nicht am Gaumen.

Hackfleisch

Durch den Fleischwolf getrieben, so sagen böse Stimmen, wird selbst die zäheste Kuh genießbar. Tatsächlich stimmt: Das Fleisch selber durchdrehen – da weiß man, was man hat! Nicht jeder Metzger nimmt ausreichend abgehangenes Fleisch dafür, davon hat er viel zu wenig! Dabei ist das nicht nur wichtig für die Konsistenz, sondern sorgt auch für einen ausgereiften Geschmack.

Ganz nach Verwendungszweck nimmt man Rindfleisch, Schweinefleisch, aber auch Kalb – zum Beispiel für Königsberger Klopse, die mit Kalbfleisch oder einer Mischung aus Schwein und Kalb besonders fein sind! Oder Lamm für mediterrane Rezepte. Es kann ein Stück vom Hals oder vom Bauch sein, in jedem Fall durchwachsen, ruhig auch mit einigen Sehnen, schließlich wird ja alles zerschnitten und zerkleinert. Und in der Gallerte der Sehnen steckt viel Geschmack, auch Fett ist ein wichtiger Aromalieferant.

Die Stücke zum Durchdrehen in große Würfel oder lange Streifen schneiden – den Durchmesser bestimmt die Öffnung des Einfüllschachts. Das Fleisch langsam durchdrehen lassen, damit das Messer tatsächlich schneidet und das Fleisch nicht zerdrückt oder gar reißt.

Solider Fleischwolf = guter Fleischwolf!

Ein Fleischwolf ist, wenn man ihn genau betrachtet, ein Präzisionsgerät, das mit erheblicher Kraft betrieben wird. Sein Messer muss mit einem ausreichenden Druck an der Lochscheibe rotieren, damit auch Sehnen beim ersten Kontakt mit der Scheibe sauber geschnitten werden. Nur dann entsteht eine klare Körnung und kein Stau in der das Fleisch vorantreibenden Schnecke, der das Fleisch zerdrücken und zermusen würde. Der Druck muss so groß sein, dass auch dickere Sehnen klar durchtrennt werden und sich nicht zwischen Messer und Scheibe schieben können. Denn sonst würde ja nicht mehr sauber geschnitten, sondern gequetscht – und eine breiige Konsistenz die Folge. Bei vielen guten Fleischwölfen sind deshalb Messer und Lochscheiben immer noch aus rostendem Stahl, der sich beim Gebrauch selbst nachschärft – anders als rostfreier Edelstahl. Deshalb müssen diese Teile unbedingt und immer sofort nach Gebrauch herausgenommen und sorgfältig abgewaschen werden, dann abgetrocknet und luftig (zum Beispiel auf Küchenpapier auf einer Heizung) nachgetrocknet werden, damit sie nicht rosten. Niemals in die Spülmaschine legen! Einige Hersteller werben inzwischen mit Messern aus speziell gehärtetem Edelstahl, die unempfindlich sind – die Scheiben sind meist dennoch aus Stahl. Eben eine Preisfrage – ein guter Wolf kostet! Deshalb sind billige Geräte sehr oft rausgeschmissenes Geld. Auch die kleinen handbetriebenen Fleischwölfchen aus Sonderangeboten taugen nichts – deren Messer werden schnell stumpf und die Scheibenlochung hat meist keine scharfen Kanten. Vor allem aber kann der Druck des Messers nicht konstant so groß gehalten werden, dass das Ergebnis befriedigend ausfällt.

a3 Tatar

Früher galt Tatar als das Feinste, was man kriegen konnte. Schabefleisch sagte man auch dazu, weil tatsächlich dafür zartes, abgehangenes Rinderfilet mit der Messerklinge auf dem Hackbrett geschabt wurde. Auch bei diesem Schaben gilt es, nicht ein Mus zu fabrizieren, sondern winzigste Scheibchen von den Muskelsträngen sozusagen zu schneid-reißen, damit eine Struktur erhalten bleibt – die Kunst des Fleischers! Ein elektrisches Zerhackermesser kann das nicht. Vom scharfen Schneidmesser des Fleischwolfs zerschnitten, behält es jedoch seinen eigenen, herzhaften Biss.

Für zwei Personen
Ca. 300–350 g schieres Rindfleisch (z. B. aus der Schulter)
1 kleine Schalotte oder Zwiebel
2 Stiele glatte Petersilie
2–3 Liebstöckelblätter
nach Gusto 1 rote Chilischote
1 Stück Zitronenschale
3 Cornichons
1 TL kleine Kapern
1 TL Senf
1–2 Anchovisfilets
Salz, Pfeffer
1 Spritzer Worcestershiresauce
1 Eigelb

Zunächst das Rindfleisch durch die feine Scheibe des Fleischwolfs drehen.

Die geschälte Schalotte oder Zwiebel, abgezupften Petersilien- und Liebstöckelblätter, entkernte Chilischote und das Stück Zitronenschale kann man entweder zusammen mit dem Fleisch durch den Wolf drehen oder im kleinen Mixbecher zerhacken. Die Cornichons lieber von Hand fein würfeln, auch die Kapern, falls sie nicht wirklich winzig sind – diese sind zu empfindlich und würden zerquetscht.

Das Tatar entweder damit und mit den übrigen Zutaten anmachen, dabei behutsam und nur locker mischen. Oder die einzelnen Bestandteile rund um das durchgedrehte Fleisch hübsch anrichten.

Dazu herzhaftes Bauernbrot oder Vollkornbrot servieren.

Tipp: Dies ist natürlich nur ein Würzvorschlag – es kann unendlich weitergehen! Zum Beispiel Senf: Je nach Auswahl der Sorte kann man die verschiedensten Effekte erzielen: Mit grobkörnigem Senf Biss erzeugen, mit scharfem Senf ein wenig Feuer einbringen, mit Weißwurst- oder Honigsenf einen süßen Akzent setzen und mit Kräuter- und Gewürzsenfen auch in der an frischem Grünzeug armen Jahreszeit für lebendige Würzkraft sorgen. Und an getrockneten Aromaten kann man sich fast alles vorstellen – eine Frage der persönlichen Vorliebe und der Kunst der Komposition. Zu der zählt für manche auch ein Löffel Ketchup!

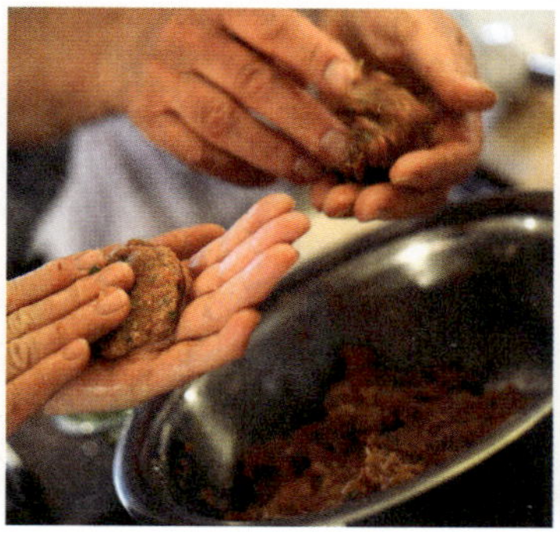

a3 Bouletten *mit* Kartoffelsalat

Fleischküchle, Frikadellen, Bratklopse – wie immer man sie nennen mag. Jeder liebt sie, nahezu jede(r) hat dafür ein Lieblingsrezept. Sie schmecken frisch aus der Pfanne und sind ebenso kalt ein Genuss. Sie sind ein schnelles (und erfreulich billiges!) Essen und immer ein beliebter Party-Happen. Der Kartoffelsalat schmeckt am besten noch lauwarm.

Für vier bis sechs Personen
1 großes Brötchen
1 dünne Lauchstange
1 kleine Möhre
½ rote Paprika
2 EL Butter
Salz, Pfeffer
750 g Rindfleisch (Schulter)
500 g Schweinefleisch (vom Hals)
150 g fetter Schweinebauch (auch fetter, grüner, also ungeräucherter Speck ist geeignet)
2 Stengel glatte Petersilie
2 Stengel Estragon
1 kleine Handvoll Kerbel
1 Scheibe Weißbrot
1 TL Senf
1 TL Worcestershiresauce
¼ TL Chilipulver
abgeriebene Zitronenschale
Olivenöl zum Braten

Kartoffelsalat:
1 kg festkochende Kartoffeln (Selma, Sieglinde, auch farbige Kartoffeln wie Roseval oder blauer Schwede)
1 rote Zwiebel
3–4 Stengel glatte Petersilie
Salz, Pfeffer
3–4 EL Apfelessig
2–3 EL heiße Brühe
1–2 EL erstklassiges Öl
nach Belieben auch
1 Knoblauchzehe und 1 Chilischote
1 Handvoll Feldsalatröschen
½ Salatgurke

Tipp:
Wer die rohe Fleischmasse nicht probieren mag, formt ein Probeklößchen und brät es rasch in der Pfanne an. Mit angefeuchteten Handflächen kleine Bällchen aus der Masse formen, flach drücken und nebeneinander im heißen Öl langsam auf beiden Seiten knusprig braten. Besonders knusprig werden die Bouletten, wenn man sie vor dem Braten in Semmelbröseln wendet.

Das Brötchen mit heißem Wasser bedecken und einweichen. Das Gemüse putzen, grob würfeln und in der heißen Butter andünsten, dabei salzen und pfeffern. Etwas abkühlen lassen.

Fleisch und Speck längs in 2 Zentimeter breite Streifen schneiden, durch den Fleischwolf drehen (feine Scheibe). Das angedünstete Gemüse ebenfalls durch den Wolf lassen, schließlich auch die abgezupften Petersilien-, Estragon und Kerbelblätter. Jetzt das gut ausgedrückte Brötchen durchlassen, um die Treibschnecke zu reinigen. Die trockene Brotscheibe ganz zum Schluss durchlaufen lassen, sie verhindert, dass das feuchte Brötchen stecken bleibt.

Fleisch, Gemüse, Brötchen gründlich mischen, dabei auch die Gewürze zufügen: Senf, Worcestershiresauce, Chilipulver, Salz, Pfeffer und Zitronenschale. Am besten mit den Händen alles durchkneten, dann hat man die Sache buchstäblich im Griff, natürlich kann man sich auch die Knethaken des Handrührers oder der Küchenmaschine zunutze machen.

Die Fleischmasse kräftig abschmecken, vor allem, wenn man die Bouletten kalt servieren will: Beim Abkühlen verliert sich viel Geschmack!

Kartoffelsalat: Die Kartoffeln gar kochen, abgießen und ausdampfen lassen. Noch warm pellen und in Scheiben schneiden. Lieber mit einem Messer als mit einem Hobel, weil die warmen Kartoffeln am Hobel festkleben können und schmieren.

Die Zwiebel sehr fein würfeln (z. B. auf dem Juliennehobel). Die Petersilie fein schneiden (oder mit dem Zerhacker zerkleinern). Alles in eine Schüssel füllen, Salz (reichlich – Kartoffeln schlucken davon eine Menge!), Pfeffer (mutig, die Mühle dafür etwas gröber einstellen!), Essig und Brühe zufügen. Alles gründlich mischen, erst jetzt das Öl zufügen – von dem man nunmehr ziemlich wenig braucht, weil der Salat bereits von Essig und Brühe gut durchfeuchtet ist.

Wer mag, mischt noch eine zerriebene oder sehr fein gewürfelte Knoblauchzehe und Chilischote (ohne Kerne) unter und legt am Ende geputzte Feldsalatröschen dazu. Nicht untermischen, sie sind sehr empfindlich und fallen leicht zusammen. Gurkenscheiben hingegen können gleich mit umgewendet werden, sie geben zusätzlichen Saft.

a3 Lebernockerl

Mit zwei Teelöffeln werden sie zu feinen, eleganten Nockerln geformt. Man kann sie natürlich auch als regelrechte runde Knödel servieren – entweder in einer klaren Brühe (zu Wasser) oder zum Sauerkraut und Kartoffelpüree (zu Land).

Für vier bis sechs Personen
4 altbackene Semmeln
ca. 150 ml Milch
1 Zwiebel
2 EL Butter
1 Bund Petersilie
300 g Kalbs- oder Rinderleber
2 Eier
Salz, Pfeffer
1 gehäufter EL getrockneter Majoran
Worcestershiresauce
abgeriebene Zitronenschale
Cayennepfeffer

Die Semmeln in Scheiben oder Würfel schneiden, mit der heißen Milch beträufeln und zugedeckt 15 Minuten einweichen. Die Zwiebel würfeln, in der Butter weich dünsten, am Ende die gehackte Petersilie mitdünsten.

Die Leber durch die feine Scheibe des Fleischwolfs drehen, auch die gedünstete Zwiebel mit der Petersilie und am Ende die ausgedrückten Brötchen durchlaufen lassen. Alles mit den Eiern vermischen, dabei mit Salz, Pfeffer, Worcestershiresauce und Zitronenschale sowie einer ordentlichen Prise Cayennepfeffer würzen.

Die Masse einige Minuten quellen lassen, dann mit zwei Teelöffeln ein Probenockerl herstellen und in Salzwasser gar ziehen lassen. Löst es sich auf, etwas Semmelbrösel in die Masse mengen.

Zum Pochieren, wie der Fachmann zum langsamen Garziehen ohne zu kochen sagt, einen weiten, großen Topf nehmen, der den Nockerln genügend Platz bietet. Jeweils einen Teelöffel in heißes Wasser tauchen, dann eine Portion Farce abstechen, mithilfe des zweiten Löffels formen und mitsamt dem Löffel ins heiße Wasser tauchen – einen Moment warten, dann löst sich das Klößchen von selbst.

Nach etwa 10 Minuten sind die Nockerln gar. Mit einer Schöpfkelle herausheben und in einer klaren Consommé servieren.

Tipp: Für den Vorrat die Klößchen abtropfen und abkühlen lassen, auf einer mit Klarsichtfolie bedeckten Platte nebeneinander anfrieren, dann in eine Gefrierbox oder in einen Gefrierbeutel verstaunen und luftdicht verschlossen im Gefrierer aufbewahren. So lassen sie sich bei Bedarf einzeln entnehmen.

a3 *Eingemachtes* Suppengrün

Eine wunderbare Würze, die man aus allem Wurzelwerk herstellt, das zu einem Bund Suppengrün gehört. Ein Löffel davon an Suppen, Saucen oder in die Brühe – und schon bekommt sie Pep, ein natürlicher Geschmacksverstärker! Das Eingemachte Suppengrün hält sich in einem Schraubglas nahezu ewig und ist im Winter willkommener und preiswerter Ersatz für gartenfrische Würze. Deshalb gehört diese Zubereitung für uns zum herbstlichen Pflichtprogramm.

Für acht bis zehn Gläser
à 220 Gramm
Je 500 g
– Möhren
– Sellerie
– Petersilienwurzel
– Zwiebeln
– Lauch
– Salz
1 dicker Strauß glatte Petersilie
2–3 große Tomaten

Alles Gemüse putzen, schälen und grob zerkleinern – von jedem ein Pfund abwiegen. Je nach Größe der Öffnung des Fleischwolfs und dem Erfassungsvermögen seiner Schnecke Möhren, Sellerie und Petersilienwurzel in eher schmale und längere als zu kompakte Stücke zuschneiden. Zwiebeln achteln, Lauch längs vierteln oder sechsteln. Wenden Sie lieber etwas Zeit für das Zuschneiden auf, denn wenn die Schnecke die Stücke nicht erfasst und von selbst hineinzieht, kostet Sie das viel Kraft beim Hineinstopfen!

Nacheinander durch den Fleischwolf drehen, auch zwei Hände voll Petersilienblätter sowie zwei, drei Tomaten mit durchlaufen lassen. Immer alles abwechselnd hineindrücken – vor allem der Lauch tendiert dazu, den Fleischwolf zu verstopfen. Dann können Möhre, Sellerie oder Petersilienwurzel helfen, dass alles wieder zügig durchgeht. Auch nach den flüssig zermatschten Tomaten etwas Trockenes zum Durchputzen hineingeben. Schließlich alles in einer großen Schüssel mit einem Pfund Salz gründlich vermischen.

Diese Masse in Schraubgläser abfüllen. Möglichst dunkel aufbewahren, Licht kann die schöne Farbe beeinträchtigen. Mit einem hübschen Etikett versehen, ist ein Glas des eingemachten Suppengrüns ein wirklich persönliches Geschenk!

Mixer

Nicht alle Küchenmaschinen haben neben dem Universalbehälter auch noch einen kleineren Aufsatz zum Pürieren und Mixen – der aber sehr praktisch ist! Man kann solche Mixer aber auch als Einzelgerät kaufen. Ein System von Schneidmessern am Boden eines schlanken, meist gläsernen Behälters fasst die Zutaten und wirbelt sie dank der ausgeklügelten Stellung der Klingen auch im Becher umher. Dabei werden die Zutaten nicht nur fein zerkleinert, sondern auch noch innig vermischt. Besonders gut deshalb für Flüssigkeiten geeignet, für Cremes und Cremesuppen, Saucen, Obst mit Flüssigkeitszugabe, Eis und natürlich für Mixgetränke.

Sehr gründlich zerkleinern diese Messer trockene Chilis, sie müssen nur total getrocknet sein, entweder an der Luft oder im Trockenapparat. Dann die Stiele entfernen, wer mag, entfernt auch noch die Kerne, dann schmeckt am Ende das Pulver noch fruchtiger und weniger scharf. Die Chilis dann geduldig so lange im Mixbecher pulverisieren, bis es fein genug ist. Vorsicht: Dabei werden ätherische Öle freigesetzt, die sich auf die Schleimhäute legen und zu Hustenanfällen führen können. Aber das Chilipulver ist wunderbar aromatisch und frisch.

Vor mehr als 50 Jahren trat der Mixer als spezielles Gerät seinen Siegeszug durch die deutschen Küchen an und sorgte für eine kleine Revolution. Die Notwendigkeit dieses klassischen Mixers in der modernen Küche ist nicht mehr so unbedingt gegeben, denn Küchenmaschine und Stabmixer übernehmen einen Teil der ihm zugedachten Aufgaben besser, schneller, leichter. Eins aber kann er immer noch am besten: Getränke mixen! Und praktisch ist er auch für mittlere und kleinere Mengen: Um beispielsweise eine Creme aus Geflügelleber glatt zu mixen, die man ja selten in großer Menge braucht. Dafür ist die große Mixschüssel zu groß, der kleine Mixbecher des Pürierstabs zu klein, aber der Mixer genau passend.

a3 Geflügellebercreme

Sie kostet nicht viel, ist schnell gemacht, schmeckt köstlich, hält sich zugedeckt im Kühlschrank einige Tage frisch und ist dann rasch auf knusprige Crostini gestrichen: ein fabelhafter Happen zum Glas Wein oder zum Aperitif-Sekt.

Für vier bis sechs Personen
2 Schalotten
2–3 Knoblauchzehen
1 Chilischote
2–3 EL Olivenöl
250 g Hühnerlebern
Salz, Pfeffer
1 Thymianzweig
einige Petersilienblätter
2 EL Obstbrand, Sherry oder Portwein
150 g Butter

Die Schalotten würfeln, auch Knoblauch und Chili zerkleinern. In einer beschichteten Pfanne im heißen Öl auf zunächst kleiner Hitze weich dünsten.

Die Hühnerlebern sorgfältig putzen, alle Sehnen und Häute entfernen. In die Pfanne geben, jetzt die Hitze verstärken und die Lebern rundum anbraten. Dabei mit Salz und Pfeffer würzen, den Thymianzweig zufügen, auch die gehackten Petersilienblätter. Nach einigen Minuten, wenn die Lebern steif geworden sind, mit Schnaps, Sherry oder Portwein ablöschen. Zwei, drei Minuten einköcheln. Vom Feuer ziehen und etwas abkühlen lassen, jedoch noch warm in den Mixbecher füllen: Den Thymianzweig entfernen, die Butter zufügen und nun alles so lange mixen, bis eine glatte Creme entstanden ist. Nochmals abschmecken.

In eine kleine Terrine füllen. Zusammen mit Crostini, frischen Baguettescheiben oder auch einer aufgeschnittenen, im Toaster aufgebackenen Brezel servieren.

a3 Vitello tonnato

Ein italienischer Vorspeisen-Klassiker: zartes, dünn aufgeschnittenes Kalbfleisch mit einer Thunfischmayonnaise. Eine kleine Menge dieser Sauce, etwa für zwei Personen, lässt sich mühelos mit dem Mixstab aufschlagen. Für eine große Runde oder gar fürs Partybuffet lohnt sich der Einsatz des Mixers.

Für vier Personen ein Hauptgericht, für zehn eine Vorspeise

Sauce:
1 Dose Thunfisch in Olivenöl (220 g)
3 Anchovisfilets in Öl
2 EL Kapern
2 Knoblauchzehen
1 Zitrone (Saft und Schale)
weißer Pfeffer, Salz, Zucker
1 Prise Cayennepfeffer
einige glatte Petersilienblätter
1 frische Chilischote
250 ml Olivenöl
Kapern und Zitronenschnitze für die Dekoration

Fleisch:
1 kg Kalbsnuss
2 Zwiebeln
1 Möhre
½ Stange Lauch
¼ Sellerieknolle
1 Bund Petersilie
500 ml trockener Weißwein
3 Lorbeerblätter
1 TL Pfefferkörner
Salz

Den Thunfisch abtropfen lassen und in den Mixbecher füllen, außerdem Anchovisfilets, Kapern, die geschälten Knoblauchzehen, den Zitronensaft. Auch ein Stück Zitronenschale, alle Gewürze, Petersilienblätter und die entkernte Chilischote zufügen und die Hälfte des Olivenöls. Auf mittlerer Geschwindigkeit alles zunächst pürieren, dann bei etwas höherer Geschwindigkeit mixen und langsam das restliche Öl hinzufließen lassen, bis die Sauce, die jetzt cremig wird wie eine Mayonnaise, die richtige Konsistenz hat. Kräftig abschmecken – eventuell die Sauce mit einem Schuss Brühe (vom Kalbfleisch) verdünnen.

Das Kalbfleisch bereits am Vortag zubereiten: Fleisch mit allen angegebenen Zutaten – alle Gemüse geputzt und klein geschnitten – knapp mit Wasser bedeckt aufsetzen, langsam zum Kochen bringen.

Nach dem ersten Aufwallen die Hitze herunterschalten, so dass die Brühe nicht mehr kocht, sondern nur noch leise siedet. Die Kalbsnuss darin zugedeckt etwa eine Stunde ziehen lassen, dann abschalten und das Fleisch über Nacht im Sud abkühlen lassen.

Das Fleisch sollte ordentlich durchgekühlt sein, erst dann lässt es sich gut aufschneiden: von Sehnen und Häuten befreien und auf der Maschine in dünne Scheiben schneiden. Auf einer Platte oder auf Tellern hübsch anrichten, das heißt: nicht zu akkurat.

Die Sauce dekorativ darüber klecksen, mit Zitronenschnitzen, Kapern und Blättern verzieren. Die restliche Sauce getrennt dazu servieren.

Tipps: Man kann auch Reste von Kalbsbraten nehmen oder auch ein sanft gebratenes Kalbsfilet dafür verwenden. Auch ein Schweinefilet ist prima geeignet – mixen Sie dann noch drei, vier entkernte schwarze Oliven mit, das macht die Sauce noch würziger. Die Sauce passt übrigens auch zu hart gekochten Eiern.

Im Piemont liebt man diese Thunfischsauce, die ja eine Art Mayonnaise ohne Ei ist, zu Paprika, die man zuvor im Backofen geröstet hat, bis sich die Haut abziehen lässt. Die Paprika (gelb oder rot) werden dann gehäutet und entkernt. Den dabei austretenden Saft auffangen. Paprika in breite Streifen schneiden und darin esslöffelweise diese Thunfischcreme einwickeln. Anrichten und mit dem abgekühlten, leicht gelierenden Paprikasaft überglänzen – ein fruchtiger und köstlicher Happen fürs Vorspeisenbuffet.

a4 Der Zerhacker

Ein martialisches Wort für ein nützliches Gerät: Zerhacker. Oder weniger kraftprotzend: Multizerkleinerer. Ein Mixbecher, in dem ein mehrschneidiges Messer alles kurz und klein hackt – wie sehr und wie fein, das wird bestimmt durch die Dauer des Vorgangs.

Ein kleiner Spezialist

Die meist sehr kompakt konstruierten, leistungsstarken Zerhacker sind auf die Zerkleinerung spezialisiert, eignen sich dafür nicht zum Mixen. Farcen werden geschmeidiger als in der Küchenmaschine, harte Zutaten zuverlässig zerkleinert. Ein leistungsstarker Zerhacker, erstmals von der Firma Moulinex gefertigt und als Moulinette fast schon zu einem Gattungsbegriff geworden, ist daher für alle ein Muss, die gehobene Ansprüche an die Verarbeitung stellen – und weder durch eine gute Küchenmaschine noch den Pürierstab oder den kleinen Mixbecher zu ersetzen. In ihm lassen sich weiche Zutaten, zum Beispiel Fleisch, Fisch, auch Meeresfrüchte wie Garnelen wunderbar pürieren, regelrecht kuttern, also zu einer innigen Farce verarbeiten. Wichtig in diesem Fall: immer einen Eiswürfel mitmixen, der das Eiweiß kühl hält. Denn: Erhitzt es sich beim Zerkleinern zu stark, verliert es seine Bindungsfähigkeit, die Masse wird grisselig und nie schön glatt. Sehr aufpassen muss man auch, wenn man im Zerhacker Empfindliches zerkleinert, wie Zwiebeln oder Knoblauch, auch bestimmte Kräuter – Zutaten, die allzu leicht im Kontakt mit Luft oxidieren und dadurch ihren Geschmack unangenehm verändern. Hier muss man unbedingt gleich zu Beginn Flüssigkeit zufügen, die Luftkontakt verhindert, oder besser noch Öl, das sofort einen luftundurchlässigen Schutzfilm um alle zerkleinerten Teile legt.

Ideal für harte Zutaten

Für feste und sehr harte Zutaten – Mandeln, Mohn, Hartkäsestücke, aber auch Gemüse oder Obst ist ein Zerhacker unschlagbar, denn er kann von grob bis fein alles wie gewünscht zerkleinern. Je länger man das Messer rotieren lässt, umso feiner sind die Zutaten am Ende zerkleinert. Das ist zum Beispiel für Mohn wichtig, dessen winzige Körnchen eine ganze Weile brauchen, bis das Messer sie endlich alle zerschlagen hat und sie wie aufgebrochen, ganz flockig aussehen. Man kann übrigens sogar hören, ob der Mohn diesen richtigen, pulverigen Mahlgrad erreicht hat, weil die zuerst glatt an der Wand entlangsausenden Körnchen nicht mehr gleichmäßig singen, sondern mehr und mehr rauschen. Sie verdoppeln dann auch ihr Volumen, wie man auf den Bildern zum Mohnkuchen, Seite 365, deutlich sehen kann. Und nur dann ist der Mohn zum Backen fein genug. Gemahlen kann man Mohn nicht kaufen (in Österreich allerdings, wo man Mohn noch öfter als bei uns für viele Mehlspeisen benötigt, gibt es ihn tiefgefroren; so bleibt er auch in gemahlenem Zustand frisch). Mohn wird wegen seines hohen Fettgehalts schnell ranzig. Deshalb muss er vor Gebrauch stets frisch gemahlen werden. Früher nahm man dafür eine spezielle Mohnmühle, die die Mohnkörner durch eine Messingschnecke trieb und so zerquetschte (in traditionellen Rezepten ist dann auch vom frisch „gequetschten“ Mohn die Rede) – heute übernimmt der Zerhacker dieses Geschäft.

Und warum geht das nicht mit dem Universalmesser der großen Küchenmaschine, werden Sie fragen? Weil dort die Zutaten in der großen Rührschüssel zu viel Platz haben, sie werden darin nur herumgewirbelt, aber nicht wirklich zerkleinert und gehackt. Im erheblich kleineren Mixbecher des Zerhackers können die Zutaten nicht ausweichen, das Messer erreicht sie auf engstem Raum und überall. Das gilt auch für Mandeln. Auch Marzipan kann man darin wunderbar herstellen: einfach die Mandeln mit dem Puderzucker so lange mixen, bis sie sich zur pastosen Masse verbinden. Und wenn man sie zum Backen fein reiben will – sofern man nicht die gute alte Mandelmühle unserer Urgroßmutter benutzt –, ist der Zerhacker das einzige Gerät, mit dem man sie wirklich pulverfein kriegt. Wer also gern und häufig bäckt, der kann auf einen Zerhacker nicht verzichten – und viel Platz nimmt er nicht weg.

a4 Macarons

Dieses feine Baisergebäck ist Kult. Und es ist gar nicht so schwer zu machen. Das Geheimnis, dass die Makrönchen wirklich so schön glatt werden und die charakteristischen Füßchen bekommen: Die Mandeln dafür müssen wirklich puderfein gemahlenen sein. Man muss sie, am besten zusammen mit dem Puderzucker, im Zerhacker mehrmals fein mixen, und zusätzlich mit viel Geduld durch ein feines Sieb streichen.

Zutaten für 40 Hälften
110 g geschälte, gemahlene Mandeln
200 g Puderzucker
90 g Eiweiß
1 Prise Salz
30 g Zucker

Tipp:
Macarons in den feinen Confiserien sind häufig schrill eingefärbt, himbeerrosa, pistaziengrün, zitronengelb. Das kann man auch zu Hause tun: Die Baisermasse mit einigen Tropfen Lebensmittelfarbe glatt rühren. Dann aber auch die Creme statt nur mit Vanille auch mit Himbeerkonfitüre, Orangen- oder Zitronenschale parfümieren und mit Himbeer-, Orangen- oder Zitronenlikör entsprechend einfärben.

Die gemahlenen Mandeln durch ein feines Sieb streichen, grobe Rückstände entfernen. Puderzucker untermischen. Das Eiweiß mit der Salzprise steif schlagen, dabei den Zucker hinzurieseln lassen. Der Schnee muss dicht und weich, auf keinen Fall wolkig sein (siehe Seite 69). Mit den Mandeln mischen, vorsichtig unterheben, bis die Masse glänzt.

In einen Spritzbeutel mit runder kleiner Tülle füllen. In regelmäßigen Abständen gleichmäßige Tupfen von 2 Zentimetern Durchmesser setzen. Eine knappe Stunde trocknen lassen. Dann bei 140 Grad Heißluft 15 Minuten eher trocknen als backen. Die Macarons sollten jetzt eine absolut glatte Oberfläche haben, sich leicht wölben und ein Füßchen bilden. Jetzt zwei Tage lang an einem kühlen Ort ruhen lassen, bevor sie gefüllt und zusammengesetzt werden. Unbedingt erst unmittelbar vor dem Servieren füllen!

Mit einer Vanille-Buttercreme, mit einer Canache-(Schokoladen-)creme (Rezepte Seite 64) – oder auch einfach mit Himbeer-Konfitüre füllen.

a4 Haselnuss-Gugelhüpfchen

Passen zur Erdbeercreme (Seite 98), sind saftig, duftig – unwiderstehlich! Die Haselnüsse sollten geröstet werden, bevor man sie mahlt: auf einem Blech etwa 10 Minuten bei 200 Grad. Dann in ein Tuch schütten, die Nüsse kräftig rubbeln, so wird ein Gutteil der Haut entfernt, sie verlieren alle Bitterkeit, werden süß und aromatisch!

Für ein großes Muffinblech mit zwölf Guglhupf-Vertiefungen
125 g Butter
125 g Zucker
4 Eiweiß
50 g geröstete Haselnüsse
40 g Mehl
1 EL Himbeerlikör
1 TL Honig

Außerdem:
etwas Puderzucker zum Bestäuben

Die Butter aufkochen, bis sie nach Haselnuss duftet, den Topf zum Abkühlen in kaltes Wasser stellen. Die Förmchen mit etwas von dieser Butter sorgfältig auspinseln.

Zucker und Eiweiß mit einem Kochlöffel rühren, nicht schaumig schlagen, bis der Zucker aufgelöst ist. Die Haselnüsse im Zerhacker zu Pulver mixen, das Mehl untermischen und unter das Eiweiß rühren. Jetzt auch Likör und Honig in die Masse einarbeiten. Nach und nach die flüssige Butter unterrühren, immer nur so viel angießen, wie die Masse aufnimmt.

In die Förmchen verteilen. Bei 190 Grad Heißluft 10 Minuten backen, bis die Törtchen hochgegangen und goldbraun geworden sind. Gleich aus den Förmchen lösen und mit Puderzucker bestäuben.

a5 Der Allesschneider

„Wozu soll ich eine solche Maschine brauchen?", mag sich eine(r) fragen, „ein Brotmesser genügt doch! Und Aufschnitt kaufe ich sowieso bereits geschnitten." Wer so argumentiert, hat die Möglichkeiten dieses Geräts noch nicht entdeckt! Denn mit einem exakt arbeitenden Allesschneider in der Küche lassen sich Effekte erzielen, die ohne ihn nicht möglich wären – nicht nur, was die Technik betrifft, viel mehr noch, was die Präzision bei der Zubereitung und die Erhaltung der Produktqualität angeht.

Die Aufschnittmaschine

Die ersten Maschinen, die Wurst und Schinken in gleichmäßig dicke oder besser dünne Scheiben schneiden sollten, tauchten bereits im Laufe der zweiten Hälfte des 19. Jahrhundert in Metzgereien und Feinkostgeschäften auf. Die grundlegende Erfindung war eine kreisrunde Messerscheibe, die mit einer Handkurbel gedreht wurde. Zunächst war die Kurbel direkt auf der waagrecht liegenden Messerachse befestigt, dann wurden, um schnellere Umdrehungen und damit einen leichteren Schnitt zu ermöglichen, verschiedene Übersetzungssysteme entwickelt.

Ab 1900 standen in allen Metzgereien und entsprechenden Läden, die auf sich hielten, nicht nur wunderschöne Registrierkassen, sondern auch schwere, meist gusseiserne und prachtvoll gestaltete Aufschnittmaschinen. Einige Hersteller, vor allem deutsche, setzten auf ein sich waagrecht drehendes Rad, die Wurst wurde stehend auf der Schnittfläche gegen das über ein Gelenkgetriebe bewegte Messer geschoben. Es behauptete sich jedoch rasch das senkrecht stehende Rad, bald ergänzt von einem beweglichen Schlitten (zunächst meist auf Rädern laufend, später auf Schienen geführt), auf dem das Schneidgut relativ reibungslos am die Schnittbreite festlegenden Schild zum Messer geführt werden konnte.

Der Allesschneider

Bis in die 20er-Jahre waren die Maschinen eindeutig auf ein einziges Ziel ausgerichtet: Wurst und Schinken dünn aufzuschneiden. Dann begann man darüber nachzudenken, wie die Maschinen so gestaltet werden können, dass man mit ihnen alles schneiden kann – also auch Käse, Brot, Gemüse. Schnell wurde klar, dass dies nicht so einfach zu erreichen ist – Brot lässt sich mit einem gewellten oder gezackten Messer besser schneiden als mit einem glatten, das gezahnte Messer eignet sich aber nicht für schön glatte Wurst- oder Schinkenscheiben. Manche Hersteller boten und bieten verschiedene Scheiben an, andere bauten darauf, dass man sich zwei Geräte in die Küche stellen würde. Das aber war aus Platzgründen kaum erwünscht, es galt also sozusagen die Quadratur der Schneidscheibe zu lösen. Mit den einstigen eher „weichen" Messerscheiben aus Eisen und der langsam arbeitenden Handkurbel unmöglich! Das gelang erst einigermaßen sicher, als härterer, weniger empfindlicher und länger scharf bleibender Stahl hergestellt werden konnte, der zudem nicht rostete: Edelstahl. Und mit dem Einsatz eines Elektromotors!

Es ergaben sich mit dem Elektromotor überhaupt ganz neue Möglichkeiten, natürlich zunächst nur für die Profis in Ladengeschäften und der Gastronomie: Die Maschinen wurden kompakter, präziser, die Bedienung noch leichter. Das Messer wurde jetzt gern schräg gestellt, so dass die Scheiben flach fallen und das im Schlitten liegende Schneidgut sich schon allein durch sein Gewicht an die Führung drückt. Und man erfand aufwendige Mechanismen, um die Scheiben ordentlich auf dem bereitgelegten Einpackpapier, einer Folie oder einer Schale abzulegen.

Auch die Maschinen für den privaten Haushalt wurden immer besser: Die Einstellung der Schnittbreite konnte leichter und sicherer fixiert werden, die Stabilität wurde erhöht, vor allem auch die Sicherheit. Die Maschinen wurden immer leichter, schließlich verdrängten Gehäuse aus Kunststoff das teurere Metall. Alle guten Maschinen schneiden heute sämtliche Materialien einwandfrei, sogar mit einer einzigen, nämlich einer glatten Scheibe, die bei den besseren Geräten mit Titan gehärtet und für die Spitzengeräte aus hochwertigstem Vollstahl mit Hohlschliff gearbeitet ist, der auch für Profi-Maschinen verwendet wird.

Brot schneiden

Die gütig lächelnde Bäuerin, die einen großen Laib Brot an ihre Brust drückt und mit einem langen Messer eine gewaltige Scheibe abschneidet: ein herzerwärmendes Bild, das die familiäre Geborgenheit in der „guten alten Zeit" geradezu ideal verkörpert. Der Anblick der lockeren Krume, der bemehlte Buckel des ofenwarmen Brotes, in dessen Rand ein klaffender Riss von der auftreibenden Kraft des Teiges beim Backen zeugt, die unter dem Druck der kraftvoll geführten Messerschneide abspringende Kruste – glaubt man nicht den Duft der Backstube in der Nase zu haben? Das köstliche Brot zu riechen?

Dagegen vermag natürlich das eintönige Brummen des Elektromotors der Maschine, die von einem standardisierten Kastenbrot gleichmäßig dicke Scheiben schneidet, stimmungsmäßig nicht anzukommen. Aber lassen wir uns nicht täuschen: Die Maschine, vorausgesetzt es ist eine gute, arbeitet präzise und effektiv – und wer sagt denn, das es ein industriell gefertigtes Massenbrot sein muss?

Auch ein wundervolles Bauernbrot, eine Baguette oder eine Ciabatta kann von der Ebenmäßigkeit der maschinell geschnittenen Scheibe profitieren – es kommt nur darauf an, wofür man sie verwenden will! Zum Speckvesper oder zur Käsebrotzeit spielt es keine Rolle, ob die Scheibe an einem Ende dünner ist als am anderen oder ob die Unterseite hauchdünn, die schöne Kruste aber herrlich breit ausgefallen ist – das erfreut nur den Glücklichen, der diese Kruste besonders schätzt. Will man aber die Brotscheibe toasten, rösten oder bähen (siehe rechts), dann sieht die Sache schon anders aus: Eine ungleichmäßig dicke Scheibe kann auch der beste Toaster nicht gleichmäßig bräunen – die hauchdünne Stelle wird bereits verkokeln, ehe die dickste Partie zu bräunen beginnt, weil mehr Feuchtigkeit aus der Krume verdunstet werden muss. Die Industrie hat das bereits frühzeitig messerscharf erkannt und bietet seit den 50er-Jahren das Toastbrot exakt vorgeschnitten an – eines der ersten Convenience-Produkte, das rasch einen allgemeinen Siegeszug durch die deutschen Läden angetreten hat. So erfolgreich, dass selbst handwerkliche Bäckereien gezwungen waren, die goldenen Toastscheiben zu führen oder ein vergleichbares Produkt aus eigener Herstellung anzubieten.

Inzwischen haben die meisten Bäckereien alle möglichen Brote vorgeschnitten im Regal oder schneiden das Brot auf Wunsch des Kunden vor dessen Augen frisch auf. Die nehmen dann allerdings in Kauf, dass die knusprigen Scheiben in der Plastiktüte, in die sie dann gesteckt werden, schnell weich werden und einen großen Teil ihres Charmes verlieren. Für die meisten Kunden steht ja nicht die präzise geschnittene Brotscheibe für eine spezielle Verwendung im Vordergrund, sie sind einfach zu bequem, um zu Hause noch das lästige Schneiden auf sich nehmen zu wollen. Und möchten vor allem nicht, dass Krustenbrösel ungezogen in der ganzen Küche herumspringen ... Ein Grund, weshalb viele zu verpacktem Brot greifen: weil dann die Kruste weich ist und beim Schneiden nichts mehr abspringen kann – für wahre Brotliebhaber ist das aber eine unfassbare Barbarei. Wer Brot liebt, nimmt die krachenden Krümel nicht nur in Kauf – er knuspert sie aus der hohlen Hand oder genießt sie, eingewickelt in eine Scheibe hauchdünn geschnittenen Schinkens, sodass sie mit ihrem knusprigen Biss die Zartheit des Schinkens zu einem aufregenden Erlebnis werden lassen.

Vom Bähen

Ein schöner, österreichisch-bayrischer Ausdruck für ein langsames, sorgfältiges, leicht röstendes Trocknen, vornehmlich von frischen oder nur wenig altbackenen Brotscheiben. Diese braucht man entweder zum Bestreichen (wie Crostini, die aber auch geröstet sein können) oder zum Einlegen in Suppen, Eintöpfe und Aufläufe. Letztere Verwendungsform ist bei uns aus der Mode geraten – leider, denn eine gut gemachte Brotsuppe kann etwas Köstliches sein. Merkwürdigerweise denken fast alle bei der Erwähnung des Begriffes „Brotsuppe" an Gefängniskost oder eine grauenvolle

Allesschneider: Tipps für die Pflege

Solide Aufschnittmaschinen sind unempfindlich und im Allgemeinen so stabil, dass sie jahrzehntelang brav ihren Dienst tun.

Nachschleifen Gute Modelle haben einen speziell für die Maschine entwickelten Schleifaufsatz oder ein Führungsgerät für den Schleifstein. Denn ab und zu muss das Messer nachgeschärft werden. Wer das nicht selbst machen will, muss das Messer zu einem Profischleifer (Messergeschäft) bringen – in größeren Städten meist noch immer in der Nähe des ehemaligen Schlachthofs zu finden.

Auseinandernehmen Meist kommt man ohne Werkzeug aus, ein 2-Euro-Stück genügt.

Säubern Sie sollten das Messer gelegentlich ausbauen, denn hinter der meist leicht abnehmbaren Verkleidung und auch hinter dem Messer sammelt sich ziemlich schnell ein erstaunliches, wenig appetitliches Konglomerat verschiedener Reste an.

Fetten Einmal im Jahr, wenn Sie die Maschine fürs Säubern sowieso auseinandergenommen haben, sollten Sie auf das Zahnrad des Antriebs etwas Vaseline streichen, damit die Maschine wieder weich, eben wie geschmiert läuft.

Zeitaufwand Wenn Sie die hier empfohlenen Schritte zur Maschinenpflege regelmäßig durchführen, können Sie die nötigen Handgriffe bald aus dem Effeff. Das Ganze ist in zwei Minuten erledigt.

Pampe für arme Leute. Aber in der Toskana genießen sie dann eine *Pappa di pomodoro*, eine Suppe, die aus altbackenem Brot und frischen Tomaten besteht, gewürzt mit Basilikum, Knoblauch und Olivenöl, als wahre Delikatesse ...

Gewiss gehören Brotsuppen in erster Linie zur armen bäuerlichen Küche: Trockenes Brot hatte man häufig in der Vorratskammer (früher wurde ja nur selten gebacken). Auf Italienisch oder Französisch klingt es hingegen verlockend: Wer seinen Gästen eine toskanische *Ribollita* auftischt, kann sich des Beifalls sicher sein, und eine *Soupe à l'oignon des Halles*, eine Pariser Zwiebelsuppe, wäre ohne die Broteinlage nicht denkbar. Der bürgerliche Haushalt verfügt nicht mehr über Vorräte von trockenem Brot und entwickelte eine Tugend daraus, frisches Brot zu verwenden – frisch gebähtes Brot schmeckt eben noch einen Tick besser als trockenes! Freilich muss man es vorher in Scheiben schneiden – und dazu ist eine Brotschneidemaschine fast zwingend notwendig, denn auch beim Bähen gilt: Ungleichmäßig mit der Hand geschnittene Scheiben trocknen beziehungsweise rösten unterschiedlich schnell.

Die Vergrößerung der Oberfläche

Aber das Aufschneiden liefert ja neben der Ebenmäßigkeit noch einen weiteren wichtigen Effekt, der erstaunlicherweise noch längst nicht überall bekannt ist, nicht einmal dort, wo man ihn eigentlich schätzen sollte, weil er die regionale Spezialität besser zur Geltung bringt. Dass man zum Beispiel in weiten Teilen Frankreichs dicke Schinkenscheiben liebt, obwohl sie dünn geschnitten wesentlich intensiver und besser schmecken, ist kaum zu verstehen. Vielleicht glaubt man, mit dünnen Scheiben hat man zu wenig auf dem Brot. Das Gegenteil ist der Fall: Lieber mehrere dünne Scheiben aufeinanderlegen als eine dicke, lautet die richtige Devise. Der erhebliche Unterschied liegt darin, dass die dünnen Scheiben ein Vielfaches an Oberfläche von einer dicken haben, und dadurch mehr Geschmack abgeben. Das trifft übrigens immer zu, wenn Zutaten klein geschnitten werden: Fein gehackte Kräuter geben mehr Aromen ab als die ganzen Blätter, die chinesische Küche kommt mit weniger geschnetzeltem Fleisch aus als die amerikanische, die einem ein großes Steak auf den Teller haut. Die Kultur der feinen Scheiben ist dort am besten ausgeprägt, wo die edelsten Schinken und Würste hergestellt werden: in Spanien und Italien. Wer einem spanischen Schinkenverkäufer in einer Tapa-Bar oder einer Metzgerei zuschaut, wie er von einem Serrano- oder Pata-Negra-Schinken mit seinem langklingigen Schinkenmesser feinste Scheibchen schneidet – die übrigens beileibe nicht, wie bei uns meist gewünscht, groß sein und alle gleich aussehen müssen, sondern gerne einzelne, kleinere, praktisch zu nehmende Fitzelchen sein dürfen –, der erlebt bereits in diesem Ritual die ganze Wertschätzung des Mannes für das von ihm verkaufte Produkt und kann beim Verspeisen dank der maximal vergrößerten Oberfläche die feinsten geschmacklichen Nuancen auskosten. Dasselbe kann man in Italien beobachten – überall lässt man den kostbaren Spezialitäten größte Aufmerksamkeit und Sorgfalt zukommen: ob in Parma seinem berühmten Schinken, im Friaul dem San Daniele und im romagnolischen Apennin dem San Leo.

Die „Berkel"

Allerdings wird nur in den kleinen Metzgereien per Hand geschnitten – die großen haben meist eine andere Lösung, den Ferrari unter den Aufschnittmaschinen, eine „Berkel". Natürlich gibt es die heute mit Elektroantrieb, aber wer auf sich hält, benutzt eine alte, wunderbare Hochleistungs-Präzisions-Schneidemaschine mit Handkurbel, Schwungrad und großer Messerscheibe, auf der man ganze Schinken und sogar eine riesige Mortadella in perfekter Weise und ohne Anstrengung aufschneiden kann. Das große Messerrad dreht sich gerade so schnell, dass die optimale Schneidleistung erreicht wird, der Schlitten gleitet lautlos und sanft, die Wurst oder der Schinken können so eingespannt werden, dass sie nur mit dem Messer in Berührung kommen, nicht an einem Abstandshalter entlanggleiten müssen. Und ein fein dosierter, über ein Stellrad auszuwählender Abstand wird über einen ausgeklügelten Mechanismus mit jeder Umdrehung so genau eingehalten, dass die Scheiben exakt gleich dünn geschnitten werden.

Die originalen historischen Maschinen sind heiß begehrt und kosten inzwischen so viel wie ein Kleinwagen, vor allem wenn sie mit Originalteilen aufwendig restauriert wurden. Männer werden von ihnen angezogen wie kleine Jungen von einer Dampfmaschine, betrachten sie mit denselben in kindlicher Freude leuchtenden Augen, denn sie verbreiten die Faszination der perfekten Maschine. Und wer einmal an einem solchen Wunderwerk der Technik gedreht und Schinken oder Lardo geschnitten hat, wird das nie in seinem Leben vergessen können.

Glücklicherweise werden diese Maschinen in Italien wieder nachgebaut und sind dann zwar immer noch teuer, aber doch erschwinglich. Allerdings muss man beim Kauf aufpassen, denn es gibt sehr unterschiedliche Qualitäten! Die billigeren Maschinen (immerhin auch um 2000 €) sehen zwar toll aus, können aber höchsten Ansprüchen an die Präzision nicht genügen. Statt Edelstahl wird poliertes Aluminium verwendet, und ob die Lager und Gestänge ausreichend belastbar und haltbar sind, ist zumindest zweifelhaft. Die teuren Nachbauten kosten durchaus das Doppelte oder mehr.

Oxidation!

Dass die beschriebene Intensivierung des Geschmacks durch Vergrößerung der Oberfläche funktioniert, hat wohl jeder schon mal erfahren, aber auch als Fiasko erlebt: Da hat der Feinkosthändler oder Metzger einen wunderbaren Schinken – man hat bei ihm ein Probescheibchen verkostet und war begeistert – perfekt aufgeschnitten, sorgsam auf eine Schale gelegt und nur ganz lose in das Papier geschlagen, damit die Scheiben nicht aufeinandergedrückt werden und verkleben. Man hat das Päckchen vorsichtig wie rohe Eier nach Hause transportiert und gleich in den Kühlschrank gelegt. Und am nächsten Tag ist man enttäuscht: Der Schinken schmeckt nicht mehr zart und nussig, sondern breit und fast schon ein bisschen ranzig. (Gekochter Schinken reagiert gottlob nicht so empfindlich!)

Es zeigt sich damit, dass genau das, was beim frisch aufgeschnittenen Schinken zur Intensivierung des guten Geschmacks geführt hat, nun dessen Vernichtung verursacht: Je dünner der Schinken aufgeschnitten ist, desto mehr Oberfläche kommt mit Sauerstoff in Berührung und wird dadurch einer Reaktionen ausgesetzt, die den Geschmack verdirbt – der Oxidation. Diese ist der Feind allen frischen Geschmacks, auch bei Gemüse, allen Fetten und Ölen, dem Eiweiß von Fisch und Fleisch. Auch die sogenannten freien Radikale sind eine Folge von Oxidation. Was wieder mal beweist: Eine negative geschmackliche Veränderung sollte für unseren Körper stets der Indikator sein, dass die Gesundheit beeinträchtigende Substanzen entstanden sind – oder zumindest entstanden sein könnten. Es sind die Überreste unserer atavistischen Fähigkeit, mit unseren Sinnen zu erkennen, was gut und was schlecht für uns ist. Man könnte es auch so formulieren: Für den Feinschmecker wie den gesundheitsbewussten Menschen ist die Anschaffung eines guten Allesschneiders von geradezu zwingender Notwendigkeit ...

Der Siegeszug des Carpaccios

Eine exakt schneidende Aufschnittmaschine war die Voraussetzung für den Erfolg dieser eigentlich simplen Anrichtung. Freilich kann man ein Rinderfilet oder Roastbeef auch mit einem scharfen Messer in Scheiben schneiden und diese mit der Messerklinge oder einem Fleischklopfer

Allesschneider: Tipps für den Kauf

Klapp- oder Standgerät? Klappgeräte sparen Platz in der Küche, sind aber meist nicht besonders stabil gebaut.

Einstellbarkeit Teure Geräte haben eine Millimeterskala zum Einstellen der Schnittstärke.

Schlitten Bei manchen Geräten ist der Schlitten, auf dem Wurst, Brot oder Fleisch am Messer vorbeigeschoben werden, erhöht. Das bietet Bewegungsfreiheit beim Abnehmen der Scheiben. Manchmal sind Tisch und Schlitten auch gekippt. Das sorgt für glattere Schnittflächen und lässt das Schnittgut besser fallen.

Messerabdeckplatte Einige Geräte haben eine Messerabdeckplatte, die das Schnittgut besser gleiten lässt und verhindert, dass es vom rotierenden Messer mitgerissen wird. Die Unfallgefahr verringert es auch.

Preise Teure Geräte schneiden tendenziell etwas besser und sind solider gebaut als preiswerte Maschinen. Für ein gutes Gerät müssen Sie mindestens 100 Euro kalkulieren. Unter www.test.de finden Sie einen ausführlichen Test von Allesschneidern. Achten Sie auch auf den Preis für Ersatzmesser. Er schwankt von Hersteller zu Hersteller erheblich.

gleichmäßig dünn ausweiten. Aber praktischer – und vor allem schneller, was im Restaurantbetrieb besondere Bedeutung hat – ist es, das Fleisch auf der Maschine zu schneiden, am sichersten übrigens in leicht angefrorenem Zustand. Diese Variante des rohen Rindfleischs, des Beefsteaks Tatar, von Arrigo Cipriani in Harrys Bar in Venedig in den 50er-Jahren des letzten Jahrhunderts für eine kapriziöse Dame kreiert, hat inzwischen einen weltweiten Siegeszug angetreten – mit Recht, denn die Idee ist einfach genial, weil genial einfach!

Inzwischen heißt ja fast alles Carpaccio, was scheibenweise auf Tellern angerichtet wird – es muss also längst ein Carpaccio nicht mehr roh und so rot sein, wie das gut gereifte Rindfleisch, das genau die Lieblingsfarbe des Barockmalers Carpaccio hat, dem damals in Venedig eine Ausstellung seiner Werke gewidmet war – Cipriani ließ sich davon inspirieren und schon hatte das Gericht seinen wohlklingenden Namen. Allerdings ist das Carpaccio auch das Paradebeispiel für die Schwierigkeit des Einfachen: Es ist nur dann gut, wenn alle Zutaten erstklassig sind und korrekt gearbeitet wurde – vor allem das Fleisch gut „pariert", also ohne Flechsen und Sehnen, und wirklich gleichmäßig und fein geschnitten. Denn es darf sich nicht sehnig und wulstig zwischen den Zähnen breit machen, sondern soll auf der Zunge zergehen.

Dünn und gleichmäßig

Das ist die Bedingung für das perfekte Gelingen nicht nur eines Carpaccios sondern einer ganzen Reihe von Gerichten, bei denen das zunächst gar nicht so offensichtlich ist. So mancher hat sich vielleicht schon mal geärgert, wenn Auberginen- oder Zucchinischeiben beim Grillen auf dem Rost oder Braten in der Pfanne an der einen, dünneren Stelle schon schwarz werden, während sie an einer anderen, dickeren, noch nicht gar sind. Man hat sich zum Schneiden extra ein großes Messer genommen, aber trotzdem sind die Scheiben nicht gleichmäßig dick geworden – und daher nun der Ärger. Auf der Aufschnittmaschine hätte man das besser hingekriegt. Und manche Gerichte, die sehr gut zu Hause herzustellen sind, macht man nur, kann man nur machen, wenn man eine gute Aufschnittmaschine zur Verfügung hat: Pökelzunge oder verschiedene Würste für einen Salat, Tafelspitz für eine Sülze, gekochtes Kalbfleisch für einen Vitello tonnato.

a5 Crostini

Die knusprigen Baguette- oder Weißbrotscheiben aus der Toskana sind ja längst auch bei uns beliebt, mit immer wieder anderen Aufstrichen ein appetitlicher Happen zum Glas Wein. Wenn man das Brot auf der Aufschnittmaschine besonders dünn schneidet, sind die kurz gerösteten Scheiben schön knusprig und nicht nur ofenwarm ein Genuss, sie bleiben es auch, schmecken sogar kalt und noch Tage später. Eine gute Möglichkeit, die Lebensdauer von Baguette oder Ciabattabrot zu verlängern.

Für vier bis sechs Personen
1 schlankes Baguette oder Ciabatta

Das Brot auf der Aufschnittmaschine in dünne Scheiben schneiden, höchstens drei Millimeter stark. Nebeneinander auf ein Blech verteilen. Damit die Crostini schön flach bleiben und sich nicht beim Backen verbiegen, mit einem zweiten Blech beschweren (im Foto aus Glas).

Bei 200 Grad Heißluft (Ober- und Unterhitze 220 Grad) etwa 4 bis 5 Minuten backen, bis die Brotscheiben gerade eben zu bräunen beginnen. Auskühlen lassen. Man darf sie erst aufeinanderstapeln, wenn sie abgekühlt sind, sonst werden sie weich. Einige Tage kann man sie offen aufbewahren, für längere Zeit verstaut man sie besser in gut schießenden Blechdosen. Mit verschiedenen Cremes & Pasten (siehe Seite 42f. und Seite 117) bestreichen.

a5 *Salat vom* Tafelspitz

Dafür wird der über Nacht abgekühlte Tafelspitz (Seite 285) auf der Aufschnittmaschine in elegante, sehr feine Scheiben geschnitten und entweder auf einer Platte oder auf Portionstellern angerichtet. Und so wird er zum Vorspeisen-Salat in einem feinen Menü.

Für vier Personen
1 Sellerieknolle
3–4 EL Olivenöl
Salz, Pfeffer
3 EL Himbeeressig
500 g kalter Tafelspitz
1 Chicoreestaude
1 Handvoll Kresse
einige Salatblätter
1 rote Zwiebel (französische Roscoff oder italienische di Tropea)
1 Chilischote
2 EL Zitronenöl (Seite 58)

Wer rechtzeitig daran denkt, kann den Sellerie schon mit dem Tafelspitz mitkochen. Ansonsten die Knolle ungeschält im Dampfdrucktopf etwa 20 Minuten garen. Erst dann schälen, so bleibt er schön weiß.

Zum Anrichten die Teller in der Mitte mit etwas Olivenöl beträufeln, dort auch Salz und Pfeffer hinstreuen, und nun mit dem Finger oder einem Pinsel verteilen; so wird der Sellerie auch von unten gewürzt.

Den Sellerie auf der Aufschnittmaschine in dünne Scheiben schneiden und im Rund auf den Tellern ausbreiten. Den Tafelspitz von Häuten und Sehnen befreien und ebenfalls dünn aufschneiden, locker auf dem Bett von Selleriescheiben anrichten.

Auch die Zwiebel hauchdünn aufschneiden und darüber verteilen. Den Chicoree putzen, welke Blätter entfernen, den Kolben quer in feine Streifchen schneiden. Mit der Kresse und den zerzupften Salatblättern in einer Schüssel mischen.

Das restliche Olivenöl, Salz, Pfeffer und Himbeeressig mit einer Gabel aufschlagen. Den Chicoree damit anmachen und dekorativ auf das Fleisch häufen, die Marinade gleichmäßig über das Fleisch träufeln. Schließlich das Zitronenöl in kleinen Klecksen auf Salat und Teller verteilen.

a5 Rinder-Carpaccio *mit Senfmayonnaise*

Auch wenn der Begriff Carpaccio heute für alles missbraucht wird, was in Scheiben angerichtet wird – die Idee ist einfach unschlagbar gut. Und das Ergebnis spricht für sich.

Für vier Personen
400 g Rinderfilet (gut abgehangen, sauber pariert, also ohne Sehnen, Häute und Fett)
2 EL Olivenöl
Salz, Pfeffer
1 Bleichselleriestange

Senfmayonnaise:
1 Eigelb
1 gehäufter TL scharfer Dijonsenf
Salz, Pfeffer
½ TL Raz-el-Hanout
oder Currypulver
1 TL Zitronensaft
1 Prise Zucker
100 ml mildes Olivenöl
(z. B. aus Ligurien)
1 Spritzer Worcestershiresauce
evtl. 1–2 EL warme Brühe

Tipp:
Besonders Rinderfilet fällt trotz bestem Schnitt leicht auseinander. Dann die Scheiben auf Klarsichtfolie fallen lassen, mit einem glatten Fleischklopfer zart flach und kompakt in Form drücken, umgekehrt auf den Teller transportieren und die Folie abziehen.

Das Fleisch stramm in Klarsichtfolie wickeln, dabei die Schnittfläche möglichst rund oder oval formen. Für zwei, drei Stunden in den Gefrierer legen, dann ist das Fleisch fest genug, um sich akkurat aufschneiden zu lassen.

Vor dem Servieren die Vorspeisenteller dort mit Olivenöl einpinseln, wo später das Fleisch zu liegen kommt. Auch mit Salz und Pfeffer bestreuen. Das Fleisch schließlich auf der Maschine sehr dünn aufschneiden, die Scheiben sogleich auf den Tellern anrichten, einander ein wenig überlappend hübsch drapieren. Jetzt unbedingt Zimmertemperatur annehmen lassen, damit das Fleisch wieder Geschmack entwickelt.

Für die Mayonnaise Eigelb, Senf, Salz, Pfeffer, Raz-el-Hanout, Zitronensaft und die Zuckerprise in einen Mixbecher füllen. Mit dem Mixstab aufmixen, dabei langsam das Öl hinzufließen lassen, bis sich alles zu einer angenehmen Creme verbunden hat. Sollte sie zu fest sein, etwas warme Brühe zufügen und untermixen, die Mayonnaise sollte nicht zu fest, eher dickflüssig sein.

Nochmals abschmecken und jetzt in feinen Linien über die Rindfleischscheiben klecksen. Die Selleriestange dünn darüberhobeln. Mit Selleriegrün oder Petersilie dekorieren.

Variante: Feine Späne von Parmigiano Reggiano, dem echten Parmesan, oder Grana Padano darüber verteilen.

a5 Fisch *im knusprigen* Brotmantel *mit* Möhrengemüse

Dafür braucht man Weißbrot, am besten Baguette oder Ciabatta vom Vortag – das in diesem Fall in einer Plastiktüte aufbewahrt werden muss, damit es weich wird. So lässt es sich gut auf der Aufschnittmaschine dünn aufschneiden, längs kann man darin den Fisch regelrecht einwickeln. Besonders gut schmeckt auf diese Weise das feste Fleisch von der Lotte, aber auch Kabeljau, Seelachs oder Zander sind bestens geeignet.

Für zwei Personen
4–6 Scheiben Fischfilet à 50–80 g
Salz, Pfeffer
1 Händchen voll Basilikum- oder Petersilienblätter
4–6 ausreichend große Brotscheiben (wie oben beschrieben)
2–3 EL Olivenöl zum Braten

Möhrengemüse:
4 mittelgroße, zarte Möhren
30 g Butter
1 gestrichener EL Zucker
Salz, Pfeffer
2–3 EL Fleischbrühe oder Wasser
etwas Zitronensaft
2–3 Stengel glattblättrige Petersilie
Zitronenschale

Die Fischstücke waschen, gut abtrocknen, salzen, pfeffern und in den sehr fein geschnittenen Kräutern wenden, bis sie wie davon paniert aussehen. Jedes Stück in eine Brotscheibe wickeln. Mit der Nahtstelle nach unten in heißes Öl legen – auf diese Weise wird das Paket sofort verschlossen und kann sich nicht mehr auflösen. Ganz sicher geht man, dass das Päckchen zusammenhält, wenn man die Brotscheiben an der Nahtstelle mit Eiweiß einpinselt. Die Fischpäckchen rundum sanft braten, bis das Brot überall schön kross ist. Vorsicht: nicht zu lange braten, damit der Fisch nicht zu trocken wird, und nicht zu heiß, denn sonst wird das Brot braun und der Fisch ist innen noch glasig.

Möhrengemüse: Möhren schaben oder mit dem Sparschäler dünn schälen, in der Küchenmaschine oder mit dem Gemüsehobel in Scheibchen hobeln. Butter in einem kleinen Topf zerlassen und den Zucker darin leicht karamellisieren lassen. Möhrenscheiben zugeben. Salzen und pfeffern, zudecken und fast weich dünsten. Wenn nötig, etwas Fleischbrühe oder Wasser angießen. Damit die Möhren nicht zu weich werden, in dem Moment mit Zitronensaft würzen, wenn sie die richtige Konsistenz haben. Dadurch garen sie nicht mehr weiter und behalten ihren Biss. Petersilie hacken oder in Streifchen schneiden und kurz mitdünsten. Mit abgeriebener Zitronenschale abschmecken.

Tipp: Nach Belieben mit etwas Chili oder Cayenne und einigen Tropfen Balsamico (weißem – das sieht schöner aus!) würzen.

a5 Thaisalat *von der* Kalbszunge

Keine Mahlzeit in Thailand ohne wenigstens einen der erfrischenden, leichten, kräuterreichen Salate, in denen wirklich alles Verwendung finden kann, was in der Küche zur Verfügung steht. Auf einem Bett von bunt gemischten Salat- und Kräuterblättern werden Scheiben, Streifen oder Stücke von Fleisch oder Fisch und Meeresfrüchten serviert. Das kann ein Rest vom kalten Braten sein, gekochtes Rindfleisch, aber auch Scheibchen eines blutig gebratenen Steaks. Oder hauchdünn aufgeschnittene Kalbszunge.

Für vier bis sechs Personen

Zunge:
1 gepökelte Kalbszunge
1–2 Bund Suppengrün
Salz
1 TL Pfefferkörner
1 Lorbeerblatt
1 Chilischote

Salat:
2 Handvoll gemischte Salatblätter
1 Herz eines Kopfsalats, Chicorees, Radicchios, Feldsalatröschen o. Ä.
1 Frühlingszwiebel
Blätter von glatter Petersilie
Koriandergrün
Thaibasilikum
½ Papaya

Thai-Vinaigrette:
1 Schalotte
2 Knoblauchzehen
2–3 Korianderwurzeln
1 rote und 1 grüne Chilischote
1 Finger-Ingwer (Kra Chai)
1 Stück Thai-Ingwer (Galgant oder Krah)
1 walnussgroßes Stück Ingwerwurzel
½ TL Zucker
Saft einer Limette
2–3 EL Fischsauce

Die Zunge bereits am Vortag kochen. Mit dem Suppengrün und den Gewürzen in einen Topf geben, mit Wasser bedecken und auf mittlerem Feuer knapp zwei Stunden leise ziehen lassen, bis eine Nadel, die Sie hineinstechen, widerstandslos durchgleitet.

Die Zunge im Sud abkühlen lassen, dann die ledrige Haut abziehen, unschöne Fett- und Knorpelstücke wegschneiden. Die Zunge in Klarsichtfolie wickeln und bis zum nächsten Tag kalt stellen.

Zum Servieren die Salatblätter auf Portionstellern oder einer Platte als Bett ausbreiten. Das Weiße der Frühlingszwiebel schräg in feine, das Grün in etwas breitere Ringe schneiden und auf dem Salatbett verteilen, ebenso die Kräuterblätter. Die Papaya schälen, die Kerne herausstreifen, das Fruchtfleisch würfeln und ebenfalls auf dem Salat verteilen.

Schließlich die Zunge auf der Aufschnittmaschine längs in hauchdünne Scheiben schneiden, locker zusammenrollen und zwischen die Blätter stecken.

Für die Vinaigrette alle Zutaten putzen, wenn nötig schälen, Chilis entkernen, alles grob in Stücke schneiden und in den kleinen Mixbecher füllen. Zucker, Limettensaft, auch etwas von der Limettenschale und Fischsauce zufügen. Nur so weit mixen, dass noch Stückchen erkennbar sind. Diese Marinade über die Salatzutaten klecksen, dabei vor allem auch die Zunge damit würzen.

a5 *Gestreifte* Salamibissen

Ein witziger Happen zum Aperitif, mit dem man immer wieder seine Gäste verblüffen kann; denn alle werden rätseln, wie diese Streifen wohl zustande gekommen sind. Intelligenz-Test!

Für acht bis zehn Personen
200 g Hausmacher-Salami in Scheiben
ca. 80 g Butter
Baguette- oder Ciabattascheiben

Tipp:
Sehr gut schmecken die Salamibissen auch mit Pumpernickel oder mit ganz dunklem Vollkornbrot.

Man muss bereits am Vorabend damit beginnen: Jede Salamischeibe dünn und gleichmäßig mit Butter bestreichen. Sorgsam aufeinanderstapeln, bis ein exakter kleiner Turm entstanden ist. In Papier wickeln und kalt stellen. Vor dem Servieren auf der Aufschnittmaschine senkrecht in dünne Scheiben schneiden. Dünne Brotscheiben damit dicht belegen und in mundgerechte Bissen schneiden.

a6 *Das* Elektromesser

Vielleicht sind Sie ja auf den ersten Blick versucht, dieses Gerät gleich in die Schublade der überflüssigen Küchengeräte zu stecken. Schließlich hat man eine Auswahl guter Messer zur Verfügung, sogar einen elektrischen Allesschneider – wozu also in aller Welt, werden Sie sich fragen, brauche ich ein elektrisch betriebenes Messer?

Aber es gibt Gelegenheiten in einer Küche, da kann dieser Gegenstand sich als der Retter in der Not erweisen. Wenn nämlich das zu schneidende Gebilde zu fragil ist, so zerbrechlich, dass das schärfste Messer mit der feinsten und dünnsten Klinge versagt, und es sich nicht ohne Schaden zu nehmen auf den Schlitten der Schneidemaschine legen lässt. Beispielsweise der Schmorbraten, der unbedingt sofort, frisch aus dem Schmortopf, aufgeschnitten werden muss, weil die Gäste bereits warten. Normalerweise sollte man es so organisieren, dass der Braten einen halben Tag abkühlen und sich festigen kann, bevor man ihn aufschneidet. Dann behält er seine Form, sowohl, wenn man sich mit einem gut geschärften Messer nähert, wie auch auf der Aufschnittmaschine. Solange aber die Fasern noch heiß und locker sind, noch nicht dank der beim Abkühlen erstarrenden, gelierenden Stoffe sich stabil miteinander verbunden haben, so lange kann nur ein Messer vom Braten akkurate Scheiben schneiden: das Elektromesser!

Dieses verfügt nämlich über zwei geschärfte Sägeklingen, die parallel nebeneinander so schnell hin- und herfahren, quasi vibrierend, dass sie die Fasern durchtrennen, ohne dass diese sich gegeneinander verschieben und die Scheiben auseinanderfallen. Durch die rasend schnelle Bewegung kann sich auch nichts an den Messern festsetzen, es entstehen keine Scherkräfte, die sonst alles auseinanderziehen. Wer sich als Gastgeber also verkalkuliert und keine Zeit mehr hat, den Braten erst mal kalt zu stellen, der braucht, wenn er schöne Scheiben und keine Fetzen servieren will: ein Elektromesser!

Für warmen Tafelspitz und Terrinen

Gleiches gilt für den Tafelspitz: Frisch gesotten kann man ihn mit keinem noch so guten Messer in gleichmäßig dünne Scheiben zerlegen – und in den dünnen Scheiben liegt doch der Geschmack! Es muss das Fleisch abkühlen, sich festigen, erst dann lässt es sich auf der Aufschnittmaschine glatt aufschneiden – die Scheiben kann man dann in der Brühe wieder sanft erwärmen und zum Servieren auf einem Teller oder auf der Servierplatte elegant anrichten. Wenn es aber gleich passieren muss, dann gibt's nur eins, das hilft: ein Elektromesser.

Oder eine Terrine oder Pastete: Nach allen Regeln der Kochkunst mit Geduld und Aufwand zubereitet und im frischen Zustand viel zu empfindlich, sie auf den Schlitten der Aufschnittmaschine zu setzen. Es gelingt auch mit einem scharfen Messer nicht, das womöglich aus verschiedenen Schichten bestehende Kunstwerk in gleichmäßige Scheiben zu zerlegen. Es hilft nur eins: das Elektromesser!

Macht nichts, wenn es ansonsten das ganze Jahr über in der Küchenschublade wartet – es kostet nicht die Welt, beansprucht nur wenig Platz und ist nicht wartungsbedürftig: Vierzig Jahre war das Messer auf dem Foto bereits in Gebrauch, immer hat es klaglos und ohne Mucken seinen seltenen Dienst erfüllt.

a6 Tafelspitzsülzchen

Je weniger Gelatine für eine Sülze nötig ist, umso besser, denn Gelatine raubt Geschmack. Aber umso empfindlicher ist sie auch! Davon exakte Scheiben abzuschneiden ist immer eine riskante Aktion, mit dem Elektromesser jedoch ein Kinderspiel. Die Sülze selbst entsteht ohne großen Aufwand, sogar aus einem Rest (zum Beispiel vom Tafelspitz; siehe Rezept Seite 285). Und sie lässt sich vielfältig abwandeln – ganz nach Gusto herzhaft oder zart, deftig oder fein. Sie ist immer eine elegante Vorspeise im Menü oder zusammen mit röschen Bratkartoffeln ein herzhafter Imbiss.

Für vier bis sechs Personen
(eine halbrunde Form mit ½ l Inhalt)
10 dünne Scheiben Tafelspitz
(mit der Aufschnittmaschine gleichmäßig 3 mm dünn aufgeschnitten)
½ rote Paprikaschote
1 gekochte Möhre
(zum Beispiel aus dem Suppentopf)
4–6 winzige Cornichons
evtl. 2 EL Kapern
1 Bleichselleriestange
½ Lauchstange (der hellgrüne Teil)
350 ml kräftige Brühe
1 TL Fisch- oder Sojasauce
Salz, Pfeffer
2 Spritzer Worcestershiresauce
2–3 EL Weißweinessig
5–6 Blatt Gelatine

Die Fleischscheiben aufeinanderstapeln, in kleine Würfel mit etwa 3 Millimeter Kantenlänge schneiden, Größer als einen halben Zentimeter sollten sie auf keinen Fall sein.

Auch die übrigen Zutaten entsprechend klein würfeln – Paprika zuvor mit dem Sparschäler schälen! Cornichons noch kleiner würfeln und Kapern, wenn sie nicht wirklich winzig sind (Nonpareilles), ebenfalls zerkleinern. Die Selleriestange und den Lauch längs in Streifen, dann quer in Würfelchen schneiden. Die Brühe aufkochen, die Sellerie- und Lauchwürfel in einem Sieb für eine Minute hineinhängen. Alle diese Bestandteile in einer Schüssel mischen. In eine mit Klarsichtfolie ausgelegte halbrunde oder Kastenform füllen – je besser man diese Zutaten darin zusammendrückt, desto dichter nachher die Sülze.

Die Brühe sehr kräftig abschmecken – daran denken, dass die Gelatine nach dem Abkühlen viel Geschmack schluckt: Im heißen Zustand muss die Brühe fast überwürzt wirken, sehr salzig und richtig sauer!

Die in kaltem Wasser eingeweichte Gelatine in dieser heißen Brühe auflösen. Über die Zutaten in der Form bis an den Rand gießen. Die Form mit Klarsichtfolie abdecken und bis zum nächsten Tag kalt stellen.

Zum Servieren die Sülze aus der Form stürzen – das geht völlig problemlos, weil man nur behutsam an der Folie ziehen muss, so löst sie sich heraus, ohne dass was an der Wand hängen bleibt.

Und dann kommt die große Stunde des elektrischen Messers: Die Schneiden senkrecht halten, von der Sülze knapp fingerdicke Scheiben abschneiden, die man zur Sicherheit mit einem Teigkärtchen oder einer breiten Palette auffängt und mit dieser auf den Teller transportiert.

Je nach Größe der Scheiben zwei oder drei pro Portionen auf Tellern anrichten oder alle dachziegelartig auf einer großen Platte. Nach Belieben eine Vinaigrette (Seite 36) oder eine Petersiliensalsa (Seite 54) dazu reichen.

Auf alle Fälle schmeckt dazu ein Bier oder ein kräftiger, etwas säurebetonter Weißwein, zum Beispiel ein Grüner Veltliner oder ein Riesling.

a7 *Die* Nudelmaschine

„Nudeln machen glücklich!", diesen kurzen Satz wird vermutlich fast jeder unterschreiben. Wir setzen noch eins drauf und behaupten: Selbst gemachte Nudeln machen noch glücklicher und deshalb brauchen Sie eine Nudelmaschine.

Nudeln – bitte selbst gemacht!

Natürlich ist hier und im Folgenden von Eiernudeln die Rede, von pasta fresca, nicht von den als pasta asciutta bekannten eierlosen Spaghetti und allen anderen Nudeln, die aus Hartweizengrieß und Wasser bestehen und die man natürlich nicht selber machen kann. Gute Hartweizenpasta ist natürlich wunderbar und nicht zu verbessern. Aber mit frischen, duftigen Eiernudeln, die zart und zugleich kernig sind, goldgelb, weil sie von Eiern strotzen und deshalb auch schön aufgehen, haben sie nichts zu tun – das lässt sich einfach nicht vergleichen.

Und die frische Pasta, die man heutzutage vor allem in Großstädten in kleinen Nudelshops kaufen kann? Die ist in vielen Fällen verbesserungsfähig, um es mal nett zu sagen. Oft hat man an Eiern gespart, meist sind sie aus viel zu dickem Teig geschnitten, sie wirken deshalb mehlig, teigig, es fehlt ihnen der kernige Biss. Natürlich lassen sich dicke Nudeln bequemer handhaben, kleben nicht so leicht zusammen, sind beim Transport nicht so empfindlich und machen auch beim Kunden in der Küche keine Schwierigkeiten. Wenn der sie einen Augenblick zu lange kocht, dürfen sie sich schließlich nicht gleich auflösen ... Aber: Dicker Teig, das bedeutet immer eine eher schwammige Struktur, zähen Biss und beeinträchtigten Geschmack.

Wer Nudeln selber macht, hat all das in der Hand. Er kann nicht nur die Dicke der Nudeln, sondern auch die Qualität der Zutaten bestimmen. Für Biss, Zungengefühl und Geschmack ist nämlich entscheidend, ob Mehl vom Hart- oder Weichweizen oder Dinkel verwendet wurde, oder eine Mischung, ob feines Auszugsmehl (Type 405) oder herzhaftes Brotmehl (Type 550). Und die Eier! Was für welche (von glücklichen Hühnern!) und wie viele!

Pasta mit und ohne Ei?

Wer sich in Italien umguckt, entdeckt stiefelauf und stiefelab eine ungeheure Vielfalt, weil die Pasta in jeder Region anders aussieht und natürlich auch völlig anders schmeckt: Im armen Ligurien, wo die Menschen zwischen Meer und Bergen nie den Platz hatten, um eine reiche Landwirtschaft zu entwickeln, begnügt man sich traditionell mit ein, zwei, drei Eiern auf ein Kilo Mehl und knetet daraus einen „armen" Nudelteig. Mit Mehl aus Weichweizen, weil Hartweizen, der von weit her herbeigeschafft werden müsste, viel zu teuer wäre. Während im üppigen Bologna, der als *grassa*, „fett", gerühmten Genießerstadt, man sich acht, zehn, auch gerne noch erheblich mehr Eier auf das Kilo Mehl gönnt. Auch war man hier immer wohlhabend genug, sich kostbaren Hartweizen leisten zu können, der dem Teig einen schönen Biss verleiht.

Und im nördlichen Piemont, wo der Hartweizen ebenfalls rar ist, hatte man einen anderen Trick entwickelt, sich bissfeste Pasta zu verschaffen: In der für ihren Rotwein bekannten Region brauchte man stets viel Eiweiß, um den Wein zu klären. Und all die Eigelb, die dabei übrig blieben, verarbeitete man traditionell für die Pasta, in verschwenderischen Mengen: Viel Eigelb im Teig sorgt für festen Biss! Da wetteifert man geradezu, wer mehr Eigelb in den Teig verschaffen kann: 20 bis 30 Eigelb auf ein Kilo Mehl, das ist normal; von bis zu fast unglaublichen 60 hat man schon gehört! Immer gehören zusätzlich auch noch ein paar Eiweiß in den Teig, für die Bindung.

Eigelb macht den Teig am Ende so fest, als hätte man Hartweizen dafür verwendet. Walzt man einen solchen Teig nicht hauchdünn aus, sind die Nudeln störrisch, geradezu unangenehm hart. Man muss ihn deshalb so lange durch die immer enger gestellten Walzen laufen lassen, bis er geradezu transparent, buchstäblich durchscheinend dünn geworden ist.

Natürlich kann man den Teig auch mit dem Nudelholz so dünn ausrollen, das kostet allerdings Geduld und Energie; im Piemont ist das oft Männersache, weil der eigelbreiche Teig so viel Kraft erfordert. Wie fein die Nudeln daraus schließlich werden, entscheidet sich erst, wenn die aufgerollte Teigplatte mit einem großen Messer senkrecht akkurat in Streifen geschnitten wird – an millimeterschmalen Streifen erkennt man den Meister!

Vom Auswalzen des Teigs

Mit einer Nudelmaschine ist das alles kein Problem. Das einfache Tischgerät, das mit der Handkurbel betrieben wird, gibt's schon für kleines Geld (unter 50 Euro). Und der kleine Motor, der die Kurbel ersetzt, kostet ebenfalls nicht die Welt. Und wer mehr auszugeben bereit und in der Lage ist, erwirbt eine kleine Profimaschine, die fast alles alleine macht und nach einiger Übung damit will man gar nicht mehr aufhören.

Das Funktionsprinzip ist simpel: Zwischen zwei glatten Walzen wird zunächst ein von Hand flach gedrücktes, knapp tennisballgroßes Teigstück durchgewalzt. Dieses wird dann immer wieder durchgedreht, ein, zwei und, wenn der Teig noch nicht glatt genug erscheint, auch ein drittes Mal. Schließlich wird der Abstand zwischen den Walzen mittels eines Stellrads immer kleiner eingerichtet, bis am Ende ein durchscheinend dünnes, seidenglattes Teigband entstanden ist. Dabei muss man den Teig immer wieder mit Mehl oder Hartweizengrieß bestäuben, damit nichts zusammenklebt. Um das Mehl hauchfein zu verteilen, ist ein Mehlbesen nützlich: ein kleiner Handbesen mit weichen Naturborsten, mit dem man das Mehl vom Teig kehren kann.

Das endgültig ausgewalzte, hauchdünne Teigband sollte etwas antrocknen, bevor es nach Wunsch zugeschnitten wird. So kleben die Nudeln später nicht so leicht aneinander. Spezielle Gestelle, die man mitunter für diesen Zweck abgeboten findet, mögen ja dekorativ sein, sind aber eine raumgreifende Angelegenheit und bieten trotzdem lächerlich wenig Platz. Ein Besenstiel, den man zur besseren Reinhaltung mit Alufolie umwickelt hat und über zwei Stuhllehnen oder Schranktüren legt, tut's auch.

Am praktischsten aber ist: Die Teigbänder, immer gut bemehlt, versteht sich, zuerst nebeneinander, wenn sie ein wenig trockener und deshalb schon weniger empfindlich sind, auch übereinander auf einem großen Tablett ausbreiten, das mit einem bemehlten Küchentuch bedeckt ist. Die Bänder auf Tablettbreite zuschneiden, längere Bänder verheddern sich leicht und brechen dann womöglich. Wer sich ins Nudelmachen verliebt hat, wird bald mit dem Motor liebäugeln, den man für das Kurbelgerät kaufen kann. Es ist eine enorme Erleichterung, wenn der Motor das Kurbeln übernimmt und man beide Hände frei hat. So ein Motörchen ist einfach in der Handhabung: Es wird aufgesteckt. Und dann ist das Nudelmachen wirklich ein Kinderspiel.

Vom Schneiden der Nudeln

Mit einem Motor geht natürlich auch das Schneiden sehr viel einfacher – man hat dann beide Hände frei und kann die frischen oder besser leicht angetrockneten Teigbänder geschickter zuführen und unter den Walzen wieder auffangen. Die Nudelmaschine hat ja – entweder fest eingebaut oder zum Auswechseln – auch spezielle Walzen mit Aussparungen, die ineinandergreifen und die Bänder in verschieden breite Streifen schneiden.

Auch die geschnittenen Nudeln lassen sich, natürlich ebenfalls mit Mehl oder Hartweizengrieß bestreut und leicht vermischt, nebeneinander ausgestreckt auf dem mit einem Tuch belegten Tablett ganz problemlos zu Ende trocknen. Das ist sicherer, als sie dafür zu Nestern zu kringeln, wie es in vielen Betriebsanleitungen und Rezepten empfohlen wird. Diese müssten nämlich sehr sorgfältig immer wieder gedreht und gewendet werden, bis sie vollkommen durchgetrocknet sind, sonst beginnen sie womöglich im Inneren zu schimmeln.

Die richtigen Zutaten

Man braucht zum Nudelteigmachen Mehl. Aber Mehl ist nicht gleich Mehl, da gibt es Grieß, Typenzahlen, Hartweizen, Weichweizen, Dinkel, Vollkorn. Was soll man nehmen? Unser normales Haushaltsmehl wird aus Weizen gemahlen, sogenanntem Weichweizen. Mit der Type-Bezeichnung ist die Menge der Schalenbestandteile des Weizenkorns (Ballast- und Mineralstoffe) benannt, die man in der Asche misst, die übrig bleibt, wenn man ein Kilogramm Mehl verbrennt. Je höher diese Zahl, desto mehr dieser Bestandteile, von Type 405 bis 550 (für Brotmehl) über 816 und 1050 bis zum Vollkornmehl, bei dem das ganze Korn verwendet wurde und das keine Type erhält. Das „Müllern", wie man zum Mahlen von Korn sagt, ist ein sehr komplexer Vorgang, bei dem das Korn in mehreren Arbeitsgängen gemahlen und immer wieder ausgesiebt wird, um die immer weiter zerkleinerten Schalenbestandteile zu entfernen. Man spricht auch von „ausziehen", daher der Begriff „Auszugsmehl" für das Mehl, das besonders weit ausgesiebt wurde, also von Ballaststoffen befreit. Dieser sogenannte Ausmahlungsgrad hat jedoch nichts mit der Konsistenz des Mehls zu tun. Wie fein oder grob es ist, das besagen die Begriffe Mehl, Dunst oder Grieß.

Mehl ist immer fein, in Süddeutschland und Österreich unterscheidet man noch glattes oder griffiges Mehl. Letzteres rieselt gröber durch die Hand, fühlt sich eben „griffig" an und lässt sich besser für Strudel-, Nudel- oder Spätzleteig verarbeiten, der dann weniger klebt. Der noch gröbere, „doppelt griffige" Dunst ist ebenfalls eine eher süddeutsche Variante. Er ist jedoch nicht so körnig wie Grieß, der aus dem vom Keimling befreiten Korn hergestellt wird, im Unterschied zum ebenso groben Schrot, der aus dem gesamten Getreidekorn gemahlen wird.

In Italien wird die beste Pasta aus Hartweizen produziert, einer besonders hochwertigen Weizensorte, die nur in heißen, trockenen Gegenden gedeiht und ein Mehl ergibt, das vergleichsweise wenig Kleber enthält. Ernährungsphysiologisch ist es besonders wertvoll, weil es mehr Eiweiß und Mineralstoffe enthält als Mehl aus Weichweizen. Hartweizen ist schwieriger anzubauen, beansprucht hochwertigere Böden und ein heißes Klima, er gedeiht nur in wenigen Gegenden und ist deshalb erheblich teurer als der anspruchslose Weichweizen, den man überall erzeugen kann. In Italien wird Hartweizen vor allem im Süden angebaut, in Apulien und auf Sizilien. Der größte Anteil der Weltproduktion kommt aus Kanada.

Hartweizen wird hauptsächlich als Grieß in der industriellen Nudelproduktion verwendet, für die traditionelle trockene Pasta, wie sie in großen Teilen Italiens üblich ist. Wer seine eigene Pasta gern mit diesem hochwertigen Stoff herstellen möchte, sollte jedoch lieber zu feinem Mehl gemahlenen Hartweizen verwenden (*farina di grano duro* oder *semola di grano duro rimaccinata*), weil es sich besser mit den Eiern verbindet, und den Grieß (*semola di grano duro*) allenfalls zum „Bemehlen" der Arbeitsfläche nutzen. Grieß braucht mehr Feuchtigkeit und lässt sich schlechter verarbeiten als Mehl.

Bandnudeln und Teigblätter

Aus frischem Nudelteig, wie er auf Seite 78 mit der Küchenmaschine hergestellt wird, entstehen mit den Schneidwalzen der Nudelmaschine Bandnudeln in verschiedenen Breiten – schmale Tagliatelle, breitere Fettuccine oder sehr breite Pappardelle, wie man in Italien sagt; oder auch Teigblätter, wie man sie für Lasagne oder Cannelloni braucht. Man kann sie gut auf Vorrat produzieren, die fertige Pasta lässt sich getrocknet unbeschadet aufbewahren.

Den frischen Teig kann man übrigens nicht länger lagern – den sollte man bis zum nächsten Tag verarbeitet haben, danach wird er grau und zäh. Er ließe sich einfrieren, theoretisch! Es dauert jedoch seine Zeit, bis er wieder aufgetaut ist, und er ist dann sehr klebrig. Wenn man ihn dann nochmals mit Mehl durcharbeitet, wird er zu fest. Und in der Zeit hat man den Teig allemal frisch in der Küchenmaschine (oder von Hand) hergestellt.

a7 Tagliatelle *mit blitzschnellem* Sugo

Die Zutaten für einen solchen Sugo kann man immer Haus haben, man braucht also gar nicht erst einkaufen zu gehen. Und er ist schneller fertig, als das Wasser braucht, bis es kocht.

Für vier Personen
½ Rezept Nudelteig (Seite 78) zu schmalen Bandnudeln geschnitten
4–5 getrocknete Tomaten
½ Tasse Oliven (nach Belieben mit oder ohne Stein)
½ Tasse in Olivenöl eingelegte Pilze
1 rote Zwiebel
2 Knoblauchzehen
¼ unbehandelte Zitrone
3 Stengel glatte Petersilie
evtl. 50–70 g luftgetrockneten Bauchspeck oder Schinken
2–3 EL Olivenöl
Salz, Pfeffer

Für die Pasta zuerst in einem großen Topf das Nudelwasser aufsetzen.

Die getrockneten Tomaten mit etwas kochendem Wasser knapp bedecken und einweichen. Oliven, eingelegte Pilze, geschälte Zwiebel und Knoblauch, Zitronenschale und Petersilienblätter auf einem Brett mit einem großen Messer oder mit einem Wiegemesser hacken, dabei alles gut mischen, auch die eingeweichten Tomaten mithacken. Wer mag, fügt noch ein, zwei Anchovisfilets zu, auch etwas Speck oder luftgetrockneten Schinken.

Am Ende sollte eine Mischung von lauter winzig fein gehackten Zutaten auf dem Brett liegen, die sich noch erkennen lassen – deshalb ist hier der Mixer ungeeignet: Wir wollen ja kein Püree daraus machen.

In einer Pfanne das Öl erhitzen, das Gehäcksel darin andünsten – es soll leise schmurgeln, nicht braten. Sollte es zu heiß werden, mit einem Schuss Tomateneinweichwasser ablöschen. Mit Pfeffer würzen, Salz wird dank der würzigen Tomaten kaum nötig sein – das muss man probieren.

Allerdings muss man das Nudelwasser kräftig salzen: Pro Liter einen gehäuften Esslöffel nehmen, denn die frische Pasta ist in ein bis zwei Minuten gar, hat also kaum Zeit, Salz aufzunehmen.

Die Nudeln am besten mithilfe einer großen Siebkelle oder einer Spaghettizange aus dem Kochwasser fischen und tropfnass in die Pfanne geben.

Alles gründlich, aber rasch mischen, in vorgewärmte tiefe Teller verteilen und servieren. Frisch geriebenen Parmesan in einer Schüssel oder sogar die Käsemühle selbst auf den Tisch stellen, damit sich jeder nach Gusto bedienen kann.

a7 Nudelblatt *mit* Seppioline

Bildschön sieht es aus, wenn man die Teigbänder zu Rechtecken schneidet, etwa auf Tellerbreite. In der italienischen Gastronomie nennt man das dann auch vornehm „offener Raviolo" oder fazzoletto, also (Nudel-)„Taschentuch". Man rechnet ein bis zwei solcher Nudelblätter pro Person, je nachdem wie dünn und wie groß sie sind. Für diesen Sugo braucht man Seppioline, also kleine Seppie (Tintenfischchen). Je kleiner, desto zarter, dann machen sie beim Putzen weniger Mühe und sind außerdem schnell gar. Mit jungem Frühlingsgemüse ist der Sugo im Handumdrehen fertig.

Für vier Personen
½ Rezept Nudelteig (Seite 78), zu 8 schönen Nudelblättern geschnitten
Salz

Seppioline:
400 g kleine Seppioline (Tintenfischchen)
2 Frühlingszwiebeln
2 Knoblauchzehen
1 kleine grüne Chilischote
1 mittelgroßer Zucchino
2 EL Olivenöl
Salz, Pfeffer
2 Tassen feinste Erbsen (TK)
glatte Petersilie

Die Tintenfischchen gründlich waschen und putzen: den Körperbeutel auswaschen, die Augen und das Kauwerkzeug in der Mitte der Tentakel entfernen. Die Beutel quer in dünne Streifen schneiden. Kleine Tentakel zusammen lassen, größere Tentakel in die einzelnen Beinchen teilen. Alles sehr gründlich auf Küchenpapier abtrocknen.

Das Weiße der Frühlingszwiebeln fein schneiden, das Grün ein wenig breiter schneiden. Knoblauch, Chili fein würfeln, ebenso den Zucchino – am besten auf dem Juliennehobel (Seite 398) längs rundum zuerst Streifen abhobeln (den wattigen Kern wegwerfen), diese dann quer in feine Würfel schneiden.

Das Öl in der Pfanne stark erhitzen. Die gut abgetrockneten Tintenfischstreifen anbraten – unbedingt portionsweise, damit sie kein Wasser ziehen. Immer gleich herausheben, auf einem Teller beiseitestellen, dort salzen und pfeffern.

Schließlich nacheinander Frühlingszwiebeln, Knoblauch, Chili und Zucchiniwürfel in die Pfanne geben, unter Rühren kurz braten, dabei salzen und pfeffern.

Die Erbsen sowie die fein gehackte Petersilie zufügen und am Ende auch die Tintenfischstreifen untermischen. Nochmals abschmecken.

Die Nudelblätter in einem breiten Topf in leise siedendem Salzwasser ein bis zwei Minuten garen. Mithilfe einer Zange herausfischen, auf Küchenpapier etwas abtropfen und auf vorgewärmte Teller drapieren. Jeweils eine Schöpfkelle Tintenfischragout in die Mitte setzen, und eine dünne Linie feines Olivenöl rundumklecksen. Sofort servieren.

Kein Käse! Allenfalls für den Biss und für den Geschmack Scharfe Brösel darüber streuen (Rezept Seite 58).

a7 Kürbisravioli

Die Teigbänder müssen hierfür so dünn wie möglich sein, die Walzen deshalb bis zum Anschlag auf allerengste Stufe schalten. Und die Füllung sollte bereits fertig parat stehen. Man kann diese Ravioli wunderbar auf Vorrat produzieren – wenn man sich also schon die Mühe macht, am besten gleich die doppelte Menge zubereiten! Sie lassen sich nämlich gut einfrieren: nebeneinander (sie dürfen sich nirgends berühren!) auf einem mit Klarsichtfolie ausgelegten Tablett. Sobald sie gefroren sind, platzsparend in Gefrierboxen verstauen. Zum Gebrauch gefroren ins Kochwasser geben, sie brauchen dann nur wenige Minuten länger als frische Ravioli, bis sie gar sind.

Für vier Personen
½ Rezept Nudelteig (Seite 78)
1 Eiweiß
Salz

Kürbisfüllung:
300 g Hokkaidokürbis
(geputzt gewogen)
2 EL Olivenöl
Salz, Pfeffer
Cayennepfeffer
1 TL Kümmel
Muskat
3 Stengel glatte Petersilie
3–4 Amaretti
(italienisches Mandelgebäck)
1 Eigelb

Salbeibutter:
3–4 Salbeizweige
60 g Butter
4 EL frisch geriebener Parmesan

Den Nudelteig wie angegeben herstellen und ruhen lassen.

Inzwischen die Füllung zubereiten. Das Kürbisfleisch würfeln, in Olivenöl andünsten, dabei mit Salz, Pfeffer, Cayennepfeffer, Kümmel und Muskat kräftig würzen. Die sehr fein gehackte Petersilie unterrühren. 10 bis 15 Minuten absolut weich dünsten. Erst jetzt die zerkrümelten Kekse unterrühren.

Schließlich mit dem Mixstab im Topf spazieren gehen – es dürfen ruhig noch kleine Kürbisstückchen spürbar sein. Etwas abkühlen lassen und nun das Eigelb unterrühren.

Den Teig zu hauchdünnen Bändern auswalzen, so breit wie die Walzen der Nudelmaschine, und nebeneinander auf der bemehlten Arbeitsfläche ausbreiten. Mit Eiweiß einpinseln. Dann in regelmäßigen Abständen unterhalb der Mittellinie teelöffelweise Häufchen von Füllung setzen.

Die leere Teighälfte darüberklappen und behutsam rund um die Füllung festdrücken, dabei alle Luftblasen vermeiden. Die Ravioli mit einem Teigrädchen ausradeln.

In reichlich gut gesalzenes, heftig aufrauschendes Wasser geben, in einem möglichst breiten großen Topf, damit die Ravioli nebeneinander Platz finden. Die Hitze sofort herunterschalten und die Ravioli zwei bis drei Minuten gar ziehen lassen.

Mit einer Schaumkelle herausheben, tropfnass in tiefen Tellern anrichten. Jeweils zwei Löffel Salbeibutter darüber verteilen und einen Esslöffel frisch geriebenen Parmesan.

Für die Salbeibutter die Blätter von den Stielen zupfen, quer in Streifen schneiden und in der aufschäumenden Butter rösten.

Tipp: Ein Kringel von frischem Olivenöl (*un filo d'olio*, ein Faden Öl) oder einige Kleckse von Petersilienöl (siehe Seite 57) sorgen für Glanz und geben Geschmack.

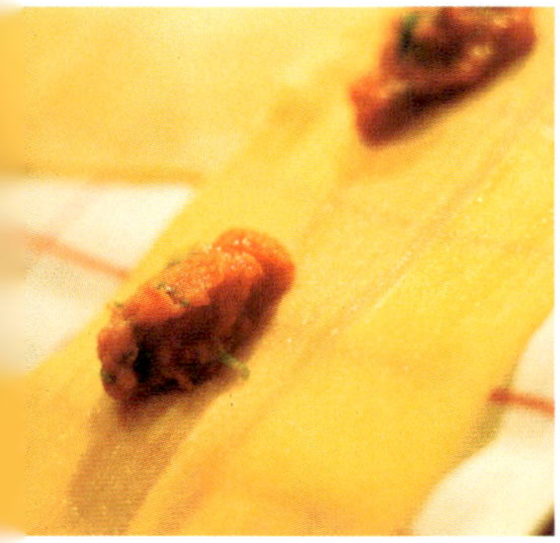

a7 # Spinatlasagne

Dieser wunderbare Auflauf, für den Nudelblätter mit Spinat, Ricotta und Bechamelsauce übereinandergeschichtet werden, die dann im Ofen zu einer verführerischen Einheit zusammenschmelzen, macht durchaus Mühe – aber sie lohnt sich! Der Auflauf ist ein Gedicht, von dem Ihre Gäste noch lange schwärmen werden. Ricotta, jene Art Quark, die aus aufgekochter Molke entsteht, hat im Gegensatz zu unserem heimischen Quark kaum Säure. Sie ist also nicht nur milder als dieser, sondern hat zudem den Vorzug, dass sie grünes Gemüse nicht bräunlich verfärbt, der Auflauf sieht damit einfach schöner aus. Aber man kann stattdessen ruhig auch Quark oder Schichtkäse verwenden. Es bleibt dem persönlichen Geschmack überlassen, ob man die Spinat-Lasagne ganz vegetarisch belässt oder ob man Scheiben von gekochtem Schinken zwischen die Schichten legt – beides schmeckt prima!

Für sechs Personen
1 Portion Nudelteig (Seite 78)
Salz

Spinatfüllung:
2 kg Spinat
Salz, Pfeffer
500 g Ricotta oder Schichtkäse
2 EL Olivenöl
Cayennepfeffer
Muskatnuss nach Belieben
300 g gekochter Hinterschinken in hauchdünnen Scheiben (den Fettrand abtrennen und für die Bechamelsauce verwenden)

Bechamelsauce:
50 g Butter
1 gehäufter EL Mehl
750 ml Milch
Salz, Pfeffer
Zitronenschale
Zitronensaft
Muskat
Worcestershiresauce
Butter für die Form und Flöckchen
150 g Parmesan

Tipp:
Dazu gehört ein kräftiger, etwas säurebetonter Rotwein, vorzugsweise aus der Sangiovese-Rebe – er kann aus der Romagna, der Toskana, den Marken, den Abruzzen, aus Molise oder Apulien kommen: Seine etwas herbe Art passt immer vorzüglich zum Spinat!

Den Nudelteig nach Rezept herstellen und ruhen lassen. Dann zwischen den glatten Walzen der Nudelmaschine hauchdünne Teigbänder auswellen. Sie sollten etwa so lang sein wie die Auflaufform breit ist. Wenn die Nudelblätter sofort weiterverarbeitet werden und wirklich durchscheinend dünn sind (engste Einstellung der Walzen), braucht man sie nicht vorzukochen, sondern kann sie gleich mit der Füllung und Sauce abwechselnd einschichten. Dickere oder gar getrocknete Teigblätter sollte man für zwei Minuten in kochendes Salzwasser legen, sonst behalten sie später zu festen Biss.

Für die Füllung den Spinat verlesen, mehrmals waschen, entstielen, in reichlich wallendem Salzwasser zusammenfallen lassen. In Eiswasser abschrecken. Gut abtropfen, ausdrücken. Spinat mit Ricotta in der Küchenmaschine oder mit dem Mixstab mit Olivenöl, Salz, Pfeffer und Gewürze glatt mixen. Diese Masse sehr kräftig abschmecken.

Die Bechamelsauce kochen: Den Fettrand vom gekochten Schinken fein hacken. In eine Kasserolle geben, die Butter zufügen, aufschäumen lassen, das Mehl einrühren und andünsten, mit Milch auffüllen. Köcheln, bis eine cremige Sauce entstanden ist. Kräftig würzen, vor allem reichlich Zitronenschale mitkochen! Die Sauce mit dem Mixstab glatt mixen.

Eine große, möglichst eckige, flache Gratinform mit Butter ausstreichen, auf dem Boden eine dünne Schicht Bechamelsauce verteilen. Darauf eine Schicht Nudelblätter breiten, mit einer Schicht Ricotta-Spinat-Füllung bedecken, darauf gegebenenfalls Schinkenscheiben, eine dünne Schicht Sauce, dann wieder Teigblätter usw. – bis alles aufgebraucht ist. Oberste Schicht Bechamelsauce und immer wieder dazwischen etwas geriebenen Käse verteilen. Auch auf die Oberfläche Käse streuen und Butterflöckchen setzen.

Die Lasagne im 180 Grad heißen Ofen eine gute halbe Stunde backen, bis alles brodelt und duftet. Direkt aus dem Ofen zu Tisch bringen, damit die Gäste den unwiderstehlichen Duft mitkriegen. Mit einem Spatel rechteckige Portionen ausstechen und servieren.

a8 *Die* Eismaschine

„Eiscreme kaufe ich in der Familienpackung, so hab' ich immer was in der Tiefkühltruhe" – wenn das Ihre Meinung ist, dann brauchen Sie natürlich keine Eismaschine. Allerdings hat ein selbst gerührtes Eis, aus den reinen, besten frischen Zutaten, aus reifen Früchten, ohne Geschmacksverstärker und Emulgatoren, mit dem Erzeugnis aus der Lebensmittelindustrie außer der Temperatur nicht viel gemein.

Der wahre Eis-Fan weiß das. Aber er weiß vermutlich auch, dass der Besitz einer Tiefkühltruhe allein nicht ausreicht, um selber ein Spitzeneis fabrizieren zu können. Als in den 50er-Jahren des letzten Jahrhunderts die Kühlschränke zunehmend auch über ein kleines „Eisfach" verfügten, in dem man, durch eine dünne Wand mit Klapptür vom restlichen Kühlraum abgetrennt, in einer metallenen Schale Wasser zu Eiswürfeln gefrieren lassen konnte, die – das war todschick! – dann verheißungsvoll im Whiskyglas klirrten, da behauptete das beigefügte Rezeptheftchen, dass man auch Eiscreme darin zubereiten könne. Aber was die Mutter damals stolz der Familie als „Himbeereis" auftischte, rief meist nur verhaltene Freude hervor, all die Kernchen, die zwischen den Zähnen steckten, und diese scheußlich harten Eiskristalle, auf die man dauernd biss!

Die Evolution der Eismaschine

Noch bis in die 50er-Jahre hinein waren die Uraltmodelle aus dem vorletzten Jahrhundert im Einsatz, in denen man die Eismasse in einem schönen Kupfertopf, der die Kälte gut weitergab, in eine Kältemischung aus Salz und Wasser stellte und so lange von Hand rührte, bis sie endlich fest wurde. Welch mühevolles Geschäft! Sie kam deshalb nur ganz selten, zu hohen Festtagen, zum Einsatz ... Später erhielten die Kühlschränke geräumige Tiefkühlfächer, in denen man das Eis nun einfrieren konnte, auch die Rezeptangaben wurden detaillierter. Und der Tipp, die Eismasse in einer metallenen Schüssel immer wieder während des Gefriervorgangs mit einem Schneebesen aufzuschlagen und so die Eiskristalle zu zertrümmern, ermöglichte immer bessere Eiscreme. Auch die Idee, die Eismasse mit steif geschlagener Sahne aufzulockern und dann zum Parfait zu gefrieren, verhalf zu guten Eisdesserts.

Und dann kamen die ersten kleinen Eismaschinen für den Hausgebrauch. Im Prinzip nichts anderes als ein Topf mit Rührvorrichtung, den man ins Tiefkühlfach stellte, wo ein kleiner Motor den Rührarm in Bewegung hielt, damit sich während des Gefrierens keine Eiskristalle bilden konnten. Heute ist die Auswahl groß: vom Einfachgerät, das man ins Tiefkühlfach stellt, über Apparate, für die man die nötigen Kühlelemente eine Zeit lang vorgefrieren muss – was die spontane Lust auf Eiscreme jedoch erheblich beeinträchtigen kann, denn dann muss man erst mal mindestens zwölf Stunden warten (dafür gibt es diese Geräte schon für ein paar Euro) – bis zum Luxusgerät, das selbsttätig rührt und kühlt und in einer halben Stunde perfektes, cremiges Eis produziert, das allerdings auch einige hundert Euro kostet.

Bequemlichkeit muss man also bezahlen. Und: Für diese großen, auch sehr schweren Geräte, die selbstständig mit Kompressoren kühlen, braucht man einen festen Platz. Sie vertragen es nicht, ständig bewegt zu werden, weil sie womöglich im Weg stehen. Man muss sich also entscheiden, wie viel einem das wert ist. Denn so eine Eismaschine kann Eis rühren und sonst nichts. Doch dem wahren Eisliebhaber wird das egal sein.

Eins noch muss man bedenken: Keine dieser Maschinen kann das fertig gerührte Eis lange Zeit kühl halten. Wer es nicht sofort verspeisen kann oder will, muss es in den Tiefkühler stellen, wo es jedoch – bei minus 18 Grad und mehr – bald seine schmelzende Konsistenz verliert. Schließlich stecken darin ja nicht, wie im Industrieeis Emulgatoren und Weichmacher, die das Eis auch bei diesen Temperaturen cremig halten. Aber nach kurzer Zeit im Kühlschrank wird es wieder genussbereit.

a8 Vanille-Eis

Wer einmal selbst gemachtes Vanilleeis gekostet hat, ist für die Fertigware aus dem Supermarkt verloren. Gottlob ist die Herstellung absolut nicht schwierig.

Für vier bis sechs Personen
250 ml Milch
250 ml Sahne
1 Vanillestange (am aromatischsten sind die aus Tahiti!)
4–5 Eigelb
3–4 EL Zucker
1 Prise Salz

Himbeersauce:
300 g Himbeeren (frisch oder tiefgekühlt)
2–3 EL Zucker
etwas Zitronensaft

Milch und Sahne in einer Kasserolle zum Kochen bringen. Die Vanilleschote längs aufschlitzen und in die Sahnemilch legen. Den Topf vom Feuer ziehen und etwa zehn Minuten stehen lassen. Die Vanilleschote dann aus der Milch fischen, auf einem Teller oder einem Porzellanbrett (kein Holzbrett nehmen, darin verschwindet zu viel vom kostbaren Vanillearoma) mit einem spitzen Messer das Mark herauskratzen und in die Milch rühren. Auch die ausgekratzte Stange nochmals in der heißen Milch regelrecht auswaschen. (Nicht wegwerfen: trocknen lassen und dann in ein Glas mit Zucker stecken – selbst die ausgeleerte Stange enthält noch soviel Parfum, dass sie den Zucker deutlich aromatisiert.)

Die Eigelb mit Zucker und der Salzprise in einen Schlagkessel geben, diesen über den Topf hängen, in dem jetzt die Milch erneut zum Kochen gebracht wird, und mit dem Schneebesen zu einer dicken hellen Creme schlagen. Aufpassen, dass die Milch nicht überkocht.

Die heiße Milch unter stetem Rühren mit dem Schneebesen in die Eiercreme gießen, dann alles zurück in den Topf schütten. Und jetzt das Ganze mit einem Holzlöffel rührend auf mittlerem Feuer erhitzen, bis es so heiß ist, dass die Eigelb binden und die Masse dicklich wird; aber auf keinen Fall ins Kochen geraten lassen, weil sie sonst gerinnen, ausflocken und nicht mehr binden können.

Die Masse hat die richtige Konsistenz erreicht, wenn sie auf dem Kochlöffelrücken steht und sich Schlieren bilden, die mit etwas Fantasie einer Rose ähneln, wenn man draufpustet. Man nennt das daher auch „zur Rose abziehen".

Die Creme noch eine Weile neben dem Herd rühren, bis sie genügend abgekühlt ist, um stabil zu bleiben und nicht etwa doch am Ende gerinnt, weil noch zu viel Hitze in ihr steckt. Schließlich unter gelegentlichem Durchrühren endgültig abkühlen lassen. In der Eismaschine gefrieren (ersatzweise, wie auf Seite 155 beschrieben, in einer Metallschüssel im Tiefkühler).

Inzwischen die Himbeeren in einer Schüssel mit dem Zucker verrühren, mit Zitronensaft würzen und einige Minuten ziehen lassen. Dann durch die Flotte Lotte beziehungsweise Gemüsemühle passieren.

Das Vanilleeis in Dessertschalen anrichten, am besten mit einem Eisportionierer Kugeln abstechen oder mit einem Esslöffel Nocken abstechen. Mit der Himbeersauce umklecksen. Und mit einem Minze- oder Melisseblättchen dekorieren.

1
2
3
4
SOFT
CANCEL
PACO

a9 *Der* Pacojet

Der Pacojet kann nicht nur traumhaftes Eis erzeugen, er leistet darüber hinaus eine Menge mehr. Dieser Hochleistungsmixer kann alle Arten von gefrorenen Lebensmitteln unglaublich fein pürieren, so fein, dass die dabei entstehende Creme auf der Zunge geradezu schwebt.

Die Zutaten müssen für die Verarbeitung im Pacojet in einen speziellen Becher gefüllt und 24 Stunden lang gefroren sein. Der Becher wird in die sehr leistungsfähige, dadurch einen infernalischen Lärm verursachende Maschine eingespannt, die ein Spezialmesser aus Titan mit enorm hoher Umdrehungszahl senkrecht in die gefrorene Masse treibt. Dabei kreist das Messer horizontal und arbeitet sich vertikal mikrometerweise voran, wobei alles gleichzeitig zerkleinert, angetaut und zu einer homogenen Creme verarbeitet wird. Diese Masse kann man für ein Eis (zum Beispiel aus Früchten) sofort anrichten oder mit Sahne aufschlagen, für eine Sauce oder Suppe (Gemüse oder Kräuter) erhitzen und mit Sahne oder Brühe verdünnen oder zu einer Farce (Fisch oder Fleisch) weiterverarbeiten.

Weil die Lebensmittel in gefrorenem Zustand verarbeitet werden, bleiben Farbe, Vitamine und alle Inhaltsstoffe perfekt erhalten – das Püree ist deshalb nicht nur von leuchtender Farbe, sondern auch von intensivstem Geschmack. Die Möglichkeiten, mit dem eisig-cremigen Püree die originellsten Gerichte zu entwickeln oder besondere geschmackliche und dekorative Effekte zu erzielen, sind praktisch unbegrenzt.

Hinzu kommt: Es muss nicht der gesamte Becher aufgetaut und aufgemixt werden, es lassen sich einzelne Portionen entnehmen. Der Rest wandert sofort wieder in die Tiefkühltruhe – so wird nichts verschwendet, alles bleibt frisch. Und noch ein Vorteil: Man kann das Obst und Gemüse in die Vorratsbecher packen, wenn sie Saison haben, also in bester Qualität zu günstigem Preis zu kaufen sind. Wer dann die speziellen Becher, die der Mixer verlangt, mit den Zutaten füllt, mit Obst, Kräutern und Gemüse, aber auch Fisch und Fleisch für Farcen, Füllungen, hat jederzeit die Basis für die schönsten Suppen oder Saucen im Tiefkühlvorrat parat. Tatsächlich ist das teure Gerät (mit einer vernüftigen Anzahl von Bechern kommt man auf etwa 3000 Euro) eigentlich nur dann wirklich sinnvoll, wenn man sich größere Vorräte anlegt. Dann aber ist es großartig – und wer sich mal an die unglaublich schnell verfügbare und qualitativ nicht zu überbietende Vorratshaltung gewöhnt hat, wird den Pacojet nie mehr missen wollen!

Die Vorarbeiten sind schnell erledigt: Die Zutaten werden immer so weit geputzt und zerkleinert, dass sie sich gut in den Becher drücken lassen, ohne dass Lufträume bleiben. Für Sorbets zum Beispiel werden sie meist roh verarbeitet: Die Früchte waschen, allenfalls grob zerkleinern, nach Gusto zuckern und würzen. Für Cremes und Saucen auch blanchiert oder gedünstet. In jedem Fall müssen die Zutaten eingefroren sein, bis man sie pacossieren kann, wie der Hersteller den Mixvorgang nennt.

Da die Maschine auch feste Bestandteile rückstandslos zerkleinert, kann das Obst und Gemüse in Stücken, sogar mit Haut und Schale eingefüllt werden, Fisch für eine Farce kann noch feinere Gräten enthalten, Himbeeren dürfen mit ihren Kernchen oder Äpfel mit ihrem Kerngehäuse verwendet werden. Und am Ende kommt ein makellos glattes Püree heraus, mit einer so unnachahmlich sanften und glatten Konsistenz, dass der geschulte Blick immer sofort erkennt: Das wurde mit dem Pacojet erzeugt.

Für Eiscreme und Sorbets ist der Pacojet ohnehin einfach ideal: Gleich welche Früchte, das Eis ist absolut köstlich, immer stabil und cremig, ganz ohne die üblichen Stabilisatoren, wie Lecithin, Eiweiß oder Gelatine, von intensivem Duft und Geschmack und von einer traumhaften Konsistenz. Das gilt auch für die Farbe: Das Rot von Beeren, das Lindgrün von Reineclauden oder Stachelbeeren, das intensive Grün von Kräutern, Spinat, Erbsen oder Lauch – alles kommt unglaublich leuchtend, fast unwirklich aus dem Pacojet, und das ermöglicht auf dem Teller tolle Effekte. Kein Wunder, dass in der gehobenen Gastronomie dieses Gerät längst selbstverständlich und täglich im Einsatz ist.

Eine Zeit lang gab es eine kleinere, etwas billigere Version für den Haushalt. Die wird leider nicht mehr produziert. Das professionelle Modell ist natürlich sehr teuer. Aber für einen Haushalt, in dem viel und leidenschaftlich für eine große Familie oder viele Gäste gekocht wird und ein eigener Garten reichlich frisches Obst und Gemüse liefert, kann sich die Investition doch lohnen. Dafür braucht man aber außerdem viel, sehr viel Platz in der Tiefkühltruhe. Am besten eine ganze Truhe oder einen Schrank nur für seine Bestückung: Die Zutaten lassen sich – wie schon gesagt – nur in speziellen, zum Gerät gehörigen Bechern verarbeiten.

Die Gebrauchsanweisung meint, man könne das Gerät auch als normalen Mixer benutzen, um frische Zutaten im Becher zu mixen und pürieren, sogar um Teige herzustellen. Für eine kleine Portion Nudelteig mag das funktionieren, aber für Brotteig ist der Becher zu klein, als dass das sinnvoll wäre. Eine normale Küchenmaschine kann der Pacojet nicht ersetzen.

a9 Paprikasorbet

Natürlich kein Dessert, sondern Bestandteil einer Vorspeise oder eines Zwischengerichts, auch als kleine Erfrischung in einem großen Menü. Pfiffig als Farbklecks im Risotto oder statt Sauce zu einem Fischteller – siehe etwa Seite 250 zu gebackenen Lotteschnitten und lila Kartoffelsalat.

Für sechs bis acht Personen
1 große rote Paprikaschote (möglichst die duftende aus Italien oder zwei aromatische Spitzpaprika)
2 EL Olivenöl
2 Knoblauchzehen
1 rote Chilischote
Salz, Pfeffer
2 gehäufte EL Zucker
2 EL Balsamico

Paprika putzen, würfeln und im heißen Öl anschwitzen. Knoblauch und die entkernte, gewürfelte Chilischote zufügen. Salzen, pfeffern, zuckern, mit Balsamico würzen. Einige Minuten weich dünsten. Im Pacojetbecher gefrieren. Für ein Sorbet einfach nach Vorschrift pacossieren. Mit einem Eisportionierer zur Kugel formen und anrichten.

Variante: Im Handumdrehen hat man mit dieser Paprikabasis eine Suppe oder Sauce produziert. In einer Kasserolle mit der nötigen Menge Brühe aufkochen, einen guten Schuss Sahne oder Crème fraîche zufügen und alles mit dem Stabmixer aufmixen. In Suppentassen anrichten und mit Schnittlauchröllchen bestreuen.

Tipp: Um die Masse in einer normalen Eismaschine zu gefrieren, muss sie zuvor mit dem Mixstab absolut glatt püriert werden. Auch sie wird zur Suppe oder Sauce, wenn man sie mit der entsprechenden Portion Brühe und Sahne aufkocht und aufmixt.

a9 Steinbuttfilet *mit zwei Saucen*

Eine schrill pinkfarbene Sauce von Roter Bete und Kleckse einer leuchtend grünen Dillsauce – das sieht zur saftig gebratenen Steinbuttschnitte nicht nur toll aus, sondern beides schmeckt unglaublich intensiv. Im Pacojetbecher hat man die Grundmasse im Tiefkühler parat und dann ist die Sauce selbst im Handumdrehen fertig.

Für zwei Personen
4 Schnitten vom Steinbuttfilet à 80 g
2–3 EL Olivenöl
Salz, Pfeffer
½ unbehandelte Limette

Rote-Bete-Sauce:
4 EL pacossiertes Rote-Bete-Püree
2–3 EL Brühe
3 EL Sahne
Salz, Pfeffer
einige Tropfen Balsamico

Dillcreme:
4 EL pacossierter Dill
125 ml Kalbsfond
2 EL Butter
Salz, Pfeffer
ein Spritzer Zitronensaft

Knoblauchböhnchen:
250 g Kenia- oder zarte, stricknadeldünne Stangenböhnchen
Salz, 2–3 Knoblauchzehen
2 EL Butter

Die Fischfiletschnitten im sehr heißen Olivenöl auf beiden Seiten ganz kurz braten, bis sie zarte Röstspuren zeigen, dabei mit Salz und Pfeffer sowie etwas Limettenschale würzen. Neben dem Feuer einige Minuten nachziehen lassen.

Für die Rote-Bete-Sauce das Püree mit Brühe und Sahne in einem kleinen Töpfchen etwas einkochen, mit Salz, Pfeffer und Balsamico abschmecken.

Genauso das Dillpüree im Kalbsfond auflösen, eventuell etwas einkochen, dann die Butter mit dem Schneebesen unterrühren. Mit Salz, Pfeffer und Zitronensaft abschmecken.

Die grünen Böhnchen putzen, in stark gesalzenem Wasser einige Minuten kochen, eiskalt abschrecken, damit sie schön grün bleiben. Knoblauch sehr fein würfeln oder durch die Presse drücken, in einer Pfanne in heißer Butter andünsten. Die Böhnchen zufügen und gut durchschwenken.

Die Steinbuttschnitten auf vorgewärmten Tellern anrichten Die Saucen dekorativ danebensetzen. Böhnchen neben dem Fisch anrichten und schnell servieren.

a9 Ananaseis *mit* Ingwer *und* Kokos

Unglaublich intensiv und aromatisch. Und: Einfacher geht's nicht! Natürlich unbedingt eine reife, duftende Ananas dafür verwenden.

Für vier bis sechs Personen
300 g Ananasfleisch
(geschält, von den Augen befreit
3 EL Honig oder Rohrzucker (50 g)
1 TL gewürfelter Ingwer
100 g Kokossahne (siehe Tipp)

Tipp:
Nehmen Sie die Kokossahne aus dem Getränkekarton – die ist meist besser als die aus der Dose, vor allem auch nicht gesüßt; was zwar hier nichts ausmachen würde, aber der geschmacklichen Veränderung wegen dennoch nicht empfehlenswert ist.

Das Ananasfleisch in Würfel schneiden, mit Honig, Ingwer und Kokossahne mischen und in den Pacobecher füllen. Gut festdrücken und 24 Stunden gefrieren.

Zum Servieren pacossieren und mit dem Eiskugelformer in Dessertschalen anrichten. Mit frischer Minze oder Melisse dekorieren.

Variation: Nach Gusto kann man das Ananaseis auch mit Chili würzen – frische rote Thaichilischote entkernen, klein würfeln und mit in den Pacobecher geben. In diesem Fall das Eis zum Ausgleich stärker süßen, mindestens 5 EL Honig unterrühren. Auf das fertig angerichtete Eis winzige Würfel von Chili als Dekoration verteilen.

Will man das Eis weniger exotisch, statt Kokossahne Crème fraîche verwenden.

Ananascarpaccio: Sie können auch mal ausprobieren, die Eiscreme auf einem Carpaccio von Ananas anzurichten: Dafür eine zweite Ananas säuberlich schälen und von den Augen befreien. Auf der Aufschnittmaschine in dünne Scheiben schneiden. Diese auf Desserttellern als Carpaccio anrichten. In die Mitte das Eis geben. Mit Krümeln von Kokoschips oder mit Pistazienkrokant bestreuen.

Pistazienkrokant: 3 EL Zucker in einer Pfanne schmelzen, 3 EL Pistazienkerne darin wenden. Sobald der Zucker haselnussbraun geworden ist, auf eine Marmorplatte oder ein geöltes Blech gießen und verteilen. Nach dem Abkühlen mit dem Fleischklopfer zerkrümeln. Hält sich in einem Schraubglas lange.

a10 *Die* Küchenmaschine *mit* Heizfunktion

Es gibt inzwischen Küchenmaschinen, die – so versprechen die Hersteller – auch kochen können und mehr: rühren, Schnee schlagen, mischen, mixen, hacken, zerkleinern, pulverisieren, sogar Getreide mahlen, Teig kneten, abwiegen, und dann auch noch dünsten, erwärmen und mit einem speziellen Aufsatz sogar noch dampfgaren. Ganz schön viel für eine einzige Maschine und ein bisschen klingt es nach der eierlegenden Wollmilchsau.

Tatsächlich stellt das Gerät die traditionellen Küchenabläufe mitunter völlig auf den Kopf. Für den, der kochen kann, ist das gar nicht so einfach, er muss umdenken. Und er muss, ob er will oder nicht, sich zunächst einmal an das mitgelieferte Kochbuch mit seinen biederen Rezepten halten und die einzelnen Schritte buchstabengetreu verfolgen. Das fällt dem, der noch nie einen Kochlöffel in der Hand hatte, nicht schwer. Und er wird für seine Folgsamkeit belohnt, weil er aus frischen Zutaten ohne Aufwand und große Mühe, vor allem ohne jegliche Vorkenntnisse und schnell, tatsächlich ein schmackhaftes Essen auf den Tisch bringen kann. Und das ist allemal besser, als Tiefkühlkost oder andere Fertigware aufzuwärmen.

Die Bandbreite ist groß: Früchte werden püriert für Cremes, falls nötig zuvor sogar gedünstet oder zu Konfitüre gekocht; Gemüse wird gehackt, gegart und zum Püree, zu Suppen oder Saucen gemixt. Die klassische Vanillesauce entsteht fast von allein, weil das Gerät die Creme bis zur perfekten Bindung schonend erhitzt. Man kann darin Teige rühren oder kneten (besonders praktisch für Brandteig, der ja erhitzt werden muss!) und eine Menge Vorbereitungen praktisch und schnell erledigen: Aus altbackenen Semmeln wird im Handumdrehen feinstes Paniermehl, Parmesan oder Nüsse sind fix zerkleinert, getrocknete Chilis sind ruckzuck zum besten Cayennepfeffer der Welt gemahlen, sogar Getreide nach Wunsch geschrotet – allerdings wird es vom Messer zerschlagen, nicht zwischen Steinwalzen zermahlen, was allenfalls für kleine Mengen ratsam ist; ein wirklich feines Mehl kann man nicht damit gewinnen. Und Spaghetti darin zubereiten, wie das Rezeptbuch auch empfiehlt, wird wirklich nur der absolute Freak – denn einen Topf Wasser aufsetzen und nach Packungsvorschrift die Nudeln darin kochen, das stellt auch den absoluten Kochneuling nicht vor Schwierigkeiten und geht auf herkömmliche Weise schneller.

Unschlagbar ist der „Thermomix" – so hieß das erste Gerät auf dem Markt – jedoch, wenn er (wie sein Name ja schon andeutet) mixen und die Sache zugleich erwärmen kann. Einen Sabayon oder eine Sauce Hollandaise, diese empfindlichen Schaumsaucen, die selbst einem geübten Koch missraten können, wenn er mal nicht aufpasst und die Sauce zu schnell oder zu stark erhitzt, sie gelingen in solch einem Apparat garantiert und absolut perfekt: Ei einfüllen, die entsprechende Flüssigkeit oder Butter dazu, auch die Gewürze, die Maschine einschalten und machen lassen – fertig! Man braucht sich um nichts zu kümmern und kann sich in der Zwischenzeit anderen Dingen widmen.

a10 Zabaglione

Für den klassischen sizilianischen Zabaglione nimmt man Marsala, für einen französisch orientierten Sabayon etwa einen Banyuls und für eine hiesige Weinschaumcreme oder eine Chaudeau, wie unsere Großeltern dieses Cremedessert nannten, möglichst einen charaktervollen Eiswein oder eine Beerenauslese mit ausgeprägter Süße und Säure. In jedem Fall muss man nach klassischer Zubereitungsart die Creme vor dem Dessertgang geduldig aufschlagen, über dem Wasserbad, damit die Eier binden, und aufpassen, dass sie nicht gerinnen. Wenn man Pech hat, weil man nervös ist und nicht genug acht gibt, flockt das Eigelb aus und hat man am Ende süßes Rührei im Topf … Das kann im Thermomix nicht passieren und man kann gemütlich bei seinen Gästen bleiben und sich unbeschwert unterhalten.

Für vier Personen
2 ganze Eier
4 Eigelb
1 Prise Salz
300 g Weißwein
je nach Süße des Weins zwischen
2 EL und 90 g Zucker

Alle Zutaten in den Mixtopf geben, 8 Minuten bei 70 Grad auf Stufe 3 rühren und erwärmen (Angabe für das Gerät „Thermomix“). Dann in Dessertgläser verteilen. Mit Früchten der Saison dekorieren.

Noch warm servieren!

Ohne die Küchenmaschine mit Heizfunktion werden Eier und Eigelb mit der Zuckerprise in einen Rührkessel gefüllt und über ein heißes Wasserbad gehängt. Mit den Schneebesen des Handrührers dick und schaumig schlagen, dabei den Wein hinzufließen lassen, und nach Geschmack süßen. Die Creme so lange erhitzen und rühren, bis sie stabil ist.

Entweder pur servieren oder mit Früchten der Saison garnieren, oder auch über einen Salat von Früchten verteilen …

a10 Sauce Hollandaise

Zu Spargel ist dieser Klassiker einfach unschlagbar, und wenn die Maschine einem das diffizile Hantieren mit dem Wasserbad abnimmt, gönnt man sie sich vielleicht öfter – statt das Pulver aus der Tüte aufzuschlagen.

Für zwei bis drei Personen
4 Eigelb
¼ TL Salz, Pfeffer
etwas Muskat
1 Spritzer Worcestershiresauce
1 EL Zitronensaft
200 g Butter

Alle Zutaten in das Mixgefäß füllen. Auf Stufe 4 in 8 Minuten bis 90 Grad erhitzen (alle Angaben für das Gerät „Thermomix"). Die Sauce dann umfüllen und 3 Minuten stehen und sich stabilisieren lassen. Dann mit dem Gummischaber aufrühren und über den Spargel geben. Dazu natürlich kleine neue Kartoffeln reichen.

a10 Gemüsecremesuppe

Das Gemüse – was immer gerade zur Hand ist, von Brokkoli bis Möhren, Blumenkohl bis Lauch – ist schnell geputzt und zerkleinert. In die Maschine füllen, Brühe dazu und erst mal garen. Dann bis zur gewünschten Cremigkeit mixen – es steht im Handumdrehen eine köstliche Suppe auf dem Tisch!

Für drei bis vier Personen
Je 100 g
– Möhre
– Lauch
– Sellerie
– Kartoffel
– Zwiebel
2 Knoblauchzehen
500 ml Brühe
Salz, Pfeffer
1 TL Raz-el-Hanout oder Curry
2–3 EL Sahne oder Crème fraîche
2–3 TL Kräuterbutter (Seite 42)

Das Gemüse putzen, würfeln, in den Thermomixbehälter füllen. Salz, Pfeffer, Raz-el-Hanout oder Curry zufügen, 250 ml Brühe. Und auf Stufe 3/100 Grad 20 Minuten garen (alle Angaben für das Gerät „Thermomix").

Dann das Gemüse auf Stufe 5 mixen, dabei die restliche Brühe zufügen und einen guten Schuss Sahne. Die Suppe in Tassen verteilen und jedem ein Stück Petersilienbutter in die Mitte setzen, das dort zerschmilzt.

Tipp: Dauert im Kochtopf gekocht und mit dem Mixstab püriert auch nicht länger!

a11 Entsafter *und* Zitruspresse

Beide Geräte gibt es bereits für wenig Geld. Das Wichtigste ist, dass sie immer einsatzbereit sind.

Der Entsafter

Es gibt Entsafter für großes und für kleines Geld, als eigenständiges Gerät oder Aufsatz für die Küchemaschine. Die Früchte oder das Gemüse entsprechend vorzubereiten, macht wirklich nicht viel Mühe: putzen, grob zerkleinern und – ab die Post. Die Gesundheit pur im Glas! Gut schmecken tut es auch, zumal der Abwechslung keine Grenzen gesetzt sind: Es lässt sich nahezu alles zu Saft machen, was der Obst- und Gemüsehändler bietet. Das Handicap von früher, nämlich dass eine solche Maschine ziemlich mühselig zu reinigen ist, gilt schon lange nicht mehr. Heute gibt es durchaus Modelle, die ruckzuck auseinandergenommen und unter fließendem Wasser wieder gesäubert sind. Und deren Einfüllschacht so groß ist, dass man das Gemüse nicht mühsam vorbereiten muss, da passen ganze Äpfel rein und die Möhre ebenso.

Von A wie Ananas bis Z wie Zucchini

Vom klassischen Möhrensaft über Mischungen jeglicher Art, süß und fruchtig bis herb und scharf, sind der Fantasie keine Grenzen gesetzt. Dabei darf man durchaus experimentieren, kann exotische und heimische Früchte mischen, Gemüse mit Obst kombinieren, frische Würzzutaten (Ingwer, Kurkuma, Galgant, Meerrettich, Knoblauch, Zwiebel, Nüsse) und Gewürze (Chili, grüner Pfeffer, Zitronenschale, Kaffirzitronenblätter) und Kräuter (von Kresse über Schnittlauch und Petersilie bis zu Basilikum, Pfefferminze oder Koriandergrün) mit in den Entsafter geben. Zum Beispiel hilft Ingwer dem erdigen Rote-Bete-Saft auf die Sprünge, die milde Banane wird mit knackigen Äpfeln und etwas Zitronensaft aufgepeppt, und auch Birnen und Äpfel verlangen Zitronensaft, damit sie hell bleiben und frisch schmecken; sie lieben aber auch Limette mit einem Spritzer hellem Balsamico. Einfach mal ausprobieren.

Was der Entsafter auch noch kann: Meerrettich fein zerkleinern, ohne, dass er einem die Tränen in die Augen treibt. Empfiehlt sich, wenn größere Mengen nötig sind: Einfach die geschälte Stange in den Einfüllschacht stecken und einschalten – wo sich sonst der Abfall sammelt, findet sich der Meerrettich, feinst zerkleinert. Oder: die Kartoffeln für rohe Klöße. Sie sind blitzschnell und ohne Aufwand fein gerieben und zugleich entsaftet – die ablaufende Flüssigkeit auffangen. Die trockenen „Rückstände" sind dann schnell zum Teig verarbeitet: mit gekochten Kartoffeln (auf zwei Drittel rohe Kartoffeln ein Drittel gekochte) vermischen, die heiß gepellt und durch die Presse hinzugedrückt sind. Von der weißen Masse, die sich im Kartoffelsaft auf dem Boden der Schüssel abgesetzt hat, die Flüssigkeit möglichst vollkommen abgießen. Dies ist die verbliebene Stärke, die ebenso wie Salz und Muskat zur Kartoffelmasse gegeben wird. Alles zu einem festen Kartoffelteig mischen, etwa tennisballgroße Knödel daraus formen, jeweils ein paar in Butter geröstete Weißbrotcroûtons in die Mitte stecken. Die Knödel in Salzwasser schwimmend langsam gar ziehen lassen.

Die Zitruspresse

Sie presst Zitrusfrüchte aus: einfach, schnell, gründlich und wirkungsvoll. Trotzdem gilt auch für sie: Sie muss jederzeit einsatzfähig sein, sonst öffnet man womöglich lieber die Dose, Flasche oder den Karton. Und mal ganz abgesehen davon, dass in den frischen Früchten mehr Vitamine, Mineral- und Ballaststoffe stecken, schmeckt der frische Saft einfach unvergleichlich besser! Eine Zitruspresse, die nichts anderes tut, als den Kegel, auf den man die halbierten Früchte mit ihrer Schnittfläche setzt und mit der hohlen Hand andrückt, so lange zu drehen, bis aller Saft herausgepresst und durch ein Sieb in einen Behälter darunter geflossen ist, ist ein simples Gerät, das man für wenig Geld kaufen kann. Natürlich muss man eine bessere Qualität der Materialien, eine solidere Verarbeitung, ein besonderes Design auch bezahlen. Übrigens kann man mithilfe dieses Kegels auch den sonst so schwer zu entsaftenden Granatäpfeln ihren Saft entlocken: Die Frucht halbieren, wie eine Orange auf den Kegel setzen und laufen lassen, bis aller Saft herausgerückt ist. Aufpassen, Granatapfelsaftflecken sind hartnäckig, verschwinden erst, wenn man sie mit Zitronensaft einreibt und der Sonne aussetzt. Na ja, die Zitruspresse ist ja ohnehin gerade in Betrieb ...

Moderne Feuerstellen

b

b

Feuerstellen

Um zu begreifen, was unsere heutigen Kochfelder leisten, werfen wir zunächst einen Blick zurück. Und wir werden staunend erkennen, dass wir heute in der Lage sind, alle Rezepte aus den verschiedenen Epochen der Menschheit zuzubereiten – modernste Technik und neue Werkstoffe ermöglichen Prozesse, die schon längst verloren schienen.

Vom offenen Feuer ...

In Urzeiten kannte man als einzige Garmethode das Braten am offenen Feuer, bereits in der Steinzeit dem Manne vorbehalten – kein Wunder, dass das Grillen auch heute noch die bevorzugte Zubereitungsart der Männer ist. Die „Chaîne des Rôtisseurs", die Gesellschaft der Grillmeister, ist die älteste existierende Vereinigung von Köchen. Wir werden auf deren Bedeutung im Kapitel „Vom Grillen" noch zu sprechen kommen.

Die Flamme hat man sich aber schon recht früh auch zum Garen in Flüssigkeit, also zum Kochen nutzbar gemacht: Über dem Feuer wurde ein Gestell errichtet, später im Kamin ein Haken darüber angebracht, sodass man einen Topf aufhängen konnte. Ton- oder Bronzetöpfe stehen für den Beginn kulinarischer Kultur – bei den meisten Völkern betreut von den Frauen.

Die Regulierung der Hitze

Da es schwierig ist, ein absolut gleichmäßig starkes Feuer zu unterhalten, kam es aus küchentechnischer Sicht darauf an, eine einfachere Methode zur genauen Regelung der Hitzezufuhr zu finden. Je nachdem, wie hoch der Topf über der Flamme hängt, wird er mehr oder weniger stark erhitzt. Also musste dieser Abstand des Topfes von der Flamme (oder der Glut) einfach zu verändern sein. Hierzu wurden im Laufe der Zeit immer raffiniertere Einrichtungen entwickelt – die simpelste Methode war und ist eine Kette, deren Glieder variabel in den Haken gehängt werden können. Praktischer dann: Diese Kette oder das Seil, an dem der Topf hängt, über ein Rad auf eine Trommel mit Kurbel und Arretierung laufen zu lassen und mit deren Hilfe ihn zu heben oder zu senken. Und noch ein weiteres Element wurde entwickelt: der Dreifuß, ein Gestell aus einem Ring mit drei Beinen. In diesen Ring setzte man den (irdenen oder metallenen) Topf und rückte ihn über etwas Glut. Es gab auch Töpfe mit integrierten Füßen, die direkt in die Glut oder heiße Asche gestellt werden konnten – die genaue Hitzedosierung war bei dieser Prozedur nicht einfach und verlangte einige Erfahrung.

Kochen wird bequem

Wir beschreiben das hier so ausführlich, um deutlich zu machen, wie einfach wir es heute haben, seit wir die Energie des Feuers mit Gas ziemlich genau regeln und, seit wir sie durch Elektrizität ersetzt haben, sogar sehr exakt dosieren können. Und zwar absolut sauber, ohne Vorratshaltung an Brennstoffen und ohne mühsam zu beseitigende Asche.

Das Kochen ist eine bequeme Beschäftigung geworden, die Technik so leicht zu beherrschen, dass alle unsere Kräfte in Richtung Kreativität gehen können. Und trotzdem wird im Großen und Ganzen weniger gekocht als je zuvor in der Geschichte der Menschheit.

… zum geschlossenen Herd

Voraussetzung zu dieser Entwicklung war die Bändigung des Feuers, die Erfindung des Herdes: Die frühesten Herde waren lediglich aufgemauerte Feuerstellen, über denen ein Rost lag. Im Laufe des Mittelalters wurde in Klöstern und Schlössern daraus ein regelrechtes Bauwerk, das die Feuerstelle umschloss, abgedeckt mit einer Platte aus Ziegeln oder Schamottsteinen, die mit Löchern versehen war, groß genug, um die Kessel darin zu versenken. Der Rauch wurde in einer darüber befindlichen Esse eingefangen, genau wie bei einem Kamin. Daraus entwickelte sich schließlich der gemauerte oder mit einem Eisenrahmen gebaute Herd, der mit Keramik- oder Porzellanplatten verkleidet, innen mit Schamottesteinen ausgeschlagen war und auch eine Rauchabführung besaß – freilich eine teure Angelegenheit, die sich nur eine kleine Oberschicht leisten konnte.

Im Zeitalter der bürgerlichen Küche wurde der Herd ein in sich geschlossenes, transportables Gerät, das mittels eines Rohrs an einem Kamin angeschlossen wurde. Das offene Feuer war endgültig gezähmt und endlich war die Küche rauchfrei, konnte erst jetzt überhaupt zum zentralen Raum für das Familienleben werden.

Der lange Weg zum Herd für jedermann

Ab 1830 entwickelte sich hierfür eine bedeutende Industrie, die dafür sorgte, dass die Geräte immer perfekter, auch preisgünstiger wurden, sodass bis zum Ende des Jahrhunderts jeder Haushalt (nur in den ärmeren ländlichen Regionen mussten die Bäuerinnen noch ein paar Jahrzehnte warten) mit einem gleichzeitig wärmenden und zum Kochen geeigneten Herd ausgestattet war. Wir können uns heute kaum vorstellen, dass die Herd- und Ofenfertigung damals in etwa die Leitfunktion erfüllte, die heute die Autoindustrie inne hat.

Auch heute noch gibt es solche Herde, meist ziemlich schmucklos und schlicht gestaltet. Für spezielle Liebhaber allerdings auch als gewaltige Herdkonstruktionen, die man sich nach Maß anfertigen lassen kann, für viel Geld. Sie arbeiten natürlich meist mit praktischem Gas oder Öl – Le Cornu und Molteni, französische Top-Firmen, bieten optisch sehr ansprechende Modelle an, die in der gehobenen Gastronomie und bei den Freaks unter den Hobbyköchen begehrt sind. Aber auch britische, amerikanische und skandinavische Hersteller fertigen schöne und praktische Herde in unterschiedlicher Stilistik.

Und schließlich gibt es noch Unternehmen, die alte Küchenherde restaurieren, um solche Schmuckstücke (häufig mit Kacheln oder aufwendigem Emaille-Dekor) in originaler Funktion oder mit modernen Gas- oder Ceranfelder-Einbauten zu retten und anzubieten – ebenfalls nicht gerade billig, aber doch beliebt, weil sie so nostalgisch-gemütlich wirken.

Neue Kochtechniken

In den kompakten, geschlossenen Herden war das Feuer natürlich viel besser und sicherer untergebracht als in den einstigen offenen Feuerstellen. Die Flamme wirkt jetzt nur noch bei speziellem Bedarf direkt auf den Topf ein – dazu nimmt man mit einem Haken einen oder mehrere Ringe aus dem Rund über dem Feuer. In das Loch setzt man den Topf, der entweder genau passen muss oder seinerseits über einen Ring verfügt, der ihn in der Öffnung hält, sodass von unten die Flammen dagegenschlagen können: So wird das scharfe Anrösten zum Beispiel eines Fleischragouts oder eines Bratenstücks ermöglicht. Zum leisen Weitergaren hebt man den Topf wieder aus der Öffnung, legt die Eisenringe und die mittlere Scheibe zurück – schon ist die Feuerstelle wieder geschlossen. Da aber die Hitze genau an dieser Stelle weiterhin sehr intensiv ist, schiebt man den Topf nach dem Angießen von Flüssigkeit ein wenig beiseite, an eine weniger heiße Stelle, auf der man den Braten nun langsam gar schmoren (oder eine Fleischbrühe sanft sieden lassen) kann.

Die Hitzeverteilung auf der Herdoberfläche ist also unterschiedlich, die Übergänge sind fließend. Die Hausfrau konnte nur durch Erfahrung lernen, wann es wo wie heiß war. Hatte sie es aber einmal raus, war ein solcher Herd schlichtweg genial – und so mancher Hobbykoch mochte sein „Piano", wie der Profiherd in Frankreich genannt wird, um nichts in der Welt missen. Denn es sind, auch wenn das Feuer eingeschlossen ist, tatsächlich noch wirklich echte Feuerstellen, auf denen man spielen kann wie auf einem Klavier!

Ein moderner Herd ist rein technisch mittlerweile in der Lage, all das, was bis vor wenigen Jahren nur ein solcher klassischer Herd leisten konnte, ganz genauso zu liefern: Von glühend heiß bis ganz mild, sogar feinste Abstufungen in der Temperaturführung.

Revolution an Herd und Tafel

Gegenüber der offenen Feuerstelle hatte sich mit dem Siegeszug des geschlossenen Herdes eine Veränderung ergeben, die damals eine Revolution bedeutete: Konnte man vorher nur einen Topf über das Feuer hängen, waren jetzt mehrere nebeneinander möglich, ja man konnte gleichzeitig braten, kochen, schmoren und dünsten, in der eingebauten Röhre sogar noch backen! Eine enorme Bandbreite an Zubereitungsmöglichkeiten eröffnete neue kulinarische Horizonte. Nicht mehr der Eintopf war die von diesen Umständen erzwungene Zubereitungsmethode – gegrilltes Fleisch konnten sich die einfachen Leute nicht oder nur selten leisten –, jetzt wurde es möglich, Speisen zu kombinieren, etwa mehrere Gemüsegerichte und Saucen zu einem Stück Siedfleisch zu servieren.

Es war erst jetzt auch eine kombinierte Speisenfolge in unserem heutigen Sinne möglich, während zuvor alle Gerichte eines Menüs einzeln hintereinander serviert wurden – in französischen Familien hielt sich dies teilweise bis in die 60er-Jahre des 20. Jahrhunderts: Erst gab es eine Suppe, dann zum Beispiel einen gedünsteten Fisch (nur mit Brot als Begleitung), dann erst folgte ein Gemüse, schließlich der Braten (ebenfalls mit Brot als Beilage), wieder erst danach Gemüse, endlich Käse und das Dessert. Freilich, an den Tafeln der Regierenden, Mächtigen und Reichen war es genau anders gewesen: Dort wurden alle Gerichte gleichzeitig serviert, denn man wollte damit prunken, über welch leistungsfähige Küche man verfügte. Die fürstliche oder königliche Tafel war nicht nur für den Genuss gedeckt, dass sich die Tische unter der Last der Gerichte bogen, sondern schlichtweg auch, um damit anzugeben!

Mit dem Zeitalter der Industrialisierung begann auch das ungezügelte Wachstum der Städte. In den Mietskasernen wären offene Feuerstellen nicht mehr möglich gewesen – sichere Herde waren Grundvoraussetzung für die immer dichter erdende Bebauung.

Wieso es Kochbücher gibt

War auf dem Land alles in einen Topf gewandert, was gerade saisonal und regional verfügbar war und durch die eigene häusliche Vorratshaltung bereitstand, gab es in den engen Mietskasernen-Wohnungen keinen Platz für Vorratshaltung. Für die neuen Großstädte musste der Lebensmittelbedarf erst herantransportiert werden – es gab hier ja nicht mehr den Garten hinter dem Haus für die Selbstversorgung. Ohne die gleichzeitige Revolution im Transportwesen, der Eisenbahn, die mit immer neuen Lebensmitteln auch aus entfernteren Regionen und Ländern die Märkte versorgte, wäre das nicht möglich gewesen. Dadurch war aber jetzt die Zubereitung der Speisen komplexer und komplizierter, aufwendiger und anspruchsvoller geworden. Mehr Wissen und Fantasie war gefragt, verschiedene Töpfe verlangten nach unterschiedlichen Garmethoden und Zusammenstellungen. Und die plötzlich vorhandene Vielfalt der Zutaten und Fülle der Zubereitungsmöglichkeiten stellte die Hausfrauen natürlich auch vor die Frage: Was kochen wir heut'? Kochanleitungen mussten her! Der Kochbuchmarkt boomte und tut es bis heute.

b1 *Von der* Herdplatte *zum* Kochfeld

Die Feuerung eines Herdes mit Holz oder Kohle war zwar ein großer Fortschritt gegenüber dem offenen Feuer, machte aber doch viel Arbeit und Dreck. Glücklich konnte sich schätzen, wer für den Unterhalt des Feuers und das Heranschaffen des Brennmaterials, das Wegschaffen der Asche, das Scheuern der Oberfläche und die Beseitigung des Staubs ein Dienstmädchen oder eine Köchin hatte. Aber die meisten Hausfrauen mussten doch selber kochen und so sannen die Erfinder auf Erleichterung.

Gasherd

Zunächst stand die Bevölkerung dem Gas sehr skeptisch gegenüber. Aber mit der Zeit lernte man, es relativ sicher zu beherrschen: In vielen Städten funktionierte die Straßenbeleuchtung mit Gas, auch Theater, Opernhäuser und andere öffentliche Gebäude wurden erfolgreich mittels Gas illuminiert, denn die Lichtintensität ließ sich einfach regeln. Man erkannte, dass Gas auch in der Küche nützlich sein würde, und auf den Industrie-Ausstellungen jener Zeit heimsten die neuesten Geräte dafür viel Lob ein. Auch Kochvorführungen waren beliebt und überzeugend. So begannen Gasherde zunächst bei den wohlhabenderen Leuten Mode zu werden. Sie funktionierten freilich nur in den Städten, die auch eine Gasversorgung anbieten konnten. Die Verlegung von Rohrleitungen war relativ kostengünstig, der Verbrauch konnte mit einem simplen Zähler gemessen werden.

Und das Kochen selbst änderte sich kaum gegenüber früher: Man setzte einen Topf oder eine Pfanne über die Flamme. Nur wurde die Energiezufuhr jetzt nicht mehr über die Entfernung zur Flamme geregelt, sondern, viel einfacher, durch die Größe der Flamme selbst. Daran hat sich bis heute nichts geändert. Die Kraft der Gasflamme steht unmittelbar zur Verfügung – dreht man sie hoch, ist die Hitze sofort da. Man kocht direkt und ohne Verzögerung. Dreht man die Flamme zurück, sinkt auch die Hitze unverzüglich. Der Umgang mit der neuen Technik machte auch technisch wenig begabten Menschen kaum Schwierigkeiten, und man gewöhnte sich schnell daran, dass ein Gasanzünder zur Hand sein musste. Inzwischen gibt es eingebaute piezoelektrische oder elektrische Funkenzündung, sodass an Bedienungskomfort nichts fehlt.

Vor- und Nachteile des Kochens mit Gas

Vorteile: Die Hitzeführung ist direkt, die gesamte Leistung steht unmittelbar zur Verfügung und kann auf der Stelle gestoppt werden. Der Topfboden braucht nicht plan zu sein, selbst eine verbeulte Pfanne ist noch zum Braten geeignet.

Nachteile: Sanftes Simmern und Vor-sich-hin-Köcheln ist schwierig, die Flamme kann nicht ganz klein gestellt werden. Man behilft sich, indem man eine Dämmscheibe unterlegt. Außerdem haben manche Menschen Angst vor Vergiftung oder einer Explosion, auch wenn die Gefahr heute minimal ist.

Die Topfwände werden erhitzt, es können sich daran Speisen ansetzen und anbrennen. Die Griffe werden sehr heiß, Plastikgriffe können schmelzen, man kann mit dem Topflappen in die Flamme geraten. Erhitzt man in der Pfanne, der Fritteuse oder dem Wok Öl sehr stark, kann die Flamme hineinschlagen.

Die Unterseite von Töpfen und Pfannen wird mit der Zeit unansehnlich, überkochendes Essen brennt ein, der Pflegeaufwand ist erheblich. Je nach Art des Gitters stehen die Töpfe nicht immer sicher.

Masseplatte

Sauberer und sicherer ist der elektrische Strom, mit dem man seit Beginn des 20. Jahrhunderts auch in der Küche experimentierte. Wirtschaftlich ist er inzwischen längst – zu Beginn der Stromerzeugung war er allerdings sehr teuer, weshalb das Sprichwort „eigener Herd ist Goldes wert" in den 20er-Jahren einen ganz anderen als den ursprünglichen ideellen Hintergrund hatte. Erst seit den 30er-Jahren setzte sich der Elektroherd langsam durch.

In seiner zunächst und bis heute weit verbreiteten Form sitzen runde, schwere, weil eiserne Elektroplatten, auch Masseplatten genannt, in der Herdmulde. Jede dieser Platten wird durch eine Spirale erhitzt, die zum Glühen gebracht wird. Die Platten wiederum wärmen den daraufgestellten Topf (oder eine Pfanne). Bis die Platte heiß wird, dauert es natürlich eine gewisse Zeit, das heißt, man kocht mit Verzögerung. Und nach dem Ausschalten der Stromzufuhr heizt die Platte nach – diese Restwärme sollte man beim Kochen berücksichtigen, wenn man keine Energie vergeuden will. Die Hitze der Platten ist mittels eines Schalters oder Knebels ziemlich genau zu regeln, bis in den untersten Bereich hinein sind feine Abstufungen möglich.

Die Umstellung vom direkten Feuer auf die Masseplatte ist in der praktischen Küchenarbeit enorm groß. Die Arbeitsabläufe müssen vollkommen verändert werden. Kocht man auf dem Holzherd oder mit Gas, muss man alles vorbereiten, bevor man loslegt, weil alles schnell geht. Beim E-Herd vergeht aber eine gewisse Zeit vom Beginn des Einschaltens bis zum wirklichen Arbeiten. Das heißt, man hat noch Zeit für alle möglichen Verrichtungen, kann auch neben dem „langsamen" Kochen mit sanfter Hitze noch Schnippelarbeiten erledigen. Andererseits erlaubt die genauere Temperatursteuerung auch zwischenzeitliche Abwesenheit, man kann die Speise auch mal auf dem „Feuer" stehen lassen, ohne Angst haben zu müssen, dass sie anbrennt.

Eine neue Art zu kochen

Die kluge Organisation der Arbeitsabläufe ohne Leerzeiten hat der heutige Hausmann oder die Hobbyköchin verinnerlicht, weil im Allgemeinen auch die Rezepte in entsprechender Weise verfasst sind. Zu Beginn der Umstellung war dies natürlich nicht der Fall, selbst die Hersteller hatten die Sache noch nicht im Griff und die Bedienungsanleitungen der Herde ließen oft zu wünschen übrig. Es erschienen daher in rascher Folge Kochbücher für das Kochen auf dem Elektroherd und bewährte Kochbuchklassiker wurden an die Bedingungen der neuen Geräte angepasst. Bei manchen Bearbeitungen lässt sich genau nachvollziehen, wie die Veränderungen eingebaut wurden.

Vor- und Nachteile von Masseplatten

Vorteile: Insgesamt ist die Ausnutzung der eingespeisten Energie besser als beim Gas, wenn man konsequent die Nachwärme nutzt. Die Wärme steigt nicht die Topfwände hoch und erhitzt auch die Griffe nicht übermäßig. Gute Töpfe halten bei sachgerechtem Umgang auf Masseplatten ewig. Ein eingebauter Thermostat kann Überhitzung vermeiden.

Nachteile: Eine Masseplatte braucht relativ lange, bis sie heiß wird. Es geht Energie für das Aufheizen der Platte verloren. Wer die Restwärme nicht ausnutzt, verschwendet Energie. Man kann einen heftigen Kochprozess nicht schnell beenden. Die Herdfläche ist nicht eben, Topf oder Pfanne können, wenn man sie beiseitezieht, kippen oder an der Nachbarplatte hängen bleiben und flüssiger Topfinhalt herausschwappen. Der Topf oder die Pfanne sollten plan sein, müssen dicht auf der Platte sitzen, sonst geht Hitze verloren. Stellt man einen wesentlich größeren Topf (eine Pfanne) auf eine kleine Platte, kann sich der Boden verziehen, Topf oder Pfanne sind für immer ruiniert und man kocht auch nicht mehr stromsparend. Die Pflege der Platten ist zwar nicht schwierig, aber lästig und zeitaufwendig, der um sie herum eingebrannte Schmutz ist mühsam zu beseitigen.

1
2
3

Das Glaskeramikkochfeld

Je mehr die Küche als Zentrum des familiären Zusammenlebens fungierte – als Teil eines großen Ess-Wohn-Bereichs, mit Essecke oder Bartresen fürs Frühstück oder die schnelle Mahlzeit zwischendurch – desto wichtiger wurde eine optisch ansprechende Gestaltung, die über das Funktionale hinausging. Bereits in den 70er-Jahren kamen die ersten Glaskeramik-Kochfelder mit einer glatten, pflegeleichten, geschlossenen Oberfläche auf den Markt. Freilich dauerte es einige Zeit, bis sie sich durchsetzten – heute sind sie Standard. Es gibt vier verschiedene Heizsysteme für Glaskeramikfelder: Strahlungsheizkörper, Halogenstrahler, Gas und Induktion.

Strahlungsheizkörper und Halogenstrahler

Die Strahlungsheizkörper (Heizwendeln, die den in Masseplatten verwendeten Heizspiralen gleichen) und Halogenstrahler entsprechen in ihrer Leistung etwa den Masseplatten – ein Anpassen oder Verändern der Kochtechnik ist, kommt man von der Masseplatte, für sie also nicht nötig. Halogenstrahler verwandeln die Energie einen Tick schneller in Hitze, vor allem glühen sie sofort hell auf, man sieht die Hitze gleichsam, was ein vom Kochenden positiv wahrgenommener Effekt ist. Außerdem wird weniger Hitze gespeichert, beim Herunterschalten kühlen sie schneller ab als die Masseplatten. Aber grundsätzlich bleibt das Kochen hiermit indirekt, ziemlich träge und der noch überlieferten elektrischen Tradition verhaftet.

Gas und Glaskeramik

Mit Gas betriebene Keramikfelder sind keine Revolution, denn gleichgültig, ob die Flamme über einer Edelstahlmulde, über oder unter einem Glaskeramikfeld brennt: Es gilt das im Abschnitt über den Gasherd Ausgeführte. Denn die typischen Vor- und Nachteile von Gas bleiben gleich, der einzige Vorteil besteht in der leichteren Pflege.

Induktion

Ganz anders bei Induktion. Beim Induktionsherd befindet sich unter der Glaskeramikfläche eine flache Spule. Schickt man nun Strom durch sie, erzeugt sie ein magnetisches Wechselfeld, welches wiederum in dem auf das Glaskeramikfeld gestellten Kochgerät, das einen magnetischen Boden (Kern) haben muss, durch Induktion Wirbelströme verursacht. Dadurch erhitzt sich das Metall des Topfes, das seinerseits die Wärme auf den Inhalt des Topfes oder der Pfanne überträgt. Da die Energie erst im Topfboden selbst in Hitze umgewandelt wird, geht der Aufheizvorgang sehr schnell, es steht wie bei Gas die Hitze sofort zur Verfügung und wenn man die Energiezufuhr drosselt, fällt die Hitze ebenso schnell ab. Andererseits ist im unteren Bereich eine sehr exakte und feinfühlige Temperaturführung möglich, sodass die Induktion küchentechnisch so etwas wie die Quadratur des Kreises bedeutet: Die Vorteile von Gas und Elektrizität wurden vereint, ohne die jeweiligen Nachteile in Kauf nehmen zu müssen!

Trotzdem hat es lange gedauert, bis sich diese Technologie durchsetzen konnte. Warum? Die Deutschen sind technischen Neuerungen gegenüber nicht besonders aufgeschlossen – wenn etwas nicht ganz klar ist, man nicht so genau weiß und gleich versteht, wie es funktioniert, bleibt man skeptisch. Und dass hier mit Strahlung ge-

Eigenschaften von Glaskeramik

Glaskeramik ist unempfindlich gegenüber normalen mechanischen Belastungen in der Küche, also ziemlich stoßfest.

Glaskeramik ist sehr hitzedurchlässig, erlaubt also, die Energie fast ohne Verlust von der darunterliegenden Heizquelle zu Topf oder Pfanne zu transportieren.

Glaskeramik leitet die Hitze hingegen schlecht, weshalb es rund um die Hitzequelle nur wenig heiß wird.

Glaskeramik ist sehr hitzestabil, dehnt sich bei Erhitzung kaum aus und verträgt schnelle und extreme Temperaturänderungen ohne Schwierigkeiten.

Glaskeramik ist empfindlich gegenüber Zucker – der so heiß wird, dass er regelrecht Löcher hineinbrennen kann.

arbeitet, ein magnetisches Feld aufgebaut wird, dabei oftmals merkwürdige und manchmal unangenehme Geräusche entstehen – das elektromagnetische Feld bringt das magnetische Material im Topfboden zum Schwingen und erzeugt dabei auch ein wenig mechanische Energie, ein Zittern oder Vibrieren, wodurch sich manchmal ein Summen oder Klappern vernehmen lässt –, macht die Sache für viele noch verdächtiger.

Untersuchungen des Bundesamtes für Strahlenschutz haben nachgewiesen, dass keines der auf dem Markt befindlichen Geräte bei ordnungsgemäßer Anwendung die Grenzwerte für elektromagnetische Strahlung überschreitet. Das Schweizer Bundesamt für Gesundheit empfiehlt einen Mindestabstand von fünf bis zehn Zentimetern. Die Hersteller weisen sicherheitshalber immer wieder darauf hin, dass Menschen mit Herzschrittmacher erst mal ihren Arzt befragen und Schwangere besonders vorsichtig sein sollen. Vorsicht kann ja nie schaden, aber wenn man alles richtig bedient (und keine kleineren Töpfe verwendet als von der Markierung der Kochzone vorgegeben), ist auch nichts zu befürchten.

Dass die Energie gezielt in Hitze umgewandelt wird, ist ein weiterer großer Vorteil von Induktion: Das Kochfeld selbst wird nur vom Topf erwärmt, in dessen Boden die Hitze entsteht. Es kann daher sogar Zucker auf der Kochzone liegen und der Topf darauf stehen, in dem etwas kocht – und nichts passiert! Das macht die Pflege natürlich einfacher und auch die Verbrennungsgefahr ist sehr viel geringer.

Induktion braucht eiserne Töpfe

Auf Induktion kann man nur kochen, wenn der Topfboden magnetisch ist, was in der Praxis bedeutet: aus Eisen ist oder einen Sandwichboden mit eingelegter Eisenplatte besitzt. Reine Edelstahl-, Aluminium- und Kupfertöpfe sind nicht induktionsfähig, manche modernen Legierungen sprechen ebenfalls nicht an. Auch Pfannen und Töpfe aus Keramik und Glas können natürlich nicht verwendet werden. Deshalb hatten viele Hersteller zunächst zwei kleinere Kochfelder zur Montage nebeneinander angeboten, eines mit herkömmlichen Heizwendeln, das andere mit Induktion. Inzwischen bieten die meisten Hersteller Kombinationen beider Heizarten in einem großen Kochfeld, sodass man seine alten Töpfe weiter verwenden kann. Die von Topfherstellern oder Kleingeräteherstellern angebotene Eisenplatte, die man bei Induktion zwischen Kochzone und den liebgewonnenen Kupfertopf legen soll, sodass der Effekt einer Masseplatte erzielt wird, ist weniger empfehlenswert – die Hitzeübertragung ist zu unvollkommen und zu langsam, es geht zu viel Energie verloren. Dann lieber neue Töpfe kaufen. Oder alte wieder hervorkramen: Die gusseisernen oder emaillierten Eisentöpfe der Großmutter kommen durch die Induktion zu neuen Ehren.

Achtung: Kratzer!

Der makellos spiegelnde Glanz der Glaskeramik ist natürlich nur so lange schön, wie er durch Kratzer nicht zerstört ist. Und die optimale Hitzeübertragung ist nur dann gewährleistet, wenn der Topf oder die Pfanne sauber und absolut plan aufsitzen – außer bei Induktion, da spielt das keine Rolle, weil das magnetische Feld ein wenig oberhalb der Plattenoberfläche am wirksamsten ist. An einen glatten Boden von Topf oder Pfanne werden daher höchste Ansprüche gestellt: scharfe Kanten oder Einritzungen mit gratigen Rändern können, auch wenn diese nur minimal groß sind, die Oberfläche des Kochfelds schnell ruinieren. Die Böden von Töpfen und Pfannen sollten nach außen abgerundet sein (bei emailliertem Eisen immer, bei Edelstahl mit Eisensandwichboden meist der Fall) und andererseits sich in der Mitte leicht nach innen wölben – bei guten Töpfen ist das eigentlich üblich. Beim Erhitzen dehnt sich das Material aus, der Boden wird dann gerade und liegt perfekt auf. In Kapitel C erfahren Sie mehr über Töpfe

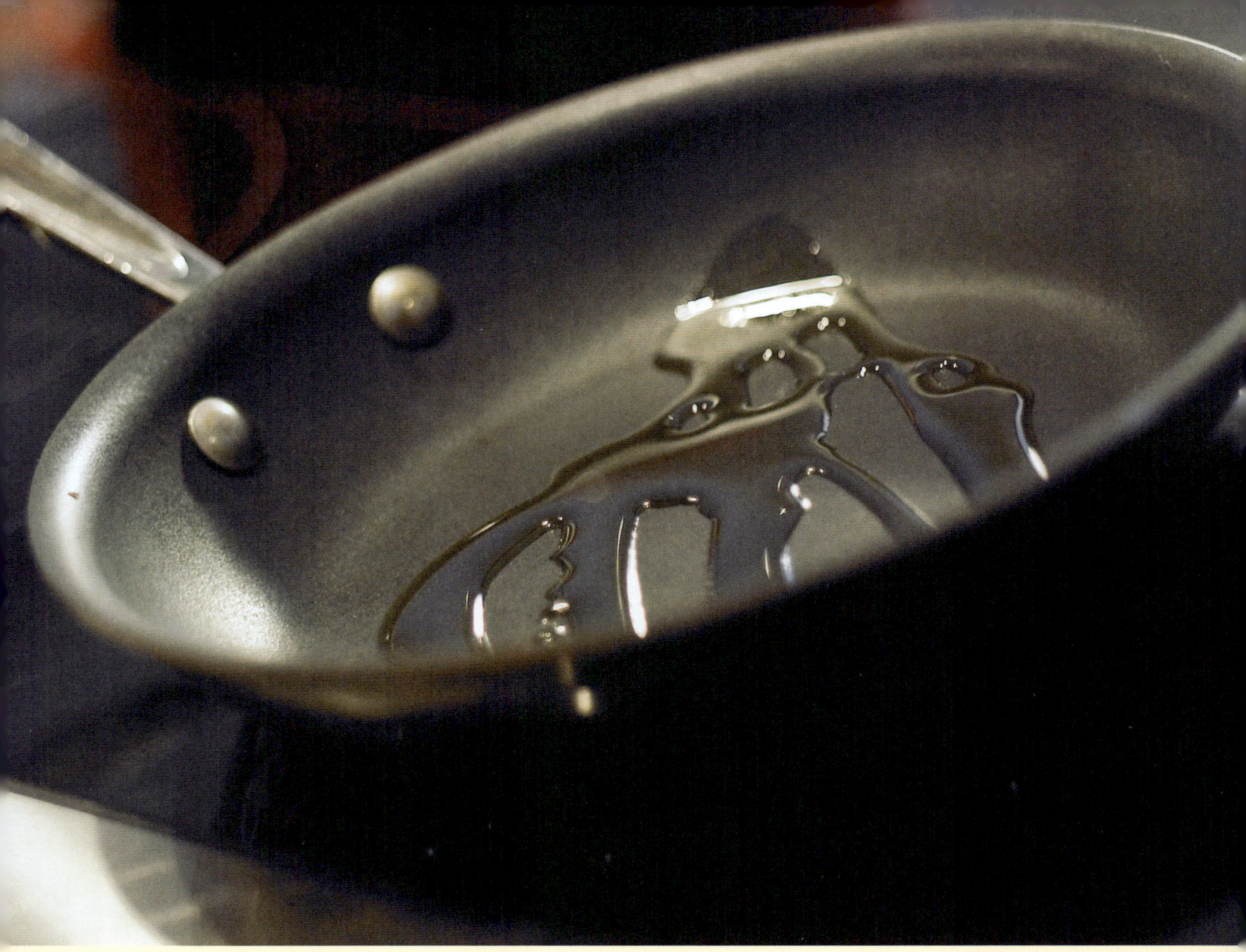

Vor- und Nachteile von Glaskeramikkochfeldern

Strahlungsheizkörper

Vorteile: Gegenüber Masseplatten etwas geringerer Energiebedarf, weil weniger Verlust entsteht – das Gargut wird schneller erhitzt. Außerdem ist die Hitzeübertragung (bei Töpfen und Pfannen mit plan aufliegendem Boden) dank der glatten und absolut planen Oberfläche besser. Es gibt weniger Pflegeaufwand, die Felder wirken optisch eleganter, sind präziser zu steuern. Und die Töpfe können nicht kippeln, die Gefahr des Überschwappens von Flüssigkeit ist geringer.

Nachteile: Das Material ist empfindlich gegenüber Zucker, der beim Schmelzen auf der heißen Oberfläche Löcher hineinbrennen kann.

Induktion

Vorteile: Die Hitze steht stets präzise zur Verfügung – von sehr stark bis ganz schwach in ausreichend feinen Abstufungen. Man kann so exakt kochen wie auf dem alten Holz- oder Kohleherd. Die Vorteile von Gas (schnelles Aufheizen, unmittelbares Absinken der Temperatur beim Ausschalten) und Elektro (feine Dosierung auch im unteren Temperaturbereich) sind zusammengeführt. Nur Topf oder Pfanne werden heiß, das Kochfeld dagegen kaum erwärmt. Dadurch weniger Abstrahlung von Hitze = angenehmere Raumtemperatur.

Nachteile: Man braucht auf das magnetische Feld reagierendes Kochgeschirr. Das lässt sich einfach mit einem normalen Magneten oder auch einem Kompass überprüfen. Träger von Herzschrittmachern sollten sich vor der Anschaffung des Induktionsfeldes nach der Störanfälligkeit ihres Implantates erkundigen. Schwangere sollten einen ausreichenden Abstand zum Kochfeld wahren.

Die Bedienung von Glaskeramikfeldern

Gegenüber den Drehschaltern beim klassischen Herd, ob Masseplatte oder Gas, hat sich eine Menge geändert: Alles funktioniert mit elektronischer Regelung. Dabei setzen die meisten Hersteller auf eine in die Platte eingelassene Tastatur, die auf Berührung reagiert (Touch Control). Diese Lösung ist sicher elegant, optisch unauffällig und hygienisch, weil sich nichts dem Putzlappen entgegenstellt.

Aber diese Bedienfelder haben auch ihre Tücken: Die ersten Lösungen sprachen nicht leicht genug an. Hatte man nur feuchte Finger oder etwas fettige Hände – und das soll beim Kochen ja vorkommen! –, ging oft gar nichts mehr. Wer dann die Geduld verlor und mit einem Lappen über die Berührungspunkte wischte, konnte das Glück haben, dass sich nun überhaupt nichts mehr einschalten ließ. Also: Bedienungsanleitung herauskramen, blättern und suchen, schließlich darauf kommen, dass man wohl versehentlich die Kindersicherung in Gang gesetzt hatte ...

Inzwischen sind die Sensoren empfindlicher geworden, lassen sich zuverlässiger bedienen und sind kaum mehr fehleranfällig. Allerdings sind bei manchen Geräten die Zuordnungen kompliziert oder unlogisch. Auch dass ein Umschalten oder eine Einschränkung der Funktion häufig von Tonsignalen kommentiert wird, kann nerven.

Zum Regulieren der Kochfelder gibt es aber auch alternative Lösungen, etwa einen Knopf, der nach Bedarf auf eine bestimmte Stelle des Feldes gesetzt wird und über Magnetkraft den darunter befindlichen Schalter bedient, wie etwa bei manchen Kochfeldern der Marken Neff und Siemens. Andere arbeiten mit neben dem Feld angebrachten Knebeln, Kipphebeln oder anderen Multifunktionsknöpfen, an die man sich mehr oder weniger schnell gewöhnt.

Sicherheit

Praktisch alle Glaskeramikfelder sind gegen Überhitzung geschützt – und das kann bei Kochfeldern mit Heizspiralen oder Halogenstrahlern ein großes Ärgernis sein: Will man zum Beispiel Fleisch scharf anbraten, braucht man eine heiße Pfanne. Wenn nun gerade in dem Augenblick, in dem das Fleisch eingelegt wird, der Thermostat meint, die Pfanne wäre zu heiß, und zurückschaltet, hat man Pech gehabt. Die Halogenlampe stellt ihre Funktion ein, vorbei ist es mit dem roten Leuchten unter der Pfanne, und Sie können nichts dagegen machen: Das Steak zieht Wasser, statt auf stärkster Hitze zu braten!

Bei Induktion kann das nicht passieren. Hier gibt es oft sogar die Booster-Funktion für eine oder mehrere Kochzonen, die zusätzlich zu der normalerweise ausreichenden Energiezufuhr für bestimmte Zeit noch mehr Energie zum schnellen Aufheizen bereitstellt. Da ist dann wirklich was los in Topf oder Pfanne!

Zuviel des Guten

Die neuen Glaskeramikfelder verfügen, gleichgültig ob sie mit Heizwendeln, Halogenstrahlern oder Induktion arbeiten, über immer mehr Funktionen: Neben der schon angesprochenen Kindersicherung gibt es meist eine multifunktionale Zeitschaltuhr mit Wecker, Überhitzungsschutz, Abschaltung bei Überlaufen von Flüssigkeit und vieles mehr. Es ist alles natürlich sehr nützlich und dient der Sicherheit, geht aber manchmal auch gewaltig auf den Wecker. Wenn etwa das Feld zu piepsen beginnt, weil ein Stückchen Kartoffelschale auf eine Ecke des Bedienfeldes gefallen ist. Hat man Glück, lässt sich die Funktion still schalten ...

Glaskeramik: Pflege

Eigentlich ist alles ganz einfach – zumindest in der Theorie. So hatte man es bei der Einführung des Glaskeramikfelds auch propagiert: Das geschlossene, glatte Feld sieht schöner und moderner, funktionaler und cooler aus – die altmodischen Masseplatten lassen kein Hightech-Gefühl aufkommen. Und das Putzen ist allemal einfacher, wenn man davon absieht, dass Zucker und zuckerhaltige Speisen Schäden auf der Oberfläche des Feldes verursachen, wenn die Glaskeramik heiß ist, also Strahlungsheizkörper oder Halogenstrahler darunter brennen.

Der Schaber Als Zubehör wird deshalb stets ein Schaber mit einer glatten, scharfen Klinge (früher waren es Halter für die klassischen Rasierklingen; seit es die nicht mehr gibt, hat jeder Hersteller sein eigenes Gerät oder Verfahren, für das man für viel mehr Geld spezielle Klingen kaufen muss – eigentlich eher ärgerlich). Kommt Zucker oder eine zuckerhaltige Speise auf die heiße Kochzone, heißt es: Schnell mit dem Schaber bei der Hand sein und die Oberfläche sofort gründlich säubern. Beim Einkochen von Konfitüre vorher einen speziellen Schutz auftragen, denn es spritzt immer leicht etwas über!

Was dem Feld gefährlich wird Wenn nicht mit Induktion gekocht wird, ist nicht nur Zucker eine Gefahr für das Feld. Auch Plastik- und Alufolie können in Sekundenbruchteilen anbrennen und müssen unverzüglich beseitigt werden. In diesen Fällen am besten sofort das Feld ausschalten und mit einem speziellen Pflegemittel reiben und polieren, damit die Spuren nicht dauerhaft eingebrannt werden. Überhaupt sollte man stets alles, was auf die heißen Kochstellen tropft oder fällt, sofort beseitigen. Und immer gleich sauber wischen – am besten mit nassem Küchenpapier, lieber nicht mit einem Tuch, weil dann glühendheißer Dampf entsteht. Achtung mit Mikrofaser-Tüchern: Sind die Kochstellen noch heiß, können diese Tücher anschmelzen und Schaden auf dem Kochfeld verursachen. All das kann bei Induktion natürlich nicht passieren.

Tägliche Pflege Nach dem Abkühlen – wenn die Funktionsleuchten, die noch vorhandene Restwärme anzeigen, erloschen sind – immer alles gründlich abwischen und entfetten, am Ende noch mit (wenig!) Pflegemittel abreiben und polieren.

Vorsicht bei Aluminium- und Kupfertöpfen Auch sie können Spuren hinterlassen, die Sie sofort beseitigen sollten, denn sie können sich unter Hitze fest mit der Glaskeramik verbinden und unschöne Spuren hinterlassen, die nicht mehr so leicht zu entfernen sind.

Problemzone Rand Die ersten Kochfelder hatten stets einen mehr oder weniger überstehenden Metallrahmen, in dessen rechtwinkliger Kehle sich Schmutz festsetzte. Die Hersteller haben sich hier inzwischen Lösungen einfallen lassen, die leichter zu putzen sind oder gar keine Probleme mehr machen – am besten ist natürlich ein plan in die Arbeitsfläche eingelassenes, randloses Feld, das mit einer Silikondichtung fugenlos abschließt. Leider ist dies natürlich die arbeitsaufwendigste und teuerste Lösung, dafür aber auch die praktischste und schönste.

Der Wokbrenner

Mit dem Wok, dem Universalgerät aus der chinesischen Küche, das bei uns in den letzten Jahren immer beliebter geworden ist, stellte sich für die westlichen Gerätehersteller ein Problem. Der Wok verlangt eine große Hitze, die nur in der Mitte der Rundung einwirken soll. Vergleichbares kannte man hier nicht. In China kocht man über der offenen Flamme – also bauten hiesige Küchengerätehersteller ebenfalls Brenner mit offener Flamme. Leider informierten sie sich offenbar nicht über das Prinzip des Pfannenrührens im Wok, und so entstanden allenthalben unbrauchbare Geräte: Damit sie die nötige Power haben, gab man dem traditionellen Brenner einfach einen größeren Durchmesser, rüstete ihn mit zwei Heizkreisen aus und setzte ein Haltegestell darüber, auf dem der Wok mit seinem halbrunden Boden sitzen soll. Diese beiden Flammenkreise erwärmen allerdings den Wok insgesamt und machen seinen richtigen Einsatz damit unmöglich: Es muss sich nämlich die stärkste Hitze in der Mitte des Topfbodens bündeln, aber die Wände hoch bis zum Rand nachlassen, damit sich die Zutaten nach dem Anbraten im Hitzezentrum, an die Wände befördert, entspannen können und nur langsam weitergaren. Dies sollte in rasend schnellem Wechsel geschehen, die Zutaten dafür unter ständigem Rühren mit der Bratschaufel in Bewegung gehalten werden. Ab Seite 293 erfahren Sie mehr über den Nutzen und die Nutzung des Woks.

Was Sie nicht brauchen

Mit keinem von den hiesigen großen Herstellern angebotenen Brennern ist das möglich. Außerdem liefern diese Brenner höchstens eine Leistung von 5 Kilowatt – viel für europäische Verhältnisse, für chinesische aber lächerlich, wo man mit 10, 20, sogar 30 Kilowatt am Wok arbeitet. Der typische Hitzegeschmack, der durch das Karamellisieren des in den Lebensmitteln enthaltenen Zuckers entsteht, kann nur in dieser extrem hohen und zugleich schnell zur Verfügung stehenden Hitze erzeugt werden. Die in Europa für die Induktion erfundenen Wokbrenner mit ihren halbkugeligen Mulden, in denen die Wokpfanne sitzt, sind keineswegs besser: Auch hier wird der Wok bis zum Rand hinauf erhitzt, hat alles die gleiche Temperatur, und der Rand bietet keine Ruhezone.

Die Lösung für Induktion ...

Aber ein Induktions-Wokbrenner ist ohnehin völlig überflüssig, denn man kann mit dem klassischen Wok aus dünnem Eisenblech, wie man ihn im Asienladen für wenig Geld kaufen kann, bestens arbeiten. Es muss nicht mal das für Elektroherde abgeflachten Modell sein, die halbrunde Version tut's auch: Es genügt die eurostückgroße Auflagefläche, selbst ein verbeultes Ding funktioniert: Das Induktionsfeld erhitzt exakt den richtigen Teil des Woks, nämlich das Zentrum des Bodens so stark, dass Hitzegeschmack entsteht, die Wände jedoch liegen außerhalb des Magnetfelds und bekommen keine Energie mehr ab, auch die Griffe bleiben kalt – ein starkes Induktionskochfeld ist ideal für den Wok! Es wird dabei allerdings etwas mehr Magnetstrahlung frei, weil ja nur ein kleiner Teil der Kochzone abgedeckt wird. Aber wenn man sich in normaler Entfernung zur Kochstelle aufhält, bleibt die Strahlung ungefährlich.

... und für Gas

Auch für den Gasbetrieb gibt es inzwischen hervorragende Brenner, die allerdings raumgreifend und nicht billig sind. Sie funktionieren nach einem anderen Prinzip: Der Wokboden wird durch punktgenau ausgerichtete, über Kreuz angeordnete Bunsenbrenner erhitzt. Dabei sitzt der Wok auf einem ihn geschlossen umgebenden Ring, und die entstehende Heißluft wird durch eine nach innen gestaffelte Reihe von gelochten Ringen abgeleitet. Das hat denselben Effekt wie bei den chinesischen Wokbrennern, die in einem gemauerten Kamin infernalisch fauchen, wobei der Wok selbst auf Schamottesteinen sitzt, die seine Wände vor der aufsteigenden Hitze schützen. Ein solcher beweglicher, für Außen- und Innenräume zugelassener Brenner verfügt über eine Leistung von 11 Kilowatt und bringt einen Liter Wasser in anderthalb Minuten zum Kochen. Damit lässt sich der echte, für die chinesische Küche so wichtige Hitzegeschmack erzielen.

Vermutlich werden Sie jetzt verstehen, dass von elektrischen Tischwoks, mit Spiritus oder Petroleum betriebenen Wokbrenner-Sets abzuraten ist. Damit kaufen Sie keinen Wok, sondern verzichtbaren Firlefanz.

OK

b2 *Der* Backofen

Mit Steinen, die vom Lagerfeuer erhitzt worden waren, hatte es mal angefangen: Teigfladen, die eine Weile darauf lagen, schmeckten viel besser als der rohe Brei. Es ist schon ein paar Tausend Jahre her, dass man auf diese Weise die ersten Fladenbrote buk. Und bis zum Backofen, wie wir ihn heute aus unseren Küchen kaum mehr wegdenken können, war es noch ein weiter Weg.

Von den Anfängen bis heute

Schon früh aber kam man drauf, dass gemauerte Ofenräume noch besser geeignet sind, eine gleichmäßige Hitze zu halten. So wurde vor 4000 Jahren schon das Prinzip des Holzbackofens entwickelt, wie wir ihn auch heute noch benutzen – römischer Backofen genannt, obwohl ihn schon die Griechen kannten: Im Ofenraum, der mit hitzespeichernden Steinen ausgelegt ist, wird ein Feuer entfacht; wenn es heruntergebrannt ist, wird die Fläche von Glut und Asche gesäubert, um dort das Brot zu backen und auch das Fleisch zu braten. Das sparte im Gegensatz zum offenen Feuer erhebliche Mengen an immer knappem Brennstoff.

Überall auf dem Land hatte man bis vor gar nicht langer Zeit solche Öfen in gemeinschaftlich oder vom eigenen Hof betriebenen, wegen der Feuergefahr etwas abseits stehenden Backhäuschen. Dort buken die Dorfbewohner ihr Brot, schmorten auch mal den Sonntagsbraten oder einen Auflauf – in letzter Zeit wurden diese Öfen in Gemeinden wieder restauriert und zu neuem Leben erweckt.

Der Backofen wird heimisch

Erst mit dem 19. Jahrhundert hielten Backöfen auch in Wohnungen Einzug. Mit Holz und Kohle befeuert, dienten sie meist auch als Heizung. In den Arbeiter- und Kleinbürgerwohnungen war die Küche mit dem Ofen oft der einzige warme Raum. In den feudalen Häusern und Etagen der Reichen wohnten die Angestellten im Küchentrakt, nahe oder über der in diesem Bereich einzigen Wärmequelle, dem Herd oder der Kochmaschine. So nannte man zunächst das fest eingebaute Ungetüm, später den transportablen, allerdings zentnerschweren Herd. Er war mit einem Ofenrohr am Kamin angeschlossen, darauf wurde gekocht und in der Röhre gebacken und gebraten. Und er verfügte über eine höchst praktische Einrichtung, das Wasserschiff, in dem stets heißes Wasser dampfte.

Abschied von Kohle und Holz

Es war Knochenarbeit, Holz und Kohle herbeizuschleppen und die Asche wieder abzutransportieren. All das wurde erst einfacher, als Ende des 19. Jahrhunderts die Häuser mit Gas versorgt wurden und später zunehmend auch mit Strom. Ende 1930 waren in Deutschland bereits 16 000 Elektroherde in Betrieb. So richtig los mit der modernen Küchenausstattung ging es aber erst nach dem Krieg. Mit dem Wirtschaftswunder zog der Fortschritt in die meisten Haushalte ein.

Hightech in der Küche

Ein voll ausgestatteter Backofen ist heute keine simple Röhre mehr mit einem Temperaturschalter, einem Wählknebel für die Hitzeführung und einer Uhr, sondern ein höchst komplexes Hightech-Gerät. Die teureren Einbaugeräte verfügen über multiple Funktionen, elektronisch gesteuerte Programme, die auch kompliziertere Arbeitsgänge automatisch und ohne Aufsicht erledigen – man kann mit ihnen viel Zeit sparen oder sich anderen Dingen widmen und auch etwa zu einem bestimmten Zeitpunkt etwas fertig garen lassen. Dabei laufen optimierte Programme ab, in die man gar nicht mehr steuernd eingreifen kann – so wechseln sich etwa Wasserdampf mit trockener Wüstenluft ab, wird die Temperatur während eines Bratvorgangs mehrmals hoch- und wieder runtergefahren, Heißluft zu- oder abgeschaltet, die Unterhitze verstärkt oder von oben der Grill zugeschaltet: Geling-Garantie wird zumindest laut Eigenwerbung der Hersteller mitgeliefert.

Tipps für den Kauf: Was soll der Backofen können?

Natürlich kommt es auf die persönlichen Koch- und Essgewohnheiten an, was man von einem Backofen verlangt. Wird mehr Kuchen gebacken oder mehr Fleisch gegrillt? Will man auch dampf-, klima- oder mikrowellengaren? Und wie ist das mit dem Pizzastein? Ein Spitzenbackofen wird eigentlich alles können – da braucht man sich wenig Gedanken zu machen und man kann sich auf das Design konzentrieren.

Gas oder Elektro? Die ganz entscheidende Frage: Will man mit Gas oder elektrisch backen – sicher eine Frage der Gewohnheit. Im Allgemeinen gibt man aber heute der Elektrizität den Vorzug, weil die Arbeitsweisen vielfältiger und exakter zu steuern sind.

Wie viele Zusatzfunktionen? Wer wenig Platz hat, wird sich wünschen, alles in einem Gerät machen zu können: Heißluftbacken, Dampfgaren, Grillen und zusätzlich noch Mikrowelle zum schnelleren Auftauen und gleichzeitigen Bräunen – das gibt es heute. Wer mehr Platz hat, wird die Geräte eher getrennt haben wollen, weil sie dann gleichzeitig einsatzbereit sind. Praktisch ist auf jeden Fall die Kombination Heißluft und Dampfgaren: Das sollte für eine zeitgemäße, kalorienarme und eine gesunde Küche Standard sein. Und eine Mikrowelle ist bestimmt weniger wichtig, wenn auch durchaus wünschenswert.

Heizarten Bei den meisten Zubereitungen im klassischen Backofen kommt man am besten mit Heißluft (nicht Umluft!) zurecht – diese Heizungsart bringt die präzisesten und gleichmäßigsten Back- und Bratergebnisse und braucht auch am wenigsten Energie. Wer viel Kuchen bäckt, sollte darauf achten, dass Ober- und Unterhitze getrennt zuschaltbar sind sind. Wer öfter Fleisch brät, ist mit einem hinzuschaltbaren Grill besser bedient. Für Geflügel und kompakte Fleischstück ist sogar ein Drehspieß ratsam.

Wie öffnet sich die Tür? Türanschlag unten ist besser als seitlich, weil man zum Nachziehen des Braten die Tür einen Spalt öffnen kann, ohne dass die Hitze gleich vollkommen herausfällt.

Hightech oder Drehknopf? Bei der neuesten Generation von Backöfen erfolgt die Eingabe menügesteuert über ein Display – das ist manchmal kompliziert, in jedem Fall aber gewöhnungsbedürftig. Ob man die vielerlei Programme mit vollautomatischer Hitzeführung, Dampfeinschuss und Trockenphasen braucht, muss jeder selbst entscheiden. Es gibt aber weiterhin Modelle, die ganz klassisch über Drehknöpfe eingestellt werden.

Braucht man Teleskopauszüge? Backwagen und Teleskopauszüge nehmen immer Platz im Backraum weg und stören beim Säubern – deswegen sollten sie mit einem Handgriff entfernt werden können. Wer unsicher ist oder nicht über die Kraft verfügt, einen großen Braten sicher herauszuheben, sollte auf jeden Fall eines dieser Hilfsmittel einplanen und sich genau erklären lassen. Die Führung muss auch so solide sein, dass sie eine Weihnachtsgans sicher trägt – und der Backraum trotzdem so groß, dass er sie aufnehmen kann.

Was hilft bei der Reinigung? Um das Säubern zu erleichtern, sind viele Backöfen an ihren Innenwänden beschichtet. Dabei unterscheidet man Emaillebeschichtung (sehr glatt, nur mit Backofenspray besprühen, einwirken lassen und auswischen, nicht scheuern!) und Katalyse-Beschichtung (Emaille mit speziellen Einschlüssen, die bei normaler Backtemperatur die Speisespritzer zu unschädlichem Kohlendioxid und Wasser verwandeln – diese niemals mit Putzmitteln bearbeiten, die Funktion geht sonst verloren). Außerdem gibt es sich selbst reinigende Backöfen, die für längere Zeit extrem erhitzt werden (500 Grad), wodurch die Lebensmittelreste zu Asche verbrannt und ausgewischt werden können – dieses Pyrolyse-Verfahren soll jegliche Putzarbeit überflüssig machen, verbraucht aber dazu sehr viel Energie und arbeitet zum Beispiel an den Türen nur mangelhaft, weil diese nicht heiß genug werden – da muss man dann händisch nacharbeiten. Deshalb ein bedingt praktisches, aus ökologischer Sicht eher weniger empfehlenswertes Verfahren.

Gibt es weitere sinnvolle Ausstattungsmerkmale? Wer berufstätig ist, wird eine Zeitschaltuhr schätzen, die den Herd zum gewünschten Zeitpunkt ein- oder ausschaltet oder die Temperatur verändert. Ein Wecker, der das Ende der eingestellten Garzeit auch akustisch mitteilt, ist auf jeden Fall von Vorteil. Ein beheizbarer Pizzastein (siehe Seite 202) ist eine wunderbare Sache, aber ziemlich teuer. Man kann sich mit einem Schamottestein behelfen, den man auf den Rost auf den Boden des Ofens legt und eine Stunde vorheizt.

Das Wichtigste: optimale Temperaturführung Wie heiß der Backofen außen wird und ob die Glasscheibe gut isoliert ist, ob der Thermostat genau funktioniert und die Temperatur exakt führt, und ob die Temperaturverteilung im Backraum optimal ist, all das kann man als Kunde nicht überprüfen – da helfen Ihnen die Untersuchungen der Stiftung Warentest.

Wo soll der Backofen eingebaut werden?

Man kauft sich nicht alle Jahre einen neuen Herd. Wenn man vor dieser Anschaffung steht, ist man hilflos angesichts der immensen Auswahl und den beiden entscheidenden Fragen:

Was soll ein Backofen können, worauf kommt es an? Und wo soll er stehen?

Heute bilden Backofen und Kochplatten als Standmodell keine unauflösliche Einheit mehr – die beiden Funktionen sind – wenn man das will – inzwischen vollkommen getrennt und lassen sich unabhängig voneinander einbauen. Das ist praktisch, weil man nicht mehr vor dem heißen Backofen stehen muss, wenn man am Herd kocht. Und weil man den Backofen nicht ganz unten einbauen muss, sondern auch in einer Schrankwand in Griffhöhe setzen kann.

Die richtige Höhe

Man muss sich allerdings überlegen, was man will – die Vorstellung, man wird ohne sich bücken zu müssen das Brutzeln des Bratens betrachten können, mag verführerisch sein. In der Praxis ist aber ein in Augenhöhe angebrachter Backofen untauglich: Man muss die Arme mächtig heben, wenn man sich nicht an der Klapptür verbrennen will und das Herausheben eines schweren Bräters wird zu einer waghalsigen Unternehmung. Da hilft dann auch kein Teleskopauszug, der obendrein den Backraum verkleinert und das Putzen erschwert – auch das Saubermachen ist übrigens bei einer zu hoch eingebauten Backröhre ein Problem. Eine Position etwas über Knie- bis Hüfthöhe ist der vernünftigste Kompromiss.

Ausnahme: Ein Backofen mit Aufzug, der auf Augenhöhe angebracht ist, dessen Boden aber mit dem Kuchenblech oder Bräter auf die Höhe der Arbeitsfläche abgesenkt werden kann, ist teuer, aber durchaus praktisch. Dann kann man tatsächlich von allen Seiten zugreifen oder etwas hineingießen, ohne Angst haben zu müssen, sich zu verbrennen. Ein Nachteil ist allerdings der eher kleine Backraum und die Tatsache, dass die Arbeitsfläche unter dem Ofen freigehalten werden muss. Man braucht also viel Platz für ein relativ kleines Gerät.

Anschlüsse

Andererseits gibt es inzwischen von mehreren Herstellern den 90 Zentimeter breiten Ofen, der natürlich für einen großen Braten oder mehrere Bleche mit Partykuchen bestens geeignet ist und über alle Funktionen verfügt, die man sich vorstellen kann. Wenn er für den eingebauten Dampfgarer eine feste Wasserzuleitung braucht, wird man ihn in der Nähe der Spüle unterbringen, möglichst direkt unter der Arbeitsfläche. Oder noch etwas höher in der Schrankwand – Richtwert: Kuchenblech mit nach unten ausgestreckten Armen waagrecht halten – das wäre die optimale oberste Einschubhöhe.

Die Platzfrage

Und dann ist es schließlich entscheidend, wie viel Platz in der Küche ist. Man muss sich fragen, ob man eine Reihe von Spezialgeräten aufstellen kann oder ob möglichst viele unterschiedliche Funktionen in einem einzigen Gerät unterbracht werden müssen. So ein Alleskönner mag im einen oder anderen Fall zwingend notwendig sein – für einen größeren oder intensiv geführten Haushalt gibt es aber auch wenigstens ein triftiges Gegenargument: Solange der Backofen mit einer seiner vielen Fertigkeiten gerade genutzt wird, steht er für andere Zwecke nicht zur Verfügung. Wer beispielsweise die Mikrowelle gern zum Zurüsten von Zutaten nutzt – Zwiebeln für den Hackfleischteig dünsten, Milch für den Hefeteig erwärmen, die Schokolade für das Dessert schmelzen –, kann all dies nicht tun, wenn im Ofen gerade der Kuchen bäckt oder der Braten schmort.

Heizarten

Ober- oder Unterhitze

Es ist die klassische Art, den Backofen zu erwärmen: Oberhalb und unterhalb des Ofenraums verlaufen die Heizschlangen, die mit ihrer Strahlungshitze dafür sorgen, dass die stärkste Hitze ganz oben im Ofenraum oder in Bodennähe herrscht. Und durch die Wahl der Einschubhöhe lässt sich gezielt eher mehr Unter- oder größere Oberhitze nutzen. Die Luft wird nur schwach im Ofenraum bewegt, Fachleute sprechen von „natürlicher Konvektion", die ausschließlich dadurch entsteht, dass die heißere Luft nach oben steigt. Bei manchen Modellen lassen sich Ober- und Unterhitze getrennt voneinander an- und abschalten oder regulieren. Verstärkte Unterhitze ist beispielsweise bei saftigen Obstkuchen empfehlenswert, deren Boden möglichst knusprig werden soll, kräftigere Oberhitze braucht man, falls man einen Auflauf überbacken will.

Umluft oder Heißluft

Moderne Backöfen bieten eins von beidem in jedem Fall. Um es gleich zu sagen: Es ist nicht dasselbe.

Bei Umluft wälzt ein Gebläse die (meist durch Ober- und Unterhitze erzeugte) Wärme im Ofenraum um. Umluft sorgt für Wirbel im Ofenraum – der der Fachmann spricht von „erzwungener Konvektion". Dieser Windstrom trocknet Empfindliches aus; Baisers fallen im Lufthauch leicht zusammen.

Bei Heißluft wird durch einen an der Rückwand befindlichen Heizkörper erhitzte Luft in den Ofen hineingeblasen und gleichzeitig umhergewirbelt. Deshalb ist der Ofenraum schneller heiß, es erübrigt sich das Vorheizen und die Temperatur ist auf allen Ebenen gleich; man kann also perfekt auf mehreren Blechen übereinander arbeiten. Die stets gleichmäßig erhitzte Luft wirkt direkter und liefert gleichmäßigere Ergebnisse als die lediglich umgewälzte Luft im Umluftherd.

Bei manchen, meist teureren Herden lässt sich das Umwälzgebläse zu den verschiedenen traditionellen Garmethoden hinzuschalten, also etwa Heißluft mit Unterhitze kombinieren (was ja zweierlei Heizquellen voraussetzt). Andere bieten beide Stufen gesondert an, sodass sie sich nicht kombinieren lassen. Und wieder andere wechseln die Hitzeführung nach Programmen, schalten bestimmte Abläufe automatisch. In jedem Fall bewirkt eine bessere und schnelle Wärmeverteilung Energieersparnis: Man kommt mit Umluft oder Heißluft in etwa mit 20 bis 30 Grad weniger Temperatur aus als mit reiner Ober- und Unterhitze. Das ist auch der Schlüssel, mit dem man unvollständige oder frühere Rezeptangaben – die immer auf Ober-/Unterhitze beruhten – für die moderneren Öfen umrechnen kann.

Der perfekte Braten

In der ständig im Backofenraum in Bewegung gehaltenen heißen Luft gelingen Braten besonders gut, Geflügel bekommt eine rösche Haut, die Schwarte vom Schweinebraten wird schön knusprig. Wichtig ist dabei, dass man zu Beginn die Hitze so hoch wie möglich einstellt – und zwar so lange, bis der Braten brutzelt. Erst dann wird das Wurzelgemüse für die Sauce in der Bratenpfanne verteilt, die Hitze jetzt reduziert, damit es nicht verbrennt. Wein wird erst angegossen, wenn das Gemüse bereits weich ist – seine Säure würde das Garwerden des Wurzelwerks verhindern, es bleibt hart und man kann es dann nicht zum Binden der Sauce verwenden. Für die restliche Garzeit genügt eine Temperatur von etwa 120 bis 140 Grad. Simple Faustregel: Je niedriger die Temperatur, desto saftiger der Braten – und umso mehr Zeit muss man ihm natürlich im Ofen gönnen.

b2 *Knusprige* Ente mit Rotkohl

Die Ente sollte mit Körnern und nicht mit Kraftfutter gemästet sein, eine schöne deutsche Bauernente – frisch oder tiefgekühlt.

Für drei bis vier Personen
1 Ente (ca. 2 kg)
1 Möhre
1 Lauchstange
1 Stück Sellerieknolle
1–2 Selleriestangen
1 Zwiebel
1 Apfel
Salz, Pfeffer
1 gehäufter TL getrockneter Majoran
500 ml Weißwein
ca. 500 ml Brühe

Rotkohl:
1 mittelgroßer Rotkohlkopf
2–3 EL Entenflomen
1 EL fein gewürfelter Ingwer
1 EL fein gewürfeltes Zitronengras
1–2 Chilischoten (nach Schärfe)
1 gehäufter EL Zucker
3 EL Essig
1 TL Wacholderbeeren
1 TL Piment
250 ml Brühe

Getränk:
Kräftiger Rotwein – zum Beispiel ein Lemberger aus Württemberg oder Blaufränkisch aus dem Burgenland – es handelt sich um dieselbe Rebsorte.

Die Ente innen und außen mit Küchenkrepp sauber wischen. Das Flomen genannte Fett aus der Bauchhöhle lösen und für das Kraut sehr fein würfeln. Das Wurzelgemüse, auch die Selleriestangen, die Zwiebel und den Apfel putzen, schälen – alles in kleine Würfel schneiden. In einer Schüssel mit Salz, Pfeffer und Majoran gründlich vermischen. Ein Drittel davon locker in den Entenbauch füllen. Die Öffnung mit Zahnstochern zustecken oder mit Küchenzwirn zunähen.

Die Ente auch außen mit Salz und Pfeffer einreiben. Mit der Brust nach oben in einem Bräter in den auf stärkster Stufe vorgeheizten Ofen schieben (250 bis 280 Grad). Nach zehn Minuten beginnt die Ente zu brutzeln und ihr Fett von sich zu geben.

Das restliche gewürfelte Wurzelwerk im Bräter verteilen und anrösten. Die Ente jetzt auf einem Rost über den Bräter setzen, die Ofenhitze auf 160 Grad herunterschalten, die Tür einen Moment geöffnet halten, damit die stärkste Hitze entweicht. Das Gemüse in etwa 20 Minuten weich dünsten. Erst dann den Wein angießen und auf 120 Grad herunterschalten. Die Ente eine weitere knappe Stunde braten, dabei ab und zu mit Bratenjus beschöpfen. An dieser Stelle mit der Vorbereitung des Rotkrauts beginnen (siehe weiter unten).

Am Ende des Bratvorgangs für die Sauce das Gemüse aus der Bratenpfanne mitsamt dem Jus in eine Kasserolle umgießen – wer einen klaren Bratenjus haben will, gießt alles durch ein Sieb, wer viel kräftige Sauce möchte, gibt alles oder wenigstens einen Teil des Schmorgemüses hinzu. Das wird dann mit dem Mixstab püriert und so lange glatt gemixt, bis die Sauce die gewünschte Konsistenz hat. Auch den klaren Bratenjus kann man mit einem Mixstab aufmixen, bis das Entenfett damit emulgiert, das ergibt eine dünnere, dennoch cremige Sauce. Nochmals abschmecken und in einer Sauciere zur Ente servieren.

Für das Rotkraut den Kohlkopf halbieren oder vierteln, dicke Strünke herausschneiden. Den Kohl auf einem Gurkenhobel oder mit dem Schnitzelwerk der Küchenmaschine in feine Streifen hobeln (siehe Seite 107).

In einem breiten Topf den fein gehackten Entenflomen auslassen, Ingwer, Zitronengras und Chili andünsten, den Zucker darüberstreuen und auf kräftigem Feuer karamellisieren. Mit Essig ablöschen, die mit dem Fleischklopfer zerdrückten Gewürzkörner zufügen. Das Kraut damit sorgsam mischen. Mit Salz und Pfeffer würzen, Brühe angießen, aufkochen und zugedeckt auf milder Hitze sanft etwa eine halbe Stunde schmurgeln.

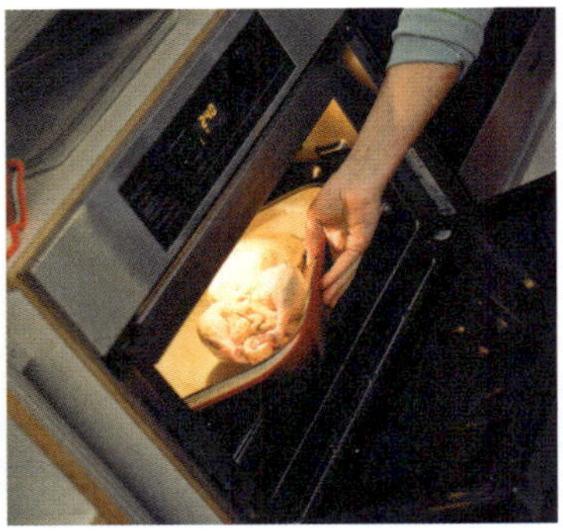

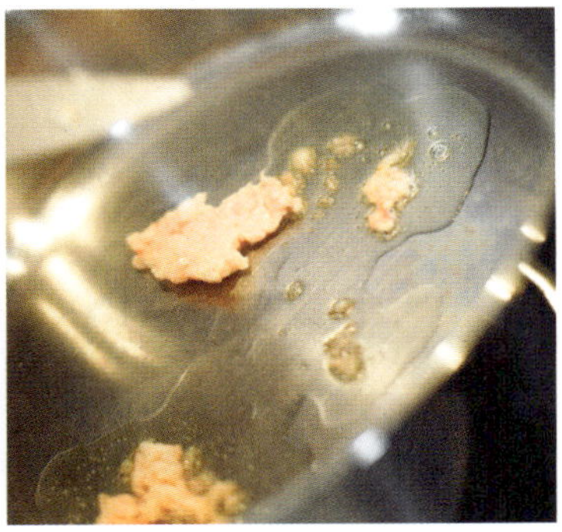

b2 Schweinshaxe *aus dem Rohr mit ligurischer* Olivencreme

Die klassische Zubereitung: im Backofen, bei Unter- und Oberhitze, besser noch bei Um- oder Heißluft. Die Schwarte der Haxe soll knusprig werden (also möglichst viel Fett und Flüssigkeit herausbraten), das Fleisch um den Knochen hingegen muss saftig bleiben – dann ist eine Schweinshaxe ein großartiger Genuss! Man kann sie allerdings auch grillen oder, noch besser, im Kombidämpfer zubereiten. Der Kümmel, auf den inzwischen leider oft verzichtet wird, weil ihn angeblich viele Leute nicht mögen, sollte unbedingt beibehalten werden: Er macht den Braten nicht nur würziger, sondern auch sehr viel verträglicher!

Für sechs Personen
1 Schweinshaxe (ca. 1,5–1,8 kg)
1 Knoblauchzehe
2 TL Kümmel
Salz, Pfeffer
2 Zwiebeln
Wurzelwerk
500 ml Wasser
ca. 250 ml Bier zum Angießen und Bestreichen

Olivencreme:
3–4 junge Knoblauchzehen
1 EL scharfer Senf
2 EL Tapenade (Olivencreme)
2 EL Kapern
3–4 Anchovisfilets
Salz, Pfeffer
4 EL ligurisches Olivenöl
2–3 EL Zitronensaft
etwas Zitronenschale
½–1 frische rote Chilischote

Die Schwarte mit einem sehr scharfen Messer kreuzweise diagonal einschneiden (oberbayerische Art), damit der Braten schließlich aussieht, als sei er von einem bayerischen Rautenmuster überzogen, oder die Schnitte rechtwinklig setzen (fränkische Art). *Achtung:* Wenn es ein ausgewachsenes Schwein war, von dem die Haxe stammt, empfiehlt es sich, die Schwarte nach dem nächsten Schritt (also dem Vorkochen) einzuschneiden – sie ist unter Umständen einfach viel zu fest.

Das Fleisch rundum mit zerdrücktem Knoblauch, Kümmel, Salz und Pfeffer kräftig einreiben. Mit der Schwarte nach unten in einen Bräter setzen, die ganz grob gehackten Zwiebeln und das zerkleinerte Wurzelwerk danebenstreuen und das Wasser angießen. Die Haxe in den 220 Grad heißen Ofen schieben und 20 Minuten sozusagen vorkochen.

Nach dieser Ankochphase das Fleisch umdrehen, die Hitze auf 180 Grad reduzieren. Jetzt weitere 90 bis 100 Minuten braten, bis der Braten gar ist. Dabei immer wieder mit Bier und Bratensaft beschöpfen. Gegen Ende die Hitze ruhig noch einmal auf 250 Grad hochdrehen, damit die Kruste schön knusprig wird. Zum Schluss die Oberfläche mit Bier einstreichen und den Braten noch einmal für einige Minuten ins heiße Rohr oder sogar unter den Grill stellen.

Für die Olivencreme: Alle Zutaten im Mixbecher mit dem Pürierstab zu einer glatten, cremigen, geradezu mayonnaisenartigen Sauce pürieren. Sollte sie zu dick sein, einen Schuss Brühe angießen und mitmixen. Kräftig abschmecken.

Getränk: Bier oder ein erfrischender Rotwein, etwa eine Rossese di Dolceaqua aus Ligurien, ein Bardolino oder leichter Valpolicella, Marzemino (Trentino) oder St. Magdalener (Südtirol).

b2 Apfelkuchen *mit Eierguß*

Auf einem knusprigen Mürbteigboden saftige Äpfel und darüber ein cremiger Guss – ein Zungenschmeichler!

Für eine Form von ∅ 26 cm
½ Rezept süßer Mürbteig (Seite 101)
Butter für die Form
1 kg säuerliche Äpfel
200 g Sahne
3 Eier
75–100 g Zucker (nach Geschmack)
1 Tütchen Vanillezucker
abgeriebene Zitronenschale

Außerdem:
Puderzucker zum Bestäuben

Tipp:
Schauen Sie mal in Frankreich oder Italien aufmerksam in die Schaufenster von Patisserien und Konditoreien – Sie werden feststellen, dass die Oberflächen der Kuchen viel dunkler sind als bei uns, dass meist die Ränder fast angebrannt wirken. Man ist eben mutiger beim Karamellisieren der gezuckerten Oberfläche, fördert damit einen kräftigen Geschmack. Helle Oberflächen hingegen signalisieren immer ein wenig lahme Langeweile. Um die zu vermeiden, kann man gerne zum Schluss der Backzeit noch den Grill zuschalten, falls der Backofen darüber verfügt.

Den Teig wie auf Seite 101 beschrieben zubereiten und kalt stellen. Dann dünn ausrollen und eine eingefettete Springform damit auslegen. Den Rand schön hochziehen und glatt abschneiden, damit er eine schöne Kante bekommt.

Die Äpfel schälen, vierteln, vom Kerngehäuse befreien, längs in halbfingerdicke Scheiben schneiden. Auf dem Teigboden möglichst akkurat von außen nach innen dachziegelartig anordnen.

In den auf 180 Grad Heißluft (200 Grad Ober- und Unterhitze) vorgeheizten Backofen schieben; wenn möglich sogar Unterhitze wählen oder die Form so weit wie möglich unten einschieben. Etwa 30 Minuten vorbacken.

Inzwischen Sahne, Eier, Zucker, Vanillezucker und Zitronenschale glatt quirlen. Auf den vorgebackenen Boden gießen. Weitere 15 bis 20 Minuten backen, bis die Eiersahne gestockt und ist. Die Apfelkanten sollten jetzt appetitlich bräunen, dürfen sogar richtig dunkel karamellisierte Stellen zeigen.

Den Kuchen vor dem Servieren mit Puderzucker bestäuben. Er schmeckt am allerbesten gerade eben noch lauwarm zum Kaffee. Ruhig mit einem Schlag Sahne ...

b2 Steinbutt *aus dem Rohr*

Am besten schmeckt Steinbutt an der Gräte gebraten! Denn die Gräten geben dem zarten Fleisch mit ihren gelatinösen Stoffen Saft und geschmackliche Kraft. Der Fisch wird auf beiden Seiten mit einem scharfen Messer schräg eingeschnitten, sodass die Schnitte durch das Fleisch bis auf die Mittelgräte reichen – jetzt kann die Hitze gleichmäßig eindringen. Auch die Gewürze wirken dann natürlich intensiver, aber wir nehmen nicht viel: nur Salz, Pfeffer und allerbestes Olivenöl. Dazu frisch abgeriebene Zitronenschale und Petersilie.

Für sechs Personen
1 ganzer Steinbutt von 1,8–2 kg
Salz, Pfeffer
5 EL Olivenöl
1 unbehandelte Zitrone
glatte Petersilie
1 Prise Zucker

Wein:
Ein weißer Burgunder oder ein kräftiger Chardonnay, Weiß- oder Grauburgunder aus Deutschland, der ruhig einen (teilweisen) Ausbau im Holzfass erfahren haben darf.

Den Steinbutt waschen, auch innen. Gut abtrocknen. Mit einem scharfen Messer auf beiden Seiten oberhalb und unterhalb der Mittellinie das Fleisch einschneiden, die Schnitt so weit auseinander setzen, dass jeweils eine Portion abgeteilt wird. Dann lässt sich der Fisch später auch besser vorlegen. In die Schnittstellen Salz und Pfeffer reiben. 3 EL Olivenöl mit abgeriebener Zitronenschale und gehackter Petersilie verrühren und ebenfalls zwischen die Schnittflächen verteilen.

Den Fisch mit der hellen Seite nach unten auf ein tiefes Backblech legen. Im 200 Grad heißen Ofen (Heißluft; 220 Grad Ober- und Unterhitze) etwa 20 Minuten garen. Der Fisch ist fertig, wenn die Schnittflächen sich appetitlich hervorwölben.

Den Saft vom Blech in einen Mixbecher gießen, Zitronensaft zufügen und 2 bis 3 EL Olivenöl. Mit dem Mixstab glatt mixen. Die cremige Sauce mit Salz und einer Prise Zucker abschmecken.

Zum Vorlegen das Fleisch entlang der Schnitte von der Gräte lösen, mit der Haut nach oben auf vorgewärmten Tellern anrichten und mit etwas Sauce beträufeln.

Als Beilage genügt frisches Weißbrot zum Aufwischen des Safts. Es passt aber auch gut grüner Spargel dazu.

Der Zusatz-Grill im Backofen

Die dafür an der Oberseite des Backofenraums offen angebrachten Heizschlangen lassen sich bei Bedarf extra ein- oder zuschalten. Man kann also diese Heizschlangen zum „normalen" Grillen alleine nehmen oder die kurze, direkte Hitze von oben zum Überbacken, zum Überflämmen, zum Bräunen am Ende des Bratens oder Backens anschalten. Die direkt einwirkende Hitze der rotglühenden Grillstäbe oder -schlangen am Backofenhimmel geben damit Kuchen und Aufläufen den letzten Pfiff, man kann damit Toasts gratinieren und flache Fleischstücke grillen, die man auf einem Rost möglichst nahe darunter einschiebt. Steaks oder Würstchen müssen nach gut der halben Zeit gewendet werden.

Manche Backöfen bieten als Sonderzubehör einen Drehspieß an. Darauf werden Geflügel oder kompakte Bratenstücke gesteckt, ein eingebauter Motor hält die Sache in Bewegung und dreht das Grillgut gleichmäßig immer wieder an den Grillschlangen vorbei. Im Kapitel „Vom Grillen" ab Seite 215 erfahren Sie mehr dazu und wie man auf dem Drehspieß Täubchen und Stubenküken grillt.

Einige Hersteller haben ihre Backöfen für ein sogenanntes „Umluftgrillen" eingerichtet, wobei die durch die Grillschlangen aufgeheizte Luft durch ein Gebläse herumgewirbelt wird – das verkürzt die Garzeit und flache Bratenstücke, wie Steaks, braucht man nicht zu wenden.

b2 *Übergrillte* Riesenchampignons

Die fast vorspeisentellergroßen, fleischigen Pilzhüte sind ein fabelhaftes Bett für die unterschiedlichsten Dinge, von der herzhaften Hackfleischfüllung über eine zarte Fischfarce bis zum kunterbunten Gemüse – alles passt. Und man hat ohne Mühe ein originelles Gericht.

Für vier Personen
5 große, frische, festfleischige Champignonhüte
1 kleiner Zucchino
¼ rote Spitzpaprika
1 kleine Möhre
2 Schalotten
1–3 Knoblauchzehen
2–3 EL Butter
Salz, Pfeffer
Petersilie
1 Tasse Kartoffelpüree (z. B. von Seite 210) oder 2 gekochte Kartoffeln
100 g frisch geriebener Käse
Butterflöckchen

Die Stiele aus den Hüten herausdrehen oder besser schneiden, damit die Hüte intakt bleiben. (Sie können im Suppentopf noch für Geschmack sorgen, für die Füllung sind sie jedoch zu zäh). Einen der Pilzhüte fein würfeln. Das übrige Gemüse ebenfalls in Würfel etwa derselben Größe schneiden oder hobeln.

Schalotten und Knoblauch sehr fein würfeln und in einer Pfanne in der heißen Butter andünsten. Das gewürfelte Gemüse nach seiner Garzeit zufügen: zuerst also die Möhre, dann die Champignons und schließlich Zucchini und Paprika. Das Gemüse salzen und pfeffern. Fein gehackte Petersilie unterrühren.

Das Kartoffelpüree oder die gekochten, fein geriebenen Kartoffeln untermischen. Diese bunte Masse in die Hüte verteilen.

Geriebenen Käse darüberstreuen und Butterflöckchen daraufsetzen. In einer feuerfesten Form unter die heißen Grillschlangen in den auf 180 Grad (Heißluft) vorgeheizten Backofen schieben, wenige Minuten grillen, bis der Käse zu schmelzen beginnt und das Gemüse bräunt.

Der Pizzastein

Im Idealfall ist das ein Schamottestein, den man auf einen Rost über eine Heizschlange bettet, die über eine Steckdose an der Ofenrückwand angeschlossen wird. Es dauert knapp eine Stunde auf höchster Heizstufe, bis die Steinplatte genügend Hitze aufgenommen hat, dann aber ist die Pizza, die mithilfe eines Holzschiebers direkt auf den Stein geschoben wird, in wenigen Minuten gar – wie in einem echten Pizzaofen, mit brodelndem Belag und knusprigem Boden: Wer bis dahin noch kein Pizzafan ist, der wird es spätestens mit dem Pizzastein.

Leider bieten das nur wenige Ofen-Hersteller an. Man kann sich aber behelfen: Lassen Sie sich vom Ofensetzer eine Platte zuschneiden, etwa 2 Zentimeter dick, so groß, dass sie mit fingerbreit Platz drum herum in den Ofen passt. Dann entweder auf einem Rost auf den Ofenboden legen oder, falls der über genügend tiefe Rillen verfügt, die für Luft-zirkulation sorgen, direkt darauf. Ebenfalls eine Stunde auf höchster Stufe vorheizen, wenn möglich Unterhitze hinzuschalten. Das ist nicht sehr energiebewusst, aber es funktioniert!

Auch zum Brotbacken ist der Stein die richtige Unterlage. Frei geformte Brote werden mit dem Holzschieber direkt auf die Steinplatte geschoben. Allerdings braucht sie dann nicht so stark vorgeheizt zu sein. Bei Weizenbroten genügen 200 bis 220 Grad Ofenhitze. Brote aus schweren Roggenteigen vertragen mehr, sie werden bei 250 Grad „an"gebacken, nach einer halben Stunde schaltet man auf 160 bis 180 Grad herunter.

b2 *Die* Pizza

Der Klassiker, den wirklich jeder mag – und der mit einem Backstein im Backofen perfekt gelingt. Belegen kann man sie natürlich mit allem, was man mag oder im Vorrat hat.

Für sechs bis acht Personen
1 Rezept Brotteig (Seite 93)
250 ml Tomatenpüree (gekauft oder selbst gemacht)
3–4 Tomaten
8–10 Anchovisfilets (in Öl)
50 g Salami (dünne Scheiben)
50 g Schinken (roh oder gekocht, dünne Scheiben)
2 Frühlingszwiebeln
grüne oder rote Chili
eventuell Paprika (feine Streifen)
150 g Mozzarella oder
150 g Schafskäse
Salz, Pfeffer
Olivenöl zum Beträufeln
getrockneter Oregano

Den Teig wie auf Seite 93 beschrieben herstellen und gehen lassen. Tennisballgroße Portionen teilen, zu Kugeln formen und zugedeckt nochmals gehen lassen. Dann auf einer bemehlten Fläche mit dem Nudelholz halbzentimeterdünn möglichst rund ausrollen.

Zuerst gleichmäßig mit dem Tomatenpüree bestreichen, rundum einen halben Zentimeter breit frei lassen – dort kann der Teig hochgehen und die Pizza bekommt einen hübschen, gleichmäßigen Rand.

Die Pizza nach Belieben belegen, mit Tomatenwürfeln, zerzupften Anchovisfilets, Salami, Schinken, Zwiebelringen und Chili, Würfeln vom Käse – am Ende salzen, pfeffern, mit Oregano bestreuen und gleichmäßig mit Olivenöl beträufeln. Vor allem Letzteres ist sehr wichtig, das gibt der Pizza nicht nur Geschmack, sondern sorgt auch nochmals für eine Verstärkung der Hitze von oben, weil durch die Ölschicht keine Flüssigkeit verdampfen kann und dadurch kein Kühlungseffekt entsteht.

Die Pizza mithilfe eines Holzschiebers auf den vorgeheizten Stein im Backofen schubsen – je nach Ofenhitze und Stärke des Teiges und Belages ist sie in einer Minute (!) bis zehn Minuten fertig – ohne Pizzastein auf dem Blech gebacken, müssen Sie mit zehn bis 20 Minuten rechnen. Sobald der Rand rundum knusprig wird, der Belag appetitlich brodelt, die Pizza mit dem Schieber herausholen und sofort genießen!

Fisch garen 85 °C

b3 *Der* Dampfgarer

Während man früher einfach einen Topf mit Wasser auf den Herd stellte, das Wasser zum Kochen brachte und dann das zu garende Lebensmittel in einem Siebeinsatz hineinhängte, wird in modernen Küchen mehr technischer Aufwand getrieben. Die neuen Spezialgeräte haben den Vorteil einer genaueren Temperaturführung, sie arbeiten effektiver und das Ergebnis ist programmierbar. Wie man in der technisch einfacher ausgerüsteten Küche einen simplen Dampftopf oder Wok mit Bambuseinsatz nutzt, steht auf Seite 306.

Ein Küchenwunder

Das Prinzip des Dampfgarers ist schnell erklärt: Heißer Dampf umwabert, erwärmt und gart die Lebensmittel, die man in ihn hineingestellt hat. Und das hat viele Vorteile, denn in der Feuchtigkeit des Dampfes kann nichts austrocknen und, anders als beim Kochen in Flüssigkeit, auch nichts auslaugen – Gemüse bewahren ihre schöne Farbe und ihre Vitamine, Fisch behält seine Struktur und bleibt wunderbar saftig. Wenn Dampf erzeugt oder eingeleitet wird, wird der Sauerstoff aus dem Garraum verdrängt und damit Oxidation vermieden. Farbe und Aromen bleiben deshalb klar und rein. Noch dazu kommt man mit wenig Fett aus (Butter oder Öl fügt man eher ihres guten Geschmacks wegen hinzu, sozusagen als Gewürz). Dadurch, dass keine Röststoffe entstehen, bleibt zudem der Eigengeschmack erhalten. Ein weiterer Vorteil: Schwer verdauliche Fett-Eiweiß-Verbindungen können sich nicht bilden – im Dampf gegarte Speisen sind deshalb besonders magenfreundlich. Und nicht zuletzt lassen sich im Dampf fertige Speisen und Tiefkühlgerichte hervorragend wieder aufwärmen – oder „regenerieren", wie es in der modernen Küchensprache heißt.

Die Bandbreite der auf dem Markt erhältlichen Dampfgarer reicht von sehr preiswerten, mobilen, fast primitiv anmutenden Plastikgeräten (die aber trotzdem ganz gute Ergebnisse liefern können) bis zu teuren, elektronisch gesteuerten Edelstahl-Einbaugeräten der Luxusklasse, die mit allem Raffinement ausgestattet sind. „Dampfgarer" ist also ein recht dehnbarer Begriff – obwohl das Prinzip ja sehr simpel anmutet (siehe Kasten auf der nächsten Seite). Aber freilich werden mit den unterschiedlichen Geräten auch sehr unterschiedliche Bedürfnisse befriedigt. Sicher ist allemal, dass die Speisen mit keiner anderen Garmethode so wenig von ihrem natürlichen Zustand verlieren, so saftig, leicht und bekömmlich bleiben. Es können ganz unterschiedliche Gerichte zur selben Zeit auf mehreren Ebenen gegart werden, weil der Dampf keine Aromen überträgt. Fertige Speisen werden im Dampfgarer so schonend wieder aufgewärmt, dass man ihnen das weder ansieht noch schmeckt. Man kann im Dampfgarer Schokolade schmelzen, Joghurt brüten und sogar Babyfläschchen sterilisieren. Und last but not least sind feuchte heiße Tücher, mit denen man seine Gäste zur Begrüßung erfrischen kann, im Dampfgarer schnell parat.

Ein Dampfgarer gehört in jede Küche!

Eine geradezu ultimative Forderung, denn niemand wird ernsthaft bezweifeln, dass das Garen im Dampf besonders schonend ist, sich damit besonders schmackhaft und gesund kochen lässt. Zu welchem Typ Dampfgarer man sich entschließt, hängt natürlich von den persönlichen Umständen ab, vom Preis, den man bezahlen kann oder will, und vom Platz, den man zur Verfügung hat.

Bei nur wenig Platz empfiehlt sich ein Backofen, in dem der Dampfgarer integriert ist. Praktischer ist aber immer ein eigenständiges Gerät – das natürlich als Einbaumodell wiederum Raum in der Küchenzeile beansprucht oder als (kleineres) Tischmodell auf der Arbeitsfläche untergebracht werden muss. Eventuell kann man solche freistehenden Geräte aber mittels einer Halterung weniger platzraubend an der Wand aufhängen. Wichtig in jedem Fall: Das Gerät muss einsatzbereit und gut erreichbar untergebracht sein, sonst wird es nicht benutzt!

Je nach Bauweise und Hersteller wird das zur Dampferzeugung nötige Wasser in eine Art Schublade oder einen Tank gefüllt oder direkt durch einen festen Anschluss an den Wasserhahn zugeführt (und dann ist auch ein Ablauf nötig). Die Lösung mit Wasseranschluss ist natürlich aufwendiger und muss schon bei der Küchenplanung berücksichtigt werden. Mit der Zufuhr per Behälter ist man ungebundener.

Bei den meisten Geräten lässt sich die Dampftemperatur variieren und zwischen 70 und 100 Grad einstellen. Eine solche Möglichkeit ist sehr sinnvoll, denn manche Lebensmittel (Fisch!) gelingen bei niedrigen Dampftemperaturen am besten, manche bei höheren.

Dampf mit oder ohne Druck

Einige Dampfgarer können auch unter Druck gesetzt werden, sie garen dann bei bis zu 120 Grad, wie man das vom Schnellkochtopf (früher: Dampfdrucktopf) kennt, wodurch die Garzeiten um rund ein Drittel verkürzt werden. Aber man muss auch genauer aufpassen, um den richtigen Garpunkt zu erwischen – der ist nämlich schnell verpasst und vor allem Gemüse dann verkocht, und der Fisch, trotz der feuchten Atmosphäre, zu trocken, weil das Eiweiß übergart!

Der reine Dampf

Die meisten Geräte funktionieren, ob klein oder groß, in fast gleicher Weise. Einen nicht unbedeutenden Qualitätsunterschied gibt es aber doch: Die sauerstoffhaltige Luft im Garraum sollte möglichst schnell und vollständig durch Wasserdampf ersetzt werden, damit keine Oxidation (und damit die Bildung der berüchtigten freien Radikale) stattfinden kann. Die wichtigste Voraussetzung dafür ist, dass das Gerät die Luft entlässt und nach der Erzeugung des Dampfes dicht schließt. Das gelingt teuren, aufwendig verarbeiteten Geräten meist besser als den billigen.

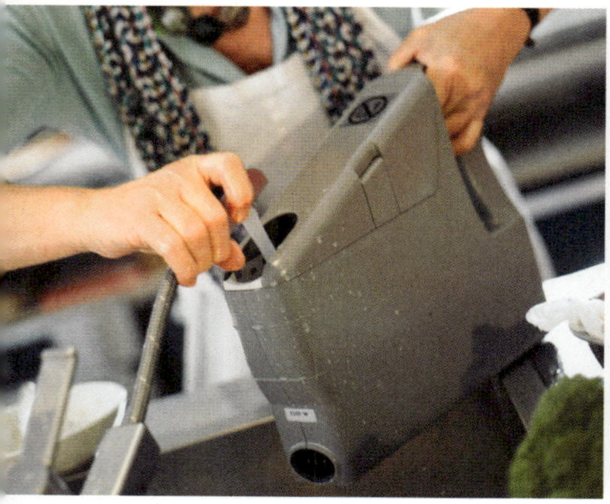

b3 Forelle *blau*

Blau wird die Forelle nicht, wie viele meinen, weil man sie im Essig- oder Weinsud gart – das ist die klassische und traditionelle Art, sie zuzubereiten (siehe auch Seite 342). Die schöne blaue Farbe entsteht immer. Voraussetzung ist, dass die Forelle frisch geschlachtet verarbeitet wird und ihre natürliche Schleimschicht nicht abgewaschen oder gar zerstört ist – etwa durch Eintrocknen, Abreiben oder starken Fingerdruck. Im Dampfgarer gelingt Fisch nicht nur absolut perfekt, der Dampf verhindert das Austrocknen und er bringt obendrein eine besonders intensive Blaufärbung. Die Einstellung für Fisch, die Dampf von nur 85 Grad ermöglicht, ist für das Fischfleisch besonders schonend, es bleibt unnachahmlich saftig!

Für vier bis sechs Personen
1 große Forelle (ca. 1200 g)
oder 4–6 Portionsforellen
75 g Butter
Salz, Pfeffer
1 Zitrone
1 kleiner Kräuterstrauß (Petersilie, Schnittlauch, Basilikum)

Die Forelle(n) vor allem innen gut auswaschen, dabei vorsichtig anfassen, damit die Schleimschicht nicht verletzt wird und die Haut nach dem Garen schön blau schimmert.

Die Hälfte der Butter mit Salz, Pfeffer, abgeriebener Zitronenschale und fein gehackten Kräutern gut verkneten. In den Fischbauch stecken. Die Zitrone in dünne Scheiben schneiden und ebenfalls zufügen.

Die Forelle(n) auf eine ungelochte Platte betten. Bei 85 Grad 10 bis 15 Minuten dämpfen – Portionsforellen sind bereits nach 6 bis 8 Minuten gar. Zum Überprüfen in die Bauchhöhle schauen, es darf dort nicht rosa schimmern, sondern sollte eher weiß wirken; der Saft, der sich gesammelt hat, sollte klar sein.

Die Forelle zum Servieren zerlegen: Zuerst die Haut abziehen, dann entlang der Mittellinie die dicken Rückenfilets und die flachen Bauchteile von der Mittelgräte heben. Für eine Sauce den auf der Platte gesammelten Saft mit den Kräutern aus dem Fischbauch, der restlichen Butter und Zitronensaft aufmixen, mit Salz und Pfeffer abschmecken.

Die Filets auf vorgewärmten Tellern anrichten, mit der Sauce beträufeln.

Dazu passt ein grünes, kräuterwürziges Kartoffelpüree (siehe Seite 210) und ein aromatischer trockener Riesling.

BIO
VOLLMILCH
3.8%

b3 *Grünes* Kartoffelpüree

Grün wird das Püree, indem man statt normaler Butter eine Kräuterbutter unterrührt. Diese Butter kann man gut auf Vorrat produzieren und einfrieren, immer dann, wenn die jeweiligen Kräuter Saison haben. Alle aromatischen Kräuter sind geeignet: Petersilie, Basilikum, Kerbel.

Für vier bis sechs Personen
1,2 kg mehlig kochende Kartoffeln
ca. 200 ml Milch
Salz, Pfeffer
Muskat

Kräuterbutter:
50 g zimmerwarme Butter
1 Tasse Kräuter (zum Beispiel Petersilienblätter)
etwas abgeriebene Zitronenschale
Salz

Für die Kräuterbutter alle Zutaten in einen Mixbecher füllen, mit dem Pürierstab geduldig glatt mixen. Ab und zu alles, was sich in der Mixglocke versammelt hat, losstreifen, dafür aber unbedingt den Stecker ziehen oder den Motor abnehmen! Die Kräuterbutter in ein Stück Alufolie wickeln und kalt stellen.

Die Kartoffeln auf dem gelochten Einsatz im Dampfgarer 30 Minuten garen. Pellen, durch die Presse in einen Topf drücken, in dem bereits die gesalzene, gepfefferte und mit Muskat gewürzte Milch langsam aufkocht.

Am Ende die Kräuterbutter zufügen und alles mit dem Holzlöffel gründlich durchschlagen. Auf keinen Fall einen Mixer oder Pürierstab nehmen, nicht einmal ein Schneebesen ist erlaubt: das Püree verliert dadurch seine Duftigkeit, wird fest und schmierig!

b3 Semmelknödel *mit* Erbsen

Eine gute Verwertung, wenn man zu viele Frühstücksbrötchen eingekauft hat. Diese Semmelknödel sind eine hübsche Beilage, zum Beispiel zum Gulasch (Bild Seite 286) und lassen sich auch auf Vorrat produzieren.

Für vier bis sechs Personen
250 g Knödelbrot oder altbackene Semmeln
ca. 150 ml Milch
1 große Zwiebel
2 EL Butter
½ Bund Petersilie
1–2 EL Butter
2 Eier
Salz, Pfeffer
Muskat
evtl. auch:
1 Prise Cayennepfeffer
100 g blanchierte Erbsen (TK)

Das Knödelbrot in eine Schüssel füllen, die Semmeln dafür in feine Scheiben schneiden. Mit der heißen Milch gleichmäßig beträufeln. Zugedeckt eine halbe Stunde durchweichen lassen.

Inzwischen die Zwiebel sehr fein würfeln und in der heißen Butter andünsten (in der Mikrowelle geht das problemlos auf stärkster Stufe in 2 Minuten). Die fein gehackte Petersilie unter die heiße Zwiebel mischen, damit sie ein wenig zusammenfällt. Etwas abkühlen lassen.

Semmeln, Zwiebel und die beiden Eier gründlich mischen, dabei mit Salz, Pfeffer, Muskat und Cayenne kräftig würzen. Am Ende auch die Erbsen einarbeiten.

Zwischen angefeuchteten Handflächen tischtennisballgroße Knödel formen. Auf dem gelochten Blech im Dampfgarer bei 100 Grad (oder auch im Bambuskorb über dem Wok oder einem anderen Dämpfer) etwa 15 Minuten garen.

b3 Spanferkel

Backöfen, die auch dämpfen können, oder Dampfgarer, bei denen man Heißluft zuschalten kann, sogenannte Kombidämpfer, sind unschlagbar, wenn ein Braten besonders knusprig werden soll. Zuerst wird das Fleisch im Dampf vorgegart, der Dampf löst die Fettschicht unter der Haut, das Fett kann ausfließen; dann wird Heißluft zugeschaltet und das Fleisch im heißen Luftstrom zu Ende gebraten, bis es gar ist und zart, und die Haut wird dabei unnachahmlich knusprig. Schweine-Krustenbraten aller Art gelingen im Kombidämpfer einfach perfekt.

Für vier bis sechs Personen
1 Spanferkelkeule (ca. 1,5 kg)

Honigmarinade:
1 EL Honig
1 gehäufter TL Kümmel
2 EL Öl
Salz, Pfeffer

Die Schwarte der Spanferkelkeule mit einem scharfen Messer sehr akkurat mit eng nebeneinander gesetzten Schnitten einritzen, zuerst in eine Richtung, dann, um 90 Grad gedreht, auch in die andere Richtung, sodass die Haut wie kariert aussieht. Bei der zarten Haut des jungen Spanferkels ist das kein Problem; bei einem Braten vom ausgewachsenen Schwein schneidet man die erheblich festere Haut lieber nach dem ersten Vorgaren ein.

Für die Marinade alle Zutaten in der Mikrowelle (oder in einem kleinen Töpfchen auf dem Herd) kurz erwärmen und dann gut vermischen. Das Fleisch gründlich damit einreiben.

Das Fleisch auf eine ungelochte Platte setzen. Zunächst 40 bis 45 Minuten bei 100 Grad universaldämpfen. Dann Heißluft zuschalten, bei 200 Grad und 50 Prozent Feuchte eine weitere gute halbe Stunde braten, bis das Fleisch gar und die Kruste knusprig ist.

Dazu Meerrettich und Senf reichen. Gut passen auch selbst gemachte Pommes frites (siehe Seite 252) und ein Salat – entweder verschiedene Blätter, Gurke, Tomaten oder ein gut durchgekneteteter, roher Weißkrautsalat.

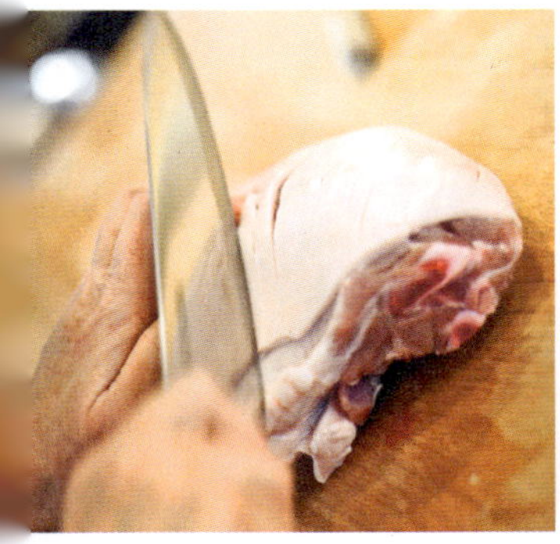

b4 *Vom* Grillen

Es ist die älteste Garmethode – damit fing die Zubereitung von Speisen an und somit die Zivilisation der Menschheit. Und für keine andere Methode gibt es so viele verschiedene Verfahren, Geräte und Möglichkeiten der Anwendung von unterschiedlichen Hitzequellen wie für das Grillen. Es ist deshalb kaum möglich, das Thema erschöpfend zu behandeln – beschränken wir uns hier auf die wesentlichen Gemeinsamkeiten. Für weitergehende Studien gibt es allerlei Spezialliteratur.

Hitze

Am Anfang ist das Feuer: Wenn man das Grillgut beispielsweise am Spieß direkt neben der lodernden Flamme gart, ist man den Anfängen der Kochkunst am nächsten. Seit Tausenden von Jahren haben Menschen schon so gekocht und für größere und kompakte Stücke kann man auch heute noch so vorgehen.

Ist das Feuer erloschen, bleibt die Glut. Und mit ihr wird heute meist gegrillt: Über die Glut wird ein Rost gelegt, auf den man das Grillgut bettet. Flache Scheiben oder Teile, die man dann ab und zu wenden muss. Es hat sich inzwischen herumgesprochen, dass dabei möglichst kein Fett in die Glut tropfen und anfangen zu brennen sollte, denn dabei können schädliche Benzpyrene entstehen. Eine besondere, praktische und beste Ergebnisse liefernde Form für das Grillen direkt über der Glut ist der Schwenkgrill (Seite 220).

Holzkohle

Glut erzeugt man heute meist durch Holzkohle, die länger vorhält als das heruntergebrannte Holz. Als Variante schichtet man die Glut in einen aufrecht stehenden Käfig, sodass man nun neben der Glut grillen kann – die Gefahr des Anbrennens ist gebannt, denn nun kann nichts in die Glut hineintropfen, sondern nur in die daruntergestellte Fettschale. Das Ganze ist besser dosierbar und der Effekt ähnelt dem Grillen am offenen Feuer. Ein weiteres System ist der sogenannte Smoker, eine amerikanische Erfindung, bei dem die Hitze separat neben der eigentlichen Garkammer erzeugt wird. Das Grillgut wird dabei durch den heißen Rauch gegart. Man grillt dann im geschlossenen Raum, ähnlich einem Backofen. Auf diese Weise kann man quasi grill-räuchern (daher der Name), wie es auch mit einem Kugelgrill möglich ist.

Gas und Elektro

Die Kohlenglut kann man auch durch elektrische Heizschlangen oder Gasflammen ersetzen. Dann ist man noch unabhängiger, was die Anordnung der Hitzequelle angeht: Sie kann auf allen Seiten eingerichtet, von allen Seiten genutzt werden, auch zum Übergrillen. Das Wichtigste aber: Mit Gas und Elektrizität ist das Grillen in der heimischen Küche möglich. Wenn Sie einen geeigneten Grill suchen, informieren Sie sich auf der Homepage der Stiftung Warentest (www.test.de). Elektro- und Gasgrills waren beim letzten Test im Durchschnitt besser als die getesteten Holzkohlegrills. Die Auswahl der Träger für das Grillgut ist so entscheidend wie die Hitzequelle: Man kann am Spieß grillen oder auf dem offenen Rost, auf einer geschlossenen Platte aus Gusseisen oder Edelstahl, die glatt sein kann (Plancha oder Teppan) oder gerillt (Griddle oder Grillplatte).

Der Drehspieß der Rôtisseurs

Der Beruf des Kochs war seit alters ein angesehener Berufsstand. Wer für das leibliche Wohl von Adel und Klerus sorgte, hatte eine verantwortungsvolle Aufgabe, musste etwas können. Als die schwierigste aller Kochkünste galt und gilt dabei in allen Ländern der Welt das vollendete Braten von Fleisch und Fisch – weil man mit dem Grill keine Korrekturmöglichkeit hat, über die etwa ein Suppen- oder Saucenkoch immer verfügt. Auch einen Schmorbraten kann man retten – ein falsch gegrilltes Stück Fleisch ist ruiniert.

Wie alle Handwerker hatten sich auch die Köche im Mittelalter in einer Zunft zusammengeschlossen. Um ihren herausragenden Stand anzuerkennen, verlieh König Ludwig IX. von Frankreich im Jahre 1248 den „Oyers", den Gänseröstern, zusätzlich das Recht, sich zu einer eigenen Organisation zusammenzuschließen. So entstand eine erste Innung, die später, stets unter königlichem Patronat, in die „Confrérie des Rôtisseurs" erweitert wurde, die Bruderschaft der Spießbrater. Sie waren nun zuständig für Geflügel, Wild und anderes Fleisch. Ihre Vereinigung bestand 540 Jahre, bis sie im Jahre 1789 während der Französischen Revolution aufgelöst wurde, wie alle Zünfte. 1950 erstand unter der Ägide des „Fürsten der Gastronomen", Maurice-Edmond Sailland, besser bekannt unter seinem Künstlernamen Curnonsky, die „Confrérie de la Chaîne des Rôtisseurs", eine bis heute weltweite Vereinigung von Feinschmeckern, die sich in zeremoniellen Veranstaltungen treffen, um der Kunst der Küche und des Genießens zu huldigen.

Die hohe Kunst des Grillens

Von einem Rôtisseur wird verlangt, bestes Fleisch in höchster Vollendung „à point" auf den Tisch zu bringen. Dies ist nur im wohldosierten Wechsel der Hitze möglich – und darin liegt das ganze Geheimnis der Rôtisseur-Kunst! Wichtigstes Element ist ein Spieß, auf den der Braten oder das Grillgut gesteckt wird und der sich kontinuierlich vor der Hitzequelle dreht.

In den mittelalterlichen Küchen wurde noch per Hand gedreht, bald schon wurden aber raffinierte, wie ein Uhrwerk aufzuziehende Maschinen entwickelt, die, ebenfalls über Gewichte angetrieben, den Spieß mittels einer Kette oder Zahnräder langsam und stetig zu drehen in der Lage waren. Zunächst waren es große und teure Maschinen, nur für die Küchen der Reichen und Mächtigen; später wurden sie immer kleiner und erschwinglicher, heute kann sich jeder einen kleinen Elektromotor leisten – und so zu einem Spitzen-Rôtisseur werden.

So grillt man am Drehspieß

Freilich muss man wissen, welches der richtige Abstand des Bratens oder Fleischstücks von der Glut oder einer anderen Hitzequelle ist, wie stark die Hitze selbst sein muss – je größer das Fleischstück, desto geringer! – und wie lange der Garvorgang dauern kann oder muss, damit alles in der richtigen Weise klappt. Und, sehr wichtig: Man muss aufpassen, dass die Stücke so aufgespießt sind, dass keine Unwucht entsteht! Wenn sich der Spieß durch einseitige Gewichtung ungleichmäßig schnell dreht, hat das Einfluss auf das Grillergebnis. Dann ist das Hähnchen auf der einen, dem Schwerpunkt gegenüberliegenden Seite – die ja langsamer dreht, weil sich das Gargut der Drehung des Spießes widersetzt – bereits knusprig und färbt sich dunkel, während die andere wegen des Ungleichgewichts jedes Mal an der Hitzequelle „vorbeifällt" und daher noch bleich und weich geblieben ist.

Das Prinzip des Drehspießes

Das Gargut wird durch die Drehung mit jedem Punkt nur kurz der heftig einwirkenden Hitze ausgesetzt, sodass die Oberfläche keine Zeit hat, zu verbrennen. Danach folgt eine Phase der Entspannung, die von der Hitze ins Innere getriebenen Säfte können wieder zurückströmen, ehe sie durch die Drehung erneut mit der Hitze in Kontakt kommen. Durch diesen kontinuierlichen Prozess gibt es nie einen Hitzestau, die Hitze dringt nicht schockartig, sondern gemächlich ins Innere ein, das Gargut trocknet nicht aus, bleibt entspannt. Vor allem geeignet für größere Stücke und kompaktes Geflügel, selbst einen ganzen Ochsen kann man auf diese Weise grillen – was etwa 60 Stunden dauert.

Dies wirkt sich bei einem eher schwachen, batteriebetriebenen Aufsteckmotor für den Terrassen-Holzkohlegrill natürlich stärker aus als bei einem kräftigen Einbaumotor im Luxus-Grillwagen, beim speziellen Küchen-Grillgerät oder dem Grill im Backofen.

Was wird am Spieß gegrillt?

Für den Spieß eignen sich nur gleichmäßig geformte, kompakte Teile, die perfekt oder wenigstens nahezu durch die Mitte aufgespießt werden können: Sämtliche Geflügel – wobei abstehende Teile wie Flügel oder Beine mittels einer Küchenschnur an den Körper gebunden werden müssen –, runde Fleischstücke (vom Rindfleisch etwa das echte und das falsche Filet oder die Nuss), Fische (Makrele, Bonito) und Gemüse (Zwiebeln, Auberginen, Zucchini, Champignons). Ebenso in Würfel geschnittene Zutaten (Fleisch, Fisch, Garnelen), die abwechselnd mit Speck- und/oder Gemüsescheiben (Zwiebel, Paprika) aufgespießt werden. Schließlich geht dies auch mit Fleischscheiben, die man dicht an dicht packt (Gyros, Döner Kebab) oder abwechselnd mit entsprechend zugeschnittenem Gemüse oder anderen Zutaten (Kräuter, Käse). Wichtig ist, wie gesagt, eine wirklich gleichmäßige Gewichtsverteilung, die durch Klammern oder kleine Spieße fixiert wird. Ist dies nicht möglich, kann ein Käfig aus Metallgittern helfen (siehe Seite 225) oder eine Halterung aus mehreren Stäben, in die das Gargut gesteckt wird.

In Frankreich, wo das Grillen von ganzen Braten noch üblicher ist als bei uns, bereiten die Metzger die sorgfältig ausgelösten Fleischstränge bestens vor, indem sie sie als Schutz vor der Hitze und für den Geschmack in Speckbänder hüllen und mit Kräutern (Lorbeerblatt, Thymian, Rosmarin) einbinden.

b4 Täubchen *und* Stubenküken

Der Spieß ist ein fabelhafter Luxus, den man nicht mehr missen möchte, wenn man sich mal dran gewöhnt hat: Dabei ist es ziemlich gleichgültig, an welcher Art von Grill er betrieben wird. Natürlich ist es besonders praktisch, wenn der Backofen über einen eingebauten Grill mit Motor und zusteckbarem Drehspieß verfügt. Der lässt einem dann die gebratenen Tauben geradezu mühelos in den Mund fliegen!

Für vier Personen
Je 2 Täubchen und
2 Stubenküken
Salz, Pfeffer
3 EL Olivenöl
30 g Butter
1 Zitrone
Sellerie- oder Petersilienblätter

Täubchen und Küken vorbereiten: Flügelspitzen kappen, innen und außen mit Salz, Pfeffer und Olivenöl einreiben. Jeweils ein Butterstückchen in den Bauch stecken, auch eine geviertelte und gepfefferte Zitronenscheibe und einige Sellerie- oder Petersilienblätter. Sorgfältig zubinden, sodass Flügel und Beine nicht abstehen.

Die Vögel auf den Spieß stecken und befestigen. Dabei darauf achten, dass alles tatsächlich in der Mitte und gut fest sitzt. 25 bis 30 Minuten bei starker Hitze grillen.

Zum Servieren Täubchen und Küken mit einer Geflügelschere oder mit einem großen Messer längs dem Brutbein und Rückgrat halbieren. Jeder bekommt also je einen halben Vogel.

Dazu passt Weißbrot oder Kartoffel-Sellerie-Püree, zartes Erbsengemüse und ein kräftiger Riesling oder Weißburgunder oder ein Burgunder Rotwein. Oder gebratener Fenchel (Seite 317) zum Täubchen, gemischtes Brokkoli-Blumenkohl-Gemüse zum Stubenküken (Seite 241).

Der Schwenkgrill

Der durchaus raffinierte, den Garprozess so sanft gestaltende Temperaturwechsel beim Grillen auf dem Drehspieß ist auf einem – wie üblich – fest über dem Feuer eingerichteten Grillrost nicht herzustellen. Wer es war, der die geniale Erfindung machte, den Rost beweglich über dem Feuer aufzuhängen, sodass er geschwenkt werden kann, somit ebenfalls eine starke Erhitzung mit einer anschließenden Abkühlungs- und Entspannungsphase abwechselt, wissen wir nicht – aber wir können nachprüfen, dass das Ergebnis wunderbar schmeckt: Im Allgemeinen nimmt man dafür mariniertes Schweinefleisch in etwa zwei bis drei Zentimeter dicken Scheiben und legt diese auf einen Rost, der an drei Ketten aufgehängt ist, die kurz darüber in einer Kette zusammenlaufen, welche wiederum an einem hohen Gestell aus drei an der Spitze verbundenen Stangen befestigt wird. Je nach Stärke des Feuers, das traditionellerweise mit kleinen Buchenscheiten entfacht werden sollte, kann mit dieser Kette die Höhe des Rostes verstellt werden. Nun kümmert sich der Grillmeister oder Schwenker darum, dass der Rost ständig in Bewegung bleibt, das Fleisch also immer wieder über das Feuer und wieder weg davon bewegt wird: Das so gegrillte Fleisch ist köstlich zart!

Sogar empfindlichen Fisch kann man schwenkgrillen, pur oder in Folie gebettet, um keinen kostbaren Saft zu verlieren. Eine wunderbare Abwechslung für die Grillsaison.

b4 Forellen *gegrillt*

Es mag für Puristen ein Sakrileg sein, das empfindliche Forellenfleisch zu grillen – aber es gibt ihm ein interessantes Aroma.

Zutaten pro Person
1 Forelle (à ca. 300 g)
2 EL Olivenöl
Salz
1–2 Stengel Petersilie

Die Forellen innen und außen mit Olivenöl einreiben, den Fischbauch von innen salzen und den Petersilienstengel hineinstopfen.

Um die direkte Hitze zu mildern, den Fisch auf ein ausreichend großes Stück Alufolie legen. Dieses zuvor auf dieser Stelle mit Öl einpinseln, ruhig auch salzen und pfeffern. Die Folie an den Seiten hochnehmen und hoch über dem Fisch zusammenfassen. Dieses Paket am besten in einen großen Grillkorb (wenn man mehrere Fische grillt) – oder einzeln in spezielle für Fische bestimmte Körbchen – spannen: So lassen sich die Fische bequem wenden, der Saft wird aufgefangen und tropft nicht in die Glut. Oder man bettet die gewürzten Fische einfach auf eine eingeölte Aluschale.

Die Forellen werden, wie alle Fische, weniger heiß gegrillt als Fleisch – das heißt, der Abstand des Grillrostes zur Glut sollte größer oder das Schwenken lebhafter sein.

b4 Schwenkbraten

Im Sauerland, in der Pfalz, im Hunsrück und in der Eifel kann man das Fleisch bereits fix und fertig mariniert beim Metzger kaufen. Ansonsten macht man die Marinade selbst dazu. Das Fleisch sollte dann wenigstens 24 Stunden im Kühlschrank durchziehen. Entweder nimmt man dazu eine Schüssel, noch praktischer ist es, wenn man Fleisch und Marinade in eine Plastiktüte packt, diese ohne Luftblasen verschließt und alles gut durchknetet.

Für acht Personen
8 Scheiben Schweinenacken, 2–3 cm stark
3 Zwiebeln
3 Knoblauchzehen
5 El Öl (siehe Tipp unten)
je 1 gehäufter EL
– schwarze Pfefferkörner
– weiße Pfefferkörner
2 EL Senfsaat
2 TL Korianderbeeren
1 TL Piment (All- oder Neugewürz)
2 Lorbeerblätter
1 EL scharfes Paprikapulver oder 1 EL Paprika edelsüß und 1 Messerspitze Cayennepfeffer
nach Belieben etwas getrockneter
– Oregano
– Thymian
– Rosmarin
Salz

Die Nackenstücke eventuell leicht klopfen, besser mit dem flachen Küchenbeil oder einem großen, schweren Messer drückend flach streichen, damit sie etwa zweihandtellergroß und gleich stark werden.

Zwiebeln in Ringe schneiden oder grob hacken, Knoblauch fein hacken. Sofort in Öl wenden, damit sie ihren frischen Geschmack behalten und nicht oxidieren.

Pfeffer, Senf, Koriander und Piment in einer kleinen Pfanne anrösten, bis die Körner zu springen beginnen. Mit den zerbröselten Lorbeerblättern im Zerhacker (Seite 121) zu Pulver mahlen. Gewürzpulver mit Paprika und Cayenne sowie den in der Handfläche zerriebenen Trockenkräutern an die Zwiebel-Öl-Mischung geben, alles gut durchmischen. Fleischscheiben wie oben beschrieben mit der Marinade vermischen und durchziehen lassen.

Zum Grillen die Fleischscheiben etwas abwischen (die Kräuter würden sonst verbrennen) und auf den geölten Schwenkrost legen. Nach einigen Minuten wenden und jetzt die Oberseite salzen – entweder mit normalem Salz oder mit Fleur de Sel. Nach wiederum nur wenigen Minuten erneut wenden, auch diese Seite salzen.

Als Regel gilt: Immer dann, wenn auf der Oberseite der Fleischscheiben etwas Flüssigkeit austritt, sollte gewendet werden. Insgesamt je nach Stärke des Fleischs und Intensität der Hitze etwa 18 bis 25 Minuten Grillzeit rechnen.

Tipp zum Öl: Meist nimmt man geschmacksneutrales Speiseöl. Wir ziehen jedoch ein sehr gutes Olivenöl oder eine Mischung aus 4 Teilen Oliven- und 1 Teil Walnussöl vor, was einen unvergleichlichen Geschmack ergibt.

Tipp zur Würze: Oft wird zum Marinieren nur Zwiebel ohne Öl empfohlen – das ergibt aber einen ziemlich aufdringlichen, oxidativ geprägten Zwiebelgeschmack. Und auch die ab und zu auftauchende Verwendung von Essig oder Tomatenketchup zu der Marinade sagt uns nicht zu. Dann lieber mit etwas Zitronensaft oder -schale würzen. Auch frische Kräuter passen, von Kerbel oder Petersilie bis zu Basilikum oder Estragon ist alles möglich!

Der klassische Grill

Die meisten Menschen verstehen unter einem Grill die einfache horizontale Anordnung eines Gitterrostes über der Glut. Als Hitzequelle dient normalerweise Holzkohle, die es in verschiedenen Formen und Güteklassen gibt. Am preiswertesten sind die einfachen Holzstücke, wie sie aus dem Kohlemeiler kommen. Hier gibt es große Qualitätsunterschiede, meist ist die teure Grillkohle tatsächlich die bessere. Mit Holzkohle lassen sich tendenziell höhere Temperaturen erzielen als mit Grillbriketts. Diese hingegen glühen länger und gleichmäßiger und sind besonders gut zum indirekten Grillen. Beim indirekten Grillen (das mit dem englischen Begriff Barbecue verbunden ist) wird das Grillgut nicht direkt über der Glut, sondern in einer geschlossenen Kammer gegart – beispielsweise in einem Kugelgrill. Auch bei Briketts lohnt es sich durchaus, in bessere Qualität zu investieren.

Grillen und Gesundheit

Beim Grillen über Holzkohle entsteht ein charakteristisches Aroma, auf das viele Grillfans mit Recht nicht verzichten wollen. Allerdings birgt die Kohle auch Gefahren: Vor allem wenn Fett und Fleischsaft in die Glut tropfen, entstehen Benzpyrene, die zu den polyzyklischen aromatischen Kohlenwasserstoffen zählen und als stark krebserregend gelten. Von den sich um die Gesundheit der Menschen kümmernden Organisationen wird deshalb vom Grillen über Holzkohle abgeraten. Andererseits gibt es Studien, wonach Bier, Senf, Kräuter oder sogar verkohlte Stellen des Grillgutes die schädlichen Benzpyrene neutralisieren sollen.

Nach derselben Anordnung kann man freilich auch über Gas oder mit Elektrizität zum Glühen gebrachten Heizstäben grillen. Als sehr vorteilhaft hat sich erwiesen, wenn als sich selbst reinigende Wärmeträger zwischen und über den Heizquellen Lavasteine liegen. Sie vermindern die Gefahr, dass abtropfendes Fett in Brand gerät, und schränken die Rauchentwicklung ein. Trotzdem sollte in der Küche über dem Grill eine leistungsfähige Dunstabzugshaube eingeschaltet werden können!

Um allen nur möglichen gesundheitlichen Gefährdungen des Grillens aus dem Wege zu gehen, wird oft das Grillen auf Folie oder Grilltabletts propagiert – dann kann nichts in die Glut tropfen. Aber, so muss man gestehen, das richtige Grillerlebnis stellt sich dann nicht ein. Irgendwie wirkt die Sache dann wie kastriert, es fehlen die urige Gewalt und die Spuren der direkten Hitze.

Holzkohle entzünden

Rund um das Grillen gibt es natürlich vielerlei Hilfsmittel. Mit das Problematischste ist für viele ja das Anzünden der Holzkohle. Weswegen sie dann auf das saubere Gas oder auf Strom umsteigen. Bleiben wir aber mal bei Holzkohle. Viel zu gefährlich ist der Umgang mit Spiritus, das dürfte sich herumgesprochen haben. Es gibt inzwischen Grillpaste zum Anzünden und die festen Grill- oder Kaminanzünder, die leider immer eine heftige Geruchsentwicklung der unangenehmsten Art mit sich bringen, selbst dann, wenn sie auf der Packung als „geruchlos“ angepriesen werden. Die Holzkohle kann man auch mit dem Gasbrenner entzünden, den man fürs Karamellisieren der Zuckerschicht auf der Crème brûlée braucht (siehe Seite 459) oder mit dem Abbeizföhn die Kohle zum Glühen bringen. Wer geschickt ist, schafft es auch mit einem kleinem Papier-Holz-Feuerchen. Anzünden, Kohlen auflegen und mit dem normalen Föhn (ohne Heizstufe) so lange blasen, bis eine schöne Glut entfacht ist.

Das sollten Sie beim Grillen beachten

Sie brauchen Geduld! Warten Sie, bis die Kohlen mit einer weißen Ascheschicht überzogen sind, dann wird das Grillresultat viel befriedigender sein, als wenn Sie zu früh beginnen, solange noch schwarze Kohlepartien zu sehen sind.

Richten Sie den Rost nicht zu nah an der Glut ein! Perfektes Grillen braucht seine Zeit. Die meisten Menschen sind zu ungeduldig, geben zu große Hitze – dann verbrennt das Grillgut außen, innen ist es aber noch roh oder kalt. Sehr praktisch sind Grills, bei denen der Abstand stufenlos zu verstellen ist – dann kann man ganz langsam und weit entfernt anfangen und zum Schluss – oder wenn die Glut langsam vergeht – nah heranfahren und noch einen letzten Kick geben!

Besorgen Sie sich eine gute Grillzange, mit der man die zu grillenden Zutaten gut fassen kann – es ist ärgerlich, wenn Steaks oder Würste aus der Zange herausrutschen und dann durch den Rost in die Glut fallen.

Gitterkörbe für Fleisch und Fisch Solche Körbe, die sich mit Klammern oder Haken verschließen lassen (siehe Bild oben), sind praktisch. Auf Seite 221 sehen Sie einen Korb in Fischform, mit dem man empfindliche Fische auch im Ganzen perfekt grillen und ohne Verluste auf die Teller bringen kann.

Verwenden Sie Aromaten (Kräuter oder andere duftspendende Substanzen), um Ihr Grillgut zu würzen. Zum Beispiel für Steaks oder Bratwürste (diese immer anstechen, damit sie nicht platzen – bestens dazu geeignet der Kartoffeldreizack, den man zum Halten der zu pellenden Kartoffeln braucht) kurz vor dem Servieren frische Lorbeerblätter, Thymian oder Rosmarinzweige auf die Glut legen. Für Fisch bieten sich Fenchelgrün, Zitronengras oder Zitronenblätter, für Lamm getrocknete Herbes de Provençe und junger Knoblauch an. Und bei Gemüse kann man mit Zitronen-, Orangen- oder Mandarinenschalen wunderbare Effekte erzielen.

b4 Scampi *mit* Asienduft

So schmecken Scampi einfach umwerfend gut und sind der Renner beim Grillfest: Mit einem großen Messer längs halbieren, dabei darauf achten, dass vom Saft des Körpers nichts davonläuft. Die Hälften mit der Schnittfläche nach oben auf den Grillrost legen, auch jetzt aufpassen, dass der Saft, der sich in der Schale vom Schwanz sammelt, erhalten bleibt. Und: Das klappt natürlich auch mit Garnelen!

Für vier Personen
4–8 große Scampi
1 rote Chili
1 grüne Chili
2 Knoblauchzehen
1 walnussgroßes Stück Ingwer
Frühlingszwiebel
1–2 Kaffirlimettenblätter
1 TL Sesamöl
1 EL neutrales Erdnussöl
1 TL Fischsauce
1 Prise Zucker

Die Scampi wie oben beschrieben längs halbieren und mit der Schnittfläche nach oben auf den heißen Grillrost setzen.

Chilis entkernen, Knoblauch und Ingwer schälen, Frühlingszwiebel putzen. Alles sehr fein würfeln. Mit dem haarfein geschnittenen Zitronenblatt und den übrigen Zutaten mischen. In die offenen Scampihälften verteilen. Etwa 4 bis 5 Minuten grillen, bis das glasige Scampifleisch gerade eben weißlich geworden ist.

Schnell von der Glut nehmen und mit Vergnügen genießen.

b4 Auberginen *und* Zucchini

Ein Klassiker auf dem Grill. Die Scheiben dafür am besten auf der Aufschnittmaschine schneiden, damit sie absolut gleichmäßig werden. Sonst garen sie auf dem Grill nicht gleichmäßig und verkohlen bereits auf der einen Seite, obwohl sie auf der anderen noch nicht gar sind. Und nicht zu dünn schneiden, etwa fingerdick – sie bleiben dann innen schön saftig!

Für zwei bis vier Personen
1 mittelgroße Aubergine
(am besten schmecken die hellen, runden aus Sizilien)
1–2 schlanke Zucchini
Olivenöl
Salz, Pfeffer

Die Aubergine vom Stiel befreien, dann längs auf der Aufschnittmaschine in Scheiben schneiden. Ebenso die Zucchini längs aufschneiden – sie etwas dünner schneiden, weil sie schneller gar sind.

Auf den mit Öl bestrichenen heißen Grillrost legen und so lange auf beiden Seiten garen, bis sie schöne Grillspuren zeigen und weich sind. Bereits zu Beginn pfeffern, aber erst am Ende salzen.

Tipp: Dazu eine Tomagrette (Seite 48) oder einen Pesto servieren, der im Mixbecher schnell aufgeschlagen ist: eine Handvoll Basilikumblätter, 1–2 EL Pinienkerne, 1 Stück Zitronenschale, 1 Chilischote (ohne Kerne), Salz, 25 g Parmensan oder Pecorino und 3 EL Olivenöl dazu. Glatt mixen und zu den gegrillten Gemüsescheiben servieren.

Plancha oder Teppan

Plancha ist das spanische Wort für Brett – und bretteben ist die Grillplatte aus Gusseisen oder Edelstahl, die von unten kräftig beheizt wird und auf deren Oberfläche man mit wenig Zugabe von Fett eigentlich wie in einer Pfanne braten kann. Dennoch nennt man es grillen, weil die Hitzeeinwirkung tatsächlich so direkt wie auf einem Grill funktioniert.

Das japanische Pendant dazu ist der Teppan-Yaki-Grill, ursprünglich eine ziemlich große Metall- oder Steinplatte, in einen speziellen, von unten beheizten Tisch eingelassen, an dem der Koch vor den Gästen diverse Zutaten (Muscheln, Krustentiere, Fisch, Fleisch, Gemüse) gart. Die original-japanische Zubereitungstechnik auf dieser heißen Platte ist anspruchsvoll, der Koch braucht viel handwerkliches Geschick und die Ästhetik der Zubereitung hat einen hohen Stellenwert. Natürlich ist unter westlichem Einfluss davon nicht mehr viel übrig geblieben und so werden bei uns inzwischen mehr oder weniger teure, manchmal sehr preiswerte Geräte angeboten, die man einfach auf den Tisch stellt. Auch wenn die Geräte erstaunlich leistungsfähig sein können (2000 Watt sollten sie wenigstens mitbringen!), wird die Kochtechnik der meisten Tischgenossen nicht ausreichen, um ein dem Vorbild adäquates Ergebnis zu erzielen. Mit Gästen ein Scheibchen Fisch oder Fleisch auf der Fläche zu braten, mag indes Spaß machen. Und wenn die Oberfläche zudem antihaftbeschichtet ist, kann man sogar kalorienarm garen. So ein Tischgrill kostet nicht viel, Aktionsware des Discounters Lidl konnte sich in Schnelltests von Stiftung Warentest behaupten und war für rund 25 Euro zu haben. Man muss nur wissen, ob man so ein Gerät wirklich braucht: Die Sache ist nämlich mit einer gewissen Kleckerei verbunden und die Reinigung der Geräte erweist sich meist als rechte Mühsal. Deswegen verschwinden solcherlei Geräte schnell ungenutzt in der Versenkung.

Mehr Spaß mit der Plancha

Eine gute Plancha freilich, die ausschließlich draußen oder in der Küche angesiedelt ist und dort einen die reichlich entstehenden Dämpfe leicht bewältigenden Abzug benötigt, hat bessere Chancen, zu einem häufiger benutzten Küchenutensil zu werden. Zumal man sie im Allgemeinen als Zubehör zum fest installierten Grill kauft. Oder sich passend dazu anfertigen lässt – zum Beispiel aus einer dicken Edelstahlplatte. Man braucht also keine eigene, nur hierfür bestimmte Wärmequelle, sondern kann sie auf jeden Grill oder auch auf einen guten Gasbrenner (Wokbrenner jeglicher Art sind hier besonders gut geeignet!) legen.

Es gibt freilich auch spezielle Planchas mit eigener Hitzequelle, meist für die Profiküche – und die großen, runden, fahrbaren Geräte, die für den Außenbereich gedacht sind und Zentrum jeder Party werden können, wenn ein Könner an ihnen arbeitet.

Wichtig: Viel Hitze!

Wichtig für ein perfektes Garen und präzises Arbeiten auf der Plancha ist, dass sie ausreichend stark erhitzt werden kann, unbedingt über 300, besser über 350 Grad. Diese Hitze muss auch gehalten werden, wenn das Gargut aufgelegt wird – deshalb muss die Plancha ausreichend dick sein, am besten aus Gusseisen (wenn dieses obendrein emailliert ist, lässt sich die Platte leichter säubern) oder Edelstahl (siehe Foto links) – dessen schlechtere Leitfähigkeit ist hier kein Nachteil, weil die Hitzequelle ja ohnehin unmittelbar einwirken muss. Die große Hitze, die man auch in einer guten Pfanne auf dem Herd nicht erreichen kann, sorgt dafür, dass das Gargut auf der Plancha geradezu tanzt: Die darin enthaltene Flüssigkeit verdampft beim Austreten sofort, es kommt nicht zum Kochen, es bleibt beim reinen Braten. Trotzdem muss die Plancha über eine Saftrille oder einen Ablauf verfügen, denn häufig wird man mit Marinaden und anderen aromaspendenden Flüssigkeiten (Wein, Säfte, Brände) arbeiten, außerdem geben manche Teile (Würste, Entenbrüste, Schweinenackensteaks) viel Fett ab, das aufgefangen werden muss.

b4 *Gefüllte* Kalmare

Am besten schmecken die höchstens handspannenlangen, also relativen kleinen Kalmare, in Italien liebevoll calamaretti genannt. Man bekommt sie leider bei uns nicht überall frisch, aber häufig die sogenannten Tuben tiefgekühlt, den ausgenommenen Körper.

Für vier Personen
Ca. 600 g kleine Kalmare
(oder tiefgekühlte Tuben)
2–3 Frühlingszwiebeln
2 Knoblauchzehen
eventuell 1–2 Chilischoten
2 EL Olivenöl
Salz, Pfeffer
3 EL Semmelbrösel
Schale und Saft einer ½ Zitrone
1 kleines Bund glatte Petersilie
Olivenöl zum Braten
2–3 EL Zitronensaft
½ Glas Weißwein

Tipp:
Wer diese Kalmare in einer Pfanne zubereiten möchte, muss unbedingt eine blanke, also unbeschichtete, Pfanne nehmen. Zunächst leer stark erhitzen, dann etwas Öl hineingeben und die Kalmare portionsweise darin braten. Bei zu wenig Hitze ziehen sie schnell Wasser und werden leicht zäh …

Die Kalmare gründlich putzen: An den Tentakeln den gesamten Körperinhalt (Innereien) herausziehen, die Beinchen abschneiden, den Rest entfernen. Die Tuben innen gründlich auswaschen und beiseitelegen.

Für die Füllung die Frühlingszwiebeln fein schneiden, ebenso den Knoblauch. Falls gewünscht, die Chilis entkernen und sehr fein würfeln.

In einer beschichteten Pfanne das Olivenöl erhitzen, Zwiebel, Knoblauch und Chili andünsten, dabei salzen und pfeffern. Die Tentakel grob zerschneiden und zwei bis drei Tuben ebenfalls zerkleinern, in die Pfanne geben und mitdünsten. Die Semmelbrösel schließlich hineinstreuen, alles gut mischen. Mit Zitronenschale und -saft würzen, fein gehackte Petersilie untermischen. Mit Salz und Pfeffer abschmecken.

Diese Füllung in die geputzten Tuben füllen. Nicht zu voll packen, weil sich die Füllung beim Braten ausdehnt und das Innere der Tuben zusammenzieht – und sonst zu viel ausläuft.

Auf die Mitte der aufgeheizten Plancha zwei Esslöffel Öl gießen, mit einem Drahtpinsel verteilen (Natur- oder Silikonpinsel vertragen diese Hitze nicht). Die gefüllten Kalmare nebeneinander darauf einige Minuten braten. Dabei ab und zu wenden, damit sie rundum appetitliche Bratspuren bekommen. Mit Zitronensaft beträufeln und den Wein löffelweise darüberträufeln. Nach ungefähr zwei bis drei Minuten sind die Kalmare gar – man kann sie noch auf einer kühleren Stelle ein wenig nachziehen lassen.

Die Kalmare auf vorgewärmten Tellern anrichten. Kleckse von Petersilienöl (Seite 57) und eventuell sogar auch noch Zitronenöl (Seite 58) rundum daraufsetzen.

Dazu frisches Brot und einen kraftvollen Weißwein servieren.

b4 Meeresfrüchte *von der Plancha*

Es ist eine ideale Garmethode für Muscheln und andere Meeresfrüchte. Wie zum Beispiel Herzmuscheln, Schwertmuscheln oder Venusmuscheln. Einfach auf die heiße Plancha legen, bis sie in der Hitze aufspringen.

Pro Person
6 Muscheln
2–3 EL Olivenöl
3 Knoblauchzehen
1 kleines Bund glatte Petersilie
etwas Zitronenschale
1 Spritzer Weißwein

Die Muscheln auf die mit Öl eingepinselte, brüllend heiße Plancha setzen. Knoblauch und Petersilie fein hacken, mit Zitronenschale mischen. Wenn die Muscheln sich geöffnet haben darin verteilen, auch Zitronensaft und jeweils einige Tropfen Olivenöl hineinträufeln. Überall auch einige Tropfen Weißwein zufügen.

Die geöffneten Muscheln auf einer Platte anrichten und zusammen mit Zitronenschnitzen servieren.

Tipp: Falls man nur eine Pfanne zur Verfügung hat (auch hier unbedingt eine blanke!), doppelt so viel Öl verwenden, damit die Muscheln sofort in der starken Hitze des siedenden Öls landen. Und natürlich portionsweise, damit die Hitze nicht zu sehr absinkt.

b4 Garnelen *auf Salz*

Man braucht grobes Meersalz für diese Garmethode – es bildet eine durchlüftete Schicht, weil die unregelmäßig geformten Körner nur locker aufeinanderliegen. Auf einem solchen Salzbett kann man auch ganze Fische garen, wenn sie nicht zu groß sind, wie zum Beispiel kleine Meerbarben.

Pro Person
4–6 frische Garnelen in der Schale (siehe Tipp)
eine Handvoll grobes Meersalz

Die Plancha erhitzen, das Salz auf die Stelle streuen, auf der die Garnelen liegen werden. Die Garnelen nebeneinander daraufsetzen. Sobald sie gar sind, nach zwei, drei Minuten, werden sie dick und prall und ihre Farbe wird intensiver.

Tipp: Garnelen aus Wildfang kann man bei guten Fischhändlern ab und zu bekommen. Besonders köstlich sind die dunkelroten Carabinieros aus besonders tiefen Gewässern. Diese gibt es auch tiefgefroren bei speziellen Versandhändlern. Bei normaler Tiefkühlware unbedingt auf das Siegel für Bio-Zucht oder nachhaltigen Fang achten!

Grillplatte (Griddle)

Darunter versteht man eine im Allgemeinen gusseiserne, manchmal emaillierte Platte, die oft mit erhabenen Stegen versehen ist – ähnlich einer Grillpfanne für den Herd. Man macht sie über dem Elektrogrill, über Holzkohle oder im Kaminfeuer sehr heiß und legt Fisch oder Fleisch zum Garen darauf. Die Stege brennen ein Grillmuster ein, wie es die heißen Stäbe eines Rostes tun. Bei ausreichend hoher Hitze wirkt der Griddle so intensiv wie ein „richtiger" Grill, der Geschmack ist durch das Karamellisieren der Fleischsäfte ähnlich. Eine saubere Methode, denn die Grillplatte lässt sich in die Spülmaschine stecken (oder wird, wenn sie nicht emailliert ist, einfach mit einer Eisenbürste abgebürstet), weiteres ist nicht schmutzig geworden. Der Griddle wird deshalb in vielen fleischvernarrten Gegenden der Welt von den Frauen mehr geschätzt als der offene Grill. Gusseiserne Grillpfannen oder solche mit Keramikbeschichtung können ebenfalls sehr stark (bis über 400 Grad) erhitzt und in ähnlicher Weise verwendet werden.

b4 Ochsenkotelett

Ein zwei- bis dreifingerdickes Stück Fleisch, aus der Hochrippe oder aus dem Teil dahinter, mitsamt dem Knochen, wiegt gut ein Kilo. Lassen Sie es nach dem Anbraten lange neben der Glut durchziehen und wenden Sie es immer wieder, damit es durch und durch saftig bleibt.

Für zwei bis drei Personen
1 kg Ochsenkotelett
(bitten Sie den Metzger um ein gut abgehangenes Stück!)
2 EL Olivenöl
3–4 Rosmarinzweige
Pfeffer
1 Zitrone
1 TL Salz
Fleur de Sel

Das Fleisch mit Olivenöl einreiben, ruhig schon einige Stunden vorher oder gleich nach dem Einkauf. Die Rosmarinzweige daraufpacken, etwas Zitronenschale und reichlich grob gemahlenen Pfeffer. Zugedeckt eine halbe Stunde oder länger marinieren lassen.

Die Grillplatte gut vorheizen, dann das Salz in die Mitte streuen, das Fleisch daraufsetzen und zunächst auf dieser, dann auch auf der anderen Seite jeweils eine Minute braten. Danach die Grillplatte weg vom Feuer ziehen, das Fleisch dort 20 bis 30 Minuten ruhen und nachziehen lassen, dabei alle drei Minuten wenden. Ab und zu ein paar Tropfen Öl darauf verteilen.

Das Fleisch darf nicht zu stark durchgaren, es darf auf Fingerdruck keinen Widerstand bieten, muss sanft nachgeben.

Zum Servieren mit einem scharfen Messer vom Knochen schneiden und dann schräg, also quer zur Faser in nicht zu dicke Scheiben schneiden.

Dazu einen würzigen Dip (zum Beispiel Seiten 36 bis 40 oder 54f.) servieren und nach Belieben auch einen Salat.

Der Kontaktgrill

Wer gerne die typisch italienischen gegrillten Schinken-Tomaten-Käse-Brote, saftige gefüllte Toasts oder Tramezzini isst, für den kann dieses Gerät den Himmel auf Erden bescheren. Im Prinzip besteht dieser Grill aus zwei Platten, die über ein Gelenk verbunden sind, das variable Abstände der Platten zueinander erlaubt. Die beiden Platten werden elektrisch aufgeheizt und garen beziehungsweise grillen und braten nun alles, was man zwischen sie packt.

Empfehlenswert (und heute fast Standard) ist es, dass die Platten antihaftbeschichtet sind, denn dann lassen sie sich leicht und in Windeseile reinigen. Dadurch ist das Gerät bestens geeignet, auch zwischendurch mal für eine Kleinigkeit eingesetzt zu werden. Die Bedienung ist so einfach, dass auch Ungeübte und Heranwachsende damit bestens zurechtkommen. Für Familien prima und für Singles einfach ideal! So kann man etwa dünne Fleischscheiben, sogar Steaks, Wurst-, Leberkäs-, Speck- oder Schinkenscheiben grillen. Auch eine Art Rührei ist rasch fertig auf dem heißen Kontaktgrill, der dann nicht zugeklappt wird: zwei Eier auf die heiße Fläche geben, salzen und pfeffern, unter Rühren mit dem Silikonschaber braten, bis alles cremig gestockt ist.

Und Kartoffelchips werden zwischen den glatten Flächen des Kontaktgrills ganz prima, durch das Gewicht bleiben sie schön flach und verformen sich nicht. Außerdem braucht man nur ganz wenig Öl! Dafür geschälte Kartoffeln in dünne Scheiben hobeln, in kaltem Wasser alle Stärke abwaschen und abtrocknen. Kontaktgrill mit Öl einpinseln, Kartoffelscheiben nebeneinander auflegen, zuklappen und garen. Die knusprigen Chips mit Salz oder Salzflocken bestreuen und sofort genießen, ehe sie durch das Salz Wasser ziehen und wieder weich und zäh werden.

b4 Käse-Schinken-Toast

Ein köstlicher, schneller Imbiss, den man sich nur für sich alleine zubereiten kann. Ganz nach Gusto mit den unterschiedlichsten Käsesorten, mit rohem oder gekochtem Schinken. Nach Belieben mit Gurken- oder Tomatenscheiben dazwischen oder mit frischen Kräutern.

Für eine Person
2 dünne Weißbrotscheiben
1 TL Senf
2 Scheiben Käse
2 Scheiben gekochten Schinken
1 Tomate
1 Knoblauchzehe
Salz, Pfeffer

Die Brotscheiben dünn mit Senf bestreichen. Auf eine Scheibe den Schinken betten, die Tomate in Scheiben und den Knoblauch fein gehobelt darauf verteilen. Salzen, pfeffern. Mit dem zweiten Brot abdecken. Zwischen den Kontaktgrill legen und grillen.

b4 Spiegelei

Für eine Person
1 Ei
Salz, Pfeffer
eventuell Paprika

Sogar ein englisches Frühstücks-Spiegelei ist rasch fertig auf dem heißen Kontaktgrill, der dann nicht zugeklappt wird: dünne Speckscheiben ausbreiten, darauf ein Ei schlagen, salzen und pfeffern, nach Gusto mit Delikatesspaprika bepudern und braten, bis das Eiweiß gestockt ist.

Der heiße Stein

Es muss etwas damit zu tun haben, dass in uns allen noch atavistische Motive geweckt werden können: Das urzeitliche Garen auf dem heißen Stein übt immer wieder einen eigenen Reiz auf uns aus. Gleichgültig, ob ein dicker Stein im Ofen (oder auch in der Kaminglut) vorgewärmt auf den Tisch kommt und die Gäste, jeder für sich, darauf Fleisch, Fisch oder etwas Gemüse garen, oder ob man dies auf einer elektrisch beheizten Steinplatte tut: Die abstrahlende Hitze gart die Zutaten mit einer Tiefenwirkung, die eine gewisse Saftigkeit geradezu garantiert. Man kann das etwa vergleichen mit dem Unterschied der eher oberflächlich wirkenden Hitze eines normalen Heizkörpers gegenüber der wohligen Wärme, die ein Kachelofen abstrahlt. Deshalb ist das Grillen auf dem heißen Stein nicht weiter kompliziert und es sollte jedem gelingen, ein gutes Ergebnis zu erzielen.

Ein einzelner heißer Stein in der Mitte der Tafel ist allerdings für ein geselliges Essen zu wenig. Und wenn man jedem Gast seinen eigenen Stein bereitstellen will, geht das Ganze ins Geld und die Unterbringung könnte zum Problem werden. Solche Steine sind damit eher eine Sache für echte Liebhaber.

b5 # *Die* Mikrowelle

Sie wird gern geradezu als Inbegriff für die absolute Abwesenheit von Kochkunst geschmäht, vor allem von ausgewiesenen Genießern. Dabei kann das Mikrowellengerät auch in einer anspruchsvollen Küche durchaus praktische Dienste tun.

Das Modegerät der 80er-Jahre

Als die Mikrowelle in den 70er-Jahren Einzug in unsere Küchen hielt, wurde die neue Technik begeistert als Beginn eines neuen Zeitalters gefeiert, weil sie so viel Zeit und Mühe sparte. Prophezeiungen, dass man in Zukunft kaum mehr auf oder in herkömmlichen Herden kochen werde, haben sich jedoch nicht bewahrheitet. Aber es finden sich Mikrowellenherde heute in mehr als zwei Dritteln aller deutschen Küchen, wenn nicht als Extragerät, dann als selbstverständliche und nützliche Zusatzleistung in den Backofen integriert.

Die Funktion

Elektromagnetische Wellen versetzen die Wassermoleküle in den Lebensmitteln in Schwingung und erhitzen sie dadurch – das ist, kurz gesagt, die Wirkung von Mikrowellen, die von einem Magnetron erzeugt werden. Damit sie gleichmäßig arbeiten können, setzte man in den ersten Mikrowellengeräten die Speisen auf einen Drehteller. Die moderne Mikrowellentechnik hat das nicht mehr nötig, kann sogar mit allen möglichen Beheizungsarten kombiniert werden. Multifunktionsgeräte bieten Mikrowelle in Verbindung mit Heißluft oder Grill und ermöglichen dadurch ganz normales Braten und Backen mit verkürzten Garzeiten.

Allerdings sind Mikrowellen nicht unumstritten. Sie könnten durch ein Leck im Gerät, eine undichte Tür etwa, entweichen, befürchten manche. Den gesetzlichen Grenzwert von 5 Milliwatt pro Quadratzentimeter in 5 Zentimeter Abstand erreichte im letzten Test von Mikrowellen mit Grill im Jahr 2008 aber kein einziges Gerät. Selbst die in dieser Hinsicht schlechteste Mikrowelle strahlte nur 1,5 Milliwatt pro Quadratzentimeter ab, die anderen lagen noch deutlich darunter. Solange keine deutlich sichtbaren Beschädigungen an Türschloss oder Scharnieren zu erkennen sind, besteht keinerlei Gefahr. Kinder sollten sich sicherheitshalber trotzdem nicht die Nase an der Scheibe platt drücken, allein schon weil diese bei manchen Geräten etwas warm werden kann. Von Bedenken, dass die Mikrowellen eine negative Wirkung auf Inhaltsstoffe von Lebensmitteln nehmen, Vitamine und Mineralien verändern oder gar gesundheitsbedenkliche Reaktionen im Körper auslösen, liest man immer wieder, Belege lassen sich dafür aber nicht finden.

Was Mikrowellen können

Wie weit, wofür und ob die Mikrowelle tatsächlich in den deutschen Haushalten genutzt wird, ist in den Statistiken nicht ausgewiesen. Fest steht: Sie kann mehr als nur Tiefkühlkost auftauen, Fertiggerichte erwärmen und absolut perfektes Popcorn zubereiten. Natürlich ist die Mikrowelle ideal zum Aufwärmen fertiger Speisen. Für Nachzügler braucht man das Essen nicht mehr warm zu halten oder gar aufzubraten – beide Methoden haben übergarte und in ihrem gesundheitlichen Wert verminderte Lebensmittel zur Folge –, sondern kann den fertig angerichteten Teller mit Klarsichtfolie oder einem zweiten Teller abgedeckt erwärmen. Dabei bleiben Farbe, Aroma, Geschmack, sogar Vitamine erhalten.

Und natürlich kann man mit der Mikrowelle kochen. Gerade Gemüse oder Fisch, also Empfindliches, lässt sich darin schonend dünsten. Kleine Mengen sind oft darin besser und energiesparender zuzubereiten als im Topf auf dem Herd. Ganze Zubereitungen lohnen sich allerdings nur für eine bis zwei Personen, denn die Garzeit steigt mit zunehmender Menge exponentiell – und am Ende kann es dann in der Mikrowelle länger dauern als auf herkömmliche Weise auf dem Herd oder im Backofen.

Weil die Hitze nicht von außen einwirkt, sondern im Inneren entsteht und sich von dort verteilt, sollten die Zutaten zerkleinert sein. Eine Kartoffel lieber in Stücken als im Ganzen garen, nicht nur, weil es sonst zu lange dauert, sondern auch, weil die Hitze ungleichmäßig verteilt wird und der Garvorgang ungleich abläuft.

Die Speisen oder Zutaten müssen in der Mikrowelle vor Austrocknen geschützt werden. Zum Abdecken der Speisen im Teller oder einer Schüssel jedoch tut's die normale Klarsichtfolie oder ein umgedrehter Teller. Allerdings sind die neuartigen, speziell dafür entwickelten Folienbeutel durchaus praktisch, weil sie sich dicht verschließen lassen und trotzdem durch eine gewisse Perforierung Luft entweichen kann, sie also nicht explodieren, wenn Dampf entsteht und sich der Beutel ausdehnt.

Welches Geschirr für Mikrowelle?

Das meiste Geschirr ist für die Mikrowelle geeignet, aber nicht jedes: Nicht hitzebeständiges Plastikmaterial kann sich verformen. Steingut, vor allem unglasiertes, kann zerbrechen und manches Glas zerspringen. Auch Geschirr mit Goldrand ist tabu, der kann in der Mikrowelle schmelzen und verschwinden. Überhaupt ist Metall problematisch, darf vor allem den Wänden nicht zu nahe kommen, sonst sprühen gewaltige Blitze und Funken. Metallteile dürfen auch einander nicht zu nahe sein, wie zum Beispiel Kuchengitter oder die Zinken einer Gabel.

Erlaubt ist hingegen der Löffel im Becher, der beim Erhitzen von Flüssigkeit verhindern soll, dass sie schlagartig überkocht, sobald das Gefäß bewegt wird. Ohnehin darf man die Temperatur des durch die heißen Speisen erhitzten Geschirrs nicht unterschätzen und sollte immer den Topflappen zur Hand haben!

Am nützlichsten ist die Mikrowelle für täglich in der Küche wiederkehrende Vorbereitungs- und Zurüstarbeiten. Die Milch fürs Baby, für den Kaffee oder zum Einweichen des Brötchens für den Hackfleischteig aufzuwärmen, die Zwiebeln dafür weich dünsten, ohne achtgeben zu müssen, dass sie bräunen, Schokolade für den Kuchenguss behutsam schmelzen – all das erledigt die Mikrowelle perfekt. Aber nur, wenn der Backofen, in den sie integriert ist, nicht gerade anderweitig genutzt wird. Deshalb bleibt es ratsam, wann immer es der Platz erlaubt, das Mikrowellengerät als Zusatz- und Zweitgerät zu haben.

Was die Mikrowelle bestens kann

Tiefkühlkost auftauen Nur kleinere Portionen – größere (Fleisch, Fisch) lieber langsam im Kühlschrank auftauen lassen. Tiefgekühlte Fertiggerichte in einem Arbeitsgang auftauen und erwärmen.

Fertige Speisen aufwärmen Vorzugsweise als einzelne Portion mit Klarsichtfolie abgedeckt wieder aufwärmen. Achtung beim Entfernen der Folie: Verbrennungsgefahr durch Dampf!

Verflüssigen Fester Honig im offenen Glas wird in wenigen Minuten wieder flüssig.

Behutsam schmelzen Zum Beispiel Schokolade.

Getrocknete Pilze und Früchte einweichen Trockenfrüchte mit Rum, Wasser oder Wein bedeckt, sind schnell eingeweicht. Ebenso kann man getrocknete Pilze in Wasser einweichen.

Mandeln häuten Mandeln mit Wasser bedeckt in der Mikrowelle zum Kochen bringen, kurz ziehen lassen, dann abschrecken. So lassen sie sich leicht häuten.

Semmelbrösel Weißbrot oder Brötchen gehören zum Aufbacken nicht in die Mikrowelle, sie werden zäh und hart. Aber für Semmelbrösel kann man sie in wenigen Minuten trocknen, bevor man sie im Mixer zerkleinert.

Zucker karamellisieren Für Crème Caramel die Förmchen mit Zucker ausgestreut in der Mikrowelle verteilen – nicht zu eng nebeneinanderstellen, das beeinträchtigt die gleichmäßige Leistung. Es dauert je nach Anzahl der Förmchen nur wenige Minuten auf stärkster Stufe, bis der Zucker geschmolzen und zu haselnussbraunem Karamell geworden ist.

Tellerwärmen Ganze Stapel sind in wenigen Minuten durchwärmt. Allerdings: Nicht jedes Geschirr verträgt das – Porzellan ist im Allgemeinen am wenigsten anfällig. Gegebenenfalls eine Probe machen.

Popcorn zubereiten Popcorn-Mais (Puffmais) mit ein wenig Öl in einen verschließbaren Behälter (Keramik, hitzebeständiger Kunststoff) oder eine aufgeblasene Papiertüte füllen und 3 bis 4 Minuten erhitzen.

b5 *Gedünstetes* Gemüse

In speziellen Folienbeuteln kann man jedes Gemüse schnell und absolut problemlos dünsten.

Für zwei Personen
1 Tasse Blumenkohlröschen
1 Tasse Brokkoliröschen
Salz
Muskat
1 EL Butter

Das Gemüse waschen und tropfnass in einen verschließbaren, mikrowellengeeigneten Folienbeutel geben, Salz, Muskat und Butter zufügen. Den Beutel verschließen und in die Mikrowelle legen. Auf stärkster Stufe 6 bis 9 Minuten (je nach Menge!) garen – fertig!

Dieses Gemüse passt hervorragend als Beilage zum gegrillten Stubenküken (Seite 219).

So geht man mit der Mikrowelle richtig um

Zutaten zerkleinern Zerkleinern Sie die Zutaten und garen Sie nur kleine Mengen auf einmal: doppelte Menge verdoppelt die Garzeit.

Kein Metall Auf keinen Fall sollten Sie Metallschüsseln oder -behälter verwenden: Metall schirmt die Mikrowellen ab. Alufolie kann man nutzen, um genau diesen Effekt zu nutzen, also Empfindliches vor der Mikrowelle zu schützen. Aber natürlich immer mit genügend Abstand zur Gerätewand oder -decke, sonst funkt's und blitzt's.

Knappe Garzeit Wählen Sie immer zunächst eine eher knappe Garzeit und arbeiten Sie dann nach Bedarf in 30-Sekunden-Schritten nach: Verkochtes lässt sich nicht mehr retten – das kann bei der Mikrowelle ganz schnell passieren.

Haut und Schale anstechen Zutaten mit Haut und Schale, von Tomaten bis Würstchen, müssen Sie immer anstechen oder einritzen, damit das Innere sich beim Erwärmen ausdehnen kann. Das bedeutet auch, dass Sie keine Eier in die Mikrowelle tun dürfen: Sie explodieren geradezu, sogar das Eigelb im Spiegelei.

Umrühren Grundsätzlich sollten Sie größere Mengen (Suppen, Saucen) nach der halben Gar- oder Kochzeit umrühren, damit alles gleichmäßig durchwärmt wird.

Temperatur kontrollieren Wenn Sie Babyfläschchen in der Mikrowelle erwärmen, müssen Sie immer gut schütteln und die Innentemperatur kontrollieren, die Flasche kann sich außen noch kühl anfühlen, die Flüssigkeit innen bereits sehr heiß sein!

b6 Der Tellerwärmer

Eigentlich ist ein Tellerwärmer natürlich der absolute Luxus, denn dafür braucht man in seiner Küchenzeile Platz! Aber wenn Sie genug davon und außerdem auch noch das nötige Geld haben, ist er praktischer als Sie vielleicht denken. Man kann in ihm nicht nur sein Geschirr vorwärmen, sondern auch Tiefkühlkost auftauen, Schokolade schmelzen oder Empfindliches besonders schonend darin garen.

Was ist das?

Der Tellerwärmer, auch Wärmeschublade genannt, ist so breit und tief wie ein Einbauherd und meist in etwa halb so hoch. Er bietet, oft sogar stufenlos, jeweils eine Temperatur zwischen 30 und 80 Grad, die er auch über eine längere Zeit halten kann. Das ist nicht nur nützlich, um das Geschirr entsprechend vorzuwärmen – worauf man nicht mehr verzichten will, wenn man sich daran gewöhnt hat: Vorgewärmte Teller, die auch dann möglich sind, wenn der Backofen oder das Mikrowellengerät mit anderem beschäftigt ist und daher nicht den Platz oder nicht die richtige Temperatur bietet, die die Teller brauchen.

Aber die Wärmeschublade kann erheblich mehr als das: Sie eignet sich zum Auftauen von Tiefkühlkost oder zum Joghurtbrüten (bei 30 Grad), zum Gehenlassen von Hefeteig und zum Ansetzen von Sauerteig (bei 40 Grad). Die 60-Grad-Stufe ist richtig, um Geschirr zu erwärmen, das dann bei Tisch die Freude an warmem Essen länger möglich macht. Die höchste Temperatur liegt bei 75 bis 85 Grad. Sie wird auch gern Warmhaltestufe genannt, aber warmhalten sollte man ja fertige Speisen lieber nicht. Trotzdem ist diese Stufe nützlich, zum Beispiel, um angebratenes Fleisch, ein Steak etwa, langsam nachziehen zu lassen. Oder um Fisch besonders schonend zu garen. Denn diese 80 Grad, das ist exakt die richtige Temperatur, bei der das empfindliche Fischeiweiß gerade eben langsam sich umwandelt und gar wird, und zwar ohne auszutrocknen oder faserig zu werden.

Der Ersatz fürs Wärmefach

Als zu Beginn des letzten Jahrhunderts die ersten Elektroherde aufkamen, wurde die Hausfrau in ausführlichen Begleitheftchen mit der neuartigen Art zu kochen vertraut gemacht. Darin war stets zu lesen: „Fisch gehört ins Wärmefach." In diesem Fach unter dem eigentlichen Backrohr, das vom Ofenraum nur sanft erwärmt wurde, konnte Empfindliches wie Fisch nie zu heiß werden, wurde nicht übergart und blieb immer saftig. Irgendwann hat man das leider vergessen.

Vielleicht hat man geglaubt, dass größere Hitze die Zeit verkürzt, und vermutlich hat man den Unterschied nicht gleich gemerkt. Dabei gibt es keinen Zweifel: So saftig und perfekt wie im Wärmefach kriegt man den Fisch im Backrohr nur mit allergrößter Aufmerksamkeit hin! Denn da wird innerhalb weniger Minuten der schmale Grat zwischen gut und richtig und zu heiß und übergart allzu leicht überschritten.

Im Tellerwärmer, der die eingestellte niedrige Temperatur perfekt zu halten vermag, kann auch dem empfindlichen Fischeiweiß nichts passieren. Besonders praktisch ist diese Garmethode, wenn man Gäste hat: Den Fisch mit allen nötigen Zutaten direkt auf dem Teller anrichten. Auf den Gitterstellagen, die zu hohe Tellerstapel vermeiden helfen, kann man auch fertig angerichtete Teller für mehrere Personen übereinanderstellen und nach einer Weile im Wärmefach kann der Fisch auf seinem vorgewärmten Teller serviert werden …

b6 *Gedünstetes* Fischfilet

Nach diesem Grundrezept lässt sich jedes Fischfilet verarbeiten. Man sollte stets nur darauf achten, dass die Fischstücke etwa gleiche Stärke haben, damit sie gleichzeitig gar sind. Mit den Kräutern lässt sich variieren und mit den Gewürzen ohnehin: Statt eher mediterran, mit Zitronenschale, Basilikum und Olivenöl, zur Abwechslung mit Ingwer, Knoblauch, Chili, Koriandergrün, Sesamöl und Sojasauce mal asiatisch angehaucht.

Für vier Personen
3 EL Olivenöl
Salz, Pfeffer
abgeriebene Zitronenschale
frische Melisse
ca. 8–12 Scheiben Fischfilet
3 EL Weißwein

Die Teller mit etwas Olivenöl einpinseln, Salz und Pfeffer darauf streuen – nur dort, wo der Fisch zu liegen kommt. Auch etwas abgeriebene Zitronenschale und fein geschnittene Kräuter dort verteilen. Die Fischstücke auf diese Fläche legen. Dann auch von oben mit etwas Öl besprenkeln, salzen, pfeffern, mit Zitronenschale würzen und mit Kräutern bestreuen.

Am Ende mit etwas Weißwein beträufeln und die Teller in die auf 80 Grad vorgeheizte Wärmeschublade stellen. Ungefähr 15 bis 18 Minuten darin gar ziehen lassen – je nach Dicke der Fischfilets. Und schließlich sofort, direkt aus der Wärmeschublade servieren.

Dazu frisches Weißbrot und ein Glas kraftvollen Riesling – einfacher, müheloser und wohlschmeckender kann man nicht kochen!

Tipp: Natürlich funktioniert das Rezept auch im Ofen, allerdings muss man dann sehr gut aufpassen und immer wieder den Garzustand überprüfen: Auf leichten Fingerdruck sollte das Fischfilet Widerstand bieten. Solange es nachgibt, ist es noch roh. Im Backofen sollte man den Fisch auf alle Fälle mit Folie abgedeckt vor zu direkter Hitze schützen, was im Tellerwärmer nicht nötig ist. Vor allem ältere Modelle weisen in diesem Temperaturbereich größere Schwankungen auf und garen nicht so sanft und präzise.

b7 *Die* Fritteuse

Das Backen im heißen Fett ist eine ebenso umstrittene wie beliebte Garmethode. Einerseits sind die Knusprigkeit, Zartheit und Saftigkeit unwiderstehlich, die perfekt Frittiertes auszeichnen. Andererseits lernt man schon als Kind, dass man die Finger davon lassen sollte, weil man damit mehr Fett zu sich nimmt, als für eine gesunde Ernährung statthaft ist.

Verrufen – aber zu Unrecht

Oft werden einem die heiß geliebten „Pommes" schon in jungen Jahren vergällt: ungesundes Fett, Acrylamid und so weiter. Dabei gilt: Frittiertes kann, muss aber nicht gesundheitsschädlich sein. Zum Beispiel eine so duftige Sache wie japanisches Tempura, Fisch oder Gemüse in hauchzartem, knusprigem Teig – wie kann so etwas je unbekömmlich sein? Zumal, wenn man sich an den Spruch des guten Paracelsus hält: Die Dosis macht, dass es Gift sei ... also nicht zu oft davon nascht.

Von lästigen Gerüchen

Wie verträglich eine Speise ist, das kann die Nase schon verraten, lange bevor der Gaumen es bemerkt. Die ist nämlich perfekt dafür gerüstet, uns vor Unverträglichem zu warnen. Gerade bei Frittiertem tut sie das eigentlich sehr zuverlässig. Allerdings können Zweifel aufkommen, ob tatsächlich jeder diese Warnungen wahrzunehmen imstande ist, angesichts der unzähligen Menschen, die auf Jahrmärkten oder in Fußgängerzonen vor Pommes-Buden freiwillig Schlange stehen, vor deren Frittengestank man eigentlich lieber Reißaus nehmen sollte.

Für viele ist die Geruchsentwicklung beim Frittieren auch der Grund, weshalb sie zu Hause nichts Fettgebackenes zubereiten wollen. Das war auch der Grund für den beispiellosen Siegeszug der tiefgekühlten Pommes frites, die im Ofen aufgebacken werden können. Aber heute ist das kein Argument mehr: Bei guten Fritteusen lässt sich der Frittierkorb bei geschlossenem Deckel absenken, sodass nicht dauernd Fettwolken aufsteigen. Allerdings muss Dampf entweichen können – er wird durch Filter gereinigt. Dabei entfernen Metalldauerfilter nur das Fett, während Aktivkohlefilter auch Gerüche zurückhalten. Kohlefilter müssen allerdings regelmäßig überprüft und gegebenenfalls erneuert werden.

Acrylamid muss nicht sein!

In Kritik geraten ist das Frittieren erst recht, seit man entdeckt hat, dass in stärke- und zuckerhalti-

Fritteusen: Tipps für den Kauf

Geruchsbelästigung minimiert? Wichtig ist die Absenkbarkeit des Korbes bei geschlossenem Deckel und ein Geruchsfilter (mit Aktivkohle, der dann regelmäßig gewechselt werden muss).

Deckel am Scharnier? Der Deckel sollte an einem Scharnier befestigt sein und sich auf Knopfdruck öffnen, sodass Kondenswasser nach hinten abläuft und nicht ins heiße Fett tropfen und zu bösen Spritzern führen kann.

Sichtfenster ist unnötig Ein Sichtfenster soll praktisch sein, um die Färbung zu beobachten – beschlägt aber meist; ist also Augenwischerei.

Frittierbehälter herausnehmbar? Sehr nützlich ist es, wenn man den Frittierbehälter herausnehmen kann – das erleichtert das Filtern oder Entsorgen des Fetts und man kann den Behälter in der Spülmaschine reinigen.

Einfache Bedienung? Der Frittierkorb sollte leicht und sicher in die Absenkmechanik einzuhängen sein.

Gut einstellbar? Schließlich sollte sich die Temperatur gut und in möglichst kleinen Schritten regeln lassen (und dann auch vom Gerät eingehalten werden, was sich aber im Geschäft natürlich nicht kontrollieren lässt).

gen Lebensmitteln bei hohen Temperaturen, wie sie im heißen Fettbad herrschen, sich Acrylamid, ein als krebserregend geltender Stoff, bilden kann. Seither versucht man in der industriellen Fertigung zu hohe Temperaturen zu vermeiden, werden Kartoffelchips zum Beispiel bei niedriger Hitze im Vakuum frittiert. Und für den Haushalt wird empfohlen, stets unter jenen 170 Grad zu bleiben, oberhalb derer die Acrylamidbildung beginnt. Das lässt sich natürlich nur in einer Fritteuse realisieren, die präzise einzustellen ist.

Leider hapert es damit allerdings, wie Tests der Stiftung Warentest gezeigt haben. Besonders im oberen – dem gefährlichen! – Temperaturbereich wird die eingestellte Temperatur bei vielen Geräten überschritten. Das ist in diesem Fall nicht nur ein ärgerliches Kavaliersdelikt, sondern führte wegen möglicher Gesundheitsschäden beim Test zwangsläufig zum Urteil „mangelhaft".

Platzbedarf und Fettverbrauch

Bevor man sich zum Kauf eines solchen Geräts entschließt, sollte man sich also informieren und auch darüber klar werden, wie oft und wofür man es vermutlich nutzen wird. Ob die Liebe zum Frittierten groß genug ist, oder man sich nicht doch für die wenigen Male, die man sie voraussichtlich einsetzen wird, mit dem Wok behilft (siehe Seite 310). Denn abgesehen davon, dass man in der Küche Platz für ein weiteres Gerät finden muss, sollte man wissen: Ein Riesen-nachteil ist die große Menge Fett, die nötig ist, um eine elektrische Fritteuse überhaupt nutzen zu können. Die meisten Modelle verlangen mindestens zwei, bis zu drei Liter – und das schlägt zu Buche! Denn schließlich darf man kein billiges Plattenfett verwenden, es muss eine hoch erhitzbare, gute Qualität sein, ohne jene gesundheitsschädlichen Transfettsäuren, die in den gehärteten Fetten vorkommen. Nach drei bis vier Mal sollte man es auswechseln – auch, wenn man, wie angeraten ist, es jedes Mal gefiltert hat, um Brösel und Bröckchen zu entfernen, die sonst beim nächsten Erhitzen verbrennen würden.

Regelmäßig filtern

Zum Filtern gibt es spezielle, leicht zu reinigende Teflon-Fettsiebe, notfalls legt man ein normales Sieb mit einem Blatt Küchenpapier aus oder schüttet das Fett durch einen Kaffeefilter aus Papier. Gelegentlicher Ölwechsel ist übrigens auch dann angesagt, wenn man selten frittiert und das gebrauchte Fett zwischendurch immer wieder eine Weile steht.

Mit jedem Frittiervorgang verändert sich die Beschaffenheit des Fetts, denn es laufen dabei vielerlei ziemlich komplizierte chemische Reaktionen ab. Manche von ihnen sind für das angenehme Aroma von Gebackenem nötig – oft entwickelt das Frittierte daher erst beim zweiten Eintauchen den typischen Geschmack. Andere hingegen führen zum Verderb des Fetts, was man spätestens daran merkt, dass es beim Backen stark schäumt, zu rauchen beginnt und sich auf die Schleimhäute legt, wo es zu Husten reizt.

Zu viel Fett lässt sich vermeiden!

Das meiste Fett, das in einer frittierten Speise enthalten ist, dringt erst ein, nachdem das Frittiergut aus dem Fett herausgehoben wurde. Und zwar durch jene Kanäle, durch die im heißen Fettbad zuvor der Wasserdampf aus dem Gargut ausgetreten ist. Hebt man es heraus, entsteht beim Abkühlen darin ein Vakuum, das das Fett von außen geradezu nach innen zieht. Es ist also wichtig, dass das Frittierte rasch abtropft, dabei aber nicht abkühlt. Und das verhindert am besten die geschlossene Fritteuse. Deshalb ist es auch überaus wichtig, dass man das Fettgebackene sofort nach dem Herausheben von allem anhaftenden Fett befreit – früher war das eine aufwendige Sache, man musste dafür Tücher nehmen, die mühsam gewaschen werden mussten. Deshalb hat man diese Maßnahme oft unterlassen – ahnte zwar, wusste aber noch nicht genau, dass sie so wichtig ist! Heute geht es auf Küchenpapier schnell und problemlos!

Fett oder Öl?

Welches Fett oder Öl man zum Frittieren verwendet, ist Geschmackssache. Die einen schwören auf Butterschmalz – schon wegen des guten Aromas. Klassisch ist Schweineschmalz, aber die meisten verwenden Öl. Die Deutsche Gesellschaft für Fettwissenschaft sagt: „Grundsätzlich sind alle Öle und Fette zum Frittieren geeignet." Und: „Native Öle können genauso erhitzt werden." Wegen deren zu starken Eigengeschmacks nimmt man jedoch lieber raffinierte, also geschmacksneutrale Öle. Von Olivenöl zum Frittieren wird aus unerfindlichen Gründen bei uns oft abgeraten. Dabei können Millionen Südfranzosen, Italiener, Spanier und andere Mittelmeeranrainer nicht irren. Und was den ausgeprägten Eigengeschmack angeht: Die physiologisch und in der Qualität immer überlegenen nativen Öle bauen dieses anfangs vorherrschende Aroma mit der Zeit ab. Zwei Jahre nach der Ernte ist jedes gute Olivenöl mild und neutral genug, um fürs Frittieren genommen zu werden. Ein ohnehin von Natur aus eher mildes, fast süßes Öl aus Ligurien sowieso.

Tipps zum Frittieren

Ausreichend Frittierfett Das ideale Verhältnis zwischen Frittierfett und Frittiergut liegt bei 10 zu 1. Also auf 1 Liter Öl 100 Gramm Frittiergut, sonst sinkt die Temperatur des Fetts beim Eintauchen der kalten Speisen zu stark herab.

Nicht ein Fett für alles Das Fett immer nur für Ähnliches verwenden, sonst übertragen sich die Aromen. Also keinen Fisch und anschließend süße Krapfen ausbacken.

Kein Wasser Nur gut abgetrocknete Lebensmittel ins heiße Öl versenken, sonst spritzt's. Aus dem gleichen Grund erst nach dem Frittieren salzen. Salz entzieht dem Frittiergut Feuchtigkeit und dann spritzt es auch.

Temperatur richtig einstellen Die Temperatur immer exakt beachten, nie mehr als 170/175 Grad einstellen. Das Öl oder Fett soll schließlich nicht nur wegen der Acrylamidbildung nicht zu heiß sein, sondern auch, weil sonst die Hülle verbrennt, bevor das Innere gar ist. Und nicht zu lau, weil sie sich sonst vollsaugt und schwer und mächtig wird.

Richtig panieren Die Panierung sollte so dünn wie möglich sein, dann wird sie schön knusprig.

Fettaufbewahrung Nach dem Frittieren das Fett rasch abkühlen und filtern. Bis zum nächsten Mal gut verschlossen, kühl und dunkel aufbewahren. Es ist nicht mehr so stabil wie ungebrauchtes Fett.

Fett wechseln Das beim Frittiervorgang (mit dem Frittiergut) verschwundene Fett beim nächsten Mal mit frischem Fett auffüllen; so wird das Fett verjüngt. Dunkel gewordenes Fett ist nicht notwendigerweise verdorben, das kann durch eine (unschädliche) Reaktion von Eiweißstoffen mit Fett entstanden sein. Aber sobald das Fett verstärkt Schaum bildet und allzu kräftig riecht, dabei ein kratziges Gefühl erzeugt, muss man es schleunigst entsorgen.

Fettentsorgung Fest gewordenes Fett kann man nach dem Erstarren einfach in den Müll versenken. Flüssiges Öl füllt man nach dem Abkühlen am besten in einen Gefrierbeutel. Mit einem Gummi oder einer Klammer dicht verschlossen, wandert es ebenfalls in den Müll, wo es für eine bessere Verbrennung sorgt.

b7 *Panierte* Lotteschnitten *mit* Salat *von blauen* Kartoffeln

Mit einem Salat aus lila Kartoffeln, einem Sorbet aus roten Paprikaschoten und einer Creme aus grünen Avocado eine bunte Anrichtung in geradezu schrillen Farben. Das feste Lotte(Seeteufel)-Fleisch bleibt in der knusprigen Hülle (Panier, wie die Österreicher sagen) besonders saftig.

Für vier Personen
8 Portionsstücke Fischfilet à 50–60 g (z. B. Lotte, Seebarsch oder Kabeljau)
ca. 4 EL Mehl
2 Eier
Salz
Pfeffer
½ TL Curry oder Raz-el-Hanout (marokkanische Gewürzmischung)
ca. 60 g Semmelbrösel
Öl oder Butterschmalz zum Frittieren

Salat von blauen Kartoffeln:
800 g blaue Kartoffeln
2 junge weiße Zwiebeln
1 milde rote Chilischote oder ½ roter Paprika
3–4 EL heiße Brühe
3 EL Essig
Salz, Pfeffer
2–3 EL Olivenöl.

Dazu passen:
eine Kugel Paprikasorbet (Seite 160) und als Dip eine Avocadocreme (Seite 430).

Die Fischstücke zuerst in Mehl wenden, gut abschütteln, damit nur ein feiner Film sie überzieht.

Eier mit Salz, Pfeffer und Curry verquirlen – sehr kräftig würzen, denn der Fisch soll dadurch seine Würze bekommen. Die Fischstücke durch das verquirlte Ei ziehen und anschließend in den Bröseln wenden, auch hier alles Überschüssige abklopfen, damit die Hülle wirklich dünn ist!

Das Fett auf 170 Grad erhitzen. Die Fischstücke darin goldbraun backen. Auf Küchenpapier abtropfen und sofort servieren.

Deshalb sollte der Kartoffelsalat jetzt schon fertig sein: Dafür die Kartoffeln etwa zwei Stunden vorher garkochen. Nur wenig abkühlen lassen, lieber noch warm pellen, denn gerade die blauen Kartoffeln lassen sich warm leichter schälen.

Mit dem kleinen Messer oder auf dem Gurkenhobel in dünne Scheiben hobeln. Die Zwiebeln etwas feiner hobeln, das Grün mit dem Messer in feine Scheibchen schneiden. Chili oder Paprika winzig würfeln.

Alles in einer Schüssel mit der heißen Brühe begießen, sofort salzen, den Essig zufügen und nun alles gründlich mischen. Erst wenn der Salat saftig erscheint, das Öl zufügen. Nochmals alles gründlich umwenden und kräftig abschmecken! Vor allem auf Salz und Säure achten. Zum panierten Fisch servieren.

b7 *Gefüllte* Krapfen

Nicht nur zur Faschingszeit ein Genuss: duftiger, luftiger Hefeteig, zu Kugeln geformt und in Fett schwimmend ausgebacken. Noch warm mit Aprikosenkonfitüre gefüllt, dick mit Puderzucker bestäubt – da kann niemand widerstehen.

Für ca. 12 bis 15 Stück
1 Rezept Hefeteig (siehe Seite 84)
Mehl zum Ausrollen
Butterschmalz zum Ausbacken
150 g Aprikosenkonfitüre
Puderzucker zum Bestäuben

Den Teig wie beschrieben zubereiten und gehen lassen. In tischtennisballgroße Kugeln drehen, auf einem mit Mehl bestäubten Brett zugedeckt eine halbe Stunde gehen lassen.

Im 170 Grad heißen Butterschmalz schwimmend etwa 8 bis 10 Minuten ausbacken, nach der halben Zeit drehen.

Auf Küchenpapier abtropfen. Die Aprikosenkonfitüre in einen Spritzbeutel mit langer, dünner Spritztülle füllen. In die noch warmen Krapfen drücken. Die Öffnung wieder verschließen.

Durch ein feines Sieb mit Puderzucker bestäuben und möglichst frisch, am besten noch lauwarm servieren.

Frittieren (fast) ohne Fett!

Das klingt kaum glaublich, aber es geht! Aus Frankreich kommt ein Gerät namens Actifry, das das unmöglich Scheinende möglich macht: Ein Kilo in Stifte geschnittene Kartoffeln werden darin zu knusprigen Pommes frites und man braucht nicht mehr als einen einzigen Esslöffel Öl. Die Zutaten werden in dem teflonbeschichteten Gerät im heißen Luftstrom sehr, sehr langsam von einer Schaufel umgewälzt und ständig gedreht, dabei kann alles ziemlich schonend garen. Die Tester der Stiftung fanden bei einer ersten Begutachtung an der Actifry technisch nichts auszusetzen, das Prinzip funktioniert. Statt 15 Prozent Fett wie aus der Fritteuse enthalten Pommes aus der Actifry nur 5 Prozent Fett. Beim eingesetzten Fett kann man ganz nach Gusto wählen was man am liebsten mag: vom feinen Avocado- oder Arganöl bis zu duftendem Orangen- oder Zitronenöl.

Der Nachteil: Die Actifry ist vergleichsweise teuer und kann eine Fritteuse nicht in allen Punkten ersetzen. Der Röstvorgang dauert seine Zeit, im heißen Fettbad ginge es schneller. Aber die Kartoffelstäbchen sind je nach Menge von 250 bis 1000 Gramm zwischen einer halben bis ganzen Stunde knusprig, duftend und ganz und gar nicht fett. Sie sind nur ein klein wenig trockener als „normal" zubereitete Fritten. Man kann dicke oder dünne Stäbchen, auch Viertel (Wedges) oder ganze kleine, junge Kartöffelchen, sogar tiefgekühlte Kartoffelzubereitungen darin garen.

Es lassen sich auch andere Gemüse, wie Paprika, Champignons, Zucchini oder Zwiebeln in dem Gerät zubereiten. Man braucht sie nur zu putzen und auf gleiche Größe zuzuschneiden, einfüllen und abwarten, bis ein Pfeifton signalisiert, dass alles fertig ist. Auch Fleisch, selber frisch zubereitet oder Tiefkühlkost. Fischstücken bekommt, trotz der Empfehlung im beigefügten Rezeptheft, das Umwälzen jedoch nicht, obwohl es so langsam ist. Mit zunehmendem Garzustand zerfallen die Stücke und man will ja keine Fischflocken auf dem Teller haben. Aber für alles andere: einfach – genial! Aber leider auch ganz schön raumgreifend.

b7 Pommes frites *fast ohne Fett*

Es werden hierfür vom Hersteller festkochende Kartoffeln empfohlen; wir haben auch mehlige Sorten mit Erfolg ausprobiert. In jedem Fall müssen die zugeschnittenen Stäbchen immer gut abgespült werden, um die Stärke zu entfernen, sonst kleben sie zusammen, und dann natürlich gründlich abgetrocknet, weil sonst der Garprozess zu lange dauert.

Für drei bis vier Personen
1 kg vorwiegend festkochende Kartoffeln
1 EL Olivenöl
Fleur de sel

Die Kartoffeln schälen und in gleichmäßige Stifte schneiden. In einer großen Schüssel in kaltem Wasser durchspülen, bis das Wasser klar bleibt. Gründlich abtropfen lassen, dann in einem Tuch sorgfältig abtrocknen.

In die Actifry füllen, Öl zufügen. Je nach Dicke der Stäbchen zwischen 40 und 50 Minuten garen. Erst dann salzen und sofort genießen!

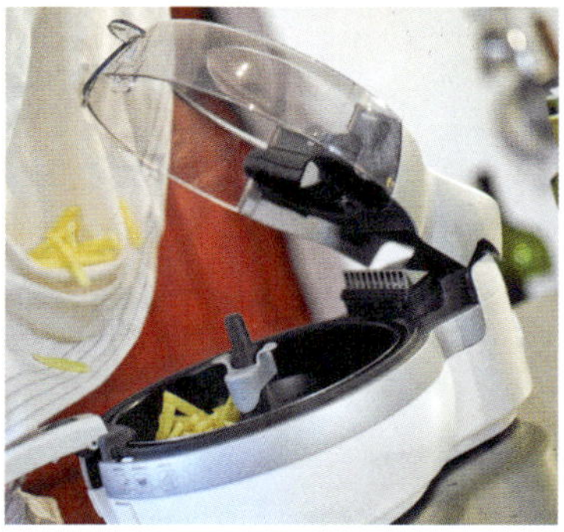

b8 Spezialgeräte

Es gibt inzwischen für so viele Zubereitungsarten spezielle Geräte, dass man eine ganze Küchenwerkstatt damit einrichten oder besser gesagt: vollstellen könnte. Aber niemand wird alle Geräte haben wollen, sondern nach seinen Vorlieben Prioritäten setzen. Wenn ein Gerät ungeliebt und ungenutzt in der Ecke steht, kann daran der Hersteller schuld sein – die Werbesprüche sind oft reichlich vollmundig. Manchmal weiß man auch schlicht nicht, wie sie richtig bedient werden – sei es, weil die Bedienungsanleitung nicht klar und deutlich verfasst war oder sie gar nicht erst studiert wurde (soll öfter vorkommen ...). Und dann sind es schon kleine Unachtsamkeiten oder ein falsch ausgeführter Handgriff, die verantwortlich dafür sind, dass die Maschine nicht wie gedacht funktioniert und nie wieder angerührt wird ...

Der Toaster

Ein Toaster wird wohl in keinem Haushalt fehlen – frisch geröstetes Weißbrot zum Frühstück oder ein auf einem speziellen Gestell über den Röstschächten aufgebackenes Brötchen gehört für viele Menschen zum erfolgreichen Beginn eines Tages. Zu viel mehr wird ein Toaster im Allgemeinen auch nicht eingesetzt – er ist sich mit dieser Aufgabe selbst genug.

Nur sehr wenige Modelle verfügen über das, was früher häufiger war: Einen Korb, in den man zwei Brotscheiben klemmen kann, zwischen die man Schinken, Käse, Tomaten, Kräuter und andres mehr packen kann, einen Sandwich. Diese Aufgabe haben die Hersteller vollkommen an den Kontaktgrill delegiert (siehe Seite 236), was im Prinzip nicht falsch ist, aber doch schade: Der Toaster erledigte eben ganz nebenbei eine Aufgabe, für die man heute ein weiteres Gerät braucht.

Noch frühere Toaster hatten ja nur in der Mitte eine Wicklung von Heizdrähten, auf beiden Seiten gab es eine Klappe, in die man die (genormte) Toastbrotscheibe legte und an die Stäbe klappte, die verhinderten, dass das Brot den glühenden Fäden zu nahe kam. Nach einer bestimmten Zeit musste man die Klappe ganz öffnen, dadurch glitt das Brot nach unten und wurde praktischerweise gleich gewendet, um erneut, nun auf der anderen Seite, geröstet zu werden. Traditionell verbrannte man sich dabei immer mal wieder die Finger, noch öfter aber verbrannte der Toast. Einen Thermostat, der das Gerät rechtzeitig ausgeschaltet hätte, gab es damals ja noch nicht.

Die Geburt des modernen Toasters

Heute werden die Brotscheiben gleichzeitig von beiden Seiten gebräunt (was natürlich Zeit spart), und bei teuren Geräten erkennt ein ganzes Kombinat von elektronisch gesteuerten Messgeräten beispielsweise den Charakter und die Feuchtigkeit des Brotes, bestimmt die Röstzeit, beendet den Röstvorgang genau beim gewünschten Bräunungsgrad und schiebt schließlich den Toast nach oben aus dem Gerät.

Mit diesen Geräten lassen sich auch gefrorene Brotscheiben auftauen und rösten, sogar Vollkornbrot oder eine halbierte Brezel. Aber eben meist keine Sandwiches. Dafür müsste der Schacht breiter sein und das kostet mehr Energie beim Toasten, weil die Brotscheibe dann weiter von den Heizdrähten entfernt ist.

Toastbrot-Format

Wer gerne die langen Brotscheiben toastet, die man von einem großen Bauernlaib schneidet, muss heute nach dementsprechend breiten Modellen suchen. Die meisten Toaster orientieren sich inzwischen an den schlanken Brotlaiben, deren Scheiben nicht breiter als eine Handspanne sind.

Der elektrische Wasserkocher

Es scheint banal, dieses Gerät hier überhaupt zu erwähnen – aber es fehlt erstaunlicherweise in vielen Küchen! Ein elektrischer Wasserkocher ist aber viel effektiver als der Teekessel auf dem Herd, arbeitet mit weniger Energie, außerdem noch schneller und sicherer. Und: Er stellt sich von alleine ab, sobald das Wasser kocht. Wer häufig Tee trinkt, Wasser zum Einweichen von Pilzen, Auftauen von Shrimps oder zum Überbrühen von Tomaten zum Kochen bringen will, dürfte einen guten (und formschönen) Wasserkocher, der gleich neben der Spüle seinen Stammplatz bekommen sollte, dringend brauchen. Es gibt schon sehr preiswerte Exemplare, die zuverlässig, schnell und sicher ihren Dienst tun (im letzten Test ab 25 Euro).

Der Reiskocher

Die Menschen, die keinen haben, behaupten immer wieder: „Brauche ich nicht – das ist doch überflüssiger Quatsch!" Sie kochen den Reis wie eh und je im Topf auf, drehen die Hitze ab und lassen die Körner nachquellen. Oder stellen den Topf, in eine zusätzliche Decke gewickelt, ins Bett, damit der Reis sanft und ohne weitere Energie zu verzehren ausquellen kann. Nach dem guten alten Prinzip der Kochkiste.

Das geht und ist ökologisch in Ordnung. Aber es kostet Zeit und verursacht Arbeit. Der Reiskocher macht keinerlei Mühe: Reis abmessen, entsprechende Menge Wasser dazu, eventuell einige Salzkörnchen hinein, und das Gerät einschalten beziehungsweise einstecken – die aus Asien stammenden Geräte kennen den Segen eines Schalters nicht und müssen über den Stecker vom Netz getrennt werden.

Einmal in Gang gesetzt, geht alles von alleine und Sie können sich der Zubereitung der vom Reis zu begleitenden Gerichte widmen – wozu der ganze Herd zur Verfügung steht und nicht eine Platte vom Reistopf blockiert wird. 20 Minuten später ist der Reis im Reiskocher servierbereit und bleibt so, sogar stundenlang, in genauso perfektem Zustand, ohne dass er an Biss verliert oder ansetzt. Außerdem lässt sich im Reiskocher übrig gebliebener Reis vom Vortag so perfekt wieder erwärmen, dass Sie keinen Unterschied merken.

b8 Reis *Grundrezept*

Man rechnet als Beilage pro Person eine halbe Tasse Langkornreis. Besonders köstlich schmeckt der thailändische Duftreis, auch Jasminreis genannt, der tatsächlich beim Garen einen betörenden Duft verströmt. Das ist kein Zusatz, sondern charakteristisch für die Sorte!

Für vier Personen
2 Tassen Langkornreis
ca. 3 Tassen Wasser
einige Krümel Salz

Alles in den Reiskocher füllen, einschalten, fertig.

Wie viel Wasser der Reis genau braucht, hängst davon ab, wie lange er gelagert wurde.

Und noch eins: Reis muss heiß sein, wenn er auf den Tisch kommt, deshalb unbedingt in einer vorgewärmten Deckelschüssel servieren. Möglichst sogar mit einem wärmenden Tuch umhüllt, damit keine Wärme verloren geht. Praktisch ist ein spezieller, rund geformter Reislöffel, den man in Asienläden kaufen kann, aus Bambus, Schildpatt oder auch aus schnödem Plastik. Daran bleiben die duftigen Reiskörner, die zart aneinander haften, wenn sie perfekt gekocht sind, nicht kleben.

Kaffee- und Espressomaschinen

Der Markt für Kaffeemaschinen boomt in einer Weise, wie man es vor ein paar Jahren den Deutschen, diesen eingefleischten Filterkaffeetrinkern, niemals zugetraut hätte. Aber plötzlich gehören ein konzentrierter Espresso mit schöner Crema (dem dichten, intensiv schmeckenden und stabilen Schaum auf der Oberfläche), ein Cappuccino oder Latte Macchiato zum einzigen echten Lebensgefühl. Männer verführen die Espressomaschinen-Hersteller mit Leistung und allerlei technischem Schnickschnack, Frauen fallen eher die leicht zu bedienenden Maschinen ins Herz, die nicht so viel Schweinerei machen. Die dann nötige Wischerei kann nämlich gewaltig ausfallen, wenn sich mehrere Familienmitglieder oder Gäste an der einfachen Siebträgermaschine versucht haben: Rund um die Mühle ist jede Menge Kaffeepulver verstreut, das beim Einfüllen ins Sieb danebengegangen ist, beim Festdrücken ist schon wieder etwas herausgefallen, beim Brühen hat es gespritzt und beim Entsorgen des gebrauchten Kaffeepulvers getropft ... Eine Mords-Sauerei, wie der Schwabe sagen würde!

Portionssysteme

Abhilfe schuf Nespresso. Die Idee, das Kaffeepulver in Kapseln zu verschließen, diese von einer speziellen Maschine zu einem Sieb zu lochen und darin Espresso zu brühen, war ebenso genial wie elitär: Jetzt geschieht alles im Inneren der Maschine und was zurückbleibt, kann leicht und sauber entsorgt werden. Andere haben das erfolgreich nachgemacht, alle mit unterschiedlichen Kapseln, die selbstverständlich nur in der Maschine des jeweiligen Herstellers zu verwenden sind. Das Verfahren ist höchst praktisch, alles geht sehr schnell, sauber und einfach. Fehler bei der Bedienung sind praktisch ausgeschlossen. Die Espressi aus den Nespresso-Kapselmaschinen sind in den letzten Tests immer von guter oder sehr guter Qualität gewesen und die Geräte produzieren eine schöne Crema. Es werden verschieden stark geröstete und qualitativ unterschiedliche Espressosorten angeboten, weniger stark geröstete Mischungen für die große Tasse, mild und kräftig, koffeinfrei, sogar mit Aromen versetzt. Die Kapseln aber sind teuer und nur in speziellen Läden oder im Versand erhältlich. Neben dem Preis gibt es einen weiteren Nachteil des Kapselsystems: Es entsteht viel Müll durch die Aluminium- oder Plastikkapseln. Ob die Vorteile überwiegen, muss man selbst entscheiden und auch davon abhängig machen, wie oft man die Maschine benutzt: Wenigtrinker fahren mit den im Vergleich zu Vollautomaten billigen Kapselmaschinen ganz gut, auch wenn die Portionskosten höher sind. Eine Tasse Espresso aus der Kapselmaschine ist mit 35 Cent etwa 50 Prozent teurer als eine Tasse aus einem Vollautomaten.

Ein fast ebenso sauberes, wesentlich preiswerteres Verfahren, das auch weniger Müll macht, funktioniert mit sogenannten Pads, kleine Beutel, in die das Kaffeepulver verpackt ist und die in das Sieb traditioneller Espressomaschinen gepackt werden können. Große Verbreitung hat dieses System aber nicht gefunden – anders als die Pads zur Zubereitung normalen Kaffees, für die spezielle Maschinen angeboten werden.

Vollautomaten

Immer beliebter sind in den letzten Jahren auch die Vollautomaten geworden, in denen ganze Kaffeebohnen frisch gemahlen, ganz nach Wunsch mit viel oder wenig Wasser gebrüht werden und sogar die Milch je nach Programm kalt, heiß oder geschäumt zugefügt. Auch die Reinigung ist vollautomatisch, falls ein Wasseranschluss vorhanden ist. Es gibt diese Geräte als imposante Standmaschine – teilweise den eindrucksvollen Geräten italienischer Bars nachempfunden – sogar als Einbaugerät in der Küchenzeile versteckt.

Nachteil: Man kann nur eine – bei manchen Maschinen zwei – Kaffeesorten einfüllen. Da die Maschinen nicht nur Espresso, sondern auch normalen Kaffee brühen, gerät die Crema bei einigen Modellen ziemlich dünn und wenig stabil. Und die Espressostimmung bleibt im Automaten stecken. Stiftung Warentest testet regelmäßig Vollautomaten (und andere Kaffeemaschinen), sodass sich auch hier vor dem Kauf ein Besuch der Seite www.test.de mit den aktuellen Ergebnissen lohnt. Für einen Vollautomaten, der guten Espresso macht, müssen Sie mit einem Kaufpreis von mindestens 600 Euro rechnen.

Espresso für Puristen

Am meisten spielen und experimentieren kann man mit einer relativ preiswerten und simplen Siebträgermaschine. Allerdings muss man hier zunächst einmal üben, bis alle Handgriffe richtig sitzen: Kaffee mahlen, passend dosieren, korrekt festdrücken, Sieb richtig einsetzen. Der Maestro del caffè kann sich produzieren, die Zubereitung von Espresso oder Macchiato gerät zur Zeremonie. Wer mehrere Mühlen hat (die sehr gut sein und feiner mahlen müssen als es die deutschen Kaffeemühlen klassischer Bauart können!) oder verschiedene Pulver verwendet, kann eine ganze Bandbreite von unterschiedlich schmeckenden Kaffees für jede Gelegenheit zubereiten. Ein erfahrener Barista weiß, dass die Wetterlage das Ergebnis bestimmt – er kann mit der Feinheit des Pulvers und dem Druck auf das Kaffeepulver im Sieb die atmosphärischen Bedingungen ausgleichen. Viel Handarbeit ist also nötig, bevor der individuelle Espresso läuft, für dessen Crema oder deren Abwesenheit man selbst verantwortlich ist. Und danach kommt noch das Putzen ...

Kaffee ist nicht gleich Kaffee

Trinken Sie gerne Eiskaffee? Dann versuchen Sie es nicht mit Filterkaffee, sondern benutzen Sie eine Espressomaschine. Denn nur damit kriegen Sie den richtigen Kaffee schnell genug kalt: Man lässt die nötigen Espressi sofort über Eiswürfel laufen, um sie abzukühlen. Filterkaffee würde dadurch zu sehr verwässert, ohnehin ist dessen meist säuerliche Bitterkeit nicht so gut für Eiskaffee geeignet, wie die schokoladige Dichte eines Espresso. Die Bohnen dafür werden schärfer geröstet, dadurch treten die Röstaromen deutlicher hervor. Außerdem werden während der erheblich kürzeren Brühzeit hauptsächlich die Aromen, weniger Säuren, Bitterstoffe und Koffein gelöst. Das ist auch der Grund, warum Espresso sehr viel magenfreundlicher und weniger aufputschend wirkt als Filterkaffee.

Caffè: Italienisch für Anfänger

Italiener trinken Kaffee mit Milch – also Cappuccino (Espresso mit Milchschaum; ohne Kakaopulver!), Caffè macchiato (viel Espresso, wenig Milch und mit wenig Schaum) oder Latte macchiato (viel Milch mit Schaum, wenig Espresso) nur zum Frühstück, stets also vor dem Mittagessen. Danach bevorzugen sie Espresso pur, doppelt (doppio), extra stark (ristretto) oder verlängert, also mit mehr Wasser (lungo) oder sogar mit einem Schuss Alkohol, Grappa, Brandy (Caffè corretto). Und unter Eiskaffee (Caffè freddo oder Caffè frappé) versteht man in Italien einen geeisten Espresso, nicht die bei uns übliche üppige Kreation aus kaltem Kaffee, Vanille-eis und reichlich Schlagsahne.

Kaffeemühle

Kein Zweifel: Die handbetriebenen Kaffeemühlen vergangener Zeiten haben hohen nostalgischen Wert. Moderne Mühlen hingegen lassen diese emotionale Ebene vermissen: Nur auf das Ergebnis kommt es an! Vergessen Sie zunächst mal die billigen Schlagwerkmaschinen, in denen die Kaffeebohnen – die Bezeichnung sagt es deutlich – zerschlagen werden, wobei sie heiß werden und ihr Aroma verloren geht. Mühlen mit einem gut abgestimmten Mahlwerk mahlen langsam und erzeugen ein gleichmäßig feines Mehl ohne es zu erwärmen.

Wer selbst Kaffeebohnen für seine Espressomaschine mahlen will, braucht eine besonders exakt arbeitende und fein abstimmbare Maschine – viele deutsche Fabrikate, vor allem im unteren Preissegment, liefern allerdings kein für eine Espressomaschine ausreichend feines, glattes Mehl. Ist das Pulver zu grob und zu rau gemahlen, läuft der Espresso zu schnell durch, das Pulver wird nicht gut genutzt, der Kaffee bleibt dünn, dann nützt die teuerste Espressomaschine nichts. Es lohnt sich also, für eine gute Mühle etwas anzulegen.

Kaffeeröstmaschine

Bleiben wir kurz beim Kaffee: Nicht jeder ist mit dem Kaffee, den es zwar in unterschiedlichster Art, aber doch immer nach Vorstellung der meist großen Produzenten gibt, wirklich zufrieden. Einige Produzenten und Händler bieten deshalb Rohkaffee an, den man sich zu Hause nach eigenem Gusto rösten kann. Dafür braucht man ein spezielles Gerät. Früher brannte man den Kaffee auf dem Herd in einer Pfanne oder in einem Topf mit Rührwerk, eine grobe, nicht eben feinfüh-lige Methode. Heute hat man dafür Geräte, die sich sehr genau steuern lassen. Entweder mit Infrarot-Strahlungsheizung oder als Konvektionsröster: Über eine elektrische Heizspirale wird Heißluft erzeugt, die in eine Kammer geblasen wird, die Bohnen herumwirbelt und gleichmäßig erhitzt und röstet. Für Freaks, die gerne experimentieren und ihren Kaffee individuell rösten wollen, kann so ein Gerät interessant sein. Die Arbeit damit ist nicht schwierig und es duftet köstlich – außerdem schmeckt frisch gerösteter Kaffee (nach einer Ruhephase von drei bis fünf Tagen, zum sogenannten Ausgasen) noch vielfältiger und intensiver als abgepackter. Rohkaffeelieferanten und Röstmaschinen lassen sich über das Internet finden.

Eierkocher

Elektrische Eierkocher arbeiten exakter, schneller und preiswerter als alle anderen Verfahren! Wer sein tägliches Frühstücksei immer gleich wachsweich haben will, sollte sich also solch ein Gerät zulegen – zumal es nicht viel kostet und nicht einmal in einer Schublade viel Platz einnimmt. Notwendig ist der Eierkocher nicht, praktisch schon.

Joghurtbereiter

Wer oft und viel Joghurt verwendet oder für die Familie braucht, ist damit gut bedient. Wer es leid ist, dass in den Joghurts mit Früchten meist nur wenig Früchte, dafür um so mehr künstlich hergestellte Aromen stecken, hat vielleicht Lust, seinen Joghurt selbst herzustellen und mit frischen Früchten oder selbst gemachten Konfitüren anzurühren.

Dabei kommt es darauf an, wie natürlich man arbeiten will: mit lebendigen Kulturen oder mit Trockenpulver. Letzteres hat weder geschmacklichen Reiz noch gesundheitliche Vorteile. Natürlich kann man keimfreie H-Milch mit aktivem Biojoghurt mischen und in den Bereiter stellen, der ja nichts anderes ist als ein Behälter, in dem eine bestimmte Temperatur konstant gehalten wird (42 Grad sind die ideale Temperatur für die meisten Joghurtkulturen, um sich perfekt zu vermehren). Aber damit hat man sich noch nicht sehr weit vom Fertigprodukt der Milchindustrie entfernt.

Wirklich guten Joghurt bekommt nur, wer eine Kultur pflegt und frische Milch verwendet. Das wiederum erfordert Kontinuität, denn der mit der lebendigen Kultur gerade hergestellte Joghurt hält sich auch im Kühlschrank nur wenige Tage – die Bakterien leben schließlich und verstoffwechseln das Ausgangsprodukt, wodurch es seinen Geschmack verändert.

So machen Sie Joghurt

Die einfachsten elektrischen Joghurt-Bereiter kosten um die 10 Euro (mit einem großen Behälter), höchstens 30 Euro braucht man für ein Gerät mit mehreren Gläsern. Und natürlich kann man seinen Joghurt auch ohne Strom herstellen: Milch erwärmen, mit dem Starter (speziell gekauft oder Joghurt) sowie etwas Milchpulver verrühren, an eine Wärmflasche geschmiegt ins Bett stellen ... Nach normalerweise 10 bis 12 Stunden ist – mit oder ohne Strom – der Joghurt fertig und wandert in den Kühlschrank. Sollte er zu flüssig sein, in einem mit Küchenpapier ausgelegten Sieb abtropfen lassen.

Eine wichtige geschmackliche Beeinflussung kommt natürlich durch den Fettgehalt zustande: Gibt man noch Sahne oder säuerliche Crème fraîche zur Vollmilch, wird das Ergebnis nicht nur vom Kaloriengehalt her mächtiger und vollmundiger ausfallen, als wenn man sich auf fettarme H-Milch und etwas Milchpulver beschränkt.

Die Bereitung selbst macht entweder nicht viel Arbeit und ist schnell erledigt, wenn man tiefgekühlte Kulturen und H-Milch aus dem lagerfähigen Vorrat nimmt, braucht aber seine Zeit, wenn man frische Milch vorher abkocht und auf 42 Grad abkühlen lässt und dann mit den Kulturen oder dem eigenen, regelmäßig zurückbehaltenen Ansatz vermischt. Außerdem muss man mit frischen Zutaten peinlich sauber arbeiten und die Zutaten punktgenau einkaufen. Preislich kann ein selbst gemachter Joghurt mit einem fertig gekauften nicht mithalten – er wird wohl immer teurer kommen.

Lohnt sich das?

Nur wer selbst Joghurt bereitet, kann die Qualität der Zutaten kontrollieren – die Bakterienkultur mit inbegriffen. Wer besonderen Joghurt liebt (etwa den durch andere Bakterienstämme gesäuerten türkischen Joghurt oder auch ein probiotisches Produkt), kann Joghurt nach seinen persönlichen geschmacklichen Vorlieben herstellen. Menschen mit regelmäßigen Gewohnheiten, die jeden Morgen frischen Joghurt essen wollen und bereit sind, das Gerät jeden oder jeden zweiten Abend zu befüllen, werden ihre Freude daran haben. Wer nur gelegentlich Joghurt isst, sollte die Finger davon lassen.

MEEL
FARINE
FLOUR
300g

Waffeleisen

Sie haben Kinder? Sie brauchen ein Waffeleisen! Waffeln backen macht Spaß – und das Gerät kostet nicht die Welt. Wer einmal damit angefangen hat, kommt schwer davon los. Denn kaum etwas ist so variantenreich zu verändern wie Waffelteig. Man kann ihn süß halten oder salzig zubereiten, trockene, gemahlene Gewürze in den Teig rühren, frische Kräuter zufügen, mit der anzugießenden Flüssigkeit variieren und alle möglichen Zutaten kleingeschnitten in den Waffelteig mischen.

Waffeln zu backen ist heute keine Kunst mehr – elektrisch beheizte Waffeleisen mit gut funktionierendem Thermostat und antihaftbeschichteten Oberflächen übernehmen die Verantwortung für das Gelingen. Man muss nur den Bogen herausbekommen, wie viel Teig man in die entweder rechteckigen (belgische Waffel) oder das in Herzen unterteilte Rund (deutsche oder schwedische Waffel) geben muss, damit schöne, gleichmäßige Waffeln entstehen, ohne dass zu viel Teig überquillt.

Gute Eisen haben eine gleichmäßige Hitzeverteilung, was nicht alle Hersteller erreichen. Auch die Backzeit der Geräte kann stark variieren: Wie lange es dauert, bis die Waffel schön golden ist, hängt von der Leistung des Waffeleisens ab – 800 Watt sollten schon zur Verfügung stehen, damit die Waffeln in einer guten bis zwei Minuten fertig sind. Den gewünschten Bräunungsgrad kann man bei den teureren Geräten (ab etwa 35 Euro) einstellen (bei den billigeren muss man sich auf sein Gefühl verlassen), wobei es wünschenswert wäre, wenn dann ein Signalton und nicht nur ein Lichtlein anzeigt, dass die Waffel fertig ist!

b8 *Klassische* Waffeln

Schaut man sich an, was an Waffelrezepten kursiert, kann Trübsal aufkommen. Kaum zu glauben, dass Waffeln in früheren Zeiten eine der amüsantesten Grundzubereitungen für Erwachsene waren. Mit der Zeit sind sie weitgehend standardisiert worden und nun oft öde, süß und einfach geschmacksneutral. Da würden wir am liebsten eine Revolution anzetteln wollen: Also, an die Waffeln!

Zutaten für 4 Personen
(ca. 10 Stück)
125 g Butter
150 g Weizenmehl (Type 405)
½ TL Backpulver
3 Eier
200 ml Flüssigkeit
(Milch, Sahne oder Wasser)
1 Prise Salz
50 g Zucker oder
3 EL Honig
Fett für das Waffeleisen

Die Butter in einem Topf zerlassen. Wer einen herzhafteren Geschmack erzielen will, erhitzt die Butter noch weiter, bis sie goldbraun wird und nach Haselnüssen zu duften beginnt. Butter abkühlen lassen.

Mehl und Backpulver in der Rührschüssel vermengen (Küchenmaschine). Nacheinander die Eier, Butter und Flüssigkeit zufügen, Salz und Zucker oder Honig unterrühren. Danach den Teig mindestens 10, besser 30 Minuten ruhen lassen.

In der Zwischenzeit das Waffeleisen aufheizen. Mit einer kleinen Suppenkelle oder einem Esslöffel ungefähr die Menge von 2 EL in das gefettete Waffeleisen geben und etwas verteilen. Das Waffeleisen schließen – wobei nichts herausquellen darf – und die Waffel goldgelb backen.

Tipp: Auch wenn das Waffeleisen antihaftbeschichtet ist: Ein bisschen Fett tut gut. Entweder mit einem Pinsel zerlassene Butter auftragen oder – und das schmeckt besonders köstlich und ist eine ideale Resteverwertung – mit einer Speckschwarte vom Bauchspeck abreiben.

Varianten:

Mit Mohn: Zum Grundrezept 1 EL möglichst frisch gemahlenem Mohn geben, zerlassener Butter verrührt wurde.

Mit Anis: Zum Grundrezept 1 TL im Mörser zerquetschten Anissamen geben und 2 EL Pastis (Pernod).

Indische Waffeln: Beim Grundrezept mit halb Wasser, halb Joghurt aufgießen, kräftiger salzen und mit je ½ TL gemahlenem Bockshornklee, Chilipulver und Kreuzkümmel würzen. Nach Belieben etwas frischen Ingwer hineinreiben.

Thai-Waffeln: Beim Grundrezept nur 1 gehäuften TL Zucker oder Honig nehmen. Angießen mit halb Wasser, halb Kokossahne, die mit einem Schuss Fischsauce und ganz nach Geschmack und gewünschtem Schärfegrad mit ½ bis 2 TL roter, grüner oder gelber Currypaste (gibt's im Asialaden fertig zu kaufen) sowie 1 EL Limettensaft verrührt wurde.

b8 *Feine* Vanillewaffeln

Einfach köstlich zum Espresso oder als Begleitung zum Dessert, etwa zur Eiscreme.

Für vier bis sechs Personen
125 g Butter
4 Eier
100 ml süße Sahne
1 Vanilleschote
75 g Zucker
Schale einer ½ Zitrone
1 EL Zitronenlikör (Limoncello)
1 Prise Salz
150 g Mehl (Type 405)
100 ml dicke saure Sahne oder Crème fraîche
Fett für das Waffeleisen

Butter aus dem Kühlschrank holen und Zimmertemperatur annehmen lassen. Eier trennen.

Sahne erhitzen und die halbierte Vanilleschote hineinlegen. 10 Minuten ziehen lassen, dann das Mark aus der Schote kratzen und in der Sahne verrühren. Abkühlen lassen.

Eigelb, Butter, 50 Gramm Zucker, abgeriebene Zitronenschale, Limoncello und Salzprise mit dem Schneebesen (oder der Küchenmaschine) schaumig rühren. Abwechselnd Vanille-Sahne, das gesiebte Mehl und die dicke Sahne (Crème fraîche) unterrühren.

Die Eiweiß mit dem restlichen Zucker dick-schaumig schlagen und portionsweise vorsichtig unter den Teig heben. Ruhen und quellen lassen. Im gut vorgeheizten Waffeleisen backen – vorsichtig dosieren, der wunderbare Teig geht schön locker auf!

Nach Belieben mit Puderzucker bestreut servieren. Oder zu Apfelmus!

b8 Brotzeitwaffeln

Schmecken wunderbar zu Leber- oder Blutwurst mit einem herzhaften Wein oder einem würzigen Bier. Wenn Sie wollen, können Sie dann einen Teil der Buttermilch durch Wein oder Bier ersetzen.

Zutaten für 4 Personen
150 g Weizenmehl (Type 405)
½ TL Backpulver
3 Eier
100 g weiche Butter
125 ml Buttermilch
Salz
1 Prise Zucker
1 gehäufter EL getrockneter Majoran
etwas abgeriebene Zitronenschale
etwas Muskatnuss
reichlich weißer Pfeffer aus der Mühle
Fett für das Waffeleisen

Mehl sieben und mit dem Backpulver mischen. Eier und Butter mit dem Handrührer schaumig schlagen. Mehl und Buttermilch nach und nach einrühren. Den glatten Teig mit den Gewürzen abschmecken, etwas ruhen lassen, damit sich der Kleber im Teig ausbilden kann. Im gefetteten Waffeleisen nicht zu dunkel backen, damit der Majoran nicht verbrennt.

Brotbackautomat

Eine Zeit lang sah es so aus, als ob unsere Bäckereien nur noch langweiliges, durch Mehlmischungen mit allen möglichen Zusätzen standardisiertes Brot backen würden. Seit einigen Jahren ist ein anderer Trend zu beobachten: Es gibt wieder mehr frisch vom Bäcker handwerklich hergestelltes, ausgezeichnetes Brot, aus reinem Mehl und mit natürlichem Triebmittel ohne künstliche Zusätze.

Und wenn Sie in einer Gegend leben, wo sich ein Bäcker um solch ein Brot bemüht, sind Brotbackmaschinen eigentlich nicht nötig. Schließlich kam die Erfindung und die Notwendigkeit für solche Geräte aus den USA, wo es in den Supermärkten nur unsägliches Industriebrot zu kaufen gibt. Man kann mit diesen Maschinen nur gegen sehr mäßige Produkte anbacken – ein wirklich gutes, wunderbar knuspriges und erst nach einem Tag wirklich voll schmeckendes und mehrere Tage haltbares Brot lässt sich damit nicht herstellen. Letztendlich ist ein Brotbackautomat ziemlich entbehrlich. Ein Brot aus dem Backautomaten hat nie das, was das Beste am Brot ist – eine schöne, resche, knusprige Kruste. Das in der Form gebackene Brot ist auch an den Seiten nicht so rösch, wie man es gerne hätte. Wer selbst Brot backen will, sollte sich eine gute Küchenmaschine, am besten mit eigener Steinmühle, kaufen und auf traditionelle Weise Brot backen, frei geschoben mit rundum herrlicher Kruste (siehe Seite 93 bis 97 und 202). Das macht zwar etwas Mühe, aber das Ergebnis ist um vieles besser.

Raclettegerät

Die meisten Geräte, die man in Deutschland kaufen kann, sind nichts anderes als eine Art Grill, den man auf den Tisch stellen kann, um den man sich gern an heimeligen Winterabenden mit Gästen versammelt. Eine gesellige Sache: Man gibt Scheiben von Käse auf alle möglichen Zutaten in ein kleines Pfännchen und schiebt es unter die Heizschlange eines runden, ovalen oder auch rechteckigen Gerätes, das in der Mitte des Tisches steht. Die Spirale heizt meist zugleich eine Grillplatte oder einen Stein, auf dem weitere Zutaten gegart werden können, etwa Fleisch oder, mit einer Teflonbeschichtung, auch Crêpes. Insgesamt ein geselliges Essen, praktisch für den Gastgeber, aber kulinarische Großtaten sind damit nicht zu vollbringen.

Mit einer „echten" Raclette hat das alles jedoch nichts zu tun. Dafür entfacht man entweder ein Feuer (im Winter zum Beispiel im Kamin) und legt einen halbierten Käselaib auf einem Gestell so daneben, dass die Hitze ihn gut erreicht. Immer wieder schabt man mit einem speziellen Raclettemesser die durch das Erhitzen weich gewordene Schicht ab – da das Gericht aus der französischsprachigen Schweiz stammt, hat es auch dort seinen Namen bekommen, von *racler* = schaben, (ab-)kratzen. Allerdings: Das mag auf einer Hütte gehen, in der Stadtwohnung weniger. Und so hat man in der Schweiz Raclettegeräte entwickelt, mit denen eine fast originale Zubereitung möglich ist: Ein Käsestück – es gibt dafür übrigens spezielle, besonders weichschmelzende Raclette-Käse – wird in eine Vorrichtung gespannt, die man nahe an oder unter eine Heizschlange schwenken kann – oder die Heizung über den Käse. Ist die oberste Schicht weich geworden, streift man diese geschmolzene Schicht ab und kann servieren. Das ist natürlich der pure Stress für den Hausherrn – diese Arbeit gilt als Männersache –, aber die Gäste werden ihm applaudieren, denn auf diese Weise zubereitet ist eine Raclette durchaus ein kulinarisches Erlebnis, das in guter Erinnerung bleibt.

Bei der originalen Raclette (die als Event weiblich ist) braucht man einen wirklich guten Käse (zum Beispiel Gomser aus dem Oberwallis oder den aus Rohmilch hergestellten „Raclette du Valais AOC"). Einfach nur „Raclette" genannter Käse (der männlich ist!) ist nicht geschützt in seiner Herkunft und Herstellung, kann überall in der Schweiz auch aus pasteurisierter Milch produziert werden und ist daher nicht besonders empfehlenswert. Zu einer Raclette gehören zwingend Gschwellti = Pellkartoffeln, Gewürzgurken oder Cornichons und Silberzwiebelchen, die mit ihrer Säure das deftig-schwere (die Schweizer sagen: urchige) Gericht leichter verdaulicher machen, sowie ein kerniges Weißbrot und ein Walliser Fendant!

Salamander

Die starke Heizschlange, die der Profikoch so sehr liebt, um einem Gericht eine letzte schöne Bräunung, eine Kruste, einen intensiven Röstgeschmack zu geben, ist eine geniale Sache: So manches, was bei der Zubereitung geschlampt wurde, kann hier mit etwas spontaner Hitze verschleiert werden. Und wenn man Anhänger der fragwürdigen Methode ist, Fleisch bei niedriger Temperatur zu garen, ohne es vorher anzubraten – wodurch auch qualitativ mäßiges Fleisch „zart" wird, in Wahrheit aber strukturlos und schwammigweich ist, keineswegs zart und saftig-kernig –, gibt der Salamander wenigstens der Oberfläche noch etwas Geschmack und Textur.

Jetzt werden viele Köche protestieren und behaupten, der Salamander sei für ihre Arbeit äußerst wichtig und für eine schnelle, frische Küche, die nicht mit langen Warmhaltezeiten arbeiten will, geradezu unentbehrlich. Freilich: Eine Sache fast fertig garen und ganz zum Schluss, unmittelbar vor dem Servieren, noch schnell unter den Salamander schieben – das kann viel bringen! Und erleichtert den Service, wenn viele Gäste da sind.

Ein Salamander ist im Prinzip nichts anderes als ein sehr, sehr leistungsstarker Grill, der Speisen überbacken (gratinieren) und für eine schöne Kruste, eine karamellisierte Oberfläche sorgen kann. Der im Backofen eingebaute Grill oder das separate Gerät schaffen das nicht, sie sind zu schwach. Der Salamander hat erheblich mehr Power. Er kann die Oberfläche so schnell bräunen, dass es unter der Oberfläche noch kalt bleibt. Es lässt sich also die Crème brûlée unter dem Salamander mit einer Karamellkruste versehen, wofür man sonst im Haushalt den speziellen Gasbrenner braucht (siehe Seite 459). Man kann also festhalten: Wer in seiner Küche ausreichend Platz hat und öfters Gäste mit mehrgängigen Menüs bewirtet, nicht auf den Cent achten muss und kreativ kochen will, wird den Salamander zu schätzen wissen. Man kommt aber ganz sicher auch ohne ihn aus.

Töpfe *und* Pfannen

C

c # Töpfe *und* Pfannen

Am Anfang war der Ton. Ihn lernte der Mensch zu formen und im Feuer zu brennen. Dann töpferte er den Topf und konnte über dem Feuer seine Speisen nicht nur braten (grillen), sondern endlich auch kochen. Die eigentliche Zivilisation begann.

Die Basis unserer Küche

Die Erfindung des Topfes, dieses älteste Küchengerät, war in jedem Fall ein entscheidender Schritt für die Entwicklung der Menschheit. Es gibt sogar die Theorie, dass die menschliche Intelligenz und rücksichtsvolles Sozialverhalten überhaupt mit der Aufnahme gekochter Nahrung begannen. Denn erst als der Vorgänger des Homo sapiens harte Wurzeln und Stiele, Knospen und Blätter weich gekocht zu sich nahm, konnte sich das starke, für die Zerkleinerung roher Dinge geeignete Gebiss zurückbilden und Platz für ein sich vergrößerndes Gehirn machen. Und erst mit dessen Ausbildung wurde Sprache und damit komplexere Kommunikation möglich.

Damit wäre der Einfluss von Küchentechnik auf den Menschen hinreichend dokumentiert und die Bedeutung eines guten Kochgeräts unterstrichen. Sparen Sie also nicht an guten Töpfen und Pfannen – letztere sind ja eigentlich nichts anderes, als Töpfe mit besonders flachem Rand, damit die Bodenfläche besser zugänglich ist. Theoretisch kann man in einem Topf auch ein Steak braten – in der Pfanne aber keine Suppe kochen. Der Topf ist also die Basis unserer europäischen Küche.

Und der Eintopf ist die Mutter aller Gerichte! Deshalb ist der große Topf durch die Jahrhunderte das wichtigste Utensil der Kochkunst gewesen. In die Eintöpfe wandern die Basiszutaten – und jede Region hat da anderes zu bieten. Von fruchtbaren Flusstälern zu kargen Gebirgszügen, von reichen Meeresbuchten im Süden zu armen Fjorden im Norden – überall ist das Prinzip gleich: Welcher Zutat man habhaft wird, alles wandert in den einen großen Topf. Kein Land, keine Region, die nicht ihren Eintopf, ihre Eintöpfe hat!

Das Symbol der Familie

Deshalb ist der Topf so wichtig, deshalb strahlt er noch immer diese Wärme aus, deshalb wird er so gerne in die Mitte des Tisches gestellt. Der Topf ist das Symbol der Familie, die sich um ihn versammelt. Bis vor noch gar nicht so langer Zeit bediente sich jeder direkt aus dem Topf mit dem eigenen Löffel – ohne Teller, ohne Messer, ohne Gabel, und versuchte so schnell wie möglich satt zu werden: die Konkurrenz wurde im Topf ausgetragen. Zu guten Tischsitten trug das gewiss nicht bei – die entstanden erst, als jeder seinen eigenen Teller bekam, von dem er sich nun friedlich und gemach sättigen konnte.

Eintöpfe waren in den ärmeren Schichten der Bevölkerung bis ins letzte Jahrhundert hinein die wichtigsten Speisen. Erst mit zunehmendem Reichtum kam die Möglichkeit, auch andere Gerichte zu genießen. Schon die Reichen im alten Griechenland, noch mehr und auf höherem Niveau die Römer entwickelten spezielle Töpfe und Pfannen für bestimmte Zubereitungen. Im Mittelalter übernahmen neben dem Adel die Klöster die Weiterentwicklung der Kochkunst – zwar aßen auch Fürsten und Mönche bei manchen Gelegenheiten noch Gerichte aus dem großen Topf, aber immer reicher und mit unterschiedlichem Gerät ausgestattete Küchen erlaubten auch immer raffiniertere Zubereitungen.

Vieltöpferei

Mit der Renaissance war es dann weitgehend vorbei mit der Eintöpferei an den Tafeln der Reichen: Jetzt wurden ganze Batterien von verschiedenen Gerichten aufgefahren, die unterschiedlichsten Zubereitungsarten wurden angewandt, der Leckereien ward kein Ende. Schaut man sich alte Stiche von herrschaftlichen Küchen an – ob in Adelspalästen oder Klöstern, bei Ministern oder Kaufleuten –, so kommt man aus dem Staunen über die Vielfalt und den Prunk der Küchengerätschaften kaum heraus. Nicht nur mit dem Essen selbst, auch mit dem Küchengerät wurde regelrecht geprotzt.

Mit der Französischen Revolution eroberte sich das Bürgertum den Luxus der Vieltöpferei, das Recht auf Pfannengerichte, feine Saucen und Ragouts. Und im 20. Jahrhundert wurde auch in den Haushalten der breiten Bevölkerung die Ausstattung von Küche und Tafel üppiger und abwechslungsreicher.

Damit einher ging die Entdeckung der Vitamine, die Erforschung der Nährwerte, die wissenschaftliche Untersuchung der Zusammenhänge zwischen Ernährung und Gesundheit. Gewiss: Man hatte schon seit frühesten Zeiten alle möglichen Erfahrungswerte, aber erst jetzt wurden sie systematisch untersucht und geordnet. Küchengeräte, vor allem Töpfe, wurden entwickelt, um diesen Erkenntnissen Rechnung zu tragen: der Schnellkochtopf (damals als Dampfdrucktopf), das Garen im Dampf, die Kochkiste (für sanftes Garziehen).

Gute Töpfe – nie billig, aber unentbehrlich

Und schließlich hat man sich durch die Jahrtausende und Jahrhunderte vom einfachen Tontopf (der in frühester Zeit ein sorgsam gehüteter Schatz war) weg entwickelt, hin zu Töpfen aus immer solider verarbeiteten und immer besser geeigneten Materialien. Gute Töpfe und Pfannen sind nie billig gewesen. Und wenn einst der Tontopf mit dem offenen Feuer perfekt harmonierte, so muss heute zum Hightech-Ceranfeld ein geeigneter Topf genommen werden. Es müssen ja nicht unbedingt die blitzenden Kupfertöpfe wie in der Prunk-Küche des Küfnermeisters Martin in der Erzählung von E. T. A. Hoffmann sein.

Die Geschichte der Ernährung, des Genießens und der gesellschaftlichen Stellung ist auch eine Geschichte der Töpfe und Pfannen – oder ist es genau umgekehrt?

c1 Töpfe

Was für uns ein Topf ist, nennt man in der Schweiz Pfanne. Wer dort das meint, was wir darunter verstehen, spricht präzise von der Bratpfanne. Überhaupt sind die Eidgenossen erheblich exakter im Ausdruck als wir. Sie verdeutlichen bereits mit dem Begriff, welcher Topf genau gerade gemeint ist: eine Kasserolle (Stieltopf), eine Sauteuse (mit sich weitenden Wänden), ein Sautoir (mit flachen, senkrechten Wänden), eine Cocotte (Schmortopf) oder Marmite (der große Suppentopf).

Das richtige Material

Im Deutschen werfen wir sprichwörtlich alles in einen einzigen Topf, den wir höchstens dann ein wenig genauer beschreiben, wenn das Rezept es verlangt. Zum Beispiel für eine Sauce oder kleinere Portion die Kasserolle, den kleinen oder großen Fleisch- oder Bratentopf, in dem sich selbstverständlich auch Gemüse schmoren lässt, oder der große Suppentopf, der sich auch für die Pasta eignet.

Wer auf Spezialisten wie Sauteuse und Sautoir verzichten will, ist erst mal mit einem vernünftigen Topfset, wie es viele Topfhersteller bei uns meist zum Sonderpreis anbieten, gut bedient. Stiftung Warentest testet regelmäßig Töpfe, sodass man sich auf der Webseite www.test.de über gute Angebote informieren kann. So ein Topfset besteht aus wenigstens drei, meist vier verschiedenen Töpfen; sie haben unterschiedliche Durchmesser, sind verschieden hoch, oft ist auch einer mit Stiel dabei, meist haben sie jedoch zwei Griffe und einen Deckel. Im Prinzip nimmt man ein solches Set als Grundausstattung. Fragt sich nur, aus welchem Material die Töpfe am besten beschaffen sein sollen. Ganz einfach ist die Antwort nicht.

Töpfe: Tipps für den Kauf

Man kann ein Vermögen loswerden, wenn man sich neu ausrüstet. Aber es sind nicht unbedingt die teuersten Töpfe auch die besten – oder besser andersrum: Man kann auch für wenig Geld erstklassige Töpfe kaufen. Man muss nur auf einige Punkte achten, um die richtige Wahl zu treffen:

Welche Töpfe brauche ich? Zuerst muss man sich klar werden, wofür man welche Töpfe braucht: Leidenschaftliche Hobbyköchinnen und Gastgeber haben nun mal andere (höhere) Ansprüche. Ein Topfset ist im Allgemeinen billiger als mehrere Einzelteile. Aber nicht zwangsläufig ist man mit den drei bis fünf vorgegebenen Größen und Formaten glücklich. Auch die Wahl des Materials hängt von diesen Überlegungen ab.

Form und Verarbeitungsqualität Den Boden untersuchen – abklopfen: klingt er massiv? Ist es ein guter Sandwichboden, der die Hitze ordentlich leitet? Ist er absolut plan? Er darf sich nicht nach außen wölben (dann würde der Topf auf der Platte kippeln), sollte vielmehr leicht nach innen gezogen sein, denn dann kann er sich beim Erhitzen ausdehnen und steht fest auf der Kochfläche. Der Rand des Bodens sollte gerundet sein, nicht mit scharfer Kante – das könnte das Glaskeramikfeld oder die Arbeitsfläche beschädigen.

Griffe Wirken sie vertrauenswürdig stabil? Oder sind sie nur mit einem winzigen Lötpunkt an der Topfwand befestigt? Besser sind geschraubte Griffe, die man immer wieder anziehen kann. Aus welchem Material sind sie? Edelstahl, als schlechter Wärmeleiter, erwärmt sich nur langsam, ist besser als Alu. Kunststoff ist meist nicht ofenfest. Und: Lassen sich die Griffe bequem anfassen, auch wenn der Topf voll, also schwer ist?

Deckel Er sollte fest aufliegen, damit er dicht schließt. Klappernde Deckel nerven nicht nur, sondern vergeuden Energie. Glasdeckel sind selten so nützlich, wie einem vorgegaukelt wird, meist sind sie ohnehin von Dampf beschlagen und undurchsichtig …

Edelstahl

Weit mehr als zwei Drittel aller Töpfe, die heute bei uns verkauft werden, sind aus Edelstahl – mit den größten qualitativen (und preislichen) Unterschieden. Von windigen, kaum wirklich rostfesten Sonderangeboten aus dem asiatischen Raum bis zu den präzisesten Gargeräten der Luxusklasse reicht die Bandbreite. Und natürlich gibt es auch in stilistischer Hinsicht jede nur denkbare Auswahl. Wie ein Test der Stiftung Warentest zeigte, muss aber die mittelteure Markenware nicht unbedingt besser als das Aktionsangebot eines Kaffeerösters sein. Ein direkter Zusammenhang zwischen Preis und Qualität war bei den untersuchten Töpfen nicht festzustellen.

Gute Töpfe sind pflegeleicht, sparen Energie und sind praktisch unverwüstlich. Damit das eigentlich schlecht leitende Material die Hitze schnell aufnimmt, haben die Töpfe entweder einen Sandwichboden mit Alu-, Eisen- oder Kupferkern, der die Hitze rasch aufnimmt und ins Innere weitergibt, oder es besteht der ganze Topf aus mehrschichtigem Metall (das können bei Spitzentöpfen bis zu sieben Schichten sein!), bei dem die Hitze speichernden Innenschichten bis zum Topfrand reichen und dafür sorgen, dass die Hitze im Topf bleibt.

Aluminium oder Aluguss

Aluminiumguss, das man für Pfannen gerne nutzt, spielt bei Töpfen keine so große Rolle. Es ist zwar leicht und nimmt rasch die Hitze auf, gibt sie aber nicht gut an das Gargut weiter und speichert die Hitze auch nicht. Das Essen kühlt darin schnell wieder ab, auch weil die Topfwände kaum Hitze abstrahlen. Mit der Beschichtung muss man außerdem aufpassen: Sie darf nicht zu heiß werden (siehe auch beim Thema Pfannen, ab Seite 315). Weil Alu billig und leicht ist, nimmt man es gern für Spezialtöpfe, die man seltener braucht – und die dann nicht so teuer sein sollen. Zum Beispiel für einen schlanken, hohen Spargeltopf oder einen länglichen, schmalen Fischkochtopf. Nicht vergütete Alutöpfe vertragen es meist nicht, in der Spülmaschine gereinigt zu werden, das Material reagiert auf das Spülmittel, färbt sich dunkel und wird unansehnlich.

Töpfe aus emailliertem Stahl

Jeder kennt sie, die emaillierten Stahltöpfe waren jahrzehntelang die unangefochtenen Champions auf dem Töpfemarkt. Das neckische Blütendekor früherer Zeiten ist zwar fast nur noch im Billigsektor vertreten, hat aber das Image von Emailletöpfen ebenso in Richtung „bieder-altba-

Tipps für den richtigen Umgang mit Töpfen

Für jeden Topf eine passende Platte Stellen Sie den Topf jeweils auf die passende Kochstelle, notfalls lieber auf eine zu kleine als eine zu große. Sonst vergeuden Sie Energie.

Mit Deckel kochen Kochen Sie, wann immer möglich, mit Deckel – auch das schont Ihren Geldbeutel, denn vor allem beim Aufheizen von Flüssigkeit geht ohne Deckel viel Energie verloren. Aber bitte nur, wenn es das Gericht erlaubt. Sie brauchen kein schlechtes Gewissen zu haben, wenn Sie ohne Deckel eine Sauce einkochen. Auch Nudeln kochen Sie ohne Deckel, sonst werden sie pappig. Natürlich erst mal das Wasser zugedeckt zum Kochen bringen; und erst dann salzen! Sonst verzögern Sie den Siedepunkt – ebenfalls eine Energievergeudung, die sich mühelos vermeiden lässt. Und: Lassen Sie das Nudelwasser nicht dermaßen sprudeln, dass alles überkocht, es reicht aus, wenn das Wasser leise blubbert.

Restwärme nutzen Schalten Sie rechtzeitig aus, wenn der Topf genügend Hitze gespeichert hat.

Vorsicht mit Salz Passen Sie auf mit Salz in Edelstahltöpfen: die Speisen oder die Flüssigkeiten salzen, nicht den leeren Topf. Salz kann das Material angreifen und winzige Löcher hineinfressen.

Beläge Beläge lassen sich mit einem Kunststoffschwamm entfernen oder, sollten sie besonders hartnäckig sein, mit Edelstahlkratzern, auch flüssiges Scheuerpulver darf man ohne Weiteres einsetzen.

Gute Töpfe statt Speziallösungen Ratschläge zum wasser- und fettlosen Garen nie zu wörtlich nehmen. Nicht, weil die Töpfe darunter leiden, es ist mehr der Geschmack, der auf der Strecke bleibt. Und lassen Sie sich mit diesem Argument keine teuren Spezialtöpfe aufschwatzen. Man kann in jedem gut leitenden Qualitätstopf unter einem dicht schließenden Deckel ganz prima mit wenig Wasser und wenig Fett dünsten, wenn man das Gemüse mit seinem Tropfwasser hineingibt und auf sanfter Hitze leise schmurgeln lässt. Aber ein paar Spritzer gutes Öl oder ein winziges Stückchen Butter darf man sich doch immer erlauben, und dann schmeckt es gleich um Welten besser.

cken" geprägt wie die oft verspielten, gebauchten Formen. Inzwischen haben einige Hersteller mit neuen Formen und lebhaften Farben, hervorragender Qualität sowie aufsehenerregenden Beschichtungen wieder eine neue, anspruchsvolle und jüngere Zielgruppe erobert.

Es gibt aber weiterhin die windige Billigware aus dünnem Blech, das nicht ausreichend schlagfest ist und bei dem die Ränder problematisch sind: Wurden die Töpfe – das kostet am wenigsten – nur mit einem Edelstahlring gefasst und nicht fest verbunden, können sich in der Fuge Bakterien einnisten.

Emaillierte oder mit Stahlkeramik beschichtete Stahltöpfe nehmen die Hitze bestens und gleichmäßig auf, leiten sie hervorragend weiter und können sie auch gut speichern. Außerdem sind diese Töpfe natürlich bestens für Induktion geeignet. Die Beschichtung mit Emaille oder Stahlkeramik – noch härter, schneid- und kratzfest – ist im Gegensatz zu anderen Materialien nahezu porenlos und somit besonders pflegeleicht, glanzbeständig, geschmacksneutral und hygienisch. Außerdem ist sie nickelfrei (im Gegensatz zu den meisten Edelstahltöpfen), also das Richtige für Allergiker. Natürlich sind die Töpfe umso besser, je dicker ihr Stahlkern ist – aber auch umso schwerer, was manchem als Nachteil gilt. Sie sind jedoch nicht schwerer als solche aus Kupfer oder Gusseisen.

Gusseisentöpfe

Diese Töpfe sind zum Schmoren ideal, das gut leitende Material speichert die Hitze lange. Es erträgt auch die starke Hitze bestens, die man zum Anbraten braucht, und gibt die milde Hitze beim Schmoren sanft und langsam ins Innere weiter. Gusseisentöpfe werden heutzutage fast ausschließlich mit einem Emailleüberzug oder einer Beschichtung angeboten, was den Umgang mit ihnen erheblich erleichtert.

Wer noch einen jener alten, unbeschichteten Gusseisentöpfe von der Urgroßmutter oder vom Flohmarkt hat – sie sind unverwüstlich, wenn man sie richtig pflegt –, der weiß, wie sorgfältig man mit ihnen umgehen muss: immer nach Gebrauch gründlich reinigen, sofort abtrocknen und sorgsam einölen, damit sie nicht rosten. Übrigens: Nehmen Sie dafür am besten Olivenöl, das wird nicht ranzig. Auch darf man wegen dieser Rostgefahr keine Essensreste darin aufbewahren. Wer solch alte Töpfe deswegen nicht mehr benutzt, kann sie mit Teflon beschichten lassen! Forschen Sie im Internet mit diesen Begriffen nach einer entsprechenden Adresse.

Natürlich haben auch Gusseisentöpfe den Nachteil, sehr schwer zu sein. Aber der wird bei Weitem aufgewogen durch die Kochkunst, die man mit ihnen zelebrieren kann. Sämtliche Schmorgerichte – vom Gulasch bis zum Curry, von Rouladen bis zum Coq au vin – gelingen darin einfach perfekt.

Töpfe aus anderem Material

Töpfe aus Keramik, feuerfestem Glas oder Speckstein sind mitunter hübsch anzusehen, auf Gas, im Backofen, auch zum Warmhalten (wenn sie dann mal heiß geworden sind) geeignet, aber Kochen auf elektrischen Kochstellen ist mit ihnen nicht möglich.

Kupfertöpfe

Ein Spezialfall sind Kupfertöpfe: zum Kochen traumhaft, weil sie die Hitze direkt und schnell aufnehmen, weiterleiten und prima speichern. Aber sie machen Mühe, denn sie sind nur ein strahlender Blickfang, wenn sie blitzen und funkeln, und das bedeutet: viel Arbeit, regelmäßig putzen. Außerdem, und das wiegt schwerer: Sie funktionieren nicht auf Induktion. Eisenplatten, die man zwischen Induktionsplatte und Kupfertopf legen soll, damit sie die Induktionshitze an den Topf weiter geben, taugen wenig, sie brauchen viel zu viel Energie und kosten zu viel Zeit.

Der große Suppentopf (Marmite)

Um Fleisch- oder Gemüsebrühe kochen zu können, ein großes Suppenhuhn, die Mitternachtssuppe für die Party und natürlich für eine größere Runde eine ordentliche Portion Spaghetti, gehört unbedingt ein großer Suppentopf in die Küchenausstattung. Er sollte fünf bis sechs, besser acht Liter fassen – zu groß ist in diesem Fall weniger schlimm als zu klein. Der Tafelspitz (Seite 285) ist ein wunderbares Gericht, für das man den großen Suppentopf braucht. Und wenn Sie mit einem dieser eleganten Töpfe liebäugeln, die für Pastafans einen Siebeinsatz aus Edelstahl bieten, in dem man die Nudeln angeblich so bequem herausheben und abtropfen lassen kann, dann gucken Sie unbedingt genau hin! Denn dieser Siebeinsatz hat oftmals viel zu enge und feine Löcher, weswegen das Wasser nicht schnell genug abfließt, wenn man die Nudeln herausheben will. Und außerdem meist einen hohen Rand, der zu nichts nutze ist: Man darf in den Topf ja nicht einmal bis knapp unter dessen Rand Wasser einfüllen, sonst kocht zwischen Sieb und Topf alles über! Wir heben die Pasta lieber mit einer jener topfbreiten chinesischen Siebkellen aus dem Wasser (Seite 435) oder schütten die Nudeln in ein großes Sieb ab.

Der Schmortopf aus Gusseisen

Das Schmoren ist eine wunderbare Garmethode, weil man damit langfaseriges, beim Kurzbraten zäh bleibendes Fleisch herrlich zart und mürbe hinkriegen kann. Leider ist sie ein wenig in Vergessenheit geraten, weil sie etwas kostet, wovon wir immer weniger zu haben glauben: Zeit! Aber den intensiven Geschmack, den die unterschiedlichen Zutaten entwickeln, wenn sie lange miteinander haben schmoren dürfen, sich miteinander vermählen und gegenseitig mitteilen konnten, den kann man auf keine andere Weise erzielen. Und auch nicht die Mürbheit vom Fleisch, dessen Fasern vom eigenen Kollagen in der langen Zeit bei mäßiger Hitze in feuchter Atmosphäre geradezu aufgelöst und verschmolzen werden. Mag diese Zeit wertvoll sein – das zum Schmoren verwendete Fleisch kostet wenig. Und den dichten, konzentrierten Saucen, die dabei wie von selbst entstehen, kann niemand widerstehen. Wer seinen Gästen Schmorgerichte auftischt, wird geliebt. Denn damit schenkt man ihnen auch: Zeit. Einmal aufgesetzt, überlässt man es dem Schmortopf, das Essen zur Vollendung zu bringen. Zum Beispiel ein Sonntags-Gulasch (Seite 286).

Der Saftbräter (Cocotte)

Dieser spezielle gusseiserne, emaillierte Schmortopf kommt aus Frankreich. Das Besondere ist sein Deckel, der innerhalb eines schmalen Randes eine Vertiefung hat, an deren Unterseite kleine Noppen sitzen. In die Vertiefung füllt man Eiswürfel, die dafür sorgen, dass der Deckel schön kalt bleibt, während das übrige Material sich erhitzt. Der von der Schmorflüssigkeit aufsteigende Dampf kondensiert am kalten Deckel (auch wenn das Eis geschmolzen ist, sorgt das entstandene Wasser für Kühlung) und von den Noppen tropft die Flüssigkeit gleichmäßig auf das Gargut herunter. So ist im Topf für die richtige feuchte, ständig zirkulierende Schmoratmosphäre gesorgt, und der Braten bleibt auch mit wenig Flüssigkeit wunderbar saftig. Zum Beispiel ein Coq au Vin mit Apfelwein (Seite 289).

Die Kasserolle

Den handlichen Stieltopf aus gut leitendem Material braucht man immerzu. Für Saucen (Vanillesauce, Seite 290), kleine Ragouts oder Gemüsegerichte. Er sollte einen gut leitenden Boden haben und bis zum Rand hoch die Hitze aufnehmen, das verkürzt die Kochzeit. So kann man sogar empfindliche Saucen ohne Wasserbad kochen. Mit dem Stiel in der einen Hand zieht man den Topf schnell von der Kochstelle, wenn die Sauce zu heiß zu werden droht, während die andere den Kochlöffel führt.

c1 Tafelspitz

Tafelspitz ist fast schon Synonym für jede Art von gekochtem Rindfleisch. Es handelt sich dabei jedoch um ein spezielles Stück aus der Hüfte vom Rind, besonders mager, nur mit einer dünnen Fettschicht abgedeckt. Sie gibt dem Fleisch Geschmack, hält es saftig und sollte deshalb nie vor dem Sieden abgeschnitten werden. Sieden – nicht Kochen, das ist wichtig: Das Fleisch bleibt saftig, wenn es stets unter dem Siedepunkt gehalten wird, wird hingegen zäh und faserig, wenn man es sprudelnd kocht.

Für sechs bis acht Personen

1 ganzer Tafelspitz (ca. 1,8 kg)
4–5 Fleisch- oder Markknochen
3 Möhren
¼ Sellerieknolle
oder 1–2 Selleriestangen
1 Lauchstange
2 Lorbeerblätter
2 Nelken
1 TL Piment
1 EL Senfkörner
1 flacher EL Salz
1 große Zwiebel
1 Tomate

Das Fleisch mit Küchenpapier abwischen. Einen ausreichend großen Suppentopf mit den Knochen auslegen – sollten es Markknochen sein, zuerst das Mark vorsichtig herausdrücken; dieses in immer wieder erneuertem kaltem Wasser wässern, damit es schön hell wird.

Das Gemüse putzen: Möhren mit dem Sparschäler, die Sellerieknolle mit einem Messer schälen, Selleriestangen fädeln, vom Lauch welke äußere Blätter entfernen. Alles grob in Stücke schneiden und zusammen mit den Gewürzen in den Topf füllen. Die Zwiebel halbieren, auf einem Stück Alufolie auf der Herdplatte (auf dem Glaskeramikfeld unbedingt in einer blanken Pfanne, die Alufolie würde anschmelzen und das Feld beschädigen!) auf den Schnittflächen dunkel rösten – das gibt der Suppe Farbe und Geschmack. Die Tomate zerdrücken und zufügen.

Jetzt alles mit 2,5 bis 3 Litern Wasser bedecken. Langsam ohne Deckel erhitzen, das ist wichtig für eine perfekte Schaumbildung! Diesen Schaum, der sich an der Oberfläche absetzt, auf keinen Fall (wie so häufig empfohlen) abschöpfen – er verschwindet nach einer Weile von selbst, indem er zum Topfboden sinkt; dabei macht er sich nützlich und bindet sämtliche Trubstoffe. So wird die Brühe schön klar.

Nach dem ersten Aufwallen die Hitze auf kleinste Stufe herunterschalten, jetzt auch den Deckel auflegen, und den Tafelspitz etwa drei Stunden leise ziehen lassen. Dabei die ganze Zeit aufpassen, dass die Brühe nicht ins Kochen gerät, sondern sich nur ganz sanft bewegt – denn nur dann wird der Schaum nicht verwirbelt und die Brühe bleibt klar!

Den Tafelspitz in der Brühe abkühlen lassen. Er lässt sich nämlich besser aufschneiden, wenn er nicht mehr heiß ist. In jedem Fall ist ein elektrisches Messer (Seite 139) dabei ideal und erlaubt auch gleichmäßig dünne Scheiben. Sie werden dann in etwas Brühe wieder behutsam erwärmt. Und zum Beispiel mit frisch geriebenem Meerrettich, Bratkartoffeln und Blattspinat serviert.

Das Mark wird in dünne Scheiben geschnitten und ebenfalls in der Brühe erwärmt. Entweder in der Brühe mit Schnittlauch bestreut servieren oder auf geröstetem Brot (das kann weißes Weizen- oder dunkles Roggenbrot oder ein Mischbrot sein), ebenfalls mit Schnittlauch und zusätzlich mit Fleur de Sel und frisch gemahlenem Pfeffer würzen.

c1
Sonntags-Gulasch

Für dieses Rezept braucht man ein gut durchwachsenes Rindfleisch, am besten aus der Wade; auch der hintere Teil der Schulternaht ist gut geeignet oder von Sehnen durchzogene Stücke vom Bauch. Die Sehnen schmelzen beim langsamen Schmoren, geben ihre Gallerte ab, und dann zergeht das Fleisch auf der Zunge. Bitten Sie Ihren Metzger ganz gezielt um ein bestimmtes Stück, das er dann für Sie in gulaschgroße (also nicht zu kleine) Stücke schneidet, statt bereits fertiges „Gulasch" zu kaufen. Da sind meist Stücke von ganz unterschiedlicher Beschaffenheit versammelt, die unterschiedlich garen und mitunter ganz schön zäh sein können. Übrigens: Weil Gulasch in größerer Menge zubereitet besser gelingt als in kleiner, unbedingt gleich in einem großen Schmortopf auf Vorrat kochen – was übrig bleibt, wird eingefroren.

Für sechs bis acht Personen
1,5 kg Rinderwade, Schulternaht oder Bauchstück
3 EL Olivenöl (klassisch wäre Schweineschmalz!)
Salz, Pfeffer
750 g–1 kg Zwiebeln
3–4 Knoblauchzehen
1–2 Chilischoten
1–2 EL Tomatenmark
2–3 EL Delikatesspaprika
ca. 500 ml Wasser oder Fleischbrühe
3 Tomaten
1 EL Kümmel
1 EL Majoran

Das Rindfleisch in Würfel von circa 3 bis 4 Zentimeter Kantenlänge schneiden. In einem breiten, schweren Schmortopf das Öl (oder Schmalz) erhitzen, die Würfel darin portionsweise anbraten, dabei salzen und pfeffern. Die Würfel sollen überall schöne Röstspuren zeigen.

Erst dann auch die grob gehackten Zwiebeln zufügen, den zerdrückten Knoblauch und die grob gehackten (nach Gusto entkernten) Chilis.

Erst wenn alles schön angebraten und jeweils gesalzen und gepfeffert ist, das Tomatenmark einrühren und mitrösten. Den Paprika darüberstreuen und ebenfalls gut unterrühren – dafür den Topf eventuell für einen Moment vom Feuer ziehen, damit der empfindliche Paprika nicht verbrennt und womöglich bitter wird. Mit Wasser oder Brühe ablöschen.

Die Tomaten mitsamt ihrer Haut halbieren, aber den Stielansatz herausschneiden – die Haut wird sich beim Schmoren lösen, dann kann man sie am Ende einfach abzupfen und entfernen. Tomaten in den Topf geben, Kümmel und Majoran dazustreuen.

Zugedeckt leise etwa zweieinhalb bis drei Stunden schmoren – eventuell auch länger, bis das Fleisch zart und mürbe ist. Entweder auf der Herdplatte auf kleinster Stufe oder im Backofen bei etwa 120 Grad Heißluft (Ober- und Unterhitze: 140 Grad). Am Ende den Mixstab zwischen den Fleischwürfeln in der Sauce spazieren lassen, bis alles fein püriert ist und die Sauce Glanz bekommt. Nochmals abschmecken.

Beilage: Entweder zu hausgemachten Nudeln servieren (Rezept Seite 143) oder zu Kartoffelpüree (Rezept Seite 210) oder auch mit gedämpften Semmelknödeln mit Erbsen (Rezept ebenfalls Seite 210).

Getränk: Und dazu einen kräftigen, vollmundig-fruchtigen Rotwein servieren, es passen aber auch ein üppiger Grüner Veltliner oder Riesling oder ein Bier.

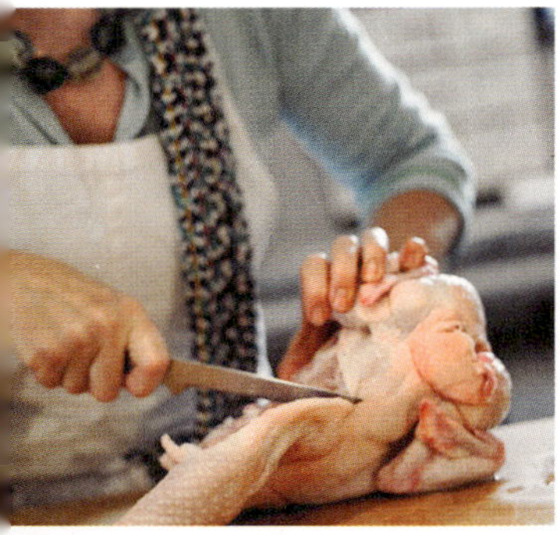

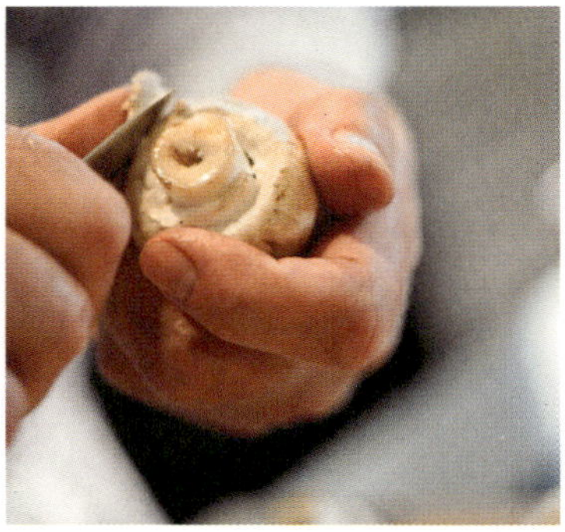

c1 Coq au Vin *mit* Apfelwein

Einen ausgewachsenen Hahn wird man bei uns nur schwer bekommen, wie er eigentlich für dieses Rezept empfehlenswert wäre. Aber ein großes, schweres Brathuhn oder eine Poularde tun es auch. Je schwerer, desto besser! Denn das Fleisch von ausgewachsenen Tieren verträgt eine lange Schmorzeit natürlich besser.

Für vier bis sechs Personen
1 Poularde (ca. 1,8–2 kg)
1 unbehandelte Zitrone
Salz, Pfeffer
300 g kleine Zwiebeln oder Schalotten
250 g kleine Champignons
2–3 EL Apfelbrand
½ Flasche trockener Apfelwein oder Cidre
1 Kräuterstrauß aus
– Thymian oder Bergbohnenkraut
– 1 Lorbeerblatt
– 2 getrockneten Chilischoten
200 g Crème fraîche

Die Poularde in acht oder sogar zehn Teile zerlegen: Zuerst das Fett aus der Bauchhöhle entnehmen. Dann die Keulen abtrennen, sie jeweils im Gelenk in Ober- und Unterschenkel teilen. Das Huhn entlang dem Brustbein und Rückgrat in zwei Hälften schneiden. Die Flügel mit einem Teil der Brust abtrennen und die Brust in der Mitte nochmals halbieren.

Die Geflügelstücke mit Zitronensaft beträufeln und diesen rundum verteilen und leicht einmassieren.

Das Fett klein würfeln und im Schmortopf auslassen. Die Hühnerteile nacheinander im heißen Hühnerfett langsam anbraten, dabei jeweils salzen und pfeffern. Gebratene Stücke herausnehmen und beiseitestellen, bis alle Stücke appetitlich gebräunt sind.

Die geschälten Schalotten – möglichst unzerteilt lassen, nur, wenn sie sehr groß sind, halbieren oder sogar auch vierteln – und die geputzten Champignons im Bratfett anbraten; ebenfalls lieber ganz lassen, nur notfalls halbieren oder sogar vierteln.

Alles wieder in den Topf schichten, den Apfelbrand mit einer Schöpfkelle darübergießen, mit einem Streichholz anzünden und abbrennen. Mit Apfelwein ablöschen, den Kräuterstrauß einlegen, aufkochen, dann den Deckel auflegen. Das Ragout schließlich auf kleinem Feuer (oder im Backofen bei 100 (Heißluft) oder 120 Grad (Ober- und Unterhitze)) eine Stunde schmoren.

Die Geflügelteile nochmals herausheben und warm stellen. Den Fond auf dem Herd heftig kochen lassen und etwas reduzieren, die Crème fraîche unterrühren und alles bis zur gewünschten cremigen Konsistenz einkochen. Nochmals abschmecken, nach Belieben auch mit etwas abgeriebener Zitronenschale würzen.

Die Hitze ausschalten, die Geflügelstücke wieder einlegen und in der Sauce erwärmen und durchziehen lassen.

Dazu schmecken wunderbar hausgemachte Bandnudeln (siehe Seite 143ff.).

Getränk: Weißburgunder, Chardonnay oder Grauburgunder aus Frankreich oder Deutschland.

c1 Vanillesauce

Cremig und wunderbar nach Vanille duftend – nicht nach dem künstlichen Vanillin – so muss eine Vanillesauce sein. Die Kasserolle ist dafür der richtige Topf.

Für vier bis sechs Personen
500 ml Milch
2–3 EL Zucker
1 Vanillestange
oder 2 Tütchen Vanillezucker
1 Prise Salz
4 Eigelb
evtl. 2 EL geschlagene Sahne

Die Milch aufkochen, Zucker, Vanillestange und auch eine kleine Prise Salz zufügen. Den Topf vom Feuer ziehen, die Stange zehn Minuten darin ziehen lassen. Dann herausfischen, längs aufschlitzen, das Mark herauskratzen und in die Milch rühren.

Die Eigelb in einer Schüssel mit den Schneebesen cremig schlagen. Von der erneut aufgekochten Milch ein Drittel unter kräftigem Schlagen zufügen. Dann alles zurück zur restlichen Milch in den Topf gießen und auf mittlerer Hitze erhitzen.

Dabei jetzt mit einem Holzlöffel geduldig und kräftig rühren – am besten eine Acht drehen, damit der gesamte Topfboden immer wieder vom Rührlöffel erreicht wird und die Eiermilch nirgends zu heiß wird und ansetzt oder gar anbrennt. Es müssen Milch und Eigelb einmal richtig erhitzt werden, damit eine gute Bindung entsteht, aber beides darf nicht ins Kochen geraten, weil sonst die Sauce gerinnt.

Durch ein Sieb gießen und kalt stellen. Schön locker wird sie übrigens, wenn man vor dem Servieren ein bisschen geschlagene Sahne unterzieht.

Sauteuse

Eine Sauteuse (auch als Schwenkpfanne bezeichnet), jener Topf mit leicht nach außen geschwungenen Wänden und einem Stielgriff (manchmal auch zum leichteren Heben mit einem normalen Griff gegenüber), damit man die Zutaten darin beim Anbraten bequem schwenken und wenden kann, gehört bei uns gar nicht erst zur Grundausstattung. Leider und unbegreiflicherweise, denn die Sauteuse ist überaus bequem und vielseitig zu handhaben, es lassen sich die unterschiedlichsten Gerichte darin zubereiten. Man kann sie sogar als das französische Pendant zum Wok ansehen, nimmt sie zum raschen Anbraten unter häufigem Schwenken oder auch Umrühren. Dafür ist sie besser geeignet und praktischer als ein normaler Topf mit geraden Wänden, mit dem die entsprechenden Gerichte normalerweise im Privathaushalt zubereitet werden: Gemüse dünsten, Saucen kochen und aufmixen, Fleischstücke braten oder schnell verschiedene Zutaten mischen. Dabei wird die Sauteuse nur so weit gefüllt, dass fast alle Zutaten nebeneinander auf dem Topfboden liegen.

Sautoir

Das Sautoir, auch Schmorpfanne genannt, spielt bei uns ebenfalls eine untergeordnete Rolle – in ihm bereitet man schnelle, nicht lange zu schmorende Ragouts aus zartem Fleisch, Innereien und Geflügel oder Fisch- und Krustentieren zu, die zunächst angebraten und anschließend offen oder mit aufgelegtem Deckel fertig gegart werden. Für solche Gerichte nimmt man im deutschen Haushalt vorzugsweise eine Pfanne oder einen Kochtopf. Im Sautoir jedoch (gibt es mit einem Stiel oder mit zwei Griffen), das meist einen kleineren Durchmesser als eine Pfanne hat und dafür einen höheren, geraden Rand, lässt sich nach dem raschen, kräftigen Anbraten mit großer Hitze eine üppige, konzentrierte Sauce besser herstellen als in der weiten Pfanne. Und man kann die Zutaten darin beim Anbraten leichter auf gleichmäßiges Rösten kontrollieren als in einem Topf.

Braucht man das?

Unbedingt nötig sind Sautoir und Sauteuse in einem normalen Haushalt mit mittleren Ansprüchen nicht. Aber für eine feinere Küche sind diese speziellen Töpfe nicht nur ungemein praktisch, sondern erleichtern die Arbeit sehr und tragen zum perfekten Gelingen vieler Speisen bei. Wer die Ausgabe (kleine Sauteusen ohne Deckel beginnen bei etwa 50 Euro, ein großes Sautoir mit Deckel ab ungefähr 150 Euro – nach oben bleibt aber für Spitzenqualität reichlich Raum) nicht scheut, legt sich einen Satz zu.

c2 Der Wok

Er ist vermutlich das älteste, auf jeden Fall das universellste metallene Kochgerät der Menschheit. Erfunden haben ihn die Chinesen bereits vor Jahrtausenden, zu Zeiten, da man in Europa gerade eben froh war, dass man den Bratspieß und den Tontopf kannte. In China wusste man das Feuer bereits zu bündeln und begann schon an den philosophischen Grundlagen einer ausgefeilten Kochkunst zu arbeiten.

Geboren aus der chinesischen Küchenphilosophie

Zur chinesischen Küchenphilosophie gehört eine Tradition, die von Konfuzius unmissverständlich formuliert und quasi zum Gesetz erhoben wurde, nämlich die Forderung, ein Messer habe bei Tisch, also in der Hand von Laien, nichts zu suchen, sondern seine Arbeit in der Küche in der geschickten Hand des Kochs zu verrichten: Alle Zutaten werden kleingeschnitten, damit einerseits die Oberfläche größer und somit der Geschmack intensiver wird, andererseits um die Garzeit entscheidend zu verkürzen – denn Brennmaterial stand im Reich der Mitte wenig zur Verfügung und manchmal musste getrockneter Kuhdung reichen, um ein Essen für die ganze Familie zu garen.

Der Wok, jenes halbrunde Kochgeschirr aus Eisenblech, war mit seinen vielfältigen Möglichkeiten zentrales Utensil. Darin ließ sich nämlich über einem vergleichsweise kleinem Feuer so viel Hitze konzentrieren, dass die Zutaten schnell genießbar wurden. So kam man nicht nur mit wenig Brennmaterial aus, man hatte auch eine Methode entdeckt, mit wenig Mitteln viele Menschen zu sättigen, weil man, klein geschnippelt, die Zutaten besser ausnutzen, auch Teures (Fleisch oder Fisch) mit Preiswertem (Gemüse) mischen beziehungsweise strecken konnte.

Der Wok erobert Europa

Inzwischen hat der Wok auch in unseren Küchen Einzug gehalten. Die Globalisierung hat uns die Küchen Asiens nahegebracht, wir haben deren Vielfalt, den Wohlgeschmack, die Fantasie, vor allem aber auch deren Bekömmlichkeit schätzen und lieben gelernt. So ist der Wok vielen von uns zum alltäglichen Küchengegenstand geworden. Aber vielleicht ist noch immer nicht jedem klar, wie vielseitig der Wok ist: Es gibt praktisch nichts, wofür sich er sich nicht eignet. Er kann einfach alles: braten, kochen, frittieren, dämpfen! Wer sich für ein einziges Küchengerät entscheiden müsste, der sollte einen Wok wählen. Aber um alle seine Fähigkeiten richtig nutzen zu können, ist es gut, ein paar Dinge über ihn zu wissen.

So funktioniert der Wok

In der traditionellen chinesischen Küche wird der Wok auf einem offenen Feuer oder über Gas benutzt. Der halbrunde Boden sitzt so über der Flamme, dass die starke Hitzequelle sich ganz unten, im Zentrum des Bodenrunds befindet. Damit die Flammen nicht hineinschlagen und die Hitze nicht an den Wänden des Woks hochsteigen kann, sitzt der Wok in einem Ring – der die Hitze abweist und zurückhält, wenn er gemauert ist. Das heißt, je weiter die Wände des Woks sich nach außen wölben, desto weniger werden sie erhitzt. Es werden die Zutaten – nie zu viel auf einmal! – zunächst in das Hitzezentrum am Boden gegeben, dann aber mit einer Bratschaufel ständig in Bewegung gehalten und immer wieder auch auf dem kühleren Randbereich abgelegt. So bekommen sie anfangs gezielt sehr intensive Hitze ab und werden danach an dieser Hitzequelle nur noch kurz, dafür aber immer wieder vorbeigeschaufelt. In diesem Wechsel von starker Hitze und kühleren Phasen werden die Zellen kurz unter Dampfdruck gesetzt, können sich aber auch immer wieder entspannen – es bleiben so die Texturen und vor allem die Säfte in den klein geschnittenen Zutaten erhalten.

Das also ist der Sinn und sind die Effekte des Pfannenrührens, der grundlegenden Garmethode der chinesischen Küche. Sie funktioniert also nur, wenn die Wände des Woks auch tatsächlich zum Rand hin kühler werden. Das Problem, das nahezu alle modernen Wokbrenner, wie wir sie von den Küchenherstellern angeboten kriegen, damit haben, wurde ja auf den Seiten ab 187 ausführlich abgehandelt – und auch, wie man dem begegnet.

Der Eisenwok auf Induktion und Gas

Induktion ist sozusagen das neuzeitliche offene Feuer der modernen Küche, sie liefert ordentlich Power, vor allem, wenn man noch einen Booster (Verstärker) hinzuschalten kann. Der halbkugelige Wok aus dünnem Eisenblech, wie man ihn in jedem guten Asienladen für wenig Geld findet, ist für diese Herdart perfekt geeignet. Die winzige Fläche, mit der er auf der Magnetplatte steht, reicht vollkommen aus, damit genau das geschieht, was im Wok passieren soll: Starke Hitze im Zentrum, zum Rand hoch lässt sie nach. Wenn Sie also ein Induktionskochfeld in Ihrer Küche haben, kaufen Sie sich schleunigst einen dieser einfachen Woks. Wählen Sie ein größeres Modell, auch wenn es Ihnen zu geräumig erscheinen mag: Die Zutaten brauchen Platz, wenn sie herumgewirbelt werden!

Praktischer als zwei Griffe aus Eisen (wie für chinesische Einbaukochstellen tauglich), ist ein Holzgriff an der Seite. Die Halbkugel kann ja nicht richtig stehen, und so kann man sie mit einer Hand ständig im Lot halten, während man mit der anderen rührt und schaufelt. Da man beim Pfannenrühren den Wok ja ohnehin immer mit einer Hand festhalten muss, ist das nicht weiter hinderlich. Zum Dämpfen allerdings sollte man versuchen, sich einen passenden Ring zu besorgen, der den Wok so hält, dass die Rundung gerade das Kochfeld berührt.

Wichtig für die Aufbewahrung des kippeligen Geräts: Finden Sie einen Platz über oder in der Nähe des Herds, an dem der Wok in Griffweite hängen kann. So ist er luftig und trocken untergebracht, kann nicht schwitzen und stockige Gerüche entwickeln. Wetten: Sie werden ihn immer öfter einsetzen!

Auch auf einer Gasflamme kann man den halbkugeligen Wok gut verwenden. Hierfür ist ein Metallring nützlich, auf dem man den Wok über die Flamme setzen kann; So wird ihre Hitze abgehalten, die Seitenwände des Woks und der Griff bleiben davor geschützt und kühl. Gibt's aus leichtem Aluminium in Asienläden.

Der richtige Wok für andere Kochstellen

Für ein normales Kochfeld, egal, ob Glaskeramik oder Masseplatte, braucht man einen Wok mit abgeflachtem Boden als Standfläche, damit er genügend Hitze aufnehmen kann. Da gibt es Woks aus emailliertem Eisen, die sehr gut sind und sich leicht pflegen lassen. Edelstahl-Woks müssen natürlich einen Sandwichboden haben oder dort mit Kupferkern verstärkt sein, damit sie gezielt Hitze aufnehmen; das schlecht leitende Material der Wände sorgt dann dafür, dass sie zum Rand hin kühler werden, was sie zum Pfannenrühren gut geeignet macht. Ein Deckel für den Wok muss nicht sein, ist aber für einige Zubereitungen nützlich. Vor allem fürs Dämpfen ohne Bambuskörbe: Im Wok haben auch große Platten Platz, die nicht in den Bambuskorb passen. So kann man ganze Fische dämpfen oder auf einer Riesenplatte Fischfilets für eine vielköpfige Runde.

Keine Woks aus Gusseisen!

Gänzlich ungeeignet sind Woks aus Gusseisen. Merkwürdigerweise werden sie gern gekauft, und weil man nach einigen missglückten Versuchen die Lust daran verloren hat, stehen sie bald ungenutzt herum. Und niemand erkennt dann so recht, warum der Versuch, damit chinesisch zu kochen, in die Hose ging. Die Topfhersteller sollten ihre Gusseisenwoks aus dem Programm nehmen, denn es gibt nichts, wofür sie taugen. Gusseisen ist ein wunderbares, extrem leitfähiges Material, das die Hitze gleichmäßig verteilt und obendrein noch lange speichert – das ist beim Schmoren und im Backofen erwünscht und nützlich, hier aber absolut kontraproduktiv: Es wird das ganze Kochgeschirr heiß bis an den Rand, da kann man noch so viel rühren und schwenken, die armen Zutaten finden keinen Platz zur Ruhe, verspannen sich und garen falsch – Gemüse verliert seinen knackigen Biss, Fisch und Fleisch werden trocken und zäh.

Großer Wok – kleiner Wok

„Wir sind ja nur zwei Personen – muss der Wok für uns wirklich so groß sein?“ Tatsächlich bieten manche Topfhersteller kleine Woks an. Aber Sie sollten wirklich immer das größere Modell nehmen. Ein Wok darf nie voll sein – die Zutaten brauchen einfach den Raum. Das bedeutet aber auch: selbst wenn Sie für mehr Menschen kochen, verdoppeln Sie nicht einfach das Rezept, sondern bereiten Sie lieber ein weiteres Gericht zu.

Die Rezepte für chinesische Gerichte sind ja meist „für zwei bis vier Personen“ berechnet. Das ist ja eine ganz schöne Bandbreite, und für wie viele Gäste es am Ende reichen wird, hängt davon ab, wie viele andere Gerichte noch auf den Tisch kommen. Bei einem chinesischen Essen gehören immer so viele verschiedene Gerichte auf die Tafel, wie Gäste am Tisch sitzen, mindestens! Und da Chinesen gerne in Gesellschaft essen, sind es oft stattlich bestückte Tafeln, auf denen acht, zehn oder zwölf Gerichte stehen. Denn es wird nicht, wie bei uns, jedem ein eigenes Tellergericht serviert, es stehen vielmehr die verschiedenen Platten in der Mitte und jeder nimmt sich davon, was er mag. So fällt auch nicht weiter auf, wenn einem etwas nicht schmeckt, und niemand verliert das Gesicht.

Ein thailändischer Straßenkoch: Organisation ist alles!

Bei einem Straßenkoch in Bangkok haben wir zugeschaut, wie er sich organisiert: Er schnitt und schnippelte die Würz- und Gemüsezutaten und stapelte alles jeweils für ein Gericht so auf Teller, dass, wenn er ihn stürzt und auskippt, sie in der richtigen Reihenfolge im Wok landen. Fleisch oder Fisch waren, bereits gewürzt und mariniert, auf einem zweiten Teller vorbereitet. Und wenn ein hungriger Passant bestellte, lief alles ab wie ein Uhrwerk: Mit seiner kleinen Bratschaufel (die ja immer wie eine flache Kelle geformt ist) schöpfte er ein wenig aus dem Gefäß mit Öl, nahm ein paar Tropfen vom Sesamöl aus dem Töpfchen daneben, goss es mit Schwung in den schon heißen Wok, schwenkte ihn, bis er bis zum Rand davon überzogen war; dann griff er mit links den Teller mit dem Fleisch und kippte es in den Wok, wo er sofort mit dem Schäufelchen in der rechten Hand alles erwischte und herumwirbelte. Nach wenigen Sekunden kippte er den Gemüseteller nach, und zwar so, dass zuerst die würzenden Zutaten, Ingwer, Knoblauch, Chili, aufs Fleisch fielen und er sie mit der Bratkelle sofort vermischen konnte. Dann landeten auch schon die Gemüse im Wok, die ebenfalls sogleich erfasst und herumgewirbelt wurden. Sogar Salz und Zucker nahm er mit der Schaufel, zwickte die nötige Prise mit geschickter Geste aus den Behältern. Schließlich schöpfte er etwas Brühe und gab auch einen Schuss Sojasauce hinzu – immer mit der Rührkelle: Er würzte damit, rührte, mischte, hielt alles in Schwung. Keine drei Minuten, da saß der hungrige Passant auf einem Schemelchen am Straßenrand und schaufelte mit ebensolchem Geschick und seinen Stäbchen das eben Zubereitete mit Behagen in den Mund …

Pfannenrühren

Mit dem Wok arbeiten heißt schnell sein – die heftige Hitze erfordert rasches Handeln! Deshalb müssen sämtliche Zutaten fix und fertig zugeschnitten, am besten sogar in der Reihenfolge, wie sie Verwendung finden sollen, parat stehen. Es hat keinen Zweck, mal schon den Herd einzuschalten, den Wok auf die Feuerstelle zu setzen und dann erst zu überlegen, was man überhaupt darin braten will. Bei den Temperaturen, mit denen im Wok gearbeitet wird, bleibt auch keine Zeit, noch neue Zutaten herauszusuchen oder etwas zuzuschneiden.

Neben der kräftigen Hitzequelle braucht man für den Wok ebenso dringend die richtige Bratschaufel. Im Asienladen wird sie meist gleich passend zum Wok angeboten, ihre Rundung muss dessen Wölbung entsprechen, damit sie tatsächlich alles erfassen und umherwirbeln kann und nicht etwa Reste an der Wand hängen bleiben. Diese Bratschaufel kann auch aus Silikon sein, das ist praktisch, weil sie sich anschmiegt und so alle Zutaten erwischt.

Ganz wichtig: Natürlich muss auch ein Wok – der nie beschichtet sein kann, sonst wäre es ja unmöglich, ihn ausreichend stark zu erhitzen! – zunächst einmal eingebrannt werden. Es gilt also dasselbe wie für die blanken Pfannen (Seite 324).

Tipps fürs Pfannenrühren

Wichtig ist ein gut eingebrannter Wok – in dem sich nichts festsetzt. Und genau da liegt häufig ein Problem. „Bei mir setzt im Wok immer alles an!" Das hört man oft, und dagegen kann man etwas tun: Fleisch, Fisch und Meeresfrüchte werden ja meist mit Speisestärke eingerieben, auch mit Soja- oder Fischsauce und Sesamöl gewürzt und so mariniert. Nicht nur wegen der Würze; die Stärke bildet mit dem Eiweiß und dem Öl in der Hitze des Woks sofort einen schützenden Film, der den Saft selbst in den kleinsten Streifen oder Würfeln bewahrt, das macht die Zutaten unnachahmlich zart, sie bleiben saftig.

Allerdings setzt sich in einem nicht gut eingebrannten Wok diese Stärke am Topfboden an, wo sie bald kaum mehr wegzukratzen ist, und am Ende schmeckt's verbrannt. Wenn das passiert, darf man auf keinen Fall mehr Öl angießen. Mehr Fett hilft nichts und macht das Gericht zu schwer. Stattdessen lieber einen kleinen Schuss Brühe, Sherry, Reiswein oder Wasser angießen, und zwar vom Rand her, dann fließt es auf den Boden, kocht von dort wieder hoch, löst das Angesetzte von unten her und man kann es mit der Bratschaufel wegschaffen.

Den Wok danach noch einmal neu einbrennen (wie auf Seite 324 beschrieben). Und sicherheitshalber die nächsten zwei, drei Male die mit Stärke vermischten Zutaten erst mal einer größeren Menge, etwa einer Tasse, Öl geradezu frittieren, dabei nur einen Teil der Würzzutaten zufügen. Das Fleisch dann in ein Sieb schütten, das Öl auffangen – ruhig für die nächsten Gerichte weiterverwenden – und jetzt das Gericht weiterkochen: Gemüse zufügen, würzen und am Ende wieder das Fleisch. In diesem heißen Ölbad kann sich nichts am Boden festsetzen, gleichzeitig hilft es, dem Wok seine Schutzschicht zu geben, die begehrte Patina. Wenn er die hat, der Wok innen dunkel glänzt, dann wird nie mehr was darin festbacken oder ansetzen!

c2 Rehleber *mit* Bleichsellerie *und* Chinesischen Morcheln

Es geht so unglaublich schell, und man kann im Grunde alles, was man im Kühlschrank findet, zu einem „original" chinesischen Gericht verarbeiten. Für den typisch chinesischen Geschmack sorgt der Dreiklang von Ingwer, Knoblauch und Sesamöl.

Für zwei bis vier Personen
Ca. 300 g Rehleber
1 gehäufter TL Speisestärke
2–3 EL Sojasauce
2 TL Sesamöl
2 EL getrocknete Mu- Err-Pilze
1 kleine weiße Morchel
3 Selleriestangen
1 Möhre
1–2 Frühlingszwiebeln
3–4 Champignons
1 walnussgroßes Stück Ingwer
2–3 Knoblauchzehen
1 Chilischote
2 EL neutrales Öl
Salz, Pfeffer
½ TL Zucker
1–2 EL Sherry oder Reiswein
2–3 EL Brühe
Koriandergrün

Die Leber häuten, in dünne Scheibchen schneiden. Mit Stärke überpudern, einige Tropfen Sojasauce und Sesamöl dazuträufeln – alles gründlich einmassieren und marinieren, bis die übrigen Vorbereitungen erledigt sind:

Die Pilze in einer kleinen Schüssel mit kochendem Wasser zweifingerhoch bedecken und einweichen.

Selleriestangen putzen, in dünne Scheibchen schneiden. Möhre schälen und in streichholzfeine Streifen schneiden. Das Weiße der Frühlingszwiebel sehr fein, das Grün ein wenig breiter schneiden, die Pilze in dünne Scheiben.

Ingwer und Knoblauch schälen, Chili entkernen, alles sehr fein würfeln.

Im Wok das neutrale und das Sesamöl erhitzen, die Rehleber zufügen, nach 10 Sekunden mit der Bratschaufel umrühren, salzen und pfeffern und dann nacheinander die anderen Zutaten zufügen: zuerst die Gewürze (Ingwer, Knoblauch, Chili), dann die Gemüse. Immer einige Körnchen Salz über die Gemüse streuen, am Ende den Zucker.

Sojasauce, Sherry und Brühe angießen. Über das fertige Gericht einige Korianderblättchen streuen.

Dazu gibt's Reis (siehe Seite 256) und grünen Tee.

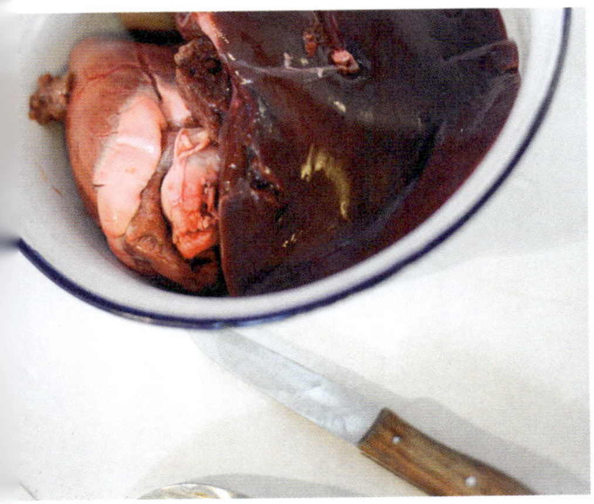

c2 Kaninchen *mit* Spargel *und* Bleichsellerie

Nicht nur wohlschmeckend, sondern auch hübsch zum zarten Kaninchenfleisch sind weißer Spargel und das linde Grün vom Stangensellerie.

Für zwei bis vier Personen
300 g ausgelöster Kaninchenrücken
1 gehäufter TL Speisestärke
1 TL helle Sojasauce
2 TL Sesamöl
1 Frühlingszwiebel
4–5 Spargelstangen
2 Selleriestangen
2 EL neutrales Öl (z. B. Erdnussöl)
1 gehäufter TL fein gewürfelter Ingwer
1 gehäufter TL fein gewürfelter Knoblauch
1–2 rote Chilischoten
Salz, Pfeffer
½ TL Zucker
1 TL Chiliöl (Asienladen)
1 TL dunkle Sojasauce
2 EL Reiswein oder Sherry
1–2 EL Brühe

Das Kaninchenfleisch in feine Scheibchen schneiden, die Stärke darüberstäuben, gut einmassieren. Auch Sojasauce und 1 TL Sesamöl untermischen. Das Fleisch so marinieren lassen, bis die anderen Zutaten vorbereitet sind.

Frühlingszwiebel putzen, das Weiße schräg in feine Scheibchen, das Grün in etwas breitere (etwa 5 Millimeter) Scheiben schneiden. Spargel schälen, schräg in fingerbreite Stücke schneiden. Selleriestangen fädeln, wenn nötig, auch sie sehr schräg in Scheiben von circa 3 Millimeter schneiden.

Im Wok Erdnuss- und restliches Sesamöl erhitzen. Zuerst das Fleisch ins heiße Öl legen, 10 Sekunden lang darin ohne jede Bewegung anbraten, dann erst mit der Bratschaufel rühren und von nun an alles ständig damit in kreisender Bewegung halten.

Dabei Ingwer, Knoblauch und Chili zufügen. Dann das Weiße der Frühlingszwiebel, den Spargel und Sellerie in den Wok geben, dafür immer in der Mitte des Topfbodens eine Stelle frei schaufeln und jedes Mal einige Salzkrümel zufügen – das Salz stabilisiert die Farbe; auch braucht man weniger, wenn das Salz gleich von Beginn an eindringen kann!

Schließlich auch pfeffern und mit Zucker würzen, Chiliöl zufügen, Sojasauce, Reiswein oder Sherry und schließlich die Brühe angießen. Jetzt sollten die Farben der Gemüse leuchten und alles köstlich duften. Sofort zusammen mit lockerem, körnigem Reis servieren.

c2

Bœuf Stroganoff

Selbst ein so klassisches, europäisches Rezept gelingt noch besser, wenn man es im Wok zubereitet. Weil das empfindliche Fleisch beim Braten ständig in Bewegung gehalten wird und nur Sekundenbruchteile der starken Hitze ausgesetzt wird, bleibt es saftig und zart. Natürlich auch, weil man den chinesischen Trick angewandt hat, das Fleisch mit Speisestärke einzureiben …

Für vier Personen
400–500 g Rinderfilet (möglichst das schlank zulaufende Endstück)
1 EL Speisestärke
1 große Roscoff-Zwiebel (milde rote Zwiebelsorte aus Frankreich)
250 g frische Champignons
Zitronensaft
1–2 rote Chilis
1–2 grüne Pfefferrispen
2–3 EL Öl oder Butterschmalz
Salz, Pfeffer
1 Glas Weißwein
200 g Crème fraîche oder Crème double
Zitronensaft
glatte Petersilie
evtl. 1 Spritzer Worcestershiresauce und Balsamico
evtl. ein Hauch Cayennepfeffer

Tipp:
Sofort anrichten, zum Beispiel mit feinen, hausgemachten Bandnudeln (siehe Seite 143ff.) und einem knackigen Feldsalat.

Getränk:
Dazu einen guten Rotwein servieren, zum Beispiel einen von eleganter Säure geprägten Pinot Noir aus Burgund.

Das Fleisch quer zur Faser zuerst in dünne Scheiben schneiden, diese wiederum quer in fingerbreite Streifen. Mit Stärke überpudern, diese dann mit den Fingern gut einmassieren. Dieser zarte Film wird sich beim Anbraten mit dem Eiweiß vom Fleisch und dem Öl oder Schmalz verbinden und eine schützende Schicht bilden, die dafür sorgt, dass das Fleisch superzart und saftig wird.

Die Zwiebel schälen, halbieren und in sehr schmale Segmente schneiden – wie einen Apfel in Schnitze. Die Pilze putzen und ebenfalls senkrecht in feine Scheibchen hobeln oder schneiden. Mit etwas Zitrone beträufeln, damit sie schön hell bleiben. Chilis entkernen und fein würfeln. Die Pfefferbeeren von den Rispen streifen.

Den Wok zunächst ohne Fett erhitzen, erst wenn die Handfläche, die man darüber hält, kräftige Hitze spürt, das Öl oder Schmalz hineingeben. Es muss schnell Schlieren bilden, darf sogar rauchen! Sofort das Fleisch zufügen – eventuell zunächst nur die Hälfte davon: Wenn der Wok nicht groß genug ist, um der gesamten Menge genügend Platz zu bieten. Das Fleisch zunächst einige Sekunden im heißen Öl unbewegt lassen, dann aber mit der Bratschaufel ständig in Bewegung halten. Immer rühren und wenden, es sollte nie auch nur einen Moment im heißesten Zentrum des Woks am Boden liegen bleiben. Sofort mit Salz und Pfeffer bestreuen. Nach einer, höchstens zwei Minuten dürfte nirgends mehr rohes Fleisch zu sehen sein. Mit der Bratschaufel herausheben und auf einem Teller beiseitestellen.

Sobald alles Fleisch auf diese Weise angebraten ist, die Zwiebeln in den Wok geben, auch diese sofort mit einigen Krümeln Salz bestreuen und pfeffern. Wenn sich die ersten Bratspuren zeigen, die Pilze zufügen und unter Rühren mitbraten. Wieder salzen und pfeffern – immer nur sehr sparsam!

Jetzt auch die Chilis und Pfefferbeeren in den Wok streuen. Den Weißwein angießen, der sofort heftig sprudelnd einkochen sollte. Bevor er verdampft ist, die Sahne zufügen. Nur kurz einkochen.

Das Fleisch mitsamt dem inzwischen ausgetretenen Saft zufügen und etwas fein geschnittene Petersilie. Sofort die Hitze herunterschalten, alles darf nur noch sanft ziehen. Kräftig abschmecken: mit Salz, Worcestershiresauce und Balsamico, am Ende eventuell noch mit einem Hauch Cayennepfeffer.

c2
Miesmuscheln *im* Wok

Da der Wok lieber zu groß als zu klein sein sollte, ist er auch der ideale Topf, um Miesmuscheln zu garen – sie brauchen Platz und schnelle, große Hitze, dann sind sie in wenigen Minuten fertig.

Für drei bis vier Personen
2 kg Miesmuscheln
1–2 Schalotten
2–3 Knoblauchzehen
1 Lauchstange
1 kleine Möhre
1–2 Selleriestangen mit hellem Grün
2 EL Olivenöl
Salz, Pfeffer
1 Prise Zucker
½ großzügiges Glas trockener Weißwein

Die Muscheln gründlich waschen: dafür in ein Becken voll Wasser kippen, einige Male schwenken, das Wasser mehrmals wechseln. Zerbrochene Muscheln auslesen und wegwerfen.

Schalotten, Knoblauch, Lauch, Möhre und Sellerie putzen, in feine Würfel schneiden – dafür am besten den Juliennehobel (Seite 398) nehmen, damit die Würfelchen klein und gleichmäßig werden.

Das Öl im Wok auf stärkster Flamme erhitzen, das Gemüse zufügen und 30 Sekunden unter Rühren braten, dabei mit Salz, Pfeffer und Zucker würzen. Die abgetropften Muscheln zufügen und den Wein, der gleich zu kochen beginnen sollte.

Den Deckel aufsetzen, damit sich schnell eine Dampfatmosphäre entwickelt, in der sich die Muscheln öffnen und ihr Wasser abgeben. Wenn dieses ebenfalls kocht, die Hitze reduzieren und die Muscheln etwa drei Minuten kräftig kochen. Dabei immer wieder am Wok rütteln und schütteln, damit die Muscheln umhergewirbelt werden. Eventuell den Deckel kurz lüften und mit der Bratschaufel umwenden.

Tipp: Im Prinzip sind die Muscheln gar, wenn sie sich geöffnet haben – sie sollen ja saftig und zart bleiben. Wenn sie relativ klein und gleich groß sind (französische Bouchot-Muscheln), tun sie das in dem herumwirbelnden Dampf im Wok auch ziemlich gleichmäßig. Sind die Muscheln jedoch sehr groß (aus Spanien) oder ungleichmäßig, sollte man mit der Schaufel nachhelfen, damit alle einmal dem kochenden Sud direkt ausgesetzt werden.

Getränk: Zu den Muscheln passt Brot und ein trockener Weißwein – das kann etwa ein mineralischer Silvaner aus Franken sein oder ein eher fruchtbetonter Riesling von Mosel, Saar oder der Ruwer.

Dämpfen im Wok

Die Chinesen lieben diese Garmethode: Sie haben dafür Bambuskörbe mit halbfingerbreiten Bambusstäben statt eines Bodens. Das Gargut, etwa Teigtaschen, wird direkt daraufgelegt oder, falls man – wie etwa beim Fisch – den Saft auffangen will, auf einem Teller. Die Körbe lassen sich aufein-anderstapeln, nur der oberste wird mit einem dicht geflochtenen Deckel verschlossen. Nun wird der einzelne oder ein Turm von Körben über kochendes Wasser in den Wok gesetzt – durch das sich erweiternde Rund passen ja verschieden große Körbe immer genau hinein! Der jetzt durch alle Körbe emporsteigende Dampf wird vom Deckel aufgefangen und wieder zurückgeschickt: Eine ebenso simple wie geniale Idee, die bestens funktioniert. Die Körbe in verschiedener Größe gibt's in jedem Asialaden. Und es ist die Lösung für alle, die weder Platz noch Lust haben, sich einen elektrischen Dampfgarer zuzulegen.

c2 *Gedämpfte* Heilbuttschnitte

Im Dampf bleibt Fisch immer saftig und zart, ganz besonders, wenn das Fischfleisch noch auf der Gräte sitzt. Und es macht überhaupt keine Mühe. Weil der Dampf das Fischfleisch rundum erreicht, gart es wesentlich gleichmäßiger als in der Pfanne. Heilbutt bekommt auf diese Weise gegart und gewürzt eine unglaublich zarte Konsistenz und Eleganz!

Für zwei bis vier Personen
1 Stück Heilbutt (ca. 1 kg), quer durch die Mittelgräte geschnitten
1 walnussgroßes Stück Ingwer
2 Knoblauchzehen
1 Chilischote
1 Frühlingszwiebel
Chinesischer Schnittlauch (Knoblauch und Koriandergrün)
3 EL Sojasauce
1 EL Reiswein oder Sherry
1 TL Zucker

Den Heilbutt auf einen ausreichend großen, tiefen Teller setzen, der entweder im Dämpfkorb oder auf einem Gitter in den Wok passt.

Ingwer, Knoblauch, Chili und Frühlingszwiebel putzen, in feine Scheibchen oder Streifen schneiden und auf sowie unter dem Fisch verteilen. Wer mag, kann noch chinesischen Schnittlauch und Koriandergrün zufügen. Sojasauce, Reiswein oder Sherry über den Fisch angießen und den Zucker darüberstreuen.

Den Teller entweder im Dämpfkorb oder auf dem Gitter im Wok über kochendes Wasser setzen und den Deckel auflegen. Den Fisch je nach Dicke zwischen 10 und 15 Minuten garen. Er ist gar, wenn an der dicksten Stelle klarer Saft austritt, wenn man mit der Messerspitze das Fleisch von der Gräte löst.

Im Teller zu Tisch bringen, das Fleisch dort portionsweise von der Gräte abheben und servieren.

c2 *Gedämpfte* Schweinerippchen

Zuerst werden die Rippchen in einem speziellen Sud gekocht, in der sogenannten Meistersauce. So kann man sie aufbewahren, auch einfrieren. Und zum Verspeisen werden sie im Dampf erwärmt. Die Meistersauce ist ein Konzentrat aus Brühe, Reiswein oder Sherry und Sojasauce, mit vielerlei Gewürzen. Jede Familie hat ihr ureigenes Rezept. Man kann darin jede Art von Fleisch garen, es bekommt dabei seinen charakteristischen Geschmack und es wird haltbar, so lange es darin aufbewahrt wird. Der Sud selbst wird immer wieder aufgekocht, mit frischen Zutaten aufgefrischt, verjüngt und erneuert und hat so ein nahezu ewiges Leben – wobei sein Geschmack im Laufe der Zeit durch die verschiedenen Fleischsorten, die darin gegart wurden, immer komplexer wird.

Für sechs bis acht Personen
1 kg Schweinerippchen (Schälrippen)
2–3 EL getrocknete schwarze (Soja-)Bohnen
Koriandergrün

Grundrezept Meistersauce:
250 ml Sojasauce
250 ml Reiswein oder Sherry
500 ml kräftige Brühe
1 daumenlanges Stück Ingwer
1 Zwiebel
3 Knoblauchzehen
2 Frühlingszwiebeln
2 EL Zucker
5–10 kleine getrocknete Chilis

Für die Meistersauce Sojasauce, Reiswein oder Sherry und Brühe in einen Topf füllen, alle Gewürze zufügen: Ingwer dafür schälen und in Scheiben schneiden, Zwiebel pellen und grob in Stücke schneiden, Knoblauch schälen und mit der Messerschneide zerquetschen. Frühlingszwiebeln fein schneiden. Alles aufkochen.

Dann wird das gewünschte Fleisch hinzugefügt – Hähnchenbeine, Schweins-, Hühner- oder Gänsefüße, Schweinebauch oder wie hier die Schweinerippchen.

Die Rippchen dafür längs in die einzelnen Knochen teilen, jeden quer in mundgerechte Bissen hacken. Zu den Gewürzen in den Sud legen und auf ganz milder Hitze etwa eine bis zwei Stunden gar ziehen lassen. Im Sud abkühlen lassen.

Servieren: Jeweils eine Portion Rippchenstücke mit etwas Sauce auf einen tiefen Teller setzen. Die schwarzen Bohnen dazwischen verteilen, ebenso einige Korianderblättchen. Dann über Dampf im Wok zehn Minuten erhitzen und durchziehen lassen – dazu in einen Dämpfkorb oder auf eine in den Wok gesetzte Tasse stellen.

Tipp: Die Meistersauce bleibt lange frisch, wenn man sie alle zwei, drei Tage erneut aufkocht. Jedes Mal, wenn man wieder darin Fleisch gart, einige frische Gewürze zufügen, immer wieder auch die verdampften oder entnommenen flüssigen Bestandteile ersetzen. Falls man vorhat, sie längere Zeit nicht zu verwenden, durch ein Sieb filtern und einfrieren. Das Wort „Master Sauce" hätte eigentlich eher mit „Grundsauce" übersetzt werden sollen, denn es ist die Bedeutung „Vorlage" oder „Original" entscheidend. Es ist also nicht die Sauce des Meisters gemeint, sondern die Grund-Sauce, die man sozusagen als Basis der Küche ansieht. Im Deutschen hat sich aber seit Langem der Begriff Meistersauce etabliert.

Frittieren im Wok

Dafür ist der Wok sehr praktisch, weil man dank seiner vergleichsweise kleinen Fläche am Topfboden mit wenig Fett auskommt, die zu frittierenden Zutaten aber in der oben sich weitenden Schüssel trotzdem viel Platz haben. Natürlich hat man die Temperatur dann nicht so perfekt im Griff wie bei einer elektrischen Fritteuse mit Thermostat, aber es gibt Faustregeln, wie man die Hitze erkennen und abschätzen kann. Man kann beispielsweise einen Weißbrotwürfel in das siedende Fett werfen – er soll brutzeln und sich langsam, aber zügig appetitlich braun färben. Also weder zu lange blass bleiben, noch zu rasch dunkel werden. Oder man hält einen hölzernen Kochlöffelstiel ins siedende Öl – wenn sich sogleich Bläschen an ihm bilden und emporsteigen, kann man mit dem Frittieren beginnen. Sobald diese Temperatur erreicht ist, nicht mehr auf stärkster Hitze weiterheizen, sondern auf mittlere Stufe reduzieren, sonst wird das Fett zu heiß.

c2 *Gebackene* Schleie

Man kann natürlich auch andere Fische auf diese Weise zubereiten, zum Beispiel Forelle, Barsch oder Loup de mer. Es ist eine Garmethode, die den Fisch unnachahmlich knusprig werden und innen wunderbar saftig bleiben lässt. Und es ist spektakulär – lassen Sie Ihre Gäste zuschauen, zum Beispiel auf der Terrasse.

Für zwei bis drei Personen
1 küchenfertige Schleie
(ca. 600–800 g)
Salz, Pfeffer
50 g Mehl
ca. 500 ml Erdnuss- oder Olivenöl

Den Fisch innen und außen waschen, gut abtrocknen, innen salzen und pfeffern. Das Mehl auf einem Stück Küchen- oder Zeitungspapier verteilen, mit Salz und Pfeffer bestreuen. Den Fisch darin drehen und wälzen, bis er rundum hauchdünn davon überzogen ist. Überschüssiges Mehl abschütteln.

Das Öl im Wok wie oben beschrieben bis zum richtigen Punkt erhitzen. Den Fisch Kopf voraus hineingleiten lassen und jetzt mit einer flachen Kelle oder mit der tiefen Bratschaufel immer wieder mit dem siedenden Fett beschöpfen.

Nach zwei Minuten den Fisch wenden, auch von der anderen Seite immer wieder beschöpfen. Der Fisch ist gar, wenn er appetitlich knusprig ist.

Tipp: Diese Garmethode wenden die Chinesen auch für ganze Brathähnchen an. Dafür wird ein kleineres Hähnchen gewürzt und mariniert. Dann wird es abgetrocknet und zunächst rundum ins siedende Öl getaucht. Anschließend hält man es an den zusammengebundenen Beinen über den Wok, aus dem man mit der Wokkelle immer wieder heißes Öl über alle Teile schöpft, so lange, bis das Hähnchen rundum gebräunt und knusprig ist. Natürlich braucht man dazu Geduld, aber das Ergebnis ist umwerfend!

c2 Apfelkücherl

Auch bei kleineren Dingen ist der Wok zum Frittieren ideal. Und weil man für die Apfelkücherl mit so wenig Fett auskommt, gönnt man sie sich vielleicht öfter mal, als wenn man die große Fritteuse bemühen müsste …

Für vier bis sechs Personen
2 Eier
80 g Mehl
1 EL Zucker
1 Prise Salz
200 ml Milch
2–3 Äpfel
1 Zitrone
Butterschmalz oder Öl zum Frittieren
Puderzucker zum Bestäuben

Für den Ausbackteig die Eier, Mehl, Zucker, Salz und Milch im Mixbecher mit dem Mixstab glatt mixen. Eine halbe Stunde ruhen und quellen lassen. Der Teig sollte jetzt einen Kochlöffel dick überziehen. Ist er zu dünn, einen Löffel Mehl unterrühren, ist er zu dick, einen Schuss Milch zufügen.

In der Zwischenzeit die Äpfel schälen, mit einem Ausstecher das Kerngehäuse herausstechen. Die Äpfel dann in fingerdicke Scheiben schneiden. Die Schnittflächen sofort mit Zitronensaft einreiben, damit sie schön hell bleiben.

Im Wok das Schmalz (oder Öl) erhitzen, Temperatur überprüfen. Die Apfelringe mithilfe einer Gabel durch den Ausbackteig ziehen, überschüssigen Teig abtropfen lassen. Die Ringe portionsweise im heißen Fett langsam golden backen.

Jeweils mit einer Schaumkelle herausheben, auf Küchenpapier abtropfen und sofort, noch warm, mit Puderzucker bestäubt, servieren.

Dazu passt: Schlagsahne oder Vanilleeis (Seite 156).

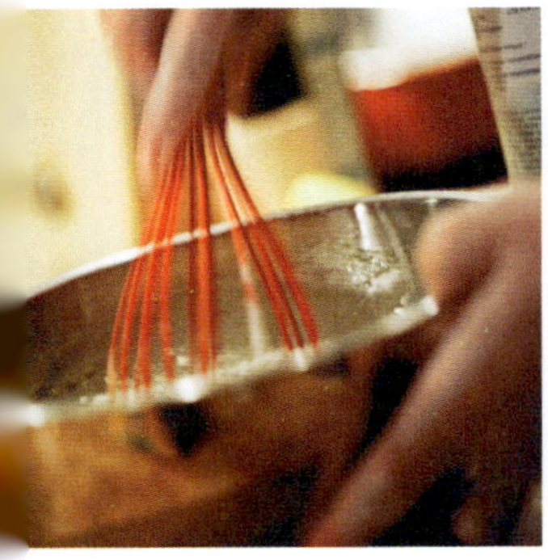

c3 Pfannen

Wohl mit keinem Küchengerät tun sich so viele Menschen so schwer wie mit Pfannen. Die Auswahl an verschiedenen Materialien ist besonders unübersichtlich und die Preisunterschiede nirgendwo so groß wie hier.

Die Allrounder: Beschichtete Pfannen

Heute sind fast 90 Prozent aller Pfannen, die in den Handel kommen, beschichtet. Das nimmt nicht weiter wunder: Die Antihaftbeschichtung, wie es korrekt heißt, hat Pfannen pflegeleicht gemacht. Nichts kann mehr anbrennen oder ansetzen, die Pfannen sind problemlos in der Handhabung, sie lassen sich schnell und mühelos reinigen, es gibt sie schon für wenig Geld und sie sind praktisch universell einsetzbar. Ein enormer Fortschritt, im Vergleich zu den schweren eisernen Pfannen früherer Zeiten, die man möglichst immer nur für einen bestimmten Verwendungszweck hernahm, und die man nach Gebrauch immer sofort sorgfältig reinigen und mit einigem Aufwand pflegen musste. Für empfindliche Zubereitungen, Eierspeisen, Pfannkuchen, Dünsten von Gemüse oder Fisch sind beschichtete Pfannen rundweg ideal. Wenn Sie nur eine Pfanne in der Küche haben, sollte es eine beschichtete sein. Deshalb erklären wir in diesem Kapitel alles, was Sie über Pfannen wissen müssen.

Die Beschichtung

Man spricht meist von Teflonpfannen, ohne sich darüber klar zu sein, dass es sich um einen Markennamen für das Beschichtungsmaterial handelt, der sich längst verselbstständigt hat, wie das Tempotaschentuch oder die Flotte Lotte (siehe Seite 431). Tatsächlich gibt es längst ganz unterschiedliche Beschichtungen, die alle perfekt verhindern, dass das Bratgut an der Pfanne kleben bleibt. Der Plastiküberzug aus Polytetrafluorethylen (kurz PTFE), den man gern Teflon nennt, war eben der erste. Seither weiß man auch, dass diese Beschichtung kratzempfindlich ist, man in einer antihaftbeschichteten Pfanne nicht mit dem Messer schneiden oder mit metallenen Gegenständen rühren darf. Noch empfindlicher reagiert diese Plastikbeschichtung auf zu hohe Temperaturen, mehr als 260 Grad sollte sie nie erfahren, sonst beginnt sie abzublättern und sich aufzulösen. Aber keine Angst, sollte davon etwas ins Essen geraten, scheidet der Körper das Material unverdaut wieder aus, so das Bundesinstitut für Risikobewertung (BfR). Bei noch höheren Temperaturen jedoch, oberhalb von 360 Grad etwa, entstehen giftige Dämpfe. Deshalb sollte man diese Pfannen nie länger leer erhitzen. Schon gar nicht leer auf Induktion stellen, die ja besonders schnell heizt.

Inzwischen hat man stabilere Beschichtungen entwickelt, die weniger kratzempfindlich sind und auch höhere Temperaturen vertragen: mineralische beziehungsweise keramische Schutzschichten, die bis zu 400 Grad aushalten und denen auch Metall nichts anhaben kann (zum Beispiel Silargan oder Ceradur, von einigen Herstellern einfach Keramik-Beschichtung genannt). Sehr haltbar sind Beschichtungen aus Aluminium-Titan-Mischoxyd, kurz Titanversiegelung – man spricht da auch einfach von Titanpfannen.

Weil in beschichteten Pfannen nichts anbrennen und festbacken kann und man im Vergleich zu den früher üblichen eisernen Pfannen mit viel weniger Fett auskommt, preist man sie gerne als Diäthilfsmittel an – vor allem mit dem Argument, man könne darin fettarm oder sogar ganz ohne Fett garen. Natürlich kann man das – aber der Geschmack bleibt auf der Strecke.

Das Pfannenmaterial

Für die Qualität einer Pfanne kommt es weniger auf die Art der Beschichtung an als auf das Material, aus dem sie gefertigt ist. Einfache Pfannen sind meist aus Aluminiumblech, ein leichtes, billiges Material, das die Wärme schnell aufnimmt und weitergibt. Alu-Guss, ebenfalls ein guter Wärmeleiter, nimmt man für anspruchsvollere Pfannen, vor allem dick gegossene Böden können Hitze gut, schnell und gleichmäßig zum Gargut transportieren.

Pfannen aus Edelstahl, aus außen emailliertem Stahl oder aus Gusseisen sind teurer, haben aber auch stabilere Beschichtungen. Trotzdem muss klar sein: Eine beschichtete Pfanne hat nur eine begrenzte Lebensdauer – sobald die Beschichtung abgenutzt, beschädigt oder zerstört ist, sollte man die Pfanne nicht mehr verwenden – zwar wären die sich ablösenden Teile nicht unmittelbar schädlich, aber durch die ramponierte Oberfläche könnten schon bei niedrigeren Temperaturen giftige Dämpfe entstehen. Bei teuren Pfannen lohnt es sich, sie wieder neu beschichten zu lassen.

In jedem Fall muss das Material so schwer oder stabil sein, dass die Pfanne plan auf der Herdplatte beziehungsweise dem Kochfeld aufliegt. Damit sie sich beim Erhitzen nicht verzieht und nach der Erwärmung plan aufliegt, muss vor allem der Boden stabil und im kalten Zustand leicht nach innen gewölbt sein.

Pfannen aus Edelstahl haben meist einen sogenannten Sandwichboden, bei dem eine innere Schicht zur schnelleren und effektiveren Wärmeübertragung eingearbeitet ist. Dieser Sandwichboden besteht aus preiswertem und leichtem Aluminium oder aus dem noch besseren, aber schwerem und teurem Kupfer. Damit die Pfannen induktionsfähig sind, muss der Sandwich-Boden weiterhin über eine magnetische Eisenschicht verfügen.

Pfannen, die nicht nur diesen aufgesetzten Sandwichboden haben, sondern vollkommen aus mehrschichtigem Metall gezogen wurden (bis zu fünf Schichten: innen und außen Edelstahl, im Kern Kupfer und Aluminium für die optimale Wärmeverteilung und Stahl für die Induktionsfähigkeit), sind angenehm leicht, haben aber dennoch alle Vorzüge – und leider einen stattlichen Preis, kosten ab 100 bis weit über 200 Euro. (siehe auch Töpfe, Seite 273ff.).

Das Gewicht

Man sollte beim Kauf immer ausprobieren, ob die Pfanne gut in der Hand liegt, man den Griff gut umschließen und die Pfanne auch mit einer Hand heben kann. Aber ihr Gewicht ist durchaus nicht das alleinige Kriterium. Eine Aluminium-pfanne ist immer leicht, doch so leicht, dass schon ihr Griff für Übergewicht sorgt und sie von der Herdplatte kippt, sollte sie natürlich nicht sein. Dagegen sind Pfannen aus Gusseisen, massivem Kupfer oder Edelstahl mit Sandwichboden oft so schwer, dass vor allem Frauen mit ihnen nicht gut zurechtkommen. Mehrschichtige Spitzenpfannen aus Edelstahl oder Kupfer können sich allerdings verblüffend leicht in der Hand anfühlen, und trotzdem verformen sie sich nicht auf der heißen Platte, sondern liegen plan mit ihrem Boden auf. Das ist eine Grundvoraussetzung, die jede Pfanne erfüllen muss, wenn man auf Elektro (sei es auf Masseplatten oder einem Ceran-Kochfeld) arbeitet. Bei Induktion oder Gas ist es nicht ganz so wichtig, weil die Energie ja nicht durch Kontakt mit der Auflagefläche übertragen wird. Wird die Pfanne ungleichmäßig erhitzt, führt das auf jeden Fall zu einem schlechten, unterschiedliche Bräunung zeitigenden Bratergebnis – da nützt dann auch ein noch so guter Sandwichboden nichts.

Leichte Pfannen, die nicht gerade und fest auf der Herdplatte aufliegen, verbrauchen überdies mehr Energie. Der Pfannenboden sollte nicht nach außen buckeln, sodass die Pfanne kippelt, vielmehr sich im kalten Zustand leicht nach innen wölben – sobald die Pfanne erhitzt wird, dehnt sich die Fläche aus, der Boden wird gerade, liegt perfekt und gleichmäßig auf und die Hitzeübertragung funktioniert optimal.

Griffe

Metallgriffe sollten gut vom Topf entkoppelt (sprich: isoliert) sein, damit sie nicht heiß werden, dann kommt man ohne Topflappen aus. Auch Griffe aus Kunststoff erwärmen sich kaum, haben aber den Nachteil, dass die Pfanne allenfalls bei milden Temperaturen in den Backofen darf – und wie oft möchte man eben mal was überbacken, warm halten oder nachziehen lassen. Praktisch: Manche Griffe lassen sich für diesen Zweck abnehmen.

Holzgriffe, die manche Pfannen aus Eisen oder Gusseisen haben, sind weniger empfindlich, zur Sicherheit kann man sie mit Alufolie umwickeln und vor zu starker Ofenhitze schützen. Kocht man auf Gas, muss man unbedingt darauf ach-

Wenden in der Luft

Pfanne schnell vom Körper wegschieben und am Ende der Bewegung nach vorne hoch- und gleichzeitig ruckartig zurückziehen – das muss beherzt und mit Schwung passieren. Notfalls die zweite Hand zur Unterstützung nehmen. Arbeitet man zu zaghaft, gelingt nichts – also: nur Mut! Und nicht gleich verzagen, denn Übung macht bekanntlich den Meister. Küchentechnisch gehört das Wenden in der Luft nicht nur zu den schönsten und spektakulärsten Übungen, sondern auch zu den nützlichsten – effektiver, schneller, gleichmäßiger und schonender kann man Zutaten nicht wenden! Hier gezeigt mit Fenchel, der senkrecht in acht oder 16 Schnitze geschnitten und in Olivenöl zunächst leicht angebraten, dann mit einem Löffel Zucker karamellisiert, mit feingewürfeltem Knoblauch und Chili, Zitronenschale und -saft, Pfeffer und Salz gewürzt wurde: gebratener Fenchel köstlich zu Täubchen (Seite 219).

ten, dass die Holzgriffe (aber auch die aus Plastik) in einer metallenen Manschette an der Pfannenwand befestigt sind, damit die am Rand hochsteigende Flamme den Holz- oder Plastikgriff nicht erreichen kann.

Sinnvoll bei schweren Pfannen mit einem größeren Durchmesser, die man mit einer Hand nur schwer tragen kann, sind zwei einander gegenüberliegende Griffe.

Die Form

Ob man lieber eine flache oder tiefe Pfanne nimmt, hängt davon ab, wofür man sie hauptsächlich verwenden möchte. Zum Pfannkuchenbacken genügt ein Rand von 3 bis 4 Zentimetern – vor allem, wenn Sie sie zum Wenden schwungvoll in die Luft befördern wollen. Es kommt dann darauf an, dass der Rand nicht zu steil ansteigt. Aber zum Gemüsedünsten oder zum Schwenken und Schmoren von Fleisch wäre ein höherer Rand wünschenswert – siehe Sauteuse und Sautoir (Seite 291). Da aber die gebräuchlichsten Pfannen sogenannte Universalpfannen sind, die für alle Verwendungsformen praktikabel sein sollen, ist das Angebot ziemlich uniform und die Möglichkeit einer Auswahl in verschiedenen Ausprägungen nicht groß – von ausgesprochenen Spezialpfannen einmal abgesehen. Die Hersteller werben daher auch nur selten mit der Ausformung des Randes, beschränken sich im konkreten Fall darauf, auf ein gutes Schüttverhalten aufmerksam zu machen. Tatsächlich ist ein tropffreies und zielgenaues Ausschütten wünschenswert, aber durch Ansicht im Laden kaum nachprüfbar: Wie es sich in der Praxis damit verhält, wird man erst zu Hause feststellen. Wie man Zielgenauigkeit jedoch definiert, bleibt immer relativ: Je größer eine Pfanne, desto breiter wird der Inhalt ausgeschüttet, wobei ein steiler Rand gegenüber einem weiter ausschwingenden stets Vorteile haben wird. Schon minimale Unterschiede können dabei große Wirkung haben.

Pfannen: Tipps für den Kauf

Welche Größe? Fragen Sie sich zuallererst, wofür Sie die Pfanne brauchen: Für das morgendliche Spiegelei genügt ein kleines Pfännchen mit einem Durchmesser von 18 Zentimeter. Frühstücken Sie zu zweit, brauchen Sie schon eine Nummer größer. Und wollen Sie Pfannkuchen backen, sollte die Pfanne 22 bis 24 Zentimeter groß sein (Es ist immer das Bodenmaß entscheidend).

Welches Material? Die entscheidende Frage dabei: Für welche Art Herd soll die Pfanne geeignet sein? Auch wenn Sie noch kein Induktionskochfeld besitzen, sollte neues Kochgeschirr dafür gerüstet sein. Und denken Sie daran, dass Aluminiumpfannen zwar preiswerter sind, aber nicht in die Spülmaschine dürfen, weil das Material Schaden nimmt. Beschichtete Pfannen braucht man kaum in die Spülmaschine zu tun (einfach abwaschen und ausreiben genügt, Außenseite mit Spülmittel behandeln), von den meisten Herstellern wird es nur für Keramikbeschichtungen ausdrücklich erlaubt.

Wie lange hat die Pfanne Garantie? Achten Sie auf die Länge des Garantiezeitraums und bewahren Sie entsprechende Belege auf: Wenn sich beispielsweise die Beschichtung im Gebrauch stark verfärbt (zum Beispiel durch Säure), bringen Sie die Pfanne zurück. Auch kommt es manchmal vor, dass sich die Beschichtung schon bei mäßiger Hitze löst oder Blasen wirft, was ebenfalls ein reklamierfähiger Fehler wäre (das innige Verschmelzen der Antihaftbeschichtung mit dem eigentlichen Pfannenmaterial ist der kritischste Punkt bei der Herstellung).

Hat die Pfanne einen Deckel? Einen Deckel braucht man, wenn man darin auch schmoren oder dünsten will. Der Deckel sollte nicht zu leicht sein, lose aufliegen, muss aber gut schließen. Von den früher gern propagierten Steckdeckeln (deren eingezogener Rand sich fest und dicht in Topf oder Pfanne stecken lässt) ist man glücklicherweise abgekommen – sie sind unpraktisch, weil beim Dünsten oder Schmoren Flüssigkeit hochkochen und dann überlaufen kann. Will man in der Pfanne schmoren, empfiehlt sich ein hochgewölbter Deckel, unter dem die Luft zirkulieren kann. Wer Pfannkuchen oder Bratkartoffeln trotz unserer Anleitung auf der vorhergehenden Seite nicht in der Luft wenden mag, sollte auf einen flachen Deckel wert legen, der zum Wenden besser geeignet ist, weil man das Bratgut leicht heruntergleiten lassen kann. Gläserne Deckel gelten als praktisch (um das Fortschreiten des Garens verfolgen zu können) und schick, zerbrechen aber, wenn sie runterfallen – und das kann im Eifer des Küchengeschehens schon mal vorkommen. Und durchsehen kann man ohnehin kaum, weil sich innen Dampf niederschlägt.

c3 Das perfekte Rührei

Einfach Eier in die Pfanne hauen und rühren, das ergibt kein Rührei! Schon gar kein perfektes. Für Escoffier, den großen französischen Küchenchef zu Beginn des letzten Jahrhunderts, war ein gelungenes Rührei ein Meisterstück. „Es stelle“, so schrieb er in seinem „Kochkunstführer“, „unter den Zubereitungen für Eier die feinste Art dar!“ Für Rühreier braucht man eine Pfanne aus einem gut leitenden Material, aber sie sollte beschichtet sein.

Für zwei Personen
4 Eier
Salz, Pfeffer
1 Spur Cayennepfeffer
1 Prise Muskatblüte oder
etwas frisch geriebene Muskatnuss
3–4 EL Butter

Asiatische Variante:
1 Chilischote
1 Knoblauchzehe
Ingwerwurzel (ca. 1 cm)
2–3 Thaibasilikumblätter
oder glatte Petersilie
½ Frühlingszwiebel
2 EL Butter
1 TL Sesamöl
etwas abgeriebene Zitronenschale
4 Eier
1 EL Fischsauce
Salz
1 Prise Zucker

Die Eier aufschlagen und in eine Rührschüssel geben. Salz, Pfeffer, Cayenne und Muskat zufügen. Mit einer Gabel verquirlen, auf keinen Fall mit dem Schneebesen durchschlagen.

Die Pfanne auf etwas über mittlerer Stufe erhitzen, die Hälfte der Butter darin zergehen lassen. Die Butter darf darin nur sanft schmelzen, nicht zischend bräunen! Für die asiatische Variante nun das Würzgemüse anbraten. Wenn sich die Butter sich leise am Rand kräuselt, gießt man die verquirlten Eier hinein und lässt sie langsam an der Unterseite stocken. Erst dann darf man mit einem breiten Holzspatel oder mit einem hitzebeständigen Gummischaber am Pfannenboden entlangfahren und das gestockte Ei bahnenweise ablösen. Dabei geduldig sein, aber dennoch zügig arbeiten. Und nicht zu lange garen! Aufpassen, dass die Oberfläche feucht bleibt – wenn das gestockte Ei trocken wirkt, ist alles zu spät ...

Zur Geschmacksverbesserung kann man in die gerade stockende Eimasse flöckchenweise noch mehr Butter rühren. Man kann dann auch Streifen von rohem oder gekochtem Schinken, gewürfelte Tomate, gehackte Kräuter, geriebenen Käse, sogar Räucherlachs oder Nordseekrabben zufügen – nur ein paar Löffelchen jeweils, nie zu viel! Dann das Rührei unverzüglich auf einer gebutterten oder getoasteten Brotscheibe anrichten und sofort servieren. Es ist eine Todsünde, Rührei warten zu lassen!

Tipp: Wer zum Frühstück im Hotel Rührei bestellt, bekommt es ungesalzen. So wird es in der Hotelfachschule gelehrt, niemand weiß, warum. Der Gast kann ja nachsalzen, ist die Antwort auf die Frage. Nichts ist falscher als das: Später zugefügt, wird das Salz immer darüber schweben, aufdringlich zur Zunge sein, zum Rührei ein Fremdkörper bleiben. Die Kunst ist eben, die genau richtige Salzmenge an das rohe Ei zu geben und es dann meisterlich zu rühren.

c3 *Die besten* Bratkartoffeln

Man hat sie als Inbegriff für deutsche Plumpsküche verunglimpft, dabei sind perfekte Bratkartoffeln eine Delikatesse: außen knusprig, innen zart und durch und durch wundervoll kartoffelig im Geschmack. Dafür braucht man als Erstes die richtigen Kartoffeln: festkochend und aromatisch, zum Beispiel die Sorte Sieglinde, aber auch Selma, Linda, Annabel oder die rotschaligen Roseval. Sie sollten am Vortag bereits gekocht sein, damit ihre Stärke abgebunden ist. Ob man Kartoffeln in Öl (erstklassigem Olivenöl, in geschmacksneutralem Erdnuss-, Sonnenblumen- oder Rapsöl, oder sogar im nussig duftenden Kokosöl) brät, ob man lieber Butter- oder sogar Schweineschmalz nimmt, ist Geschmackssache. Nicht geeignet ist reine Butter, die sich nicht ausreichend erhitzen lässt und deshalb die Kartoffelscheiben nicht versiegelt und ihnen eine Kruste verleiht, sondern eindringt und sie aufweicht. Es ist sicherer, für Bratkartoffeln eine beschichtete Pfanne zu verwenden, eine blanke Pfanne muss sehr gut eingebrannt sein (siehe Seite 324), sonst setzen sie nur allzu leicht an.

Für vier Personen
600 g Kartoffeln vom Vortag
2–3 EL Öl oder Schmalz
Salz, Pfeffer
nach Belieben etwas Kümmel

Die Kartoffeln pellen, in dünne, gleichmäßige Scheibchen schneiden. Das Fett in einer großen Pfanne erhitzen (für diese Menge sollte sie einen Durchmesser von mindestens 26 Zentimeter haben; in einer kleineren Pfanne portionsweise arbeiten), erst dann die Kartoffelscheiben hinein geben – sie sollten möglichst viel Bodenkontakt haben, nicht zu hoch übereinanderliegen.

Zunächst auf mittlerer Hitze braten, ohne zu wenden. Die Scheiben sollten an ihrer Unterseite gebräunt sein, bevor dies geschieht. Ideal ist, wenn man sie nicht mit einem Werkzeug wendet, sondern mit Schwung in der Luft: Die Pfanne aus dem Handgelenk schütteln, dabei die Kartoffeln hochwerfen und wieder auffangen. So bleiben sie intakt, zerbrechen nicht. Erst nach dem Wenden salzen, also auf der gebräunten Seite. Jetzt auch pfeffern und mit Kümmel würzen. Die Kartoffeln leise braten lassen, auf inzwischen sanfter Hitze, damit sie eine schöne Kruste bekommen.

Das dauert übrigens seine Zeit: Bratkartoffeln sind kein Schnellgericht! Die Kartoffeln werden immer knuspriger, sie sind fertig, wenn sie geradezu rascheln. Dann noch einmal wenden und die zweite Seite salzen und pfeffern. Sofort servieren. Zum Beispiel zu den Rindfleischscheibchen von Seite 328.

Variante: Die Kartoffelscheiben in dickere Scheiben schneiden, etwa 3 bis 5 Millimeter stark, und nebeneinander in die Pfanne setzen, sie einzeln umwenden, sobald sie golden und knusprig sind. Erst dann würzen.

Tipp: Man kann auch aus rohen Kartoffeln sehr gute Bratkartoffeln zubereiten, aber das ist eigentlich ein anderes Thema ... Sie brauchen noch mehr Sorgfalt und noch mehr Zeit. Und: die Scheiben müssen wirklich immer Bodenkontakt haben.

Blanke Pfannen

Unbedingt gehört in eine gut ausgerüstete Küche auch eine blanke, also eine unbeschichtete Pfanne. Vegetarier können vielleicht darauf verzichten – denn es sind vor allem das Omelett und die Steaks, die nach kräftiger Hitze verlangen, oder die Kalbsnierchen, die auf keinen Fall Saft ziehen dürfen (wie für den Salat auf Seite 405), damit sie zart bleiben. Aber auch zum Karamellisieren von beispielsweise Äpfeln für ein Dessert sollte man die Pfanne stärker erhitzen können, als das die PTFE-Beschichtung verträgt. Eine solche Pfanne kann aus Edelstahl sein, muss dann einen Sandwichboden haben, der die Hitze mit seinem Kupfer- oder Aluminiumkern aufnimmt und speichert. Oder aus einem mehrfach geschichteten Material, bei dem die leitfähige Schicht bis zum Rand hinaufreicht.

Außerdem gibt es blanke Pfannen aus emailliertem Stahl, geschmiedetem Eisen (man sagt Eisen, gemeint ist aber Stahl) oder aus Gusseisen. Gusseisen liegt immer schwer in der Hand, speichert aufgrund dieses Gewichts viel Hitze und kühlt nicht schnell aus, wenn etwas hineingelegt wird und hält auch höchste Temperaturen über längere Zeit hinweg – um ein perfektes Steak zu braten, genau das richtige Material. Es gibt diese Pfannen mit glattem oder geriffeltem Boden (Grillpfanne), auf dem das Fleisch ähnlich wie auf einem Grill gegart wird – die Riffeln brennen sich ein wie Grillstäbe und machen ein schönes Muster, die Zwischenräume werden nur durch Strahlungshitze gebräunt. Das Fleisch selbst bleibt dadurch zwar besonders zart, die dunklen Streifen aber bekommen zu viel Hitze ab und werden faserig-trocken. Richtiges Grillen kann man mit dieser Methode nicht ersetzen.

Was geschmiedete Pfannen taugen?

Profiköche benutzen für Steaks gerne geschmiedete Pfannen, weil sich in den durch das Hämmern entstandenen kleinen Dellen das Bratfett ansammelt, das Fleisch wie schwimmend darauf liegt und eine schöne Kruste bekommt. Allerdings stellt das höchste Ansprüche an die Energiezufuhr, denn beim Einlegen des Fleischs fällt die Hitze rasch ab, weil das Eisen sie sehr schnell an das Fleisch abgibt, was ja sein größter Vorteil und wünschenswert ist. Deshalb muss ausreichend Leistung zur Verfügung stehen, um den Verlust auszugleichen. In den Küchen der Gastronomie ist das stets der Fall, am heimischen Herd nur über Induktion oder bei einem guten Gaskochfeld zu bewerkstelligen.

Einige Hersteller haben den „Delleneffekt“ der gehämmerten Pfannen in neuer Form auf den Markt gebracht, die Bratflächen mit einem Muster aus Vertiefungen versehen, vor allem bei Edelstahlpfannen. Wenn diese einen Sandwichboden haben, kann dies von Vorteil sein, weil das Fleisch weniger leicht anbrät. Für die Liebhaber von in Fett gebratenem Fleisch, die sich auch vor reichlichen Fettspritzern nicht scheuen, ist dies eine gute Alternative.

Emaillierte Stahlpfannen

Emaillierte Stahlpfannen sind ebenfalls relativ schwer, leiten die Hitze hervorragend und sind am pflegeleichtesten, denn die Emailleschicht – eigentlich auch eine Beschichtung, wird aber nicht als solche gesehen – ist äußerst glatt und so bleibt Angebratenes nicht so fest darauf haften. Sie braucht deshalb auch nicht eingebrannt zu werden (siehe nächstes Kapitel). Im täglichen Umgang sind diese Pfannen problemlos, eignen sich bestens für alle Hitzequellen und können auch in der Spülmaschine gereinigt werden – was für geschmiedete und gusseiserne Pfannen der Tod wäre. Nur sollte man diese Pfannen nicht leer heiß werden lassen, denn das Email könnte abplatzen. Und sie reagieren empfindlich auf Schläge, das Email platzt auch leicht ab, wenn solch eine Pfanne mal herunterfällt.

Pfannenpflege

Eine unbeschichtete Pfanne bedarf einer gewissen Pflege. Vor allem muss die neue Pfanne vor dem ersten Gebrauch „eingebrannt" werden. Davon hängt ab, ob man mit seiner Neuerwerbung glücklich sein wird oder sich ständig über sie ärgert.

Egal, ob es eine Pfanne aus dünnerem Eisenblech ist, aus Edelstahl oder aus schwerem Gusseisen, ob sie einen glatten Boden besitzt oder geriffelt ist – nachdem man seinen Kauf erst mal sorgfältig gereinigt hat, wird die Pfanne eingebrannt: Zunächst setzen Sie die Pfanne leer auf die Kochstelle und erhitzen sie so lange, bis die Hand, die man flach in 10 Zentimeter Abstand darüber hält, deutlich die Wärme spürt. Dann so viel Öl hineingießen, dass der Boden einen guten Zentimeter hoch davon bedeckt ist. Die Hitze erhöhen, bis das Öl zu rauchen beginnt. Vom Feuer ziehen, etwas abkühlen lassen und dann erneut bis zum Rauchpunkt erhitzen. Dabei die Pfanne ein wenig schwenken, damit das heiße Öl auch den Rand hinaufschwappt. Dies noch zwei, drei Mal wiederholen, dann das Öl abgießen und entsorgen. (Natürlich nicht im Ausguss, sondern in den Müll damit: dafür abkühlen, in einen Gefrierbeutel füllen und ihn gut verknoten.)

Das richtige Öl fürs Einbrennen

Selbstverständlich müssen Sie ein hoch erhitzbares Öl für diesen Prozess verwenden, am besten das, mit dem man später auch vorwiegend kochen wird – Olivenöl, Rapsöl, Sonnenblumen- oder Erdnussöl. Es wird sich nämlich im Laufe der Zeit eine Schutzschicht auf der Metallfläche bilden, die sogenannte Patina. Sie wird die Oberfläche versiegeln und dann fast wie eine Art Antihaftbeschichtung wirken. Wenn man alles richtig gemacht hat, werden weder Bratkartoffeln noch Fleisch je darin ansetzen.

Nach diesem ersten Einbrennen wird die Pfanne mit Küchenpapier ausgewischt und ist einsatzbereit. Natürlich dürfen Sie die Pfanne, wenn es nötig ist, ruhig auch heiß ausspülen, auch wenn davor immer gewarnt wird. Sie dürfen sie sogar mit dem Topfkratzer bearbeiten (bitte nur diejenigen aus Edelstahl verwenden, die das Material nicht angreifen), mit Spülmittel sollte man jedoch sparsam sein. Und wenn man welches verwendet hat, vor dem nächsten Gebrauch noch mal die leere Pfanne mit Öl wenigstens einmal einbrennen. Aber im Laufe der Zeit wird diese immer glänzendere Schicht, die die Pfanne innen überzieht, auch durch kräftiges Schrubben nicht mehr zu beeinträchtigen sein.

Vorsicht Rost!

Ganz wichtig: Geschmiedete oder gusseiserne Pfannen nie im Wasser oder mit Flüssigkeit gefüllt stehen lassen, schon gar nicht mit Säure. Das Material beginnt zu rosten, und die Patina wird angegriffen. Nach dem Reinigen mit heißem Wasser (ohne Spülmittel!) die Pfanne sofort innen und außen mit Küchenpapier abtrocknen, bei Gusseisen mit seiner rauen Oberfläche nimmt man lieber ein weiches Tuch. Und bevor man die Pfanne wegstellt oder besser -hängt (weil dann wegen der Luftzirkulation eigentlich kein Rost entstehen kann), sie mit Öl einreiben. Einige Tropfen – am besten Olivenöl, weil das kaum ranzig wird – auf ein Stück Küchenpapier geben und die Pfanne innen und außen damit einreiben. Ganz wichtig bei Grillpfannen: auch die einzelnen Rillen sorgfältig trocknen und einfetten!

Das alles klingt nach viel Aufwand, aber es sind nur ein paar Handgriffe, die man sich angewöhnen muss, damit man lange Freude an der Pfanne hat. Und überdies wird die Pfanne im Laufe der Jahre immer pflegeleichter. Edelstahl macht die regelmäßige Pflege einfacher, allerdings muss auch eine Edelstahlpfanne vor dem ersten Gebrauch eingebrannt werden, sonst werden die Bratkartoffeln immer ansetzen.

In jedem Fall: Eine solche Pfanne ist zwar teuer, das heißt, sie hat einen stattlichen Preis, aber gute Qualität ist ihren Preis auch wert, es ist schließlich eine Anschaffung fürs Leben! Wenn Sie pfleglich damit umgehen, haben Sie ewig Freude daran. Manche Pfannen- und Topfhersteller geben übrigens tatsächlich lebenslange Garantie!

c3 *Das perfekte* Rindersteak

Dafür braucht man nicht nur eine unbeschichtete Pfanne, sondern einen vertrauenswürdigen Metzger, der einem ein Stück gut abgehangenes Fleisch verkauft. Je dicker das Steak ist, desto saftiger bleibt es beim Braten. Deshalb ist die in Italien so beliebte Tagliata, nämlich ein doppelt dickes Stück Fleisch zu braten und es anschließend quer zur Faser in Scheiben zu schneiden (tagliare), sehr empfehlenswert.

Für zwei Personen
1 dickes Steak aus der Rinderlende (möglichst mit Fettschicht) von ca. 400–500 g
Salz, Pfeffer

Zum Servieren:
Salz (Fleur de Sel)
Olivenöl

Für die Aufbewahrung:
1 EL Olivenöl
1 kleiner Rosmarinzweig
1 Lorbeerblatt
½ Chilischote

Zum Braten das Fleisch zwei Stunden vorher aus dem Kühlschrank holen, auspacken, damit es atmen kann und Zimmertemperatur annimmt.

Die leere Pfanne so stark erhitzen, dass die Handfläche, die man in 10 Zentimeter Abstand darüberhält, die Hitze deutlich spürt.

Etwas Salz (etwa 1/2 bis 1 Teelöffel voll) auf die Fläche streuen, auf der das Fleisch nun zu liegen kommt. Heiß werden lassen.

Das Steak sorgfältig abtrocknen und auf das Salz betten. Eine knappe Minute auf dieser und eine noch knappere Minute auf der anderen Seite braten. Mit einer gusseisernen Pfanne, die die Hitze lange hält, kann man beim Wenden bereits den Herd ausschalten.

Das Steak auf ein ausreichend großes Stück Alufolie setzen, die Folie hochnehmen, das Päckchen oben offen lassen und zum Nachziehen für 20 bis 30 Minuten in den 90 (Heißluft) bis 100 Grad (Ober- und Unterhitze) warmen Ofen legen.

Zum Servieren das Fleisch mit einem scharfen Messer schräg – auf den Faserverlauf achten! – in dünne Scheiben schneiden. Auf vorgewärmten Tellern anrichten, mit Fleur de Sel bestreuen. Etwas frisches, rohes Olivenöl darüberträufeln! Dazu knusprig aufgebackenes Weißbrot und einen kleinen Salat (beispielsweise Tomate mit Rucola oder verschiedene Blätter und Kräuter gemischt) servieren. Und einen kräftigen, saftigen Rotwein!

Tipp: Wenn man das Fleisch nicht sofort zubereiten möchte, nach dem Einkauf aus dem Papier nehmen, mit Küchenkrepp sauber wischen, auf beiden Seiten mit etwas grob gemahlenem Pfeffer bestreuen, mit Olivenöl rundum einreiben. Den Rosmarinzweig, das Lorbeerblatt und die längs halbierte Chilischote darauf betten und das ganze Stück fest in Klarsichtfolie wickeln. So verpackt, kann man das Steak am kältesten Ort im Kühlschrank drei, vier Tage aufbewahren.

c3 Rinderfiletscheibchen *mit* roten Zwiebeln *und* Chicorée

Wenn man das Rinderfilet in sehr dünne Scheibchen schneidet, nicht dicker als drei Millimeter, vergrößert man die Oberfläche und vervielfältigt damit auch die geschmackliche Intensität. Man darf diese Scheibchen natürlich nur sekundenkurz braten, aber dafür muss die Pfanne geradezu glühend heiß sein, damit genügend Röstaromen entstehen. Deshalb kann man hierfür auf keinen Fall eine beschichtete Pfanne verwenden.

Für zwei Personen
350 g Rinderfilet (gut abgehangen und sorgfältig pariert)
1–2 EL Speisestärke
1 große rote Zwiebel
1 Chicoréekolben
1 grüne Chilischote
1 rote Chilischote
3 EL Olivenöl
Salz, Pfeffer
Zucker
1 EL Balsamico

Das Fleisch mit einem scharfen Messer oder auf der Aufschnittmaschine in dünne Scheiben schneiden. Auf dem Arbeitsbrett ausbreiten und hauchdünn mit Stärke bepudern.

Die Zwiebel schälen, halbieren und ebenfalls auf der Aufschnittmaschine oder mit dem Messer in feine Halbringe schneiden. Den Chicorée putzen, welke Blätter entfernen, den Kolben nun quer auch in dünne Scheiben schneiden.

Eine große, blanke Pfanne leer erhitzen. Dann zwei Löffel Öl hineingeben, das sofort Schlieren zieht, weil es sich so schnell erhitzt. Die Fleischscheiben hineinlegen und ganz kurz auf beiden Seiten rösten, sie sollen noch teilweise blutig sein. Salzen und pfeffern, herausnehmen und auf einem Teller beiseitestellen.

Die Zwiebelringe in die Pfanne geben, mit dem restlichen Öl beträufeln, einige Minuten braten, dabei salzen, pfeffern und mit etwas Zucker bestreuen. Aufpassen, dass sie schön karamellisieren, aber nicht zu dunkel werden.

Am Ende mit Balsamico beträufeln, ebenfalls herausheben und warm stellen. Jetzt den Chicorée nur zwei bis drei Minuten im verbliebenen Bratfett dünsten, ebenfalls mit Salz, Pfeffer und Zucker würzen.

Auf vorgewärmten Tellern anrichten und zusammen mit Bratkartoffeln (Seite 320) servieren.

c3 Schweinemedaillons *mit* Paprikasauce *und* Balsamicozwiebelchen

Das zarte Schweinefilet in Scheiben bleibt zart und saftig, wenn es scharf und kurz angebraten wird und dann langsam nachziehen darf. Das gelingt in einer blanken Pfanne am besten. Dazu eine würzige, sehr erfrischende Sauce aus roter Paprika, die außerdem auf dem Teller für Farbe sorgt. Einen besonderen Farbeffekt kann man erzielen, wenn man zwei Saucen nach demselben Rezept zubereitet, einmal aus roter und einmal aus gelber Paprika, und damit dann dekorative Farbkleckse setzt.

Für vier Personen
1 Schweinefilet (ca. 600 g)
2 EL Olivenöl
Salz, Pfeffer
250 g kleine Perlzwiebeln oder Schalotten
1 EL Balsamico
2–3 EL Sherry
1 kleines Bund Schnittlauch

Sauce:
250 g rote Paprika (Spitzpaprika sind besonders aromatisch)
1 rote Chilischote
1 Zwiebel
2 Knoblauchzehen
2 EL Olivenöl
2 Pimentbeeren
2 Wacholderbeeren
Salz, Pfeffer
ca. 125 ml Brühe
30 g Butter
1 EL Essig

Das Filet zunächst sauber parieren, alle Sehnen und Häute entfernen. Dann etwa zwei Zentimeter dicke Medaillons quer zur Faser abschneiden, sie mit der Handfläche ein wenig flach drücken. In einer blanken Pfanne das Öl erhitzen, die Medaillons darin auf beiden Seiten jeweils eine Minute scharf anbraten, dabei salzen und pfeffern. In Alufolie gewickelt zum Nachziehen warm stellen.

Für die Sauce Paprika und Chilischote putzen, entkernen, auch die wattigen Innenhäute entfernen, und grob würfeln. Zwiebeln und Knoblauch ebenfalls würfeln. Alles in einer Kasserolle im heißen Öl andünsten. Die Gewürzkörner, Salz und Pfeffer zufügen, Brühe angießen. Zugedeckt auf kleinem Feuer etwa 20 Minuten sanft gar köcheln. Mit dem Mixstab alles fein pürieren, die eiskalte Butter in Stückchen untermixen und die leuchtendrote, cremige Sauce nochmals abschmecken, vor allem mit Essig für die nötige Säure und Frische sorgen.

Im Bratfett die gepellten und geviertelten Zwiebelchen anrösten, sofort mit Salz und Pfeffer würzen, nach etwa fünf bis zehn Minuten mit Balsamico und Sherry ablöschen. Einige Minuten schmurgeln lassen, dann anrichten: In die Tellermitte die rote Sauce geben, darauf die Medaillons anrichten und die Zwiebelchen rundum verteilen. Und am Ende fein geschnittene Schnittlauchröllchen darüberstreuen.

Tipp: Wenn man die Sauce am Ende statt mit Butter mit einem guten Schuss Olivenöl aufmixt, macht sie auch als kalte Grillsauce eine gute Figur.

Variation: Die Sauce mit kräftiger Brühe auf Cremesuppenkonsistenz verdünnen und nach Gusto mit Butter oder Olivenöl cremig aufmixen – so erzielt man eine frische, würzige Suppe. Sieht besonders schön aus, wenn man sie in zwei Farben herstellt – zum Beispiel rot und gelb – und im Suppenteller vorsichtig ineinander verlaufen lässt: Sozusagen ein Yin und Yang von der Paprikacremesuppe.

c3 *Gebratene* Scampi *mit* Zitronenpesto

Diese wunderbaren Krustentiere, die man nicht mit Garnelen verwechseln darf (Garnelen haben keine Scheren und einen runden Schwanz), werden leider nur allzu häufig viel zu lange der Hitze ausgesetzt. Dann ist ihr saftiges Fleisch trocken und hart. Ideal ist es, sie einfach in einer sehr heißen Pfanne in etwas Olivenöl zu braten. Der feste Panzer wirkt als Schutz, außerdem verleiht er dem Fleisch durch die Brathitze einen köstlichen Röstgeschmack. Dazu reichen wir ein Zitronenpesto, bei dem zu den klassischen Zutaten des Pesto Genovese noch Chili und reichlich Zitronenschale hinzukommen, dafür verzichten wir auf den Käse – das macht die Sauce frischer und leichter.

Vorspeise für vier Personen
2–3 EL erstklassiges Olivenöl
4–8 frische Scampi
Salz
½ Glas trockener Weißwein

Zitronenpesto:
1 unbehandelte Zitrone
50 g Pinienkerne
2–3 Knoblauchzehen
1 grüne Chilischote
1 rote Chilischote
1 gute Handvoll Basilikumblätter
¼ TL Salz
Pfeffer
5 EL Olivenöl

Die blanke Pfanne stark erhitzen, das Öl hineingießen und sofort die Scampi hineinsetzen. Salzen.

Nach zwei Minuten, wenn sie beginnen Bratspuren zu zeigen, umdrehen und etwas Weißwein angießen. Im heftigen Dampf, der jetzt entsteht, die Scampi einige Male drehen und wenden. Sie sind in dieser starken Hitze in höchstens einer weiteren Minute gar, ziehen ohnehin noch nach, bis sie so weit abgekühlt sind, dass man sie anfassen und knacken kann.

Für den Pesto die Zitrone dünn abschälen. Schale zusammen mit den Pinienkernen, den geschälten Knoblauchzehen, den entkernten Chilis und den Basilikumblättern in den kleinen Mixbecher füllen. Salz und Pfeffer zufügen, einen Löffel Zitronensaft und das Olivenöl.

Zu einer cremigen Sauce mixen – nochmals abschmecken und zu den Scampi reichen.

Tipp: Um an das Fleisch vom Schwanz zu gelangen, die Unterseite mit einer Schere aufschneiden. Den Scheren am besten mit einem Nussknacker zu Leibe rücken und das Fleisch dann auslösen.

Dazu passt: Brotpapier (Seite 94) oder Weißbrot und ein würziger, aber nicht parfümierter und nicht zu säurebetonter Weißwein – etwa ein Pigato oder Vermentino aus Ligurien (Letzterer auch aus der Toskana oder Sardinien), ein Verdicchio dei Castelli di Jesi aus den Marken oder eine Malvasia aus Istrien.

Kupferpfannen

Kupfer ist zum Braten und Kochen (nach Gold und Silber) das beste Material, freilich auch das teuerste (nach Gold und Silber). Da es leicht mit Säuren und Salzen und anderen Substanzen reagiert, muss es innen immer beschichtet sein und außen dauernd poliert werden. Das macht einen gewissen Aufwand nötig – die modernen Kupfergeschirre sind aber heutzutage nicht mehr ganz so pflegeintensiv wie früher, weil sie innen meist mit Edelstahl ausgeschlagen und nicht mehr, wie früher üblich, verzinnt sind.

Modernes Kupfergerät verlangt also nur noch außen regelmäßige Pflege, wenn man sich am warmen Farbton frisch geputzten Kupfers erfreuen möchte. Und diese Pfannen und Töpfe sind zum Kochen oder Braten einfach großartig: Sie reagieren schnell, nehmen die Hitze gleichmäßig auf, geben sie direkt weiter. Leider muss man für gutes, nämlich dickes Kupfer einen ganzen Batzen Geld auf die Ladentheke legen – aber hier gilt erst recht: Kupferpfannen und -töpfe halten viele Generationen lang.

Kupferpfannen haben allerdings einen gravierenden Nachteil: Sie sind nicht für Induktion geeignet. Noch gibt es keinen Hersteller, der es geschafft hat, ihre Böden mit magnetischem Material auszurüsten. Zwischenplatten mit Eisenkern, die man auf das Induktionsfeld legt, um die Pfannen darauf zu erhitzen, halten nicht, was sie versprechen: Vernünftiges Braten funktioniert darauf nicht.

c3 Omelett

Ein Omelett kann man immer nur einzeln backen, es ist also das ideale Single-Essen. Man braucht dafür eine blanke Pfanne, weil man sie stark erhitzen muss. Perfekt ist dafür eine Kupferpfanne mit einem Durchmesser von 18 Zentimeter.

Pro Person
2 Eier
Salz, Pfeffer
2–3 EL Butter

Gewürze nach Gusto:
Schärfe in Form von
– Cayennepfeffer oder
– Rosenpaprika
Exotik in Form von
– Currypaste
– gemahlenem Kreuzkümmel
– Sojasauce oder
– Fischsauce

Außerdem nach Belieben:
2 EL gewürfelte Tomaten
1 EL Schnittlauchröllchen
2 EL Krabbenfleisch

Die Pfanne leer erhitzen, die Butter darin verzischen lassen, sie soll aber gerade noch nicht bräunen.

Die Eier verquirlen und kräftig würzen, sofort in die Pfanne gießen. Eine Sekunde warten, bis sie an der Unterseite eine Kruste bekommen haben, dann an der Pfanne rütteln, bis das Omelett auf dem Butterfilm schwebt. Die Zutaten darauf verteilen: Tomatenwürfel, Schnittlauch, Krabben. Das Omelett muss an der Oberfläche noch feucht bleiben!

Omelett direkt aus der Pfanne auf einen vorgewärmten Teller gleiten lassen – wer geschickt ist, gibt der Pfanne einen kleinen Schubs, dann rollt es sich auf diesem Weg zu einer halben Rolle ein.

Tipp: Zusammen mit einem Salat ergibt das ein wunderbares, schnelles Essen.

Fischpfannen

Fischpfannen nehmen durch ihre Form eine Sonderrolle ein. Nicht jeder wird sie brauchen, aber wer gern und häufig ganze Fische brät, wird glücklich über so eine ovale Pfanne sein. Manche Modelle verlangen eine längliche Kochstelle, praktischer sind jene, die eine runde Auflagefläche haben und von dort aus den ovalen Pfannenboden auf seiner ganzen Fläche erhitzen. Man muss sie natürlich entsprechend vorheizen – sobald die Handfläche genügend Hitze spürt, Öl oder Butter oder beides zusammen darauf schmelzen lassen und die Fische darin braten.

c3 Plattfisch *mit* Kapernbutter

Am besten schmecken natürlich Seezungen – leider hat man ihnen mit brutalsten Methoden nachgestellt und ihr Bestand ist gefährdet, weshalb man auf ihren Genuss verzichten oder beim Einkauf besondere Vorsicht walten lassen sollte: Achten Sie darauf, dass es sich um in Küstennähe an der Leine geangelte Fische handelt (meist aus Frankreich, muss zertifiziert sein). Selten findet man Seezungen aus der Zucht. Das Gericht gelingt jedoch fast genauso gut mit Rotzungen (Limanden), Flundern, Klieschen oder Schollen. Ein freundlicher Händler zieht dem Fisch, wenn man ihn darum bittet, bereits die Haut ab und nimmt ihn aus.

Für zwei Personen
2 portionsgroße Plattfische (à 300 g)
Salz, Pfeffer
2 EL Mehl
2 EL Olivenöl
3–4 EL Butter
1 unbehandelte Zitrone
2–3 EL kleine Kapern
Petersilie

Außerdem:
400 g kleine Kartoffeln

Die Fische innen und außen abwaschen und mit Küchenpapier sehr sorgfältig abtrocknen. Auf einem Stück Küchenpapier das Mehl verteilen, salzen und pfeffern. Die Fische darin drehen und wälzen, dabei immer wieder überschüssiges Mehl abschütteln, bis sie von einem hauchzarten Film überzogen sind.

Die Fischpfanne leer erhitzen. Zuerst das Öl hineingeben, das sofort Schlieren ziehen sollte, dann zwei Esslöffel Butter zufügen, die jetzt sehr schnell schmelzen sollte. Bevor sie jedoch bräunt, die Fische einlegen, die Hitze herunterschalten und die Fische erst auf der einen Seite etwa zwei Minuten braten, bis sie appetitlich gebräunt sind, dann auch auf der anderen. Dabei immer wieder an der Pfanne rütteln, damit die Fische auf dem Fettfilm schwimmen und bewegt werden, ab und zu mit einem Löffel vom heißen Fett über die Oberfläche gießen.

Die Fische sind gar, wenn klarer Saft austritt, sobald man sich an der dicksten Stelle mit der Messerspitze von der Seite her zur Gräte tastet.

Die Zitrone gut abwaschen, längs halbieren und in dünne Scheiben schneiden. Am Ende die Zitronenscheiben, die Kapern und die restliche Butter in die Pfanne geben sowie etwas gehackte Petersilie und alles gut durchschwenken, dabei mehrmals auch über die Fische gießen.

In einer zweiten (beschichteten) Pfanne die gekochten, gepellten Kartöffelchen in etwas Butter schwenken, dabei mit Salz und Pfeffer würzen und fein gehackte Petersilie zufügen.

Die Fische auf vorgewärmten Tellern anrichten, die Kapernbutter darüber verteilen und die Petersilienkartöffelchen danebenlegen.

c4 Spezialtöpfe

Neben der Grundausrüstung, die man praktisch in jeder Küche braucht, gibt es natürlich auch noch eine Reihe besonderer Töpfe, die sich besser oder ausschließlich für bestimmte Zubereitungen eignen. Und die man sich zulegen wird, wenn einem genau diese spezielle Art der Zubereitung besonders wichtig ist.

Der Schnellkochtopf

Das dampfende, schnaubende Ding in der Küche hat immer schon polarisiert. Die einen haben Mordsrespekt davor und erschrecken sich gewaltig, sobald das Ventil sich öffnet und mächtig Dampf entlässt. Die anderen wollen diese praktische Erfindung nicht mehr missen.

Weniger Angst herrscht, seit man den Topf nicht mehr Dampfdrucktopf nennt. Denn „schnell" klingt besser als „Druck", das manch einem bereits in der Vorstellung die Sache um die Ohren fliegen lässt ... So wie es seinem Erfinder Denis Papin, dem französischen Arzt und Tüftler, widerfuhr, als er in England der ehrwürdigen Königlichen Gelehrtenversammlung seine neue, ja geniale Idee vorführen wollte: Den Topf, in dem, wie er meinte, „das älteste und härteste Rindfleisch zart gemacht werden kann". Das Ding explodierte bei der Präsentation. Doch nachdem Papin das Sicherheitsventil entwickelt hatte, wurde das Garen unter Hochdruck zum Erfolg. Das ist nun mehr als 330 Jahre her. Und bis heute funktioniert der Dampfdruck- oder Schnellkochtopf noch immer nach genau diesem Prinzip: Im Dampf, der unter nur einem bar Druck steht, herrschen im Topf statt der im Flachland üblichen 100 Grad um die 120 Grad. Und dadurch wird die Garzeit halbiert, bei manchen Lebensmitteln sogar gedrittelt.

Wie man mit ihm umgeht

Das moderne Sicherheitsventil, das tatsächlich auch heute noch auf der Papin'schen Idee basiert, wurde weiterentwickelt, und es gilt als absolut sicher. Vorausgesetzt, man versucht nicht, den Verschluss mit Gewalt zu überlisten. Dann kann es schon mal vorkommen, dass am Ende die Küche mit Spinatflecken tapeziert ist.

Ganz wichtig: Vor dem Öffnen erst mal den Dampf ablassen! Das geschieht entweder ganz einfach durch langsames Abkühlen des Topfes, indem man ihn von der Kochstelle nimmt. Allerdings gart in dieser Zeit das Essen darin noch eine Weile weiter; man muss dies also berücksichtigen und ihn entsprechend früh vom Feuer nehmen. Zweite Möglichkeit: Man kann das Ventil öffnen und den Dampf mit lautem Zischen herausfahren lassen. Oder den Topf unter fließendem kaltem Wasser abkühlen. Diese Schockbehandlung vertragen allerdings nicht alle Lebensmittel. Pellkartoffeln zum Beispiel platzen bei diesem plötzlichen Druckabfall und sind nur noch ein Trümmerhaufen, allenfalls noch Grundlage für Püree. Überhaupt muss man bei empfindlichen Zutaten aufpassen, damit sie nicht verkochen. Für Gemüse und Fisch empfiehlt sich immer die etwas sanftere Schonstufe – die meisten Töpfe haben Ventile, die verschieden hohe Druckerzeugung zulassen.

Vorteile des Schnellkochtopfs

Bei allen Vorteilen des Schnellkochtopfs – Zeit- und Energieersparnis; dank des Vakuums werden Vitamine, Mineralien, Aroma geschont und auch die Farbe bleibt erhalten – erfordert es eine Menge Überzeugungskraft, den Skeptikern die Vorzüge des Schnellkochtopfs näherzubringen. Für Spontanköche und Gernrührer ist das nichts, weil man nicht eben mal nachgucken kann, wie weit die Sache im Topf gediehen ist.

Wer jedoch den Schnellkochtopf mal richtig ausprobiert hat, stellt bald begeistert fest, wie viel Zeit man damit sparen kann und Energie!

c4 Artischocken

Man kann den Schnellkochtopf gut zum Kochen von Artischocken benutzen. Im Dampf gegart, bleiben sie viel schöner grün als herkömmlich gekocht. Und es geht sehr viel schneller als im normalen Kochtopf. Artischocken gibt es in den unterschiedlichsten Größen und Sorten. Die kleinen, ganz jungen, die im ausgehenden Winter aus Süditalien zu uns kommen, sind so zart, dass wir sie am liebsten roh essen. Später im Frühjahr gelangen die damenfaustgroßen Artischocken auf die Märkte. Die mit den wehrhaften Stacheln an jeder Blattspitze schmecken besonders gut. Weil man sich an ihnen böse verletzen kann, muss man sie abschneiden, am besten mit einer Schere. Vorher aber trennt man die gesamte Spitze des Blattschopfs mit einem scharfen Messer ab. Den meisten Artischockensorten sind die Spitzen abgezüchtet worden, auch den großen französischen.

Für zwei bis drei Personen
3–6 Artischocken (je nach Größe)

Die Artischocken unter dem fließenden Wasserhahn abspülen, dabei das Wasser auch mehrmals zwischen die Knospenblätter laufen lassen und kräftig ausschütteln. Stiel auf etwa drei Zentimeter kürzen. Eventuell die kleinen äußeren Blätter abzupfen oder wegschneiden, nach Belieben auch den Stielansatz schälen.

Die Artischocken in den Siebkorb setzen, ein Glas Wasser hinzugeben, den Schnellkochtopf verschließen und unter Druck setzen, möglichst bei Schonstufe. Sobald das Sicherheitsventil den richtigen Druck anzeigt, beginnt die Garzeit. Sie liegt bei den kleineren Artischocken zwischen 2 und 3 Minuten. Die großen, männerfaustgroßen Exemplare aus der Bretagne brauchen bis zu 8 oder sogar 10 Minuten. (Wenn Sie die Artischocken in einem normalen Topf zubereiten, rechnen Sie 25 bis 30 Minuten, bei großen Exemplaren etwa 45 Minuten Garzeit.)

Danach kann man den Topf unter kaltem Wasser abkühlen – Artischocken nehmen den raschen Druckabfall weniger übel als zu langes Garen. Schade, wenn sich die Blätter zu leicht herauszupfen lassen.

Zu den Artischocken entweder nur Olivenöl und Salz servieren oder würzige Saucen, die man mit den Blättern aufstippt (Rezept zum Beispiel Seite 36 bis 39).

c4

Artischockenstiel-Risotto

Beim Einkauf sollten Sie darauf achten, dass die Artischocken noch einen möglichst langen Stiel haben. Er versorgt die Knospen, nachdem sie abgeschnitten wurden, deshalb darf der Händler sie auf keinen Fall kürzen. Leider machen das manche aus Unkenntnis, dann sind die Artischocken dem schnellen Verfall preisgegeben. Sie fühlen sich bald nicht mehr straff und fest an, sondern weich und schlaff, auch vertrocknen sie jetzt schnell. Dieser Stiel ist jedoch keineswegs Abfall. Man kann ihn als Gemüse dünsten. Oder zum Beispiel einen Risotto damit zubereiten. Besonders einfach gelingt auch er im Schnellkochtopf:

Für zwei Personen
Stiele von 3–6 Artischocken
1 Zwiebel
2–3 EL Olivenöl
1 getrocknete kleine Chilischote
150 g Risottoreis (Carnaroli)
1 Zitrone
2 Knoblauchzehen
250 ml Weißwein
600 ml Brühe
Salz
30 g frisch geriebener Parmesan
30 g Butter
evtl. 2–3 EL Brühe zum Verdünnen
Petersilie

Die Artischockenstiele sehr sorgfältig schälen, alle Fäden dabei abziehen und nur das zarte Herz übrig lassen. Die Stiele klein würfeln, ebenso die Zwiebel.

Beides im Schnellkochtopf im heißen Öl andünsten. Die Chilischote entkernen, zerkrümeln und zufügen. Den Reis hinzuschütten und alles gut mischen. Die Zitronenschale mit dem Sparschäler dünn abschneiden, dann sehr fein würfeln und unter den Reis mischen. Auch den ebenfalls sehr fein gewürfelten Knoblauch unterrühren.

Schließlich den Wein angießen und verdampfen lassen. Die Brühe und Salz zufügen. Aufkochen, den Topf verschließen, sieben Minuten auf Schonstufe garen. Langsam den Dampf ablassen.

Den Topf öffnen. Parmesan und Butter einrühren, eventuell auch noch einen Schuss Brühe, bis der Risotto schön cremig ist. Mit Zitronensaft würzen. Mit einem Stück Zitronenschale und Petersilie garnieren.

Als Beilage reichen, zum Beispiel zu Lammkoteletts. Oder, wie es die Italiener tun, als Vorspeise oder Zwischengericht. Dann am besten zusammen mit einem erfrischenden Salat servieren.

Dazu passt ein knackiger Weißwein, etwa ein Gavi di Gavi oder Arneis aus dem Piemont.

Der Fischkochtopf

Ein spezieller Fischkochtopf ist, der Fischform entsprechend, länglich und mehr oder weniger schmal. Das genügt, wenn man vorwiegend schlanke Forellen darin garen will, oder Hecht und Zander. Nur wenn man gern dicke Karpfen darin pochieren will, empfiehlt sich ein eher ausladendes, breiteres Format. Dann eignet sich der Topf auch gut zum Spargelkochen. Leider braucht so ein Teil recht viel Platz im Küchenschrank.

Es werden sich ohnehin nur ausgesprochene Fischliebhaber einen Fischkochtopf zulegen. Wer gern und häufig ganze Fische im Sud zubereiten will, der braucht ihn aber unbedingt. Erfreulich, dass ein solcher Topf nicht sehr teuer sein muss – es gibt schon ziemlich preiswerte Modelle, sogar aus Edelstahl, wenn auch aus dünnem Blech, und aus Aluminium; bei der Großmutter waren sie auch oft emailliert, manchmal findet man welche auf dem Flohmarkt.

Auf jeden Fall sollte der Topf über einen Siebeinsatz verfügen, auf dem man den Fisch ins siedende Wasser versenken und auch wieder unbeschadet emporheben kann – bequem und ohne Schwierigkeiten gleitet er von dort auf die Servierplatte. Außerdem bleiben die Gemüse und Kräuter, mit denen der Sud gewürzt wird, am Topfboden und legen sich nicht am Fisch an.

Eine Sonderform des Fischkochtopfs ist die rautenförmige Turbotière, nur für den Steinbutt geeignet.

c4 Forelle *blau*

Das klassische Rezept, das die Vorzüge dieses delikaten Fisches ganz besonders hervorhebt (Forelle Blau im Dampfgarer, Seite 210). Er muss dafür absolut frisch geschlachtet sein, dann färbt er sich sofort blau, sobald er ins siedende Wasser versinkt, und, weil er noch voller Spannung ist, wölbt er sich, bricht auf und sieht auf dem Teller völlig zerfetzt aus. Das muss so sein, daran erkennt der Liebhaber, dass es wirklich eine frische Forelle ist. Und er ist glücklich, denn sie schmeckt dann unwiderstehlich, nussig und zart, hat dabei einen festen und dennoch delikaten Biss.

Für zwei bis drei Personen
2–3 frische Forellen
1 Zwiebel
1 Stück Möhre
½ Lauchstange
einige Petersilienstengel
1–2 Selleriestangen
3–4 Zitronenscheiben
1 TL weiße Pfefferkörner
1 TL schwarze Pfefferkörner
Salz
1 Glas Weißwein
3 EL Essig

Die Forellen vorsichtig anfassen, nicht unnötig waschen oder abwischen, damit die Schleimschicht an der Haut nicht zerstört wird, die nachher dafür sorgt, dass die Forelle schön blau wird.

Zwiebel, Möhre, Lauch putzen, schräg in dünne Scheiben schneiden und in den Fischkochtopf füllen. Mit Wasser handbreit bedecken. Die Petersilienstiele zufügen – die Blätter abzupfen und für eine passende Kräutersauce beiseitelegen (Rezept Seite 54 oder 199). Sellerie in Scheibchen schneiden, mit den Zitronenscheiben, Pfeffer, Salz, auch dem Wein und Essig in den Topf geben. Zugedeckt etwa 10 Minuten leise köcheln.

Die Fische auf den Siebeinsatz betten und in den kochenden Sud tauchen. Die Hitze jetzt so regulieren, dass der Sud nicht mehr kocht. Nur wenige Minuten ziehen lassen. Zwischen 5 bis 10 Minuten, je nach Größe der Fische.

Dazu gibt es Pellkartöffelchen und braune Butter und eventuell noch die oben erwähnte Kräutersauce, außerdem ein trockener Riesling, etwa eine Spätlese aus der Pfalz, aus Rheinhessen oder von der Nahe.

Der Fonduetopf

Einst war der Caquelon genannte Topf für die oder das Käsefondue immer aus spezieller Keramik. Er ist relativ breit und flach, damit man mit den langen Gabeln die Brot- oder Kartoffelstücke leicht in die darin brodelnde Käsemasse halten kann. Heute nimmt man auch Metalltöpfe dafür, beliebt sind Kupfer und emailliertes Gusseisen. Wichtig ist, dass ein dicker Boden die Hitze gleichmäßig verteilt und sanft an den Käse weiterleitet, damit er nicht anbrennt. Es darf natürlich beim Warmhalten über dem Réchaud (Tischkocher) eine Kruste am Boden des Topfes entstehen – sie gilt leidenschaftlichen Fondue-Essern als das Beste! –, wird aber erst am Ende des Essens abgelöst.

Das Réchaud muss nicht viel leisten, die Hitze wird maßvoll dosiert. Spiritus, Brennpaste oder Gas – alles ist möglich. Natürlich auch eine Elektroplatte, was aber weniger stimmungsvoll ist. Irgendwie gehört ja auch die offene Flamme zu diesem herbstlich-winterlichen Essvergnügen, und sei es ein Camping-Gasbrenner.

Für die Fondue bourguignonne, jenes Gericht, bei dem Rindfleisch in Öl frittiert wird, ist Metall geradezu zwingend erforderlich, denn hier wird nicht nur erwärmt, das Öl muss vielmehr auf 160 Grad erhitzt werden. Oder, wenn man es praktisch und schneller auf dem Herd aufkocht, muss das Réchaud diese Hitze halten können. Der Topf sollte weniger groß sein, damit man nicht so viel Öl braucht, und nach oben tulpenförmig enger werden, damit sich die Geruchsentwicklung in Grenzen hält und das Öl beim Eintauchen des Fleisches nicht überkocht.

Nicht ganz ohne Grund gehen viele Fondue-Freunde ihrer Leidenschaft gerne auswärts nach: Es ist riecht immer – besonders beim burgundischen Fleisch-Fondue. Man muss also einerseits lüften – in kleinen Räumen auch wegen der offenen Flamme –, andererseits aber schätzt man dieses Gericht gerade in den kalten Monaten. Der Ausweg ist die asiatische Variante, für die man ebenfalls einen Metalltopf nimmt – am besten natürlich den originalen Feuertopf.

Der Feuertopf

In ganz Asien liebt man den Feuertopf – von Thailand bis Japan. Das Gerät heißt wie das Gericht, das man darin zubereitet. Der Feuertopf, auch Steamboat oder Hotpot genannt, steht wie ein Fonduetopf in der Tischmitte. Es ist ein metallener Kessel, der rund um einen Schornstein angebracht ist, in welchem Holzkohle glüht, die alles in dieser Wanne zum Kochen bringt.

Inzwischen gibt es die Töpfe auch elektrisch beheizt, was natürlich praktisch ist, aber jeglicher Romantik entbehrt. Auch kann man sie über einem Fondue-Brenner (Spiritus, Paste oder Gas) heiß halten, wenn man die Brühe in einem Kochtopf auf dem Herd erhitzt hat. All das ist aber nur ein schwacher Ersatz für glühende Holzkohle!

Die Gäste sitzen drum herum, möglichst nicht weiter entfernt, als ihre Arme reichen. Das reduziert ihre Anzahl auf höchstens vier bis sechs, wie beim klassischen Fondue auch. Der Feuertopf ist in der Tat die asiatische, sehr viel leichtere Variante der schweren und mächtigen europäischen Fondues, nach denen entweder der Käse schwer im Magen liegt oder das in Öl frittierte Fleisch. Insofern ist der Feuertopf gesünder und delikater – schmackhafter ist er ohnehin!

Die Gäste halten mit ihren Stäbchen Fleischscheiben in die leise siedende Brühe, bis sie gar sind, wobei man sie leise hin und her bewegt – das nennt man in Japan „waschen"; dabei soll ein Geräusch entstehen, das wie „shabu-shabu" klingt und der japanischen Version des Feuertopfs den Namen gegeben hat.

In der Brühe kochen verschiedene Gemüse, auch Pilze und Kräuter, von denen man sich mit einem kleinen Sieb herausfischt, was man mag. Jeder hat verschiedene Schälchen mit Saucen an seinem Platz, in die man seine Bissen tauchen kann. Und am Ende wird die immer konzentriertere Brühe serviert. Denn für die Chinesen ist die Suppe nicht der Beginn, sondern das Ende einer Mahlzeit, weil sie dann überall im Magen etwaige leere Plätze ausfüllen kann.

c4 Feuertopf

Man kann natürlich jegliches Fleisch und Gemüse im Feuertopf garen, auch Fisch und Garnelen. In Thailand arbeitet man mit mehr frischen Kräutern, in der Mongolei mit verschiedenen Fetten als Gewürz. Dieses Rezept ist nur ein Vorschlag. Damit das Mahl komplett ist, dürfen Saucen und Dips nicht fehlen. Auch da haben wir ein paar Ideen für Sie.

Für vier bis sechs Personen
7 Tongupilze
1 Handvoll Mu-Err-Pilze
25 g Glasnudeln
4 Frühlingszwiebeln
2 Möhren
1 kleiner Blumenkohl
1 Lauchstange
1 weiße Rübe
200 g feste Spinatblätter
7 Champignonhüte
2 weiße Zwiebeln
400 g Rinderlende (Roastbeef), in hauchdünne Scheiben geschnitten

Sesamsauce:
50 g geschälte Mandeln
1 gehäufter EL Sesamsaat
1 EL Sojasauce
1 EL Sake
1 TL Reisessig
1 Tasse Wasser
1 EL Zitronensaft

Sojasaucen-Zitronen-Dip:
2 Tassen Sojasauce
Zitronensaft

Außerdem:
2 rote Rettiche
1 rote Chilischote
2 Frühlingszwiebeln
2 l Hühnerbrühe

Die Pilze in einer Schüssel mit kochendem Wasser zweifingerhoch bedecken und einweichen, die Glasnudeln getrennt davon ebenfalls einweichen, danach mit einer Schere zweimal durchschneiden.

Alle Gemüse putzen, in Scheibchen oder Stifte schneiden und auf einer großen Platte dekorativ anrichten.

Das Fleisch auf der Aufschnittmaschine hauchdünn schneiden – dabei hilft es, wenn man es zuvor zwei Stunden lang anfriert und fest werden lässt.

Für die Sesamsauce die Sesamsaat mit den Mandeln im Mixer pürieren, dabei Sojasauce, Sake, Zitronensaft und drei Esslöffel heißes Wasser zufügen. Zu einer cremige Sauce mixen, für jeden Gast etwas davon in ein eigenes Schälchen verteilen.

In weitere Schälchen für jeden die mit Zitronensaft gewürzte Sojasauce verteilen. Außerdem bekommt jeder Gast in einem zusätzlichen Schälchen fein geriebenen Rettich, der mit geriebener Chilischote gefärbt und gewürzt ist. Und in einem vierten Schälchen schließlich in sehr feine Ringe geschnittene Frühlingszwiebeln. Es gehört außerdem noch gekochter Reis (Seite 256) auf den Tisch, von dem man sich nach Belieben nehmen kann. Und zum Schluss wird die Brühe aus einem der inzwischen geleerten Saucenschälchen getrunken.

Tipp: Das Heizen mit Holzkohle ist ungewohnt und möglicherweise nicht jedem ganz geheuer – geht aber auch im Zimmer erstaunlich gut. Kaufen Sie gute, feste Grillbriketts mit langer Brenndauer. Diese ganz normal auf dem Grill draußen oder im Kamin zum Glühen bringen. Mit einer Grillzange einzelne Kohlen auf den Rost im Feuertopf setzen. Dazu natürlich den Deckel auf den Topf setzen. Dann erst die auf dem Herd erhitzte Brühe angießen und die Gemüse einlegen. Auf einer feuerfesten Unterlage auf den Tisch stellen. Und, wie man das mit anderen Brennern auch machen würde, für ausreichende Lüftung sorgen.

Das Wasserbad (Bain-Marie)

Als Bain-Marie ging es in die Kochgeschichte ein. Es ist angeblich mit Maria de' Medici nach Frankreich gekommen und wurde dort zum unverzichtbaren Instrument für die Herstellung feinster Saucen. Tatsächlich soll es seinen Namen von einer anderen Maria haben, die zwischen dem 1. und 3. Jahrhundert in Alexandria gewirkt haben soll: Maria die Jüdin oder Maria Prophetissa. Sie gilt als Begründerin der Alchemie und große Erfinderin – auf sie geht auch Goethes Hexeneinmaleins zurück. Neben dem Frühbeet, einer frühen Form des Schnellkochtopfs und dem ersten Destillierapparat soll sie das nach ihr benannte Wasserbad erfunden haben!

Dieses war früher fast unerlässlich, um zum Beispiel eine Sauce Hollandaise herzustellen: Über dem offenen Feuer gab es immer zu viel unkontrollierbare Hitze. Deswegen brauchte man das Wasserbad, in dem diese Hitze gedämpft und so ganz sanft an den zweiten, darin eingetauchten Topf weitergeleitet wurde. Solch eine spezielle Topf-in-Topf-Konstruktion kann man auch heute noch als Bain-Marie erstehen.

Eine unnötige Anschaffung: Erstens kann man jeden Topf oder eine metallene Rührschüssel in einen größeren Topf setzen und schon ist das Wasserbad fertig. Und zweitens lässt sich auf den modernen Elektroherden und Kochfeldern (vor allem bei Induktion) die Hitze so genau dosieren, dass mit einem dickwandigen, die Wärme gut leitenden Topf eh nichts passiert! Wird die Sauce doch einmal zu heiß und droht zu gerinnen, gibt man einen Eiswürfel in die Sauce oder stellt den Topf in kaltes Wasser.

Eine besondere Form des Wasserbades ist der Thermisierer, der in letzter Zeit immer größere Bedeutung bekommt: In diesem Apparat wird das Wasser sehr genau auf einer ganz bestimmten Temperatur gehalten, sodass darin vakuumverpackte Speisen exakt gegart (oder „regeneriert") werden können. Für den Hausgebrauch eine unnötige Anschaffung, für die Systemgastronomie und Molekularköche eine inzwischen fast unverzichtbare Methode. Bei Letzteren ist zurzeit das Niedrigtemperaturgaren das große Thema. Erstaunlich, dass diese Methode einen derartigen Erfolg hat, die erstens Gefahren in sich birgt (nämlich die ungezügelte Vermehrung von auf den Speisen vorhandenen Bakterien bei für sie idealen Bedingungen) und zweitens eine weiche, unstrukturierte – keineswegs „zarte" – Konsistenz erzeugt.

Wir ziehen es vor, durch ausreichende Hitze – sei es in Topf, Pfanne, Wok oder Fritteuse, am Grill oder im Backofen – gleich zu Beginn des Garprozesses mit hoher Temperatur alle Keime abzutöten und damit dafür zu sorgen, dass die sogenannte Maillardreaktion stattfindet und jenes Röstaroma entsteht, das für den Geschmack so entscheidend ist, und danach mit sanfterer Hitze fertig zu garen

Der Spargeltopf

Das ist ein hoher Topf mit Sieb- oder gelochtem Einsatz, in dem der Spargel stehend gekocht werden kann. Das hat, vor allem bei grünem Spargel, den Vorteil, dass die Köpfe schön erhalten bleiben – kocht man sie liegend, stoßen sie an den Seitenwänden des Topfes an und werden leicht unschön zerdrückt. Da Stangen und Köpfe zusammen im Wasser kochen, werden die Köpfe auch schnell matschig. Im Spargeltopf – der in Frankreich erfunden wurde, wo man hauptsächlich grünen Spargel aß – kann das nicht passieren, denn man füllt nur so viel Wasser ein, dass die Enden davon bedeckt sind, die Spitzen im Dampf schonender garen. Und noch ein Vorteil: Die stehenden Spargelstangen zeigen an, ob sie gar sind. Sie gehen dann leicht in die Knie ...

Der Konfitürenkessel

Wer gern Marmelade kocht, der sollte einen Kupfer- oder Messingkessel ins Auge fassen. In Frankreich gehört so etwas zur völlig normalen Ausstattung eines Haushalts. Jedenfalls auf dem Land, wo man die eigenen Erzeugnisse aus dem Garten darin für den Vorrat verarbeitet. Deshalb kann man solche Kessel in jedem gutem Haushaltsgeschäft kaufen, spätestens zur Einmachzeit werden sie dort stolz im Schaufenster präsentiert.

Auch bei uns wurde früher Marmelade in einem solchen Kessel gekocht. Denn die Vorzüge sind evident: Kupfer (oder Messing, das ja eine Legierung aus Kupfer und Zink ist) nimmt die Hitze schnell auf und gibt sie direkt und ungebremst weiter, bewirkt also ein schnelleres Kochen als jedes andere Material, außerdem wirkt es antioxidativ, schont dadurch die Inhaltsstoffe der Früchte, erhält ihren frischen Geschmack und auch ihre schöne Farbe.

Deshalb kann man im Kupferkessel Konfitüren auf traditionelle Weise kochen, das heißt völlig auf die Zugabe von Geliermittel verzichten. Das ist von großem Vorteil, denn diese schlucken immer Aroma. Vor allem beeinflussen die Zusatzstoffe, die die Schaumentwicklung bremsen sollen, Geschmack und Farbe, sie lassen am Ende die Konfitüre leicht milchig erscheinen. Und meist geraten die Marmeladen unter ihrem Einfluss zu fest.

Man nehme ... blankes Kupfer

Der Kupferkessel zum Einkochen darf natürlich nicht mit Edelstahl ausgeschlagen sein, das blanke Kupfermaterial ist es ja, das die positive Wirkung auf das Obst ausübt. Ein Effekt, den übrigens auch die Patissiers in ihrer Werkstatt ausnutzen, und Käsemacher, die mit Rohmilch arbeiten. Und der auch Cornichons schön grün erhält, wenn der Essig zum Einmachen darin gekocht wurde.

Natürlich braucht man für diesen Kessel Gas – er lässt sich nur mit sehr schlechter Energieausnutzung auf einer Masseplatte verwenden, auf dem Ceranfeld oder auf Induktion gar nicht. Aber es genügt dafür ein kleiner tragbarer Gaskocher, wie man ihn für wenig Geld im Asialaden kaufen kann.

Einen solchen Kessel kann man übers Internet beziehen. Er kostet bei einem Inhalt von 7 Litern knapp 100 Euro, bei 12 Litern müssen Sie mit ungefähr 170 Euro rechnen. Oder man bringt sich diese Kessel von der nächsten Frankreichreise mit – dort sind sie etwas billiger. Bei Internetauktionen oder auf dem Flohmarkt findet man vielleicht sogar einen antiken für nur ein paar Euro. Er sollte wenigstens zwischen 7 und 12 Liter fassen, aber trotzdem darf man nie mehr als zwei, höchstens drei Kilo Obst auf einmal darin verarbeiten. Denn die Konfitüre braucht beim Kochen Platz. Es entsteht, wenn die Zucker-Früchte-Mischung brausend kocht, zunächst enorm viel Schaum, und an der Tatsache, dass dieser Schaum nachlässt, kann man erkennen, dass jetzt die Masse zu gelieren beginnt.

Braucht man unbedingt einen Kupferkessel?

Eigentlich ja! Notfalls kann man auch in einem Edelstahl- oder emaillierten Topf sehr pektinhaltige, daher leicht gelierende und nur kurz zu kochende Früchte zu Konfitüre verarbeiten – etwa Stachel- und Johannisbeeren oder Mirabellen. Diese sollten dann nicht zu reif sein, denn mit zunehmender Reife sinkt auch bei ihnen der Pektingehalt. Früchte, die lange kochen müssen – Erd-, Him-, Heidel-, Brombeeren, Holunder, Kirschen, Zwetschgen – eignen sich nicht, verändern Farbe und Geschmack. Das kann man beispielsweise bei Zwetschgen mögen – das berühmte böhmische Powidl (Zwetschkenröster) wird ohne jegliche Zuckerzugabe aus den reinen Früchten stundenlang eingekocht, bis es ein dickes, dunkles, haltbares Mus geworden ist. Solche rein aus Früchten eingekochten Zubereitungen nennt man Latwerge. Sie werden als Brotaufstriche, Füllungen für Mehlspeisen und bei Quarkzubereitungen verwendet. Heute bei uns immer seltener zugunsten fertiger Fruchtsaucen üblich, liebt man in Osteuropa und vor allem Italien und Südwestfrankreich solche Fruchtmuse noch sehr. Tatsächlich schmecken aber auch sie am besten, wenn sie im Kupferkessel einkocht wurden.

1022

c4 Konfitüre

Auf diese Weise kann man aus jeglichem Obst Konfitüre kochen – je nach dem natürlichen Pektingehalt der Früchte dauert es zwischen fünf Minuten (beispielsweise Apfelgelee – Äpfel haben viel Pektin) bis zu 30 bis 40 Minuten (Kirschkonfitüre – Kirschen haben kaum Pektin), bis die Marmelade die richtige Konsistenz hat. Mit der sogenannten Gelierprobe lässt sich das ermitteln. Dafür stellt man am besten schon eine Weile vorher ein Schälchen oder einen Teller aus Metall in den Kühlschrank, und probiert nach 5 bis 10 Minuten etwa zum ersten Mal, ob ein Klecks, den man auf den kalten Teller gibt, nach etwa 30 Sekunden Abkühlzeit genehm ist. Wenn ja, wird abgefüllt, wenn nicht, noch einige Minuten länger eingekocht. Und im Kupferkessel braucht man nicht zu befürchten, dass das Obst seine leuchtende Farbe verliert.

Für ca. zehn Gläser à 200 g
2 kg Früchte (geputzt gewogen)
1–1,4 kg Zucker (je nach Obstsorte)
1–2 Zitronen (nach Süße und Säure der Früchte)

Die Früchte putzen und in Stücke schneiden, mit dem Zucker gründlich vermischen und etwas Saft ziehen lassen, Zitronensaft zufügen. Dann rasch zum Kochen bringen, immer wieder rühren, dabei mit einem hitzebeständigen Gummischaber den Boden entlangfahren, damit sich dort nichts festsetzt, auch die Wände sauber schaben, damit dort nichts antrocknet oder karamellisiert.

Wenn sich der Schaum gelegt hat, die Masse zu glänzen beginnt, die Gelierprobe machen. Sobald sie die richtige Konsistenz erreicht hat, in Schraubgläser füllen, die zuvor in der Spülmaschine gesäubert wurden – dann sind sie garantiert steril und obendrein vorgewärmt.

Sofort verschließen und auf den Deckel stellen, damit darin ein Vakuum entsteht. So ist die Konfitüre lange haltbar, wer ganz sichergehen will, kann sie zusätzlich noch sterilisieren. Entweder in einem speziellen Einkochtopf (siehe rechts), kleine Mengen auch in einem großen Nudeltopf (mit Wasser bedecken, langsam zum Kochen bringen, nach fünf Minuten ausschalten und im Wasser wieder abkühlen. Oder im Backofen sterilisieren: Die Gläser mit Abstand voneinander in die mit Wasser gefüllte Fettpfanne stellen, auf 200 Grad aufheizen und nach Erreichen dieser Temperatur wieder ausschalten. Im Ofen auskühlen lassen.

Tipp: Das klassische Rezept berechnete pro Kilo Frucht ein Kilo Zucker, der nicht nur zum Süßen, sondern auch als Konservierungsmittel dient. Wir halten das für zu viel und haben festgestellt, dass im Schnitt auf ein Kilo Frucht zwischen 500 und 700 Gramm Zucker ausreichen, je nach Süße der Früchte. Und wenn man die Konfitüre in kleine Gläser füllt, die schnell geleert sind, hat man kein Haltbarkeitsproblem.

Der Dampfentsafter

Wer einen Garten hat und viel Obst erntet und zu versorgen hat oder wer gerne und daher öfters Konfitüre oder Gelees einkocht, braucht natürlich die entsprechenden Geräte, die nicht nur die Arbeit erleichtern, sondern auch für eine bessere Qualität des Endproduktes sorgen.

Der Dampfentsafter aus Aluminium, emailliertem Stahlblech oder Edelstahl wird auf den Herd gestellt oder hat eine integrierte elektrische Heizung. In den unteren Teil kommt Wasser, das zum Kochen gebracht wird. Darüber befindet sich ein hoher, wannenartiger Einsatz mit Kamin in der Mitte, in dem später der aus den Früchten austretende Saft aufgefangen wird. In diesen Einsatz passt ein weiterer, gelochter Einsatz mit den zu entsaftenden Früchten – größere vorher klein geschnitten – mit etwas Zucker (Menge je nach Art der Früchte), zum Schluss wird der Deckel aufgelegt. Der durch den Kamin aufsteigende Dampf bringt die Zellen von Obst oder Beeren zum Platzen, der Saft läuft durch die Löcher des Siebeinsatze in die Wanne. Durch ein Röhrchen mit Schlauch und Klemme kann der Saft nun abgezogen und entweder zum Geleekochen verwendet oder als reiner Fruchtsaft in Flaschen gefüllt werden.

Natürlich verlangt so ein Gerät, das nur zum Entsaften verwendet werden kann, viel Platz. Es wird zwar in der Küche verwendet, aber normalerweise nicht dort aufbewahrt, sondern verlangt, ebenso wie der Einkochtopf, nach einem Abstellraum oder einem Platz im Vorratskeller. Schließlich hat so ein Gerät einen Durchmesser von 25 bis 35 Zentimeter und ist etwa doppelt so hoch. Preis: Für Gas- und Elektroherd ab ungefähr 30 Euro, mit eingebauter Elektroheizung und einem sehr nützlichen Thermostat ab etwa 50 Euro im Sonderangebot bis über 150 Euro für Markenware in Edelstahl.

Der Einkochtopf

Den brauchen wirklich nur größere, ländliche Haushalte mit eigenem Garten. Früher bestand er meist aus verzinktem, heute oft aus emailliertem Stahlblech, nicht selten auch aus Edelstahl. Da man in ihm große Gläser einmachte („Weckgläser“), war er massiv und schwer. Und während die Töpfe früher immer auf dem Herd erhitzt wurden, geht heute der Trend eindeutig zur eingebauten Elektroheizung, die mit einem Thermostat exakt gesteuert werden kann. Dadurch gelingen die heimischen Erzeugnisse sowohl sicherer als auch geschmacklich besser. Aber man kann sich für Obstkonserven jeglicher Art in kleineren Gläsern sehr gut mit einem großen Kochtopf mit passendem Rost oder Siebeinsatz (Nudeltopf) und eventuell einem Thermometer begnügen. Beim Herdtopf wird dies durch ein Loch im Deckel eingesetzt.

Auf ein Gitter oder Rost stellt man die Gläser mit dem haltbar zu machendem Inhalt, dann wird alles mit Wasser bedeckt: Beeren und Säfte werden pasteurisiert (meist bei 80 bis 85 Grad), Gemüse- und Fleischkonserven oder fertig gekochte Speisen sterilisiert (in kochendem Wasser). Dabei spielt auch die Zeit eine wichtige Rolle – je länger die Hitze einwirkt, desto größer die Wahrscheinlichkeit, dass ausreichend viele oder sogar alle Mikroorganismen (Bakterien, Hefen, Pilze, Viren) abgetötet werden. Eine volle Sicherheit erreicht man nur, wenn beim Einkochen und Einmachen höchstmögliche Sauberkeit herrscht.

Ein kurzes und mäßiges Pasteurisieren im Einkochtopf von frisch abgefüllten Konfitüren, Gelees, Pürees oder Säften ist im Übrigen auch eine gute Rückversicherung, dass alles sauber, steril und haltbar ist.

Neben der elektrischen integrierten Heizung ist ein Ablasshahn empfehlenswert. Er vereinfacht das Leeren des Topfes.

c5 Bräter *und* Backformen

In den Ofen damit! Feuerfest muss also alles sein, es sollte nichts ansetzen und wenn doch, dann leicht zu entfernen sein. Ein Bräter oder eine große Backform müssen nicht unbedingt in die Spülmaschine – sie besetzen reichlich Platz und wenn viel fettige Krusten oder Teigreste dran sind, reicht vielleicht das Spülmittel nicht aus und es wird nicht alles sauber. Dann müsste man ohnehin händisch nacharbeiten: Also lieber gleich in der Spüle einweichen und per Hand ran!

Der klassische Bräter

Der Bräter gehörte früher, noch zu Holzofenzeiten, in jeden anständigen Haushalt: ein schwerer, ovaler gusseiserner Topf mit Deckel, den es von vergleichsweise winzig (Inhalt ungefähr 2 Liter) bis zu außerordentlich stattlich gab, damit auch die „Jute Jabe Jottes", die Weihnachtsgans von sechs Kilo darin Platz fand. In Süddeutschland war der Bräter eckig, das sogenannte Reindl oder die Reine – und diese ist auch heute noch ein wunderbares Vielzweckgerät, in dem von der (kleineren) Weihnachtsgans oder Ente über den klassischen Schweinebraten und der österlichen Lammkeule bis zum ganzen Karpfen einfach alles in den Ofen geschoben und zum Festtagsessen werden kann. Diese Reine verfügt normalerweise nicht über einen Deckel, es werden also die Dinge darin nicht geschmort (wie im Deckelbräter, der Cocotte, siehe auch Seite 282) sondern in der Strahlungshitze des Backofens gebraten. Solche Reinen oder Bräter gibt es aus leichtem Edelstahlblech, aus emailliertem Blech, aus Aluminium, aus schönem Kupfer (früher innen verzinnt, heute mit pflegeleichtem Edelstahl ausgekleidet), aus Gusseisen und, von noch früher her, aus feuerfester glasierter Keramik.

Gusseisen macht glücklich

Eine Reine aus Gusseisen ist in unserer Kochwerkstatt seit mehr als 30 Jahren in ständigem Gebrauch. Man kann darin ebenso eine Lasagne einschichten oder einen Kartoffelgratin – sie also als Auflauf- oder Gratinform einsetzen – wie Ente, Schweinshaxe oder Fisch darin braten, sogar zarte Fischfilets für mehrere Gäste pochieren, kurz: einfach alles in den Ofen schieben. Das Material nimmt die Wärme schnell und gleichmäßig auf, gibt sie rasch weiter und hält sie. Heute sind diese gusseisernen Bräter innen und außen mit bunter, glänzender oder schwarzer, seidenmatter Emaille überzogen, also absolut pflegeleicht. Und wer auf dem Flohmarkt oder im Nachlass der Großmutter einen jener wunderschönen, geradezu eleganten schwarzen (Deckel-)Bräter gefunden hat, der kann ihn sich zwecks besserer Handhabung mit einer Teflonschicht auskleiden lassen und den modernen Zeiten anpassen. Denn sie auch heute noch unübertroffen.

c5

Asienduftende Schleie

Natürlich lassen sich nach diesem Rezept auch andere große Fische zubereiten. Die Schnitte, mit denen die Seiten bis auf die Mittelgräte eingekerbt werden, sorgen dafür, dass die Hitze, aber auch die Gewürze gut eindringen können und der Fisch schneller gar wird. Sie sind aber auch zugleich die Markierung für die einzelnen Portionen, so lässt sich der Fisch leichter zerlegen und servieren.

Für vier bis sechs Personen
1 große Schleie (ca. 1,8 bis 2 kg)
1 große weiße Zwiebel
1 Frühlingszwiebel
2–3 Knoblauchzehen
1 walnussgroßes Stück Ingwer
1–2 Chilis
1 unbehandelte Zitrone
3–4 Kaffirlimonenblätter
2 EL thailändische Fischsauce
1 EL Sojasauce
1 EL Zucker
1 TL Sesamöl
1 EL Erdnussöl
4 EL Sherry oder Reiswein

Den Fisch innen und außen gründlich waschen, mit Küchenpapier abtrocknen. Dann mit einem scharfen Messer schräg die Seiten einschneiden, mit parallelen Schnitten, bis auf die Mittelgräte.

Zwiebel schälen, halbieren und jeweils in feine Halbringe schneiden, im Bräter verteilen. Frühlingszwiebel putzen und fein schneiden. Knoblauch, Ingwer und Chili fein würfeln, alles mischen und in die Schnittflächen stopfen. Die Zitrone in dünne Scheiben schneiden und zusammen mit den Kaffirblättern ebenfalls in diese Schlitze stecken. Den Fisch auf die Zwiebeln betten.

Fischsauce, Sojasauce, Zucker, Sesam- und Erdnussöl mit dem Sherry verrühren und über den Fisch verteilen.

Bei 180 Grad (Heißluft; Ober- & Unterhitze 200 Grad) im Backofen ungefähr 25 Minuten garen, nach der halben Zeit ein gutes Glas Wasser angießen, damit nichts ansetzt.

Den Fisch im Bräter zu Tisch bringen und dort tranchieren.

Dazu passt: Duftreis.

Der Bräter aus Ton

Besser bekannt als Römertopf, wobei auch hier wieder mal ein Firmenname für die Gattung steht. Solche Tontöpfe zum Schmoren haben tatsächlich bereits die Römer genutzt. Und lange vor ihnen hatten schon die Jäger entdeckt, dass eine Tonhülle nützt, das Fleisch vor dem Verkohlen in zu starker Hitze zu schützen, wenn sie es im Feuer brieten.

Das Garen im Tontopf kennt man in vielen Teilen der Welt, auch die nordafrikanische Tajine ist nichts anderes, in Japan, in China, überall liebt man das sanfte Schmoren, das im Tontopf besonders gut gelingt. Es funktioniert im Prinzip so: Der unglasierte Tontopf wird zunächst gewässert, damit er von Feuchtigkeit durchtränkt ist. In der Ofenhitze entsteht Dampf, der die Zutaten vor zu starker Hitze schützt, sie garen darin ohne Fett, ohne weitere Flüssigkeit, im eigenen Saft. So bleiben alle Inhaltsstoffe erhalten, auch Aroma und Geschmack.

Hinzu kommt: Im geschlossenen Topf kann nichts herumspritzen, entstehen keine Wrasen und keine Gerüche, es folgt kein Ofenputzen – eine rundum saubere Sache.

Regeln für den Umgang mit Tontöpfen

Wässern! Der Topf darf niemals ohne die Vorbereitung des Wässerns in den (ohnehin nicht zu) heißen Ofen, damit er nicht zerspringt.

Temperaturschocks vermeiden! Niemals im heißen Zustand mit Kälte konfrontieren, unter kaltes Wasser halten oder auch nur auf eine kalte Fläche stellen, zu krasse Temperaturunterschiede verträgt das spröde Material nicht. Also immer auf einen Untersatz, aus Holz, Filz oder Kork.

Keine Spülmittel! Den Topf nie mit scharfen Spülmitteln reinigen, die in die Tonporen eindringen können, also auch nicht in der Spülmaschine, sondern lieber einweichen und dann heiß ausbürsten.

Lieber zwei Töpfe! Die offenen Poren nehmen natürlich auch Aromen auf, deshalb lieber nicht erst Fisch und danach etwas Süßes im Römertopf garen, etwa Bratäpfel. Für solche Fälle empfiehlt sich ein zweiter Tontopf, den man dann nur für solche Gerichte nutzt.

c5 Kalbsfuß *auf* Linsen

Es ist, auch wenn das vielleicht paradox klingt, ein gleichzeitig herzhaftes und feines Gericht. Zuerst muss man beim Metzger Kalbsfüße bestellen, denn die hat er heutzutage nicht mehr vorrätig. Früher brauchte sie jeder gute Koch und jede Hausfrau für die Sauce. Die gelierenden Stoffe, die in den Knöchelchen und Sehnen des jungen Tieres stecken, gaben einer Sauce Stand und Kraft, waren die Basis für jede gute Sülze. Bitten Sie also Ihren Metzger, Kalbsfüße zu besorgen, den untersten Teil der Hinter- oder Vorderkeule, das Stück unterhalb des Gelenks. Er sollte es bereits abbrühen und abschaben, damit es ganz weiß ist, und schließlich längs halbieren. Für unser Rezept werden die Kalbsfüße zunächst weich gekocht. Die kräftige Brühe, die dabei abfällt, ist besser als jedes mit Gelatine gefestigte Aspik, und nach dem Abkühlen genauso fest.

Für sechs Personen
2 Kalbsfüße (wie oben beschrieben)
2 mittelgroße Möhren
1 große Zwiebel
2 Knoblauchzehen
1 Lauchstange
2–3 Selleriestangen
3–4 Petersilienzweige
1 EL weiße Pfefferkörner
2 Lorbeerblätter
2 Thymianzweige
2 getrocknete Chilis
Salz
500 ml Weißwein
500 g kleine grüne Linsen
(Alblinsen oder Le Puy)
1–2 frische Thaichilis
1 roter Spitzpaprika
2–3 EL Essig

Die Kalbsfüße in einen Suppentopf betten. Das Gemüse putzen und zuschneiden – alle Schalen und Abschnitte in den Suppentopf geben. Vom Gemüse jeweils ein gute Tasse linsenkleine Würfel beiseitestellen. Den Rest grob zerkleinert in den Suppentopf geben, zusammen mit den abgezupften Petersilienstengeln (die Blätter beiseitelegen). Pfeffer, Lorbeer, Thymian, zerkrümelte Chilis und Salz zufügen. Den Wein angießen und mit Wasser auffüllen, bis alles gerade bedeckt ist.

Zuerst ohne Deckel zum Kochen bringen, den Schaum, der sich dabei an der Oberfläche bildet, nicht abschöpfen – er wird den Sud später klären, vorausgesetzt, man lässt nicht sprudelnd kochen. Nach dem ersten Aufwallen die Hitze auf kleinste Stufe herunterschalten. Den Deckel auflegen, sobald der Schaum sich gelegt hat. Die Kalbsfüße etwa drei bis vier Stunden leise ziehen lassen, bis alles Essbare daran schmelzend weich ist.

Inzwischen die Linsen in warmem Wasser einweichen. Chilis und Paprika entkernen, Chilis sehr fein und Paprika linsengroß würfeln. Das Fleisch, Haut und zarte Sehnen von den Knochen lösen und gut zentimetergroß würfeln. Mit den eingeweichten Linsen, dem gewürfelten Gemüse, auch Chili und Paprika mischen und den gut gewässerten Tontopf füllen, die Fußspitzen obenauf.

Einen halben Liter der Kalbsbrühe abmessen, mit Salz und Essig abschmecken und über die Linsen gießen. Den Topf verschließen, für 90 Minuten in den auf 160 Grad vorgewärmten Ofen stellen.

Den Deckel erst bei Tisch lüften, damit die Gäste den herrlichen Duft wahrnehmen können. Es wird aus tiefen Tellern gegessen, mit dem Löffel. Wenn es als Beilage Pellkartoffeln gibt, eine Gabel dazu reichen, mit der man sie sich im Teller zerdrücken kann.

Getränk: Dazu einen kräftigen, säurebetonten Weißwein (Riesling aus dem Rheingau, vom Mittelrhein oder von der Mosel) oder einen frischen, nicht zu üppigen Rotwein.

Backformen

Früher waren sie aus Steinzeug oder Steingut – später nahm man Metall dafür, Eisenblech, Gusseisen und Kupfer. Oft wahre Schmuckstücke, für die man heute als Antiquität viel Geld bezahlen muss, die man aber kaum mehr zum Backen einsetzt. Sie sind unhandlich, schwer und empfindlich, außerdem aufwendig zu reinigen und zu pflegen. Heute sind die meisten Backformen aus leichtem, dünnem Eisenblech oder Aluminium. Formen aus hellem Weißblech (billig) nutzen im Vergleich zu den teureren Schwarzblechformen die Energie weniger gut aus. Die Backzeit kann dann bis zu fünf Minuten länger dauern. Und trotzdem bleiben die Kuchen darin blasser als in dunklen Formen, die besser die Hitze leiten.

Das gilt natürlich auch für Backformen aus so wenig wärmeleitenden Materialien wie Glas oder Keramik. Umgekehrt gilt auch: Materialien, die die Hitze besonders gut aufnehmen und speichern, können die Backzeit verkürzen. Schwere Backformen aus dickerem, dunkel emailliertem Stahlblech sind widerstandsfähiger, man darf sich ihnen sogar mit dem Messer nähern, aber natürlich auch erheblich teurer. Leichte Backformen mit ihrer Beschichtung nehmen dagegen jeden Messerschnitt übel, Weißblechformen sogar jeden Kratzer und dann beginnen sie bald zu rosten.

Beschichtungen

Damit sich der Kuchen nach dem Backen ohne Widerstreben aus der Form löst, hilft eine Beschichtung. Die ersten Beschichtungen waren nicht sonderlich stabil, die neuen halten besser und vertragen auch einen vorsichtig zum Lösen des Randes eingesetzten Messerrücken. Manche würden aber nach Herstellerangaben leider die Spülmaschine nicht überleben – da ist dann Handarbeit angesagt! Die freilich dank der Beschichtung keine Probleme macht.

Es empfiehlt sich trotzdem, auch solche Backformen immer leicht einzufetten, zum Beispiel mit einem Stück Speckschwarte auszureiben oder mit dem Einwickelpapier vom Butterpäckchen, bevor man den Teig einfüllt, vor allem wenn es sich eine Form mit vielen Falten handelt, wie eine Guglhupf- oder Bundform, in denen der Teig sonst zu gern kleben bleibt. Zusätzlich hilft es, die eingefettete Form mit Bröseln oder Zucker auszustreuen. Mehl zum Ausstreuen zu verwenden, hilft nur bei federleichten Biskuits, schwere Teige verbinden sich damit allzu leicht und bleiben dann erst recht kleben. Tipp: Um zu überprüfen, ob die Form tatsächlich überall mit einem dünnen Butterfilm überzogen ist, diese im Kühlschrank kalt werden lassen – wo die Butter keinen weißlichen Film hinterlassen hat, muss man nacharbeiten.

Den Boden einer Springform kann man zur Sicherheit mit Backpapier bedecken: passend zuschneiden, den mit Papier bedeckten Boden dann in den Randring einspannen und damit befestigen. Den Rand natürlich weiterhin gut einfetten.

Moderne Backformen

Immer mehr setzen sich Backformen aus Silikon durch. Das Material ist absolut hitze- und kälteresistent, die Form könnte also vom Tiefkühler in den Backofen wandern. Diese Silikonformen sind jedoch gewöhnungsbedürftig: Man traut dem weichen Material zuerst nicht recht zu, tatsächlich der Ofenhitze trotzen zu können. Außerdem muss man erst lernen, wie man die schwabbeligen gefüllten Formen schadlos in den Ofen praktiziert. Bei großen Formen ein Balanceakt. Wir empfehlen dazu, die Silikonform noch ungefüllt auf den Ofenrost oder das Backblech zu setzen, erst dort zu füllen, so lassen sie sich bequem zum Ofen transportieren.

Ideal sind unserer Erfahrung nach die kleinen Muffinförmchen, die es in allen möglichen Mustern (zum Beispiel als niedliche Guglhüpfchen) und Größen gibt, weil sie problemlos gefüllt sind, sich alles prima darin backen und anschließend auch leicht aus der Form lösen lässt.

Übrigens: Bei Silikon das Gebäck abkühlen lassen, bevor man es aus der Form löst – dann ist es stabil geworden und zerbricht nicht so leicht, wenn man es aus der flexiblen Form stülpt. In Metallformen dagegen sollte man den Kuchen nach dem Backen nur kurz stehen und sich setzen lassen, dann aber auf jeden Fall noch warm aus der Form lösen. So kann er besser ausdampfen und die Krume bleibt duftig und locker.

Welche Backformen braucht man?

Unfassbar, wie viele verschiedene Backformen es gibt; allein all die Menge der unterschiedlichsten Motive von Apfel bis Zeppelin.

Zu einer Grundausstattung von Backformen, die man immer wieder braucht, zählt auf alle Fälle eine Springform (oder sogar mehrere, eventuell in verschiedenen Größen). Der stabile hohe Rand lässt sich mit einem Schnapp- beziehungsweise Springverschluss öffnen und so vom Bodenblech trennen. Neben dem flachen Bodenblech gibt es meist einen Einsatz mit gewölbtem Ring um einen Schornstein für Kranzkuchen.

In einer Springform lässt sich alles backen: vom blindgebackenen (das heißt ohne Belag erst einmal vorgebackenen) Obstkuchenboden bis zur Käsetorte, vom einfachen Rührkuchen bis zur Schokotarte. Die gebräuchlichsten Größen haben 26 oder 28 Zentimeter Durchmesser.

Flache, runde Bleche sind nicht nur für Obstkuchen geeignet, sondern auch gut für Pies, Quiches oder Portionspizzen und für andere sehr saftige Kuchen.

Für die berühmte Tarte Tatin braucht man eine Form, die man auch auf die Kochstelle setzen kann. Dort müssen die Äpfel zuerst karamellisiert werden, bevor sie mit einem Teigdeckel abgedeckt im Ofen gebacken und schließlich gestürzt werden. Dies lässt sich übrigens auch in einer normalen Pfanne mit ofenfesten Griffen tun.

Wer häufiger Kuchen unterschiedlicher Größe bäckt, ist mit einem Kuchenring aus Edelstahl gut bedient, der sich stufenlos größer und enger stellen lässt. Für feste Teige stellt man ihn einfach aufs Blech. Will man weiche oder flüssige Teige einfüllen, umspannt man den Ring an der Unterseite mit extrastarker oder doppelt gelegter Alufolie und wickelt sie rundum fest.

Kastenformen braucht man in den verschiedensten Größen und Modellen (die halbrunde Rehrückenform, Pasteten- und Terrinenformen), weil man sie nicht nur zum Backen, sondern auch für Sülzen, Terrinen und (Eis-)Parfaits verwenden kann. Immer sollte man sie vor dem Einfüllen mit Folie auskleiden, Klarsicht- (bei kalten Zubereitungen) und Alufolie (bei heißen), weil man damit den Inhalt – gleichgültig, ob er gebacken wurde oder sich im Kühlschrank festigen musste – mühe- und schadlos herausziehen kann und nie Gefahr läuft, dass das gute Stück zerbricht. Deshalb ist das Material gar nicht so wichtig, es kommt ja mit dem Inhalt gar nicht oder selten in Kontakt. Und fürs Backen lässt sich eine Kastenform, wenn sie nicht antihaftbeschichtet ist, ja auch leicht mit Backpapier auskleiden. Damit das Backpapier vor dem Einfüllen nicht verrutscht, die Form mit kaltem Wasser ausspülen.

Die Form zu groß und der Kuchen zu viel?

Macht nichts, dicht verpackt, zuerst in Klarsicht- und dann in Alufolie, kann man eigentlich alle Kuchen, sogar Torten einfrieren. Sie schmecken immer noch prima, wenn man sie nur langsam genug auftauen lässt. Und manche kann man sogar für kurze Zeit in den warmen Backofen stellen (etwa Käsekuchen), dann sind sie fast wie frisch!

c5 Mohnkuchen

Kein Stäubchen Mehl findet darin Verwendung. Das macht diesen Kuchen herrlich saftig. Man kann die Teigmasse in einer Springform, aber auch als kleine Muffins backen.

Für eine Springform von ∅ 24 cm
oder für 24 kleine Muffins
5 Eigelb
50 g Puderzucker
1 EL Vanillezucker
200 g weiche Butter
1 EL Rum
1 EL Zitronenlikör
½ unbehandelte Zitrone
200 g Mandeln
200 g Mohn
5 Eiweiß
130 g Zucker
Puderzucker zum Bestäuben

Eigelb und Puderzucker mit dem Rührbesen der Küchenmaschine zu einer dicken, weißen Creme schlagen. Nach und nach, stückchenweise, die zimmerwarme Butter zufügen. Unter die sahnige Creme Rum, Zitronenlikör und abgeriebene Zitronenschale rühren, noch so lange schlagen, bis die Creme glänzt und steif ist. Erst jetzt die im Mixaufsatz oder im elektrischen Zerhacker fein gemahlenen Mandeln und den ebenfalls fein gemahlenen Mohn unterrühren. Ganz zum Schluss die fünf Eiweiß, am besten in einer zweiten Rührschüssel, mit dem Schneebesen zu festem Schnee schlagen, dabei löffelweise den Zucker hinzurieseln lassen.

Eischnee portionsweise unter die Mandel-Mohn-Masse rühren: Zuerst etwa ein Drittel unterheben, um die Masse aufzulockern. Dann den Rest in zwei Portionen behutsam untermischen. Am besten mit einem großen Gummi- oder Teigschaber, die gesamte Masse von unten nach oben umwälzen, bis alles aufgelockert ist.

Die Masse sofort in die sorgfältig mit Butter ausgestrichene Form (oder in die gefetteten Muffinförmchen) füllen.

Im auf 170 Grad vorgeheizten Backofen bei Ober- und Unterhitze (Heißluft nicht mehr als 155 Grad) eine gute Stunde backen. Achtung: Muffins sind bereits nach 25 bis 30 Minuten gar!

Die Stäbchenprobe zeigt an, ob der Kuchen durchgebacken ist: An der dicksten Stelle ein Holzstäbchen bis zum Boden hineinpieken, sofort an die Lippe halten – wenn dieses Stäbchen absolut trocken ist, sauber und warm, ist der Kuchen gar.

Aus der Form lösen, auf ein Kuchengitter stürzen und auskühlen lassen. Die glatte Unterseite ist jetzt die Oberseite. Vor dem Servieren dick mit Puderzucker einstäuben.

Handwerks*zeug*

d

d

Messer, *trickreiche* Kleingeräte *und andere Helfer*

„Eigentlich brauche ich nichts als eine ordentliche Pfanne und ein gutes Messer." Freilich ist ein ordentliches und scharfes Messer von elementarer Bedeutung für eine gute Küche, aber auf diese apodiktische Weise geäußert, ist es pure Angeberei – der urzeitliche Jäger als Messer-Macho … Auf ein feines Sieb, eine effektiv arbeitende Reibe, einen Schneebesen oder Alufolie mag schließlich auch kein vernünftiger Mensch verzichten.

Das Messer – mehr als ein Küchengerät

Wer handwerkliche Höchstleistungen in der Küche vollbringen will, braucht auch entsprechende Messer. Fachgeschäfte bieten eine erstaunliche Auswahl an Messern für spezielle Aufgaben an. Nicht alle wird jeder brauchen. Die Auswahl wird sich an persönlichen Vorlieben und Arbeitsweisen orientieren. Wer nur im Supermarkt küchenfertig vorbereitetes Fleisch kauft, braucht kein Ausbeinmesser; wer sich hingegen auf dem Bauernhof Schweinehälften ins Auto lädt und diese zu Hause selbst zerlegt, kommt ohne ein solches Spezialmesser guter Qualität nicht aus.

Es geht also erstens um Nützlichkeit – wir werden untersuchen, welche Messer wofür nötig sind. Und es geht zweitens um Schönheit, Komfort, Sinnlichkeit – ein Messer ist mehr als ein beliebiger, lebloser Gegenstand. Ein Messer wird, mit der eigenen Hand geführt und mit weitreichenden Wirkungen eingesetzt, zu einer Verlängerung unseres individuell ausgebildeten Körpers.

Das Schneiden und Zerteilen von Lebensmitteln – Gemüse, mehr aber noch von Fisch und Fleisch – ist nicht nur eine mechanische Tätigkeit, sondern auch eine rituelle Handlung. Beim Schneiden und Zurichten von Lebensmitteln wird unsere innere Einstellung zu ihnen deutlich, manifestiert sich unser Verhältnis zum Essen, zur Produktqualität, zum Genuss. Das Messer als ausführendes Gerät in unserer Hand ist perfektes Sinnbild dafür – nicht umsonst zeigt das Fernsehen in den Kochshows immer wieder, wie der Koch mit seinem großen Messer eine Zwiebel hackt, ohne auch nur hinzuschauen: Dieses plakative Bild der berufseigenen Geschicklichkeit, des gekonnten Umgangs mit dem Lebensmittel, entlockt uns eben immer wieder Bewunderung.

Messer-Wahl

Die qualitative Bandbreite des Angebots an Messern ist enorm, reicht vom billigen, stumpfen, vollkommen unnützen Massenprodukt bis zu in aufwendiger Handarbeit gefertigten, kostbaren Kultgeräten. Mindestanforderungen muss man stellen – gleichgültig, ob es sich um ein kleines, sogenanntes Office-Messer handelt oder um das große Koch- oder Universal-Messer zum Schneiden, Hacken und Wiegen.

Die richtige Auswahl fällt vielen Menschen schwer: Zu sehr kann man hin- und hergerissen sein zwischen dem Wunsch, ein Schnäppchen zu machen, und dem Wissen, dass gute Qualität auch ihren Preis haben muss. Wir wollen versuchen, im Folgenden einige Kriterien dafür an die Hand zu geben – in die Hand werden Sie das Messer aber selbst nehmen müssen: Dass es Ihnen nämlich gut in der Hand liegt, ist erste Grundvoraussetzung für eine Kaufentscheidung!

Schneiden

Zunächst muss man sich klarmachen, dass hinter diesem so einfach scheinenden Begriff unterschiedliche Abläufe verstanden werden können. So schneidet man mit einem großen Messer meist auf Zug, das heißt: Man zieht das Messer zu sich hin und drückt dabei entweder gar nicht (wenn das Messer schwer ist) oder nur ganz leicht. Durch die Bewegung dringt die Schneide in das Material ein, teilt es sanft, ohne es zu quetschen. Auf diese Weise schneiden wir Fleisch, Wurst, Fisch, Gemüse.

Ein großes Messer können wir, wenn die Schneide eine leichte Rundung besitzt, auch wie ein Wiegemesser verwenden. Das heißt, es arbeitet auf der Stelle. Dazu setzt man das Messer mit dem zur Spitze auslaufenden Teil der Schneide auf und pumpt mit dem Griff runter und rauf. Allerdings klappt das nur, wenn die Schneide nach unten über den Griff vorsteht. So werden die Lebensmittel beim Wiegen durch Druck zerteilt. Ist das Messer nicht ausreichend scharf, wird das Schneidegut gequetscht – besonders schlecht bei Kräutern, einerseits weil aus denen dann der Saft austritt und in die Unterlage (zum Beispiel Holz) einzieht, andererseits weil die zerstörten Zellen schnell oxidieren, was den Geschmack und die Farbe nachteilig verändert.

Zum Wiegen benutzt man den vorderen, üblicherweise stärker gewölbten Bereich eines großen Messers. Beim Hacken, zum Beispiel von Nüssen, hingegen mehr den hinteren: Dort kann man die Kraft besser dosieren und das Messer mit mehr Schwung nach unten drücken. Auch hierbei wird ausschließlich mit Druck gearbeitet. Und dabei zeigen sich die Unterschiede in der Stabilität verschiedener Messer: Manche lassen sich nicht exakt führen, weichen aus oder rutschen ab. Dies gilt vor allem für zu leichte und zu dünne, aber auch für zu dicke beziehungsweise Messer mit stark gebauchtem oder sehr rasch dicker werdendem Schneiden-Profil (das europäische U-Profil ist in dieser Hinsicht gegenüber dem japanischen V-Profil, oft Keilschliff genannt, eindeutig im Nachteil). Und natürlich für nicht ausreichend scharfe Messer.

Mit dem chinesischen Küchenbeil oder dem japanischen Santoku kann man einerseits ziehen, aber ebenso gut nach vorne stoßend Druck auf das zu schneidende Material ausüben – harte Gemüse wie Möhren, Sellerie, Rote Beete lassen sich so präziser und sicherer in Scheiben, Streifen oder Würfel schneiden als durch Zug. Bei weichen Produkten wie Gurken, Zucchini oder Tomaten hingegen arbeitet man leichter auf Zug, Bei der Verwendung von kleinen Messern sieht es ähnlich aus: Beim Schälen eines Apfels wird man das Messer zum Beispiel halb ziehend, halb drückend bewegen. Einen Sparschäler sogar ausschließlich mit Druck. Und bei einem Gurkenhobel steht das Messer und die Gurke wird bewegt ...

Schneiden kann man also ...
... durch Ziehen (mit mehr oder weniger Druck),
... durch Wiegen (schräger Druck von oben nach unten),
... durch Hacken (senkrechter Druck von oben nach unten),
... durch Druck nach vorne,
... in einer Kombination von Zug und Druck.

Zerkleinern – schneiden, hobeln, raspeln, reiben, mahlen ...

Nicht nur Messer sind zum Schneiden da! Schließlich hat man jede Menge Kleingeräte zum Schälen, Zerkleinern und Zuschneiden entwickelt, die ihre jeweilige Aufgabe schneller und perfekter lösen als ein Messer in der noch so geschickten Hand.

Menschlicher Erfindungsgeist hat sich gerade bei den kleinen Küchenhelfern ausgetobt – sofort einleuchtende und eher abstruse Ideen mögen sich die Waage halten. Und was Versandhäuser und fliegende Händler auf Jahrmärkten an angeblich unverzichtbaren, genial schnell und effektiv arbeitenden Geräten anpreisen, ist teilweise einfach unglaublich. Längst nicht alle halten, was versprochen wird. Nicht selten funktionieren sie nur, wenn man über dasselbe Geschick wie der Verkäufer verfügt – aber leider, leider, stellt man zu Hause fest, hat man doch eher zwei linke Hände, und was so einfach aussah, erweist sich als höchst diffizile Prozedur.

d1 *Schneiden:* Messer *und* Hobel

Weil er das Messer als ein brutales Schlachtwerkzeug empfand, verbannte der friedliebende chinesische Philosoph Konfuzius dieses Gerät, dessen Bedeutung er keineswegs unterschätzte, schon vor 2500 Jahren in die Küche: Dort erfüllt das Messer seine Bestimmung, werden mit seiner Hilfe die Lebensmittel geputzt und geschält, zerlegt, zerteilt, zerkleinert oder zugeschnitten.

Ein gutes Messer gehört in jede Küche

Wenn schon in der Küche geschnitten wird, braucht der Esser an der Tafel kein Messer mehr, er kann die vorbereiteten Happen bequem und im Prinzip elegant mit seinen beiden Stäbchen greifen und zum Mund führen. „Im Prinzip elegant" soll heißen, dass die in China normalerweise praktizierte Art der Nahrungsaufnahme selbst von Chinesen kaum als elegant empfunden wird, sie ist bestenfalls effektiv, weil schnell!

Messer-Spezialisten

Auch in den anderen asiatischen Küchen verbleibt das Messer in der geübten Hand der Köche und Köchinnen: In Japan isst man mit Stäbchen, in Thailand mit Gabel und Löffel und in Indonesien und Malaysia mit der Hand. Das Messer bleibt dem Spezialisten vorbehalten, der es mindestens mit erstaunlichem handwerklichem Geschick, meist aber mit kunstvoller Meisterschaft zu benutzen weiß. Wer einmal zugeschaut hat, wie eine Thailänderin mit einem hackbeilartigen Messer von einer Gurke rundum und gleichmäßig eine hauchdünne Schicht abschneidet, sodass ein 15 Zentimeter breites und einen Meter langes Band entsteht, der erkennt plötzlich selbstkritisch und beschämt, wie ungeschickt er selber ist.

Und wer wäre nicht fasziniert von der ästhetischen Könnerschaft eines echten Sushi-Meisters, wenn man das Glück hat, ihm über den Kühltresen bei seiner Arbeit zuschauen zu können – womit natürlich nicht der in einem Schnellkurs ausgebildete Koch in einer 08/15-Sushi-Bar gemeint ist! Der wahre Sushi-Meister besitzt eine ganze speziell für ihn angefertigte Messerserie, aus der er mal dies, mal jenes Messer wählt, um die unterschiedlichen Fische korrekt zu schneiden. Man wird neben dem Geschick, mit dem er die edlen Messer führt, den rituellen Hintergrund und eine eigene Ästhetik erkennen, beginnt vielleicht zu ahnen, warum ein wahrer Sushi-Meister mindestens sieben Jahre lernen muss.

Messer-Instinkte

In Europa haben Männer und Frauen traditionell ein sehr unterschiedliches Verhältnis zu Messern. Was im frühen Stadium der Menschheitsentwicklung, als wir noch Jäger und Sammler waren, ausgeprägt wurde, hat sich offenbar bis in unsere Zeit erhalten: Die Männer brauchten als Jäger und Fischer Messer zum Töten und Zerlegen der Tiere, benötigten ein stabiles, großes und scharfes Gerät. Den Frauen als Sammlerinnen genügte dagegen ein Messerchen, ein Utensil, mit dem sie eine Schale lösen, eine Nuss öffnen, eine Wurzel sauber schaben konnten. Männer sind oft Messer-Fetischisten, und Hobbyköche verfügen nicht selten über ein ganzes Arsenal von Küchenmessern. Frauen dagegen – es sei denn, auch sie belieben zu jagen oder zu fischen – begnügen sich häufig mit windigen Gegenständen, die man kaum als Messer bezeichnen mag. Verbogene oder abgebrochene Spitzen und ebenso schartige wie stumpfe Schneiden zeugen davon, dass die kleinen Messer auch zu anderen Zwecken als zum Schneiden verwendet wurden. Falsch liegt auf jeden Fall jeder, der glaubt, man könne ein Küchenmesser ungestraft in die Besteckbox der Spülmaschine stecken oder auf das Schleifen eines Messers verzichten.

In den verschiedenen Regionen der Welt wurden unterschiedliche Messer entwickelt. Im Großen und Ganzen kann man aber die Messerwelt dreiteilen in die chinesisch geprägte, die europäische und die japanische.

Das chinesische Messer/Küchenbeil

Es ist ein Universalgerät, mit dem der chinesische Koch fast alles macht, was an Küchenarbeit anfällt – allerdings ist es trotz seiner Form nicht dazu geeignet, Knochen durchzuhacken. Die Klinge ist rechteckig, oben gerade aus dem Griff ragend, meist 8 bis 12 Zentimeter breit, 15 bis etwa 20 Zentimeter lang und hat eine in der Mitte ganz leicht hochgewölbte Schneide, die beidseitig geschliffen ist. Damit lässt sich das chinesische Messer auf einem Stein schärfen oder auf einem Wetzstahl abziehen.

Mit dem chinesischen Messerbeil kann man Fleisch ausbeinen, das Fleisch von Sehnen und Häuten befreien, in dünne Scheiben oder Würfel schneiden; Hühner schlachten und zerlegen; Fische aufschlitzen und filetieren; Zwiebeln schälen und in Ringe schneiden oder fein würfeln (und diese Würfel dann in den Wok transportieren); mit der flachen Klinge Knoblauch platt schlagen, dann mühelos schälen und hacken; mit der spitzen Ecke unter dem Griff Kartoffelaugen ausbohren; einen Kürbis halbieren, mit der Ecke am vorderen Ende der Schneide die Kerne herausschaben; Hummer zerteilen und mit dem Rücken des Messers die Scheren aufschlagen; einen Rettich rundum erst in hauchdünne Bahnen, dann diese in Streifen schneiden und zu dekorativen Blumen aufbauen ... Nur zum Gemüseschnitzen braucht man ein feines Ziseliermesser. Diese Messerbeile sind leichter als sie aussehen und daher äußerst handlich. Sie wurden früher fast nur aus nicht rostfreiem Stahl geschmiedet, versehen mit einem einfachen runden Holzgriff, und kosteten auch im hiesigen Asialaden nur ein paar Mark. Heute nimmt man meist rostfreien Stahl, der zwar unempfindlich ist und weniger Pflege bedarf, allerdings etwas schwieriger zu schärfen ist (um 30 Euro). Die etwas teureren Versionen mit mehrlagigem Edelstahl um einen harten Kern aus Kohlenstoffstahl hingegen sind sehr gut, was Härte und Schärfehaltigkeit betrifft – rechnen Sie hier mit 70 bis über 300 Euro.

Es gibt inzwischen Messerbeile aus China mit angeschweißtem Metallgriff, was aus hygienischer Sicht natürlich von Vorteil ist. Außerdem haben sich einige europäische Hersteller dieser Form angenommen und bieten sie in ihren Serien an. Und schließlich kann man auch welche aus Damaszenerstahl (siehe Seite 377) und mit anspruchsvoll gearbeiteten Holzgriffen finden und dafür ein kleines Vermögen ausgeben. Wie geschildert, lässt sich dieses Messerbeil sehr vielseitig einsetzen. Das bedeutet auch, dass man es sowohl zum Schneiden wie zum Hacken und dank seiner leichten Wölbung auch zum Wiegen verwenden kann. Es arbeitet gleich gut auf Zug wie auf Druck. Und es ist das ideale Gerät, um die kleingeschnittenen Zutaten nacheinander in den Wok zu transportieren.

Das europäische Kochmesser

In anderen Sprachen ist die Zuordnung dieses Messers eindeutiger: Es ist das Messer des Küchenchefs und deshalb heißt es englisch *chef's knife*, französisch *couteau du chef*, auf Deutsch zweideutig *Kochmesser*. Dieses Messer ist für den Profi unerlässlich und sollte in jedem Haushalt vorhanden sein – es ist das am häufigsten gebrauchte Messer, denn mit ihm lassen sich die meisten Arbeiten absolut perfekt erledigen: Fleisch, Fisch und Gemüse schneiden, Kräuter wiegen, Nüsse hacken. Es ist tatsächlich das Messer der Profis und noch längst nicht in jedem Haushalt vorhanden! Noch viel zu wenige haben entdeckt, wie praktisch diese Messer sind und wie leicht, angenehm und effektiv es sich damit arbeitet.

Das Kochmesser gibt es klein oder groß, ohne verbindliche Maße – das handhaben die verschiedenen Hersteller unterschiedlich. Das kleine wird meistens eine zwischen 15 und 20 Zentimeter lange, das große eine zwischen 20 und 25 Zentimeter lange, in einzelnen Fällen sogar noch längere Klinge haben. Diese ist im Allgemeinen 2 bis 4 oder sogar 5 Zentimeter breit, endet vorne spitz, die Schneide ist hinten weniger, nach vorne hin stärker gewölbt. Die Stärke der Klinge kann unterschiedlich sein. Während man früher eher schwere Messer mit dicken, überhaupt nicht biegsamen, kräftigen Klingen vorzog, werden sie heute meist dünner gearbeitet, was die Messer leichter und handlicher macht. Die Schneide, auch Wate genannt, ist von

beiden Seiten geschliffen, wobei sie meist mit einer leichten Wölbung (europäischer U-Schliff), manchmal keilförmig spitz zulaufend (japanischer V-Schliff) geschliffen sind.

Materialien

Die weitaus meisten Kochmesser sind heute aus rostfreiem Stahl, nur nostalgische oder besondere, mit handwerklicher Kunst gearbeitete Messer gibt es noch aus blankem oder nicht veredeltem Stahl, der natürlich rostet und gepflegt sein will (siehe Seite 412).

Billige Messer werden aus einem Blech gestanzt und maschinell zugerichtet. Der Stahl glänzt matt und stumpf. Sie sind leicht und haben meist einen einfachen Plastik- oder Holzgriff. Hält man das Messer zwischen Daumen und Zeigefinger waagrecht am Griff und lässt die Spitze aus etwa 5 Zentimetern Höhe flach nach unten auf eine beliebige harte Unterlage fallen, bleibt sie träge liegen und es hört sich dumpf an.

Bessere Messer werden maschinell geschmiedet und in mehreren Arbeitsgängen gehärtet, die Oberfläche glänzt. Der Griff ist solide verarbeitet. Die Spitze springt beim Fallen einmal federnd auf und es tönt kaum.

Hochwertige Messer werden aus mehreren Schichten geschmiedet oder bestehen aus speziellen Legierungen (zum Beispiel Chrom-Molybdän-Vanadium-Stahl), die eine gute Härte und eine lang anhaltende Schärfe garantieren. Sie sind glänzend poliert, der Griff ist sorgfältig eingepasst und auf das Messer ausgerichtet, eventuell sogar ein Metallgriff und fest mit der Klinge verbunden. Die Spitze springt leicht und federnd auf und es erklingt hell.

Spitzenmesser werden aufwendig per Hand aus speziellem Stahl geschmiedet oder bestehen aus vielen Schichten, wobei der Kern aus besonders hartem Stahl ist, der für eine exzellente, dauerhafte Schärfe sorgt. Der Griff ist sorgfältig gearbeitet, sauber eingepasst oder fugenlos verbunden, ein handwerkliches Meisterwerk an Präzision. Die Spitze springt elegant federnd mehrmals zurück, und es ertönt ein glockenheller, anhaltender Klang.

Qualität kostet!

Preislich kann man zufriedenstellende, manchmal sogar gute Messer schon für etwa 20 Euro finden – was darunter liegt, hat ein Test von Stiftung Warentest ergeben, kann man getrost vergessen. Die billigen Messer verwinden sich leicht, lassen sich nicht sauber führen, der Griff sitzt schlecht und sie bleiben nicht lange scharf. Allgemein liegen die Preise der von der Stiftung für gut befundenen Messer aber eher bei 40 bis 70 Euro, teilweise noch höher, bis etwa 100 Euro, Spitzenmesser darüber. Nach oben sind (fast) keine Grenzen gesetzt, denn eine spezielle handwerkliche oder künstlerische Verarbeitung kann wertvolle Objekte zeitigen. In Japan werden für die Werke ausgesuchter Meisterschmiede mehrere Tausend Euro bezahlt.

Der legendäre Damaszenerstahl

Edle Messer werden nicht nur aus besonderen Edelstahllegierungen, sondern auch aus Damaszenerstahl geschmiedet, den man an einer typischen Musterung erkennt. Dazu werden mehrere Lagen Stahl unterschiedlicher Beschaffenheit zusammengeschmiedet und ausgetrieben, was anschließend mehrmals wiederholt werden kann, sodass durch die jeweilige Verdoppelung schnell sehr viele Lagen entstehen. Es gibt Damaststahlklingen mit mehreren hundert Lagen – ein aufwendiges Verfahren, das natürlich seinen Preis hat.

Aus dem durch seine vielen Lagen aus unterschiedlich widerstandsfähigem, einerseits elastischem, andererseits spröde-festem und daher gut zu schärfendem Damaszenerstahl wurden früher die besten Waffen (Schwerter, Säbel) geschmiedet, heute edle Kult-Messer, bei denen das optisch-künstlerische oft einen höheren Stellenwert als die Funktion hat. Die Rohlinge werden je nach Bedarf gehärtet und eventuell gedreht (tordiert), die Klingen ausgetrieben und speziell behandelt (geätzt und poliert), sodass die wellenförmigen oder wilden Zeichnungen oder geometrischen Muster deutlich erkennbar bleiben. Das Verfahren kannten schon die Kelten, im arabischen Raum wurde es weiterentwickelt, von den prächtigen und wertvollen Waffen aus Damaskus erhielt es seinen Namen. Ausgangsmaterial für die Herstellung von Damaszenerstahl ist Eisen (meist verschiedener Herkunft) mit unterschiedlichen Beimischungen von Kohlenstoff, Nickel, Mangan, Silizium und anderen Metallen.

Ein gewisser Kohlenstoffgehalt ist für Stahl immer nötig, nur dann lässt er sich härten – etwa, indem man das glühende Werkstück in kaltes Wasser taucht (während reines Eisen weich bleibt). Eine Klinge aus sehr hartem Stahl hält die Schärfe lange und verbiegt sich nicht, bricht aber relativ leicht. Aus weichem Stahl gefertigt, bricht die Klinge zwar nicht, verbiegt sich aber leicht und wird schnell stumpf. Ideal für ein gutes Messer wäre demnach ein Material, das die jeweils guten Eigenschaften von weichem und hartem Stahl in sich vereint – genau das ist bei Damaszenerstahl der Fall.

In den letzten Jahrzehnten hat man – unter Mitwirkung japanischer Messerschmiede – Verfahren entwickelt, um diese Eigenschaften auch in einem Mono-Edelstahl, also durch eine Legierung zu erreichen, die ausreichende Zähigkeit und Biegsamkeit des Materials mit der erwünschten Härte kombiniert. Und wenn man in die Mitte solcher Legierungen eine speziell gehärtete Schicht einschließt, also drei- oder sogar fünflagig schmiedet, bekommt man ausgezeichnete Ergebnisse.

Härtegrade

Die Schnittschärfe und Schnitthaltigkeit (das heißt, wie lange die Schneide scharf bleibt) eines Messers hängt entscheidend von seiner Härte ab. Die international gebräuchliche Maßeinheit dafür ist Rockwell mit der Abkürzung HRC (Hardness Rockwell, das C steht für engl. *cone*, deutsch Kegel, da die Prüfung mit einem Diamantkegel von 120 Grad Spitzenwinkel durchgeführt wird). Ein gestanztes Messer aus Nirosta(-Stahl) hat beispielsweise 54 HRC. Übliche Messer erreichen 55 bis 56 HRC, gute Messer 57 bis 58 HRC, sehr gute Messer 59 bis 60 HRC oder sogar noch ein paar Grade darüber. Japanische Spitzenmesser können bis zu 67 HRC haben! Ab 60 HRC kann man ein Stahlmesser übrigens nicht mehr mit dem Wetzstahl abziehen (entgraten). Eine gewisse Zeit sah es so aus, als ob Keramikmesser – später dann auch Titanmesser – dank ihrer extremen Härte (deutlich über 60 HRC) und Schnitthaltigkeit den Edelstahlmessern den Rang ablaufen könnten. Die Hoffnung der Hersteller hat sich nicht bewahrheitet, denn die Härte des Materials macht sie auch sehr spröde, sodass sie bei seitlicher Belastung – etwa schon beim Abheben einer Orangeschale! – abbrechen und beim Runterfallen zerspringen können. Keramikmesser kann man selbst nicht nachschärfen.

Die Balance

Voraussetzung für ein präzises und angenehmes, auch ermüdungsfreies Arbeiten ist allerdings, dass die Gewichtsverteilung zwischen Griff und Klinge für den Benutzer angenehm ist, das Messer seinen individuellen Bedingungen entspricht – dem Körperbau und den Gliedmaßen, Handgröße und -form, den individuellen Hebelwirkungen zwischen Hand und Arm, Haltungen und Bewegungen. Man nennt das Balance, was zwar Gleichgewicht heißt, aber in diesem Fall nicht bedeutet: Wie die „Balance“ von Messern nämlich empfunden wird, ist von Mensch zu Mensch unterschiedlich! Und deshalb legen manche

Firmen das Gewicht deutlich auf die Klinge, andere halten den Schwerpunkt genau am Übergang von der Klinge zum Griff und wiederum andere verschieben ihn weit hinten in den Griff. Es muss jeder Benutzer für sich eine Entscheidung treffen, und das kann man nur durch Ausprobieren herausfinden.

Gut im Griff

Schaut man sich einmal die Griffe von verschiedenen Messerserien an, so kann man ins Grübeln geraten: Alle Hersteller behaupten ja, sie gestalten die Griffe nach ergonomischen Erkenntnissen, das Material und die Verarbeitung seien spitze. Die Griffe sehen aber von Hersteller zu Hersteller vollkommen anders aus, es gibt auch ganz unterschiedliche Möglichkeiten des Aufbaus und der Gestaltung. Welche Art von Griff man vorzieht, ist sicherlich Geschmacksache und hängt auch von der Gewohnheit ab. Für die Verarbeitung aber gibt es objektive Kriterien:

Üblicherweise hat die Messerklinge einen „Erl" genannten, flachen Fortsatz, an dem die Schalen (meist aus Holz oder Plastik) für den Griff, auch Heft genannt, angesetzt werden und nach klassischer Art mit Nieten befestigt. Bei guten Messern reicht dieser Erl bis ans Ende des Griffes, manchmal endet er sogar in einem Kopf oder Knauf, der zusätzlichen Halt gibt. Gegen Wasser unempfindliches Hartholz oder hochwertige, sehr harte und formstabile Kunststoffe lassen sich so verarbeiten, dass sie mit dem Erl eine absolut dichte Einheit bilden: Es gibt keine Fuge, in dem sich Bakterien einnisten könnten. Ragt der Erl nur einen Teil in den Griff hinein, was früher von vielen Herstellern bevorzugt wurde, muss in diesen eine Aussparung eingefräst oder -gesägt werden, wodurch leicht ein Spalt zwischen Metall und Holz (das sich eventuell auch noch durch Feuchtigkeit beim Abwaschen verziehen oder aufwölben kann, wenn es nicht von bester Qualität ist) oder Plastik entsteht, in dem sich Schmutz und Bakterien ansiedeln können. In Deutschland ist deshalb in Betrieben (Metzgereien, Restaurants) die Verwendung von Messern mit Holzgriff nicht gestattet. Zu Hause muss man eben aufpassen und bei der Reinigung sehr sorgfältig sein, wenn man ein solches Messer besitzen sollte. Kaufen sollten Sie ein so gearbeitetes Messer nicht.

Für die Profis liefern viele Hersteller inzwischen Messer, deren Griff aus Kunststoff den Erl vollkommen umschließt – das ist praktisch, hygienisch, erlaubt eine sichere, gut zu greifende Form und ist auch für zu Hause empfehlenswert. Allerdings sind nicht alle Lösungen wirklich schön und edel, da kommt es eben mehr auf die funktionalen Vorzüge an. Ein Quantensprung für die Hygiene sind die nahtlos mit der Klinge verbundenen Metallgriffe, die freilich vom Gefühl oder Gewicht her auch nicht jedermanns Sache sind.

Ein gutes Kochmesser gehört in jede Küche. Es könnte auch teilweise durch ein Santoku-Messer ersetzt werden (Seite 381). Wer hauptsächlich europäisch kocht und große Braten oder Suppenfleisch liebt, kommt nicht umhin, sich ein großes Kochmesser zuzulegen. Freilich ist es nicht einfach, das passende zu finden und dabei die Qualitäts-Leistungs-Relation nicht aus dem Auge zu verlieren. Denn je mehr man sich mit diesem Thema beschäftigt, desto anspruchsvoller wird man! Und so kann es passieren, dass man bald über mehrere Kochmesser verfügt ...

Messer: Tipps für den Kauf

Liegt das Messer gut in der Hand? Kaufen Sie ein Messer nur, wenn es Ihnen angenehm in der Hand liegt, sein Gewicht und vor allem die Gewichtsverteilung (Balance) Ihnen zusagt, Sie ein positives Gefühl für das Teil entwickeln.

Schneidet das Messer gut? Machen Sie auf jeden Fall einen Schneidtest, ehe Sie sich für ein Messer entscheiden: Gute Fachgeschäfte ermöglichen dies und führen mehrere Fabrikate, sodass Sie sich schnell ein praktisches Urteil über die Unterschiede verschiedener Messertypen und Hersteller machen können. Falls keine Lebensmittel zum Schneiden bereitliegen sollten, nehmen Sie sich eine Tomate und eine Möhre mit und probieren Sie im Laden die infrage kommenden Messer aus!

Ist ein Umtausch möglich? Wenn keine Möglichkeit zum Ausprobieren gegeben ist, erkundigen Sie sich, ob Sie das Messer bei Nichtgefallen umtauschen können – und lassen Sie sich dies verbindlich bestätigen! Natürlich müssen Sie zu Hause dann jegliche Sorgfalt walten lassen, damit das Messer unversehrt bleibt

出刃

Japanische Messer

Das Santoku-Messer

Die überaus einleuchtende Form dieses Messers hat in den letzten Jahren einen beispiellosen Siegeszug durch die ganze Welt angetreten: Es ist gleichermaßen zum Schneiden von Fleisch, Fisch und Gemüse geeignet, woher sich auch sein Name ableitet (san = drei, toku = Tugenden). Es ist leicht zu führen, eignet sich für alle Schneidarten, auch wiegen und hacken kann man mit ihm – man wird sich schnell daran gewöhnen, dass die Hand etwas höher über der Arbeitsfläche bleibt und die weniger stark gerundete Schneide mit kleinerem Radius abrollt.

Charakteristisch für das Santoku ist der mit dem Griff eine Linie bildende Messerrücken, der sich erst kurz vor der Spitze nach unten richtet. Die breite, auf beiden Seiten geschliffene Klinge reicht weit nach unten über den Griff. Es siedelt sich damit zwischen dem Chinesischen Messerbeil und dem europäischen Kochmesser an, vereint eigentlich beider Vorteile in sich. Wer wirklich nur ein Messer in der Küche haben will oder ein Universalmesser für alle Arbeiten auf der einsamen Insel sucht, sollte sich hierfür entscheiden. Zumal Santokus, auch wenn in Deutschland oder anderen europäischen Ländern hergestellt, schärfer als die meisten Kochmesser sind – die Schneide ist dünner und spitzer geschliffen. Und vor allem die japanischen Santokus bleiben länger scharf – sie sind mit über 60 HRC sehr hart.

Andere japanische Messer

Es gibt in Japan eine Vielzahl von Spezialmessern, die in landestypischer Art nach Vollendung in Form und Funktion streben. Es würde zu weit führen, alle Unterschiede an dieser Stelle herauszuarbeiten – zumal ihre Bezeichnungen in höchstem Maße verwirrend sind, weil manchmal die Form, manchmal die Qualität und manchmal die Herkunft dafür bestimmend ist. Beispielsweise bedeutet das viel verwendete Wort Hōchō nichts anderes als „Küchenmesser" – und das können ganz unterschiedliche Messer für vielerlei Zwecke sein, was jeweils durch einen Zusatzbegriff angegeben wird. Die kleineren japanischen Messer, das Küchenbeil und einige Spezialmesser unterscheiden sich von den europäischen nur in Material und Design, die Funktionen sind eigentlich gleich. Neben den beidseitig geschliffenen Messertypen spielen vor allem Messer mit einseitigem Schliff eine große Rolle. Um Fisch oder Gemüse ganz exakt in sehr dünne Scheiben zu schneiden, sind sie genau richtig. Dabei spielen natürlich die verwendeten Materialien ebenso eine Rolle wie das Gewicht und der Winkel, in dem die Schneide geschliffen ist.

Das Sashimi-Messer

Ein Sashimi-Messer zum Schneiden von rohem Fisch ist schmal und lang, nicht sehr dick, nicht sehr schwer und nur auf einer Seite geschliffen. Der Winkel der Schneide ist so berechnet, dass auf das Messer, zieht man es durch ein Stück Fisch, folgende Kräfte wirken: Der Schneidenwinkel drückt die abzuschneidende Scheibe weg, wodurch die nicht angeschrägte, glatte Messerseite mit derselben Kraft an das Hauptstück gepresst wird, daher ganz von selbst und ohne Beihilfe des Schneidenden absolut senkrecht nach unten sinkt.

Man kann sich leicht vorstellen, dass ein Messer, das eine dünne Scheibe von einem harten Gemüse (etwa Kohlrabi oder Rettich) schneiden soll, anders gebaut sein muss – schwerer und dicker, um den gleichen Effekt zu erzielen, selbst wenn die Scheibe sehr viel dünner als beim Fisch ist. Der Andruck des Messers durch die Schräge an das Gemüse muss genau dem Druck entsprechen, den das Gewicht nach unten ausübt. Ist dies der Fall, kann man mit einem solchen Messer absolut gleichmäßige, sehr dünne Scheiben schneiden – was man mit einem beidseitig geschliffenen Messer nie schaffen wird, weil der durch den V- oder U-förmigen Keil entstehende Druck das Messer sozusagen automatisch auch nach außen, also Richtung Scheibe schiebt, es geradezu zum Abrutschen drängt. Dies ist das ganze Geheimnis dieser Messer – simple Physik! Aber für die Küchenpraxis von elementarer Bedeutung, wenn man so präzise arbeiten will, wie die Japaner es für nötig halten.

Dem Geschmack kommt diese Präzision bei rohen Zutaten allemal zugute – jedes Produkt entwickelt nur bei einem ganz bestimmten Zuschnitt seinen optimalen Geschmack: Ist der Fisch zu dick geschnitten, läßt er sich nicht mehr angenehm mit den Zähnen zerteilen, eine zu dicke Kohlrabischeibe wirkt plump und trocken, während die perfekte, gleichmäßige Scheibe eine leichte Knackigkeit mit wunderbarer Saftigkeit verbindet. Und bei Zutaten, die gegart werden müssen, ist Gleich- und Ebenmäßigkeit ja ohnehin eines der wichtigsten Gebote (siehe Allesschneider, Seite 125ff.).

Wer gerne Fisch isst, sollte sich ein Sashimi-Messer leisten – sei es, dass er Sashimi oder Sushi, die kleinen Fischstückchen auf Reisbällchen, liebt und mal selbst zubereiten will, oder sei es, um Fisch perfekt zuzuschneiden: Es geht mit einem japanischen Messer viel leichter und präziser als mit einem europäischen. Natürlich ist es Luxus. Aber wer japanischen Geschmack will, sollte auch entsprechend arbeiten – der Geschmack ist letztlich ein Zusammenspiel von Technik, Ästhetik und Aromen.

Noch ein Tipp: Der japanische Meister wischt sein Messer stets mit einem nassen Tuch ab, bevor er Fisch schneidet – es bleibt dann nichts am Messer kleben. Funktioniertübrigens auch bei Fleisch!

d1 Carpaccio *von der* Jakobsmuschel

Jakobsmuscheln haben ein unvergleichlich zartes Fleisch, das am besten schmeckt, wenn man es roh genießt. Besonders hübsch: Als Carpaccio quer in dünne Scheiben geschnitten und als elegante Vorspeise angerichtet.

Für vier Personen
2 EL Olivenöl
Salz, Pfeffer
8–10 Jakobsmuscheln
1 TL fein geriebener Ingwer
1–2 Chilischoten
einige Petersilienblätter
Koriandergrün
evtl. frische Minze
einige Tropfen Birnen- oder hellen Balsamico

Auf Vorspeisentellern jeweils einen Kringel Olivenöl ziehen und mit Salz und Pfeffer bestreuen.

Die Jakobsmuscheln säubern, wie oben beschrieben quer in drei, vier dünne Scheibchen schneiden (hier zeigt das Sashimi-Messer, was es kann!) und hübsch einander überlappend als Rund anrichten.

Mit dem restlichen Olivenöl beträufeln, salzen und pfeffern. Jeweils etwas Ingwer darüberreiben, auch winzig gewürfelte Chilis und fein gehackte Kräuter darüberstreuen. Zum Schluss Tropfen vom dickflüssigen Birnen- oder einem anderen hellen Balsamico dekorativ verkleckern.

Variation: Die Jakobsmuscheln mediterran parfümieren und mit abgeriebener Zitronenschale sowie fein geschnittenem Basilikum würzen; hellen Balsamico nehmen, weil der hierzu schöner aussieht als der übliche dunkle, und alles mit Olivenöl beträufeln.

d1 Sashimi *von der* Jakobsmuschel

Natürlich müssen die Jakobsmuscheln hierfür sehr frisch sein und appetitlich duften – schließlich werden sie roh und ganz naturbelassen verspeist

Für vier Personen
1 gehäufter EL Wasabipulver
8–12 Jakobsmuscheln
1 Tasse japanisch eingelegter Ingwer (Shoga gari)
japanische Sojasauce

Zuerst den Wasabi mit einigen Tropfen Wasser anrühren, er braucht gut 15 Minuten, bis er seinen Geschmack voll entwickelt hat.

Die Jakobsmuscheln säubern, vor allem das kleine faserige Teil, mit dem sich die Muschel an der Schale festhält, entfernen. Quer in drei oder sogar vier dünne Scheibchen schneiden – das geht perfekt mit dem japanischen Sashimi-Messer.

Dachziegelartig auf einer flachen Platte anrichten. Daneben einen kleinen Wasabi-Kegel anrichten und ein Häufchen Ingwer. Auf den Tisch gehört außerdem japanische Sojasauce, von der sich jeder etwas in ein Schälchen gießt. Mit den Stäbchen nimmt man etwas von dem Wasabi, gibt ihn in die Sojasauce – man kann den Wasabi ganz nach Geschmack mit der Sauce verrühren oder unvermischt lassen. Nun nimmt man ein Scheibchen Jakobsmuschel, zieht es durch die Sojasauce und am Wasabi entlang, wenn man ihn nicht verrührt hat.

Und vor jedem neuen Bissen isst man ein wenig vom Ingwer, der den Mund reinigt und auf den ungetrübten Genuss des nächsten Muschelscheibchens vorbereitet. Dazu passt heißer oder kalter Sake oder ein nicht zu blumiger Weißwein (Silvaner, Weißburgunder).

Tipp: Jener Wasabi, der als fertige Paste in der Tube angeboten wird, kann geschmacklich mit dem selbst angerührten nicht mithalten.

d1 Sashimi *vom* Kingfish

Mit Kingfish oder Königsfisch werden verschiedene Fische betitelt. Hier ist der Yellowtail gemeint (frz. *Seriole*, ital. *Seriola*), der ein sehr vollmundiges, zart strukturiertes, wohlschmeckendes Fleisch besitzt. Er wird sorgfältig geputzt, alle gelblichen Teile und Sehnen weggeschnitten, dann quer zur Faser in Scheiben geschnitten und wie das Jakobsmuschel-Sashimi serviert.

Dazu schmeckt besonders gut Shiso, auch Perilla genannt. Das ist ein nesselartiges Gewächs, das im asisatischen Raum vorkommt, das man aber auch gut bei uns kultivieren kann. Es gibt dreierlei Shiso: Bronze-Perilla, recht fest und wenig fein im Geschmack (ist in Vietnam gebräuchlich zum Einwickeln von Zutaten) und die beiden ziemlich ähnlich schmeckenden, hocharomatischen und feinen Varianten, das violette und das grüne Shiso. Dieses wird in Japan zwingend zu Sashimi gegessen – die manchmal noch als Verzierung neben die Fischscheiben gelegten gezackten grünen Plastikkärtchen sollen daran erinnern.

Tipp: Shiso ist ziemlich teuer, und da die Deutschen die beigelegten Kräuter meist nur für Dekoration halten und nicht mitgenießen, verzichtet man hierzulande auf die Zugabe des echten Krautes – für die Bescheid wissenden Japaner halten gute Restaurants jedoch Shiso bereit: Fragen Sie einfach mal nach!

d1 *Gebratene* Rotfeder *mit* Zucchinigemüse

Die zu den Karpfenfischen zählende Rotfeder (auch Rötel oder Rotblei) kommt in manchen Gewässern noch häufig, in immer mehr Regionen aber nur noch selten vor. Der Geschmack seines zarten Fleisches ist ausgezeichnet, sein Genuss wird aber durch viele, viele feine Gräten gestört. Das Gleiche gilt für alle karpfenähnlichen Fische – etwa Barben, Rotaugen (Plötzen), Brachsen (Blei) und Döbel (Aitel). Dem begegnet man ganz einfach und am besten, indem man die Fische mit einem scharfen Messer bis auf die Mittelgräte dicht einschneidet – ziselieren sagt der Fachmann dazu, schröpfen heißt es in Österreich. Dabei werden die Quergräten durchtrennt, die Hitze kann besser eindringen und hilft, diese Restgräten so knusprig zu machen, dass man sie mitessen kann und sie gar nicht mehr stören. Diese Einschnitte gelingen am besten mit dem japanischen Sashimi-Messer, weil es gerade nach unten schneidet und man die Schnitte sehr präzise setzen kann!

Für zwei Personen
2 mittlere Rotfedern (à 300 g)
3–4 EL Mehl
Salz, Pfeffer
Petersilie oder Basilikum
3 EL Olivenöl zum Braten

Außerdem:
2–3 kleinere Zucchini
2 EL Olivenöl
2–3 Knoblauchzehen
1–2 Chilischoten (nach Schärfe)
Basilikum
etwas Zitronensaft

Die Fische innen gründlich auswaschen, außen gut abtrocknen. Die Seiten wie oben beschrieben mit dicht an dicht und akkurat nebeneinandergesetzten Schnitten einschneiden.

Mehl auf ein Stück Küchenpapier verteilen, salzen und pfeffern, die Fische darin wenden, alles überschüssige Mehl abschütteln. Petersilien- oder Basilikumblätter in den Bauch stecken.

Die Fischpfanne stark erhitzen, das Öl zufügen und darin die Fische auf beiden Seiten schön knusprig braten.

In der Zwischenzeit die Zucchini putzen, längs halbieren und quer in Scheiben schneiden. Knoblauch fein würfeln, ebenso die Chili(s) fein würfeln, nachdem alle Kerne herausgestreift wurden.

In einer beschichteten Pfanne im heißen Öl die Zucchini zuerst bei starker Hitze anbraten, dabei salzen und pfeffern, dann die Hitze reduzieren und den Knoblauch sowie Chili zufügen. Einige Minuten dünsten, das fein geschnittene Basilikum untermischen. Mit etwas Zitronensaft abschmecken.

Dazu passen Kartoffeln oder Brot und als Getränk ein erfrischender Weißwein – Silvaner, Weißburgunder, Riesling oder Grüner Veltliner.

Das Officemesser

Das Büro des Kochs ist die Küche – und für die meisten Arbeiten braucht er ein kleines, unspektakuläres, aber handliches Messer. Im Haushalt ist es noch wichtiger, weil man ja sehr oft nur kleine Mengen von einer bestimmten Zutat hat, die mit einem großen Messer zu schneiden sinnlos wäre. Zum Beispiel eine Knoblauchzehe in kleine Würfel schneiden – das geht am besten und schnellsten mit dem Officemesser: Zehe schälen, von der spitzen Seite her in dicht nebeneinander geführten Schnitten einschneiden, rechtwinklig dazu ebenso einschneiden, dann quer Scheibchen abschneiden – die Würfelchen purzeln nur so aus den Fingern heraus.

Drei Typen

Es gibt drei Typen von Officemessern: mit der geraden Schneide, mit der nach oben gebogenen Schneide und mit der nach vorne gebogenen Schneide. Meist hat man sich an eine Form gewöhnt und will gar keine andere – es lohnt sich aber doch, mal zu experimentieren: Je nach Aufgabe kann es schon passieren, dass man mit einer anderen Messerform als der gewohnten manchmal besser zurechtkommt. Vor allem beim Ziselieren oder Tournieren von Gemüse ist das Messerchen mit der nach vorne gebogenen, schnabelartigen Klinge leichter zu handhaben, weil beweglicher.

Fast alle Zuricht- oder Rüstarbeiten kann man mit dem Officemesser erledigen: Obst und Gemüse putzen, schälen, klein oder einschneiden, schaben, fädeln, ziselieren ... Auch um mal schnell eine Sehne aus einem Stück Fleisch zu lösen, eine Wurst zu häuten, die Rinde von einem hochreifen Camembert abzuschneiden – das Officemesser wird eben dauernd gebraucht. Vor allem bei den Hausfrauen ist es beliebt, von denen manche alles damit zu machen versuchen, selbst einen Braten aufschneiden! Deshalb heißt es im Volksmund auch nicht Office-, sondern schlicht Küchenmesser. Und verhält sich zu einem „richtigen" Messer wie Küchenlatein zur Sprache Ovids.

Ein Allzweckmesser?

Weil man so viel damit tun kann, wird es auch Allzweckmesser genannt. Was aber eigentlich falsch ist. Denn mit diesem Messer kann man im Prinzip nicht gut Zwiebel schneiden oder eine Wachtel ausbeinen. Dazu wären ein Kochmesser oder ein Ausbeinmesser besser geeignet. Ein Allzweckmesser wäre eher das Santoku (Seite 381) wobei man mit dem eines nicht kann: einen Braten spicken. Das geht nämlich nur mit einem gerade geformten Allzweckmesser.

Man braucht also auf jeden Fall ein Officemesser, welchen Typ, muss aber jeder selbst herausfinden. Es wäre kein unbezahlbarer Luxus, sich auch zwei oder gar alle drei Sorten zuzulegen. Auf jeden Fall muss es einem gut in die Hand passen. Was die Qualität von Klinge und Griff betrifft, betrifft, so gilt das Gleiche wie beim Kochmesser.

Spezialmesser

Für eine ganze Menge von Aufgaben hat man spezielle Messer entwickelt, die ihre Aufgabe besser lösen können als Kochmesser, Santoku, chinesisches Messerbeil oder gar ein Officemesser. Für alle gilt natürlich, was über Materialien, Qualität der Verarbeitung und Handlichkeit in diesem Kapitel bereits weiter vorne gesagt wurde. Und natürlich wird man sich solche Spezialmesser nur dann anschaffen, wenn man sie auch wirklich braucht. Doch diese Entscheidung muss jeder für sich selbst treffen.

Sparschäler

Eines der unverzichtbaren Messer in jeder Küche. Zwar gibt es Menschen, die schaben ihre Möhren nur (was nicht empfehlenswert ist, weil die Oberfläche aufgerissen wird, dadurch schneller oxidiert und braun wird), und produzieren mit dem Officemesser aus runden Kartoffeln eckige Klötze. Man schneidet mit dem Officemesser immer viel zu viel weg – ein Sparschäler heißt nicht umsonst so: Man kann tatsächlich mit ihm sparen. Es gibt unzählige Modelle, in jeder Preisklasse, in edler Gradlinigkeit und in modischem Design. Hierbei gilt noch mehr als beim Officemesser, dass eigentlich jeder „sein" Modell für das beste hält, weil er gewohnt ist, damit zu arbeiten. Tatsächlich verlangen die meisten Messer eine bestimmte Haltung, an die man sich gewöhnt hat, weshalb man automatisch andere Lösungen ablehnt.

Neben der Schärfe (und der Möglichkeit, sie wiederzugewinnen, wenn sie mal verloren ging! – siehe Seite 408) ist allerdings eine Funktion von elementarer Bedeutung: Nach dem Abschälen muss die Schale aus dem Messer herausfallen! Hier hapert es bei den meisten, eigentlich bei allen Modellen: Immer wieder legt sich ein Teil oder ein Stück Schale vor die Schneide und muss vor dem nächsten Schnitt entfernt werden. Manche Menschen arbeiten dabei mit mehr Geschick als andere, schleudern die Schale mit einer kleinen, schnellen Bewegung heraus. Andere verzweifeln. Auch teure, raffiniert gestaltete Geräte schützen davor nicht. Andererseits kann ein billiger Sparschäler vom Jahrmarkt jahrzehntelang brav seinen Dienst tun.

Ausbeinmesser

Wer halbe Schweine, ganze Hühner oder frisches Wild in seiner Küche zu verarbeiten hat, kommt um solch ein Messer nicht herum. Es ist ziemlich kurz, hat eine nach oben (beziehungsweise

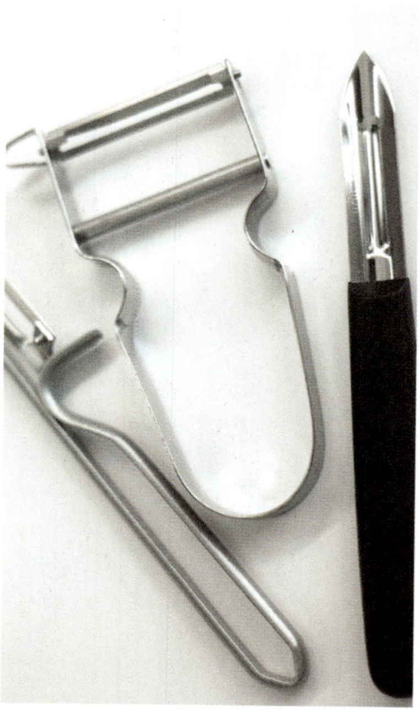

Sparschäler

Ausbeinmesser

Filiermesser

nach hinten) gebogene, schmale, aber stabile Klinge, mit der man gut um die Knochen herumfahren kann. Das Messer wird in der Faust gehalten, die Klinge schaut nach unten heraus: So dirigiert man sie am besten durch das Fleisch, an Knochen und Sehnen entlang oder zieht sie zwischen Haut und Fleisch durch.

Filiermesser

Um Fisch zu filetieren – oder filieren, wie es in der Fachsprache heißt –, ist dieses Messer unübertrefflich. Es hat eine schmale, sehr biegsame Klinge, die man flach auf die Gräte drücken und sehr exakt an ihr entlangführen kann. Auch zum Häuten von Fisch und Fleisch hervorragend geeignet, weiterhin nützlich beim Schneiden von empfindlichem Fleisch, Würsten und Schinken, weil an der schmalen Klinge wenig Reibungskräfte entstehen.

Brotmesser

Ein stabiles Messer mit Wellenschliff, das die Kruste des Brotes leicht aufbrechen kann, ohne dass zu viel absplittert, aber die weiche Krume nicht zerreißen sollte.

Tomatenmesser

Ein mittelgroßes, meist ziemlich martialisch gezacktes Messer, das eigentlich überflüssig sein sollte: Es ist nämlich entwickelt worden für die wässrigen, säuerlichen Tomaten mit fester Haut, die vor dreißig Jahren den Markt beherrschten. Die heutigen Tomaten sind viel fester, aber nicht in dem Sinne „schnittfest", wie sie früher angepriesen wurden, nämlich nicht voll ausgereift. Inzwischen ist es den Züchtern gelungen, wohlschmeckende und festfleischige Tomaten zu züchten – und die kann man prima mit dem Kochmesser schneiden, wenn dieses die wünschenswerte Schärfe besitzt. Ein Tomatenmesser ist übrigens auch überflüssig, wenn man, wie es sich eigentlich immer empfiehlt, die Tomaten häutet.

Käsemesser

Ein mehr oder weniger gewelltes oder geriffeltes Messer, meist nach oben gebogen und mit Zinken zum Aufnehmen des abgeschnittenen Käsestücks. Damit weicher und cremiger Käse wie Camembert, Roquefort, Epoisses oder Romadur sauber geschnitten werden kann und nicht am Messer kleben bleibt und sich dabei verformt, muss die Klinge schmal sein oder ist die Fläche von Ausnehmungen (Löchern) durchbrochen. An den wenigen Stegen der Klingenfläche können sich dann auch keine Reste festsetzen.

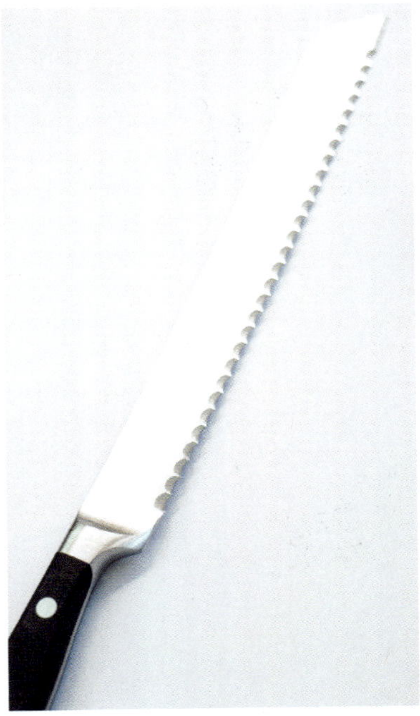

Brotmesser

Tomatenmesser

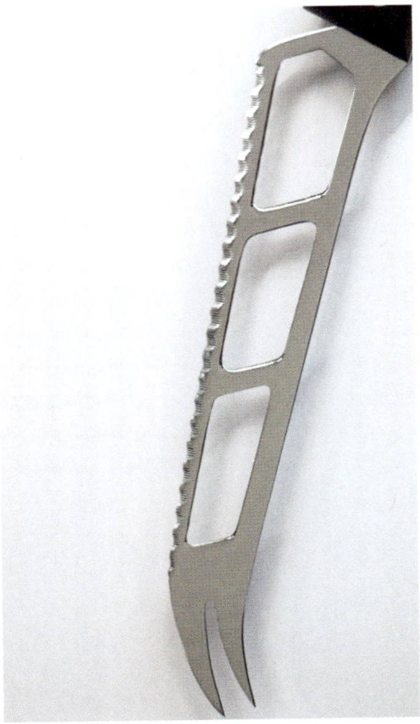

Käsemesser

Parmesankeil

Gereifte und harte Käse, vor allem Parmigiano Reggiano und Grana Padano, alter Edamer, Mimolette oder Sbrinz, werden nicht geschnitten, sondern mit einem Keil zerteilt – gibt's für wenig Geld in Fachgeschäften, ist handlich und dafür stabil genug. An einem mehrere Jahre alten Parmesan kann ein normales Küchenmesser scheitern und beschädigt werden. Je größer das Messer, desto schneller kann das passieren, weil man über die Hebelwirkung schnell zu viel Kraft einsetzt. Außerdem besteht Verletzungsgefahr! Der Parmesankeil sollte nicht fehlen, wenn Sie Hartkäse lieben!

Für weiche und halbweiche, schmierige Käse eignet sich übrigens besser als ein festes Messer ein Draht, die sogenannte Käseharfe, weil daran nichts festkleben kann. Und für Hartkäse gibt es schließlich den Käsehobel (Seite 398), mit dem man dünne Scheiben abschneiden kann – sieht aus wie ein Tortenheber, hat aber einen Schlitz mit Messer wie ein Sparschäler. Durchaus praktisch, wenn kein Allesschneider zur Verfügung steht.

Schinkenmesser/Lachsmesser

Messer mit einer langen, etwas biegsamen Klinge, mit dem man Knochenschinken (den man ja nicht mit der Maschine aufschneiden kann) oder Lachs am besten schneidet. Besonders lang ist das Messer, damit man die gewünschte Scheibe möglichst mit einem einzigen ziehenden Schnitt abschneiden kann und keine Schnittspuren durch ein Hin- und Herschieben der Messerklinge entstehen. Empfehlenswert ist ein sogenannter Kullenschliff, regelmäßig eingeschliffene Vertiefungen in der Klinge, die das Ansetzen der Scheibe verhindern sollen.

Wiegemesser

Speziell zum Zerkleinern von Kräutern und Kleinzutaten gedacht, daher sehr stark gebogene Klingen in Form eines Kreissegments, an jeder Seite ein aufrecht stehender Griff (oder mit einem in der Mitte darüber angebrachten Knauf). Um die Arbeit effektiver zu gestalten, gibt es Messer mit zwei oder drei parallel angeordneten Messern. Das Wiegemesser ist entbehrlich, wenn man mit einem Kochmesser gut umzugehen weiß. Oder wenn man einen Kräuter-/Zwiebelhacker verwendet: Man drückt dafür ein in einem Gerät mehrfach geknicktes, aufrecht stehendes Messerband nach unten, das bei jedem Zurückschnellen eine Drehung erfährt und deshalb bei jedem neuen Schnitt eine andere Richtung hat. Das ist zwar leicht zu bedienen und bekommt alles schnell klein, ist aber eher umständlich zu

Parmensankeil

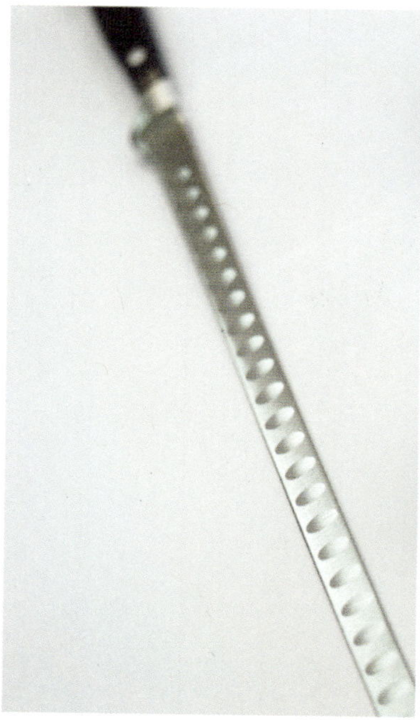

Schinkenmesser/Lachsmesser

Wiegemesser

reinigen. Der Einsatz lohnt sich also nur, wenn man eine größere Menge hacken will. Für eine Schalotte oder halbe kleine Zwiebel braucht man mit dem schnell abgewaschenen Kochmesser am Ende auf jeden Fall weniger Zeit.

Buntmesser

Ein gezacktes oder gewelltes, eher kleines Messer, mit dem Gemüse in Form geschnitten wird, war vor dreißig Jahren Mode. Wer auf diesen „Schmuck“ nicht verzichten kann, braucht es natürlich.

Austernmesser

Massives Messer, mit dem man Austernschalen aufbrechen kann. Hauptsächlich zwei Typen: Entweder eine Art angeschliffener Keil mit einem Schutzschild, mit dem man seitlich zwischen die Schalen der Austern dringt und den Schließmuskel an der flachen Schale abtrennt. Oder ein auf der oberen Seite flacher, auf der unteren Seite gerundeter Spitzkeil, mit dem man die Auster im Scharnier mit einer drehenden Bewegung öffnet, von dort eindringt und den Muskel durchschneidet.

Welches System man vorzieht, ist eine Frage der Gewöhnung. Schneller ist allemal das zweite Prinzip, das aber als Schutz unbedingt einen Kettenhandschuh für die die Auster haltende Hand verlangt, denn es gibt keinen die Wucht des Messers bremsenden Schutzschild!

Zestenreißer

Ein Gerät, dessen stumpfe Spitze mit drei oder vier kleinen, scharfkantigen, sozusagen als Messer ausgebildeten Löchern versehen ist. Damit kann man zum Beispiel aus den Schalen von Zitrusfrüchten dünne Streifchen herausreißen beziehungsweise -schneiden, sogenannte Zesten. Ein wichtiges Utensil der feinen Küche, das nicht nur einen geschmacklich interessantes Resultat einbringt, sondern die klar zu erkennenden, dekorativen Streifen liefern einen haptisch, also auf der Zunge fühlbaren, witzigen Effekt. Der größere Schneidring an der Seite (siehe Foto unten) erlaubt es, für Desserts aus Orangen oder (Zedrat-) Zitronen dickere Streifen zu schneiden.

Buntmesser

Zwei Austernmesser

Zestenreißer

Kugelausstecher

Halbkugelförmige Messer an einem Stiel (oft verschieden groß an beiden Enden), mit denen man zum Beispiel aus Äpfeln, Melonen oder Gemüse dekorative Kugeln herausschneiden kann. Im gehobenen Restaurant sicher sinnvoll, zu Hause nur, wenn man hinsichtlich der Dekoration Ambitionen hat und gerne schöne Desserts serviert.

Apfelausstecher

Röhre oder an einem Griff mit Stab angebrachter Ring, mit dem man das Kerngehäuse von Äpfeln herausschneiden kann – wer Bratäpfel liebt, braucht ihn!

Apfelteiler

Mit ihm kann man den Apfel auf einen Schnitt in zehn oder zwölf Schnitze teilen.

Pizzaschneider

Eine Messerscheibe, die sich an einem Stab mit Griff dreht und einen kross angebackenen, aber auch weichen Teig mitsamt Belag mühelos durchtrennt. Gehört inzwischen eigentlich in jeden Haushalt, denn er schneidet beim Pizza-Service bestellte oder Tiefkühlpizza genauso gut wie eine selbst gebackene.

Teigrädchen

Zum Zuschneiden von Ravioli, Ausschneiden von Springerle oder anderen Plätzchen, Bändern zur Verzierung von Torten (Linzer Torte) und Pasteten ... Gibt's aus Metall, Keramik oder Plastik. Für Back-Fans fast unverzichtbar.

Rettichschneider

Ein Messer mit Fingerloch an einer schraubenartigen Spindel, die durch Drehung in den Rettich vorgetrieben wird, wobei eine Rettichspirale entsteht – nicht endlos, aber doch fast, nämlich bis der ganze Rettich dünn aufgeschnitten ist. Wenn man über das nötige Geschick verfügt (wie der Schreier auf dem Jahrmarkt).

Kugelausstecher

Apfelausstecher

Apfelteiler

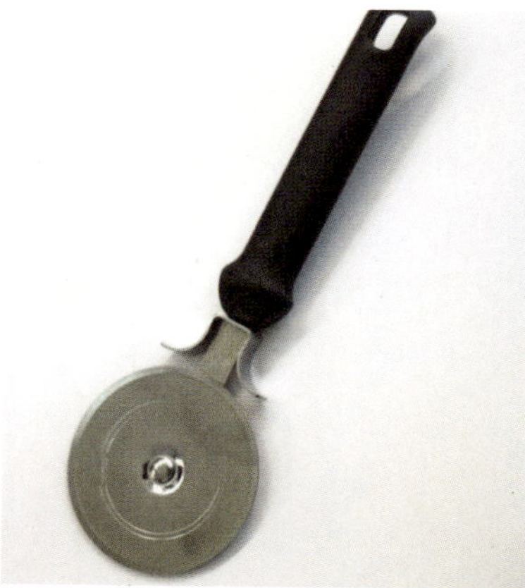

Pizzaschneider

Teigrädchen

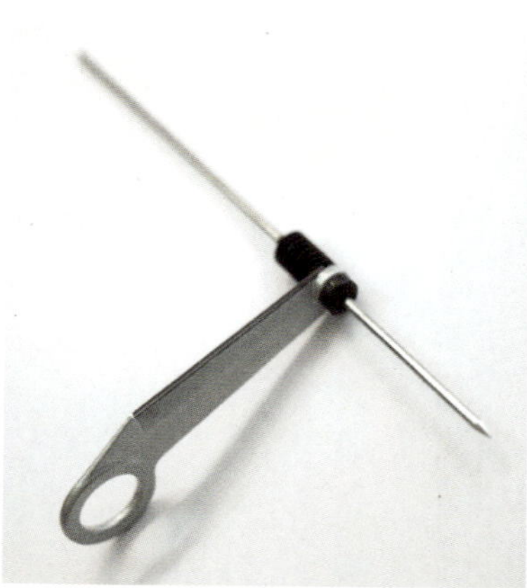

Rettichschneider

d1 Heilbutt *mit* Zitronenzesten *und gerösteten* Kartoffeln

Gerade bei Fisch empfiehlt es sich, lieber mit den ätherischen Ölen zu würzen, die in der Schale stecken, als mit dem Saft der Zitrone. Denn das empfindliche Fischfleisch verändert sich im Kontakt mit der aggressiven Säure, es koaguliert, das heißt, es gerinnt, gerade so, als ob es mit Hitze in Berührung gekommen wäre.

Für zwei Personen
2 Portionsstücke Heilbutt à 120 g
3 EL Olivenöl
Salz, Pfeffer
1 unbehandelte Zitrone
½ TL Zucker
6–8 Cocktailtomaten
glatte Petersilie oder
Basilikum

Für die gerösteten Kartoffeln:
500 g festkochende Kartoffeln
Salz, Pfeffer
Olivenöl

Die Fischstücke mit ihrer Hautseite nach unten in das mäßig heiße Öl legen – sie sollen sanft braten, auf keinen Fall zu schnell bräunen. Die Oberseite der Fischstücke mit Salz und Pfeffer würzen.

Die Zitronenschale mit einem Zestenreißer in feine Streifen schneiden. Diese neben den Fisch in die Pfanne streuen und sanft mitbraten, nach zwei Minuten mit Zucker bestreuen und karamellisieren.

Die Tomätchen rund um ihren Stielansatz mit einem spitzen Messer einritzen und auf der anderen Seite neben dem Fisch mitbraten, dabei einige Male wenden, damit sie rundum genügend Hitze bekommen. Sobald sie weich sind, kann man mit den Fingern die Haut ganz leicht abziehen. Auch die Tomaten mit Salz und Pfeffer würzen, am Ende feingeschnittene Kräuter zufügen.

Zum Schluss den Fisch jeweils auf die Fleischseite umdrehen und auch auf dieser Seite kurz angehen lassen – er soll dabei aber kaum Farbe nehmen, sondern durch und durch saftig bleiben.

Schließlich die Stücke zusammen mit den Tomätchen jeweils auf Tellern anrichten und mit den Zesten bestreuen.

Geröstete Kartoffeln: Festkochende Kartoffeln schälen, halbieren oder sogar vierteln. Auf einem mit Backpapier belegten Blech verteilen, dabei mit Pfeffer und einem guten Schuss Olivenöl umwenden. Bei 180 Grad (Heißluft; Ober- und Unterhitze 200 Grad) etwa 15 bis 20 Minuten backen, bis die Kartoffeln goldbraun sind. Erst jetzt salzen, dann bleiben sie knusprig.

Hackbeil

Um Knochen zu durchteilen, ist ein schweres, stabiles Gerät nötig mit zwar scharfer, aber unempfindlicher Schneide – das heißt, sie muss relativ schnell breiter werden. Dazu eignet sich das klassische europäische U-Profil besser als das japanische V-Profil. Früher gab es Hackbeile aus Gusseisen oder geschmiedetem Eisen, heute sind auch sie aus pflegeleichtem (und leichterem) Edelstahl. Braucht man natürlich nur, wenn man ganze Tiere oder Tierteile mit Knochen zu zerlegen hat. Außerdem ist die entsprechende Unterlage nötig, die kräftiges Zuhauen aushält – entweder ein dickes schweres Brett (am besten sicher verleimtes, unverwüstliches Hirnholz) auf einem soliden Unterbau oder einem speziellen Hackstock.

Hobel und Julienneschneider

Ein Hobel ist im Prinzip nichts anderes als ein feststehendes Messer in einer Führung, die gleichmäßige Scheiben zu schneiden ermöglicht. Es gibt unzählige Varianten, denn das Aufschneiden vor allem von Gemüse ist eine der häufigsten Küchenarbeiten – und das soll schnell gehen und sicher gelingen. Für größere Mengen ist natürlich die Küchenmaschine zuständig. Aber für kleine Portionen oder im Ein-Personen-Haushalt ist ein Hobel genau das Richtige. Auch hier kommt es natürlich auf die Schärfe des Messers und seine Schnitthaltigkeit an. Da die Klinge jedoch relativ gut geschützt ist und nur mit weicheren Materialien in Berührung kommt, sind die Anforderungen nicht so groß wie bei einem Messer. Dennoch gilt auch hier: Zu billige Geräte taugen nichts!

Der Körper eines Hobels besteht aus Holz oder Plastik, nur bei teureren Geräten (für die Profis heißt es „Mandoline") aus Metall. Manche haben verstellbare Messer, bei anderen gibt es verschiedene Einsätze, die unterschiedlich dicke Scheiben ermöglichen. Einige Hersteller bieten dazu einen Einsatz an, der das Gerät zu einem Julienneschneider werden lässt – in zwei oder drei Millimeter Abstand hochstehende Messerchen, die kleine Einschnitte in das Gut ritzen, ehe die Scheibe abgeschnitten wird und dadurch gleich in Streifen zerfällt. Nach demselben Prinzip mit größeren Abständen kann man dann Kartoffeln zu Pommes Frites stifteln.

Eine Sonderform des Hobels ist der Trüffelhobel, ein kleines Gerät, mit dem man sehr dünne Scheiben präzise schneiden kann. Es müssen ja nicht Trüffeln sein – feste Champignons oder junge Steinpilze schmecken roh ebenfalls köstlich, wenn sie hauchdünn geschnitten werden (Vergrößerung der Oberfläche = Intensivierung des Geschmacks!) und lassen sich damit sehr gewinnbringend über einen Salat oder gebratenes Fleisch oder ein Ei hobeln.

Hackebeil

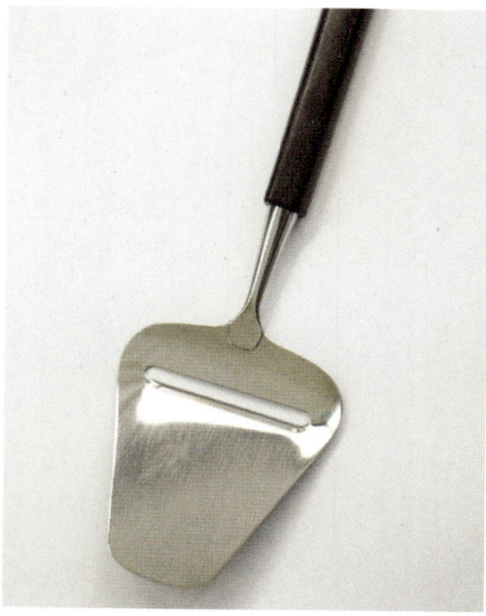

Käsehobel

Gemüsehobel

d1 *Winterlicher* Fenchelsalat

Im Winter lechzt man geradezu nach knackiger Frische und nach Vitaminen. Mit Fenchel, Chicorée und Blutorangen liefert dieser Salat eine ganze Menge davon. Man kann ihn als erfrischende Vorspeise servieren, zusammen mit ein paar hauchdünnen Scheibchen von rohem Schinken oder ohne diese Begleitung, als leichte Beilage.

Für zwei bis vier Personen
1 Fenchelknolle
1 rote Zwiebel
1 Blutorange
Salz, Pfeffer
2 EL leichter Apfelessig
2–3 EL Olivenöl
1–2 Chicoréekolben
2 Handvoll Rucolablätter

Den Fenchel putzen, wenn nötig Fäden aus der äußeren Schale entfernen, das zarte Grün beiseitelegen, grobes Grün und dicke Stiele entfernen. Die Zwiebel schälen. Fenchel und Zwiebel auf dem Gurkenhobel in dünne Scheiben hobeln.

Die Orange filieren: dafür zuerst oben und unten quer eine Kappe abschneiden, dann mit einem scharfen Messer die Schale so abschneiden, dass auch die weiße Haut darunter entfernt wird. Jetzt kann man die Filets keilförmig aus den Häuten lösen. Über einer Schüssel arbeiten, um den heraustropfenden Saft aufzufangen. Diesen mit Salz, Pfeffer, Essig und Öl mit einer Gabel oder dem Schneebesen cremig aufschlagen.

Chicorée ebenfalls putzen, quer in schmale Streifen schneiden, welke äußere Blätter entfernen. Und die Rucolablätter verlesen, gründlich waschen, dabei lange Stiele abknipsen.

Alle Salatzutaten in einer Schüssel mischen, dabei mit der Marinade beträufeln. Nicht mehr durchziehen lassen, sondern sofort servieren.

d1 Artischockensalat *mit gebratenen* Calamaretti

Junge Artischocken schmecken fast noch besser roh im Salat, als gekocht oder gebraten, wie man sie im Allgemeinen kennt. Dafür werden sie sorgfältig geschält und auf einem Gurkenhobel in feine Scheiben geschnitten.

Für vier Personen
2–4 kleine Artischocken
1 Zitrone
Salz, Pfeffer
2–3 EL Olivenöl

Außerdem:
300 g sehr kleine Calamaretti (Mini-Kalmare)
2 EL Olivenöl
Glatte Petersilie

Die Artischocken zunächst entblättern, dann mit einem Messer das Herz glatt schneiden, wenn nötig, das Heu in der Mitte mit einem spitzen Löffel entfernen. Auf dem Hobel über einer flachen Schale in hauchfeine Scheiben hobeln. Sofort mit Zitronensaft beträufeln und umwenden, damit sie schön hell bleiben. Schließlich mit Salz und Pfeffer würzen und mit Olivenöl mischen.

Die Calamaretti putzen, die Tuben innen auswaschen. Quer in fingerbreite Streifen schneiden, zwischen den Tentakeln das Maul und die Augen entfernen. Eine blanke (oder gusseiserne) Pfanne leer erhitzen, wenig Öl zufügen, das sofort zu rauchen beginnt, die Tintenfischstücke portionsweise darin anrösten – der Boden darf nie bedeckt sein, sonst ziehen die Stücke Wasser und werden zäh. Nach weniger als einer Minute sind sie gar, herausheben und warm stellen. Mit Zitronenschale, Zitronensaft und Olivenöl würzen, fein geschnittene Petersilie untermischen und verteilen.

d1 Salat *von* grünem Spargel *mit gebratener* Kalbsleber

Bei diesem Rezept ist eines wichtig: Auf jeden Fall die längs in Scheiben gehobelten Spargel direkt auf die Teller verteilen, nicht in einer Schüssel anmachen: Sie ziehen dort Saft und fallen ganz schnell zusammen. Grüner Spargel sieht bildschön aus; hübsch ist er auch mit weißem Spargel gemischt.

Für vier Personen
200 g Spargel (grün oder weiß)
3 EL Olivenöl
Salz, Pfeffer
½ unbehandelte Zitrone
300 g Kalbsleber (am Stück)
1 EL Speisestärke
2 EL Olivenöl
Salz
2 Frühlingszwiebeln
1 EL Senfkörner
½ TL Dijonsenf
4 cl Sherry
1 Tomate

Den Spargel sorgsam schälen (auch der grüne muss von der Mitte bis zum unteren Ende geschält werden). Auf dem Gurkenhobel längs in dünne Scheiben schneiden – das geht am besten mit der flachen Hand, wobei man natürlich besonders vorsichtig sein muss. Direkt auf die Teller verteilen, die jeweils mit Olivenöl eingepinselt und leicht mit Salz und Pfeffer bestreut sind. Spargelstreifen mit Zitronenschale würzen und mit Zitronensaft besprenkeln.

Die Leber häuten, dicke Sehnen auslösen, das Stück dann in halbzentimeter dünne Scheiben schneiden. Mit Stärke überpudern, rasch wieder ausschütteln, sodass die Scheiben nur von einem hauchzarten Film überzogen sind. In heißem Öl rasch auf beiden Seiten braten, dabei pfeffern. Herausheben und warm stellen, erst jetzt salzen.

Die unterdessen in dünne Scheiben geschnittenen Frühlingszwiebeln (auch das Grün!) im verbliebenen Bratfett andünsten, die Senfkörner zufügen, etwas Salz und Pfeffer. Den Senf einrühren, mit Sherry ablöschen und aufkochen.

Die Leberscheiben kurz in dieser Sauce wenden, dann auf dem Spargel anrichten. Kleckse von Sauce dazwischen verteilen. Die Tomate entweder in Scheiben oder auch gehäutet, entkernt und als Würfel dazwischenstreuen.

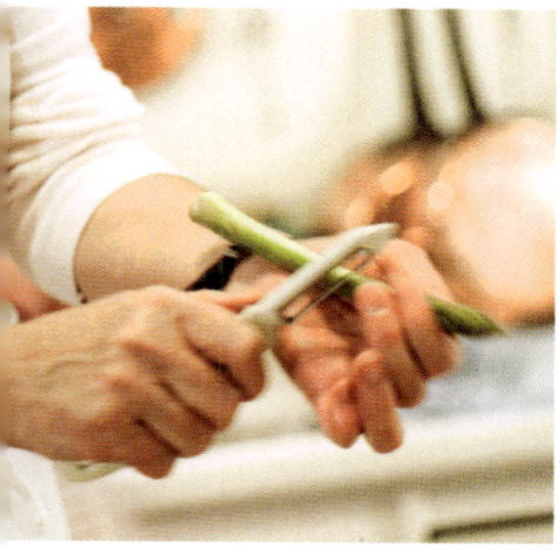

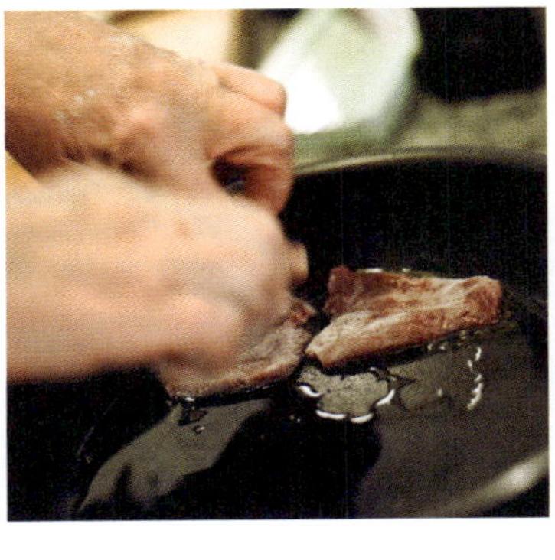

d1 Salat *von* Schwarzwurzeln *mit* Kalbsnierchen

Eine eher ungewöhnliche Art, diesen „Winterspargel" zuzubereiten, aber Schwarzwurzeln werden so garantiert neue Liebhaber finden! Man spart sich nämlich den ganzen Aufwand, der sonst nötig ist: Die Wurzeln werden nicht geschält, sondern nur kräftig sauber gebürstet und gewaschen, längs hauchdünn in Scheiben gehobelt und nur kurz gedünstet. So behalten sie einen schönen Biss und einen nussigen Geschmack.

Für zwei Personen
300 g Schwarzwurzeln
2 EL Essig fürs Essigwasser und
2 EL Essig zum Dünsten
125 ml Fleischbrühe oder Kalbsfond
Salz, Pfeffer
2 EL Butter
1 Kalbsniere
2 EL Olivenöl
Salz, Pfeffer
einige Rucolablätter
einige Tropfen Balsamico

Rucolaöl:
1 kleines Händchen voll Rucolablätter
einige Krümel Salz
100 ml Olivenöl

Die Schwarzwurzeln unter fließendem Wasser mit einer kräftigen Bürste abbürsten, halbieren und dann längs auf dem feinen Hobel in dünne Scheiben hobeln. Vorsichtig arbeiten! Direkt in eine Schüssel mit Essigwasser fallen lassen. Tropfnass in eine Kasserolle geben, Essig und Brühe beziehungsweise Fond angießen, Salz und Pfeffer sowie die Butter in Flöckchen zufügen. Zugedeckt etwa fünf bis acht Minuten dünsten, bis die Schwarzwurzeln zwar gar sind, aber noch Biss haben.

Unterdessen die Kalbsniere putzen, das heißt alle weißen Innenstränge herauslösen – dafür mit dem kleinen Officemesser zunächst die Stränge frei schaben und dann abtrennen.

Die Niere quer in Scheibchen schneiden und gut abtrocknen. Eine blanke Pfanne erhitzen, erst dann das Öl hineingeben und nach und nach die Nierenscheibchen darin braten; unbedingt in kleinen Portionen, weil sie sonst Wasser ziehen und schnell schmoren statt zu braten, das macht sie zäh. Die Scheibchen nur kurz auf beiden Seiten bräunen, erst danach salzen und pfeffern und auf einem Teller nachziehen lassen. Fein geschnittene Rucolablätter untermischen und mit Balsamico beträufeln und Kleckse von Rucolaöl rundum setzen. Für das Rucolaöl die Handvoll Blätter mit wenig Salz und Olivenöl im Mixbecher pürieren.

Legumette

Das ist ein eigentlich ziemlich einfaches, aber doch raffiniertes Gerät, mit dem man aus kompakten Dingen, beispielsweise Rettich, Kohlrabi, Möhre oder Kartoffel, lange, nudelartige Streifen schneiden kann. Mit diesen wiederum lassen sich verblüffende Zusammenstellungen kreieren, zum Beispiel Spaghetti mit Kohlrabistreifen mischen und servieren – das schmeckt nicht nur gut, sondern macht auch Spaß zu essen. Kinder kann man damit prima an Gemüse heranführen und auch die feine Küche profitiert, denn mit den knackigen Gemüsestreifen lassen sich viele Gerichte hübsch anrichten, auch weiche Zutaten kontrastreich aufpeppen. Und schließlich kann man diese Streifen auch auf ungewöhnliche Weise zubereiten:

d1 Garnelen *im* Kartoffelmantel

Macht zwar Mühe, aber auch großen Eindruck! Vor allem, wenn man dann auch noch mit den Farben der Kartoffeln spielt und zum Beispiel blaue Kartoffeln dafür verwendet.

Für vier Personen
8–12 Garnelenschwänze (möglichst mit Schale)
2 TL Sesamöl
1 EL Fischsauce
1 Prise Zucker
2 normale Kartoffeln
2 blaue Kartoffeln
Erdnussöl zum Frittieren
1 Stück Ingwerwurzel
2 EL Sojasauce für den Dip

Die Garnelen schälen, das Schwanzende jedoch dranlassen – das sieht nachher hübscher aus. In einer Schüssel mit Fischsauce, Sesamöl und Zucker vermischen und marinieren.

Kartoffeln mit dem Spiralschneider in lange Fäden schneiden, in kaltem Wasser baden, um möglichst viel Stärke herauszuwaschen. Die Fäden dann gut abtrocknen. Die Garnelenschwänze mit diesen Fäden umwickeln, nach Gusto einfarbig oder zweifarbig einpacken.

Im Wok das Erdnussöl erhitzen, die eingewickelten Garnelen darin knusprig braten. Auf Küchenpapier abtropfen.

Ingwer fein reiben und mit der Sojasauce verrühren, in einem Schälchen als Dip dazu servieren.

Vom Umgang mit Messern

Messer werden stumpf, Messer sind gefährlich, Messer sind anspruchsvoll, Messer sind sensibel. Will man Freude mit ihnen haben, sollte man das berücksichtigen, sich ein wenig Mühe geben und vorsichtig mit Ihnen umgehen.

Messer schärfen

Noch vor 50 Jahren wäre kaum ein Privatmensch auf den Gedanken gekommen, seine Messer selbst zu schleifen – in regelmäßigen Abständen kam ein Messerschleifer vorbei, machte sich durch eine Glocke und mehr oder weniger melodisches Rufen bemerkbar und man konnte ihm Messer und Scheren übergeben. Auf einem nassen Schleifstein wurden sie mal perfekt, mal weniger gekonnt geschliffen. Und manchmal machte sich der Messerschleifer mit ihnen auf und davon ...

So ein Grundschliff ist ab und zu nötig, denn mit dem Wetzstahl kann man den Winkel der Spitze kaum verändern, sondern nur nachschärfen oder die umgebogene Spitze wieder gerade richten (entgraten). Für europäische Messer und das chinesische Messerbeil ist diese Methode durchaus empfehlenswert.

Der Wetzstahl ist allerdings nicht ganz einfach zu handhaben – man muss üben, um es zu können: das Messer im richtigen Winkel von etwa 15 bis 20 Grad und mit dem richtigen, nämlich nur leichten Druck an ihm abzuziehen. Stellt man das Messer zu steil oder zu flach oder drückt zu sehr, nützt es wenig, bricht man eher die Schärfe – das Messer ist danach stumpfer als zuvor. Deshalb hat man immer darauf gesonnen, ein leichter und sicherer zu bedienendes Gerät zu entwickeln. Da gibt es gekreuzte Stäbe oder ineinandergreifende Räder, die einen Schlitz bilden, durch den man das Messer ziehen soll. Für die früher üblichen, recht weichen Eisenmesser waren Metallscheiben eine gute Möglichkeit – ein gutes Stahlmesser macht man damit kaputt, bricht oder reißt leicht kleine Stücke aus der Schneide. Also Finger weg davon! Von Stiftung Warentest mit gut beurteilt wurden hingegen (teilweise sehr preiswerte) Geräte, die mit Keramikscheiben bestückt sind.

Statt des beim häuslichen Küchenpersonal einst üblichen Griffs zum Porzellanteller, an dessen unglasierter Kante der Stellfläche man ein Messer ähnlich wie an einem Wetzstahl abziehen kann, empfiehlt sich heute eher eine Schärfbank oder ein Schärfhut. Letzterer hat mit seiner konischen Form den Vorteil, dass man den Schärfwinkel nicht abschätzen muss, was vielen Menschen schwerfällt: Zieht man das Messer senkrecht stehend abwechselnd rechts und links am Kegel vorbei, ist der Winkel genau richtig. Die von der Stiftung Warentest gerügte mangelhafte Standfestigkeit lässt sich beheben, indem man den Kegel festhält. Wichtig: Wenn beim Benutzen auffällt, dass das Messer nicht mehr scharf genug ist, es vor dem Schärfen gründlich mit fettlösendem Spülmittel spülen, damit keine Reste davon an die Schärfgeräte gelangen, die dadurch unbrauchbar würden. Nach jedem Abziehen oder Entgraten das Messer abwaschen – es entstehen immer Eisen- oder Stahlspäne, die man ja nicht an den Speisen haben will.

Messer schleifen

Ein Grundschliff ist für unsere relativ robusten europäischen Messer also ab und zu nötig. Dazu bringen Sie sie entweder zu einem Fachgeschäft, oder Sie versuchen es selbst. Es gibt alle möglichen elektrischen Schleifgeräte – für alle, an denen man freihändig schleift oder das Messer offen an den Schleifstein führt, braucht man Erfahrung und sollte auf keinen Fall mit einem wertvollen Messer üben. Aus den USA kommen Geräte, die eine exakte Führung anbieten und durchaus gute Ergebnisse bei europäischen Messern liefern.

Japanische Messer dürfen mit einer solchen ohne Wasser oder andere Kühlung arbeitenden Maschine aber nicht geschliffen werden! Erstens, weil die beim trockenen Schleifen entstehenden hohen Temperaturen die Struktur des Stahls zerstören könnten und dadurch Härte und Schnitthaltigkeit verloren gehen würden. Zweitens, weil die Schneiden nur auf dem nassen Stein (aus natürlichem oder künstlich gesintertem Material) in den richtigen Winkel geschliffen werden können.

Für japanische Messer ist vor allem aber auch der Wetzstahl ungeeignet, denn man würde den empfindlichen V-Schliff zu einem robusten europäischen U-Schliff verändern, die einseitig geschliffenen Messer so zerstören. Außerdem sind japanische Messer deutlich härter als der Wetzstahl.

Tipps zum Schleifen

Das Schleifen von Messern auf dem Stein scheint für viele Menschen eine beunruhigende, geradezu Angst einflößende Aufgabe zu sein. Dabei ist es recht einfach, wenn man ein Hilfsmittel zur Hand nimmt: Einen Reiter, den der Fachhandel anbietet, den man auf das Messer steckt, um den richtigen Winkel beim Schleifen festzulegen. Es gibt zwei Ausführungen, für kleine (oder schmale) und große (breite) Messer. Wenn mann ein paar Mal mit dieser Schleifhilfe gearbeitet hat, ist der richtige Winkel von 15 Grad ins Blut übergegangen und man wird sich angewöhnen, die Messer nicht nur zu schleifen, wenn sie total stumpf geworden sind – was dann echte Arbeit macht und lange dauert! –, sondern in kurzen Abständen ab und zu zwischendurch schnell zu schärfen, sodass man in wenigen Minuten eine ganze Serie wieder fit für ihre Aufgaben gemacht hat.

Immer über scharfe Messer zu verfügen, ist übrigens nicht nur ein Vergnügen, sondern dient auch der Sicherheit: Wenn man sich auf einen guten Schnitt verlassen kann, arbeitet man mit mehr Vertrauen und gleichzeitig mit der nötigen Vorsicht.

Dies gilt im Übrigen auch für Kinder. Übervorsichtige Eltern geben ihren Kindern stumpfe Messer – das ist gefährlich! Einmal, weil viel Kraft aufgewendet werden muss, um ein Ergebnis zu erzielen, und zum anderen, weil man leicht abrutscht. Beides führt wahrscheinlicher zu Verletzungen als normal (nicht extrem) scharfe Messer, vor denen man Respekt hat und doch mit kindlicher Kraft zum Ziel kommt. Natürlich muss man den Kindern in aller Deutlichkeit plausibel machen, dass ein Messer grundsätzlich Gefahren mit sich bringt.

So finden Sie den richtigen Schleifstein

Wichtig sind natürlich gute Schleifsteine, denn man braucht für ein perfektes Ergebnis mehrere: vorzugsweise erst mal einen mit der Körnung 1000 (nur für sehr stumpfe, ungepflegte Messer wird ein gröberer Stein, etwa Körnung 300, genommen), der nass gehalten oder vor dem Schleifen gewässert werden muss. Wer einen noch feineren Schliff haben will, auch fürs gelegentliche Nachschärfen, nimmt dann einen zweiten Stein mit feinerer Körnung (2000 bis 3000). Zum abschließenden Polieren, das zwar nicht unbedingt sein muss, aber ein noch leichteres Gleiten des Messers durch das Schneidgut garantiert und auch einen schönen Glanz gibt, arbeitet man noch einmal auf einem ganz feinen Stein (Körnung 6000 bis 8000). Praktisch ist ein Stein, der beides hat, etwa 3000 auf der einen Seite, 7000 auf der anderen – das spart auch Platz und Geld, denn die feinkörnigen Steine kosten meist über 100 Euro.

Der Vorgang des Schärfens

Den Schleifstein zunächst mindestens eine Viertelstunde in kaltem Wasser liegen lassen, damit er sich vollsaugen kann. Nur so kann sich jener feine Schleifschlamm bilden, der die Messerklinge scharf und glatt macht. Die Messerklinge flach auf den Stein legen, die Schneide zeigt vom Körper weg, und in den richtigen Winkel von 12 bis 15 Grad kippen (eventuell mit dem Reiter halten – siehe Seite 409). Jetzt die Klinge mit etwas Druck leicht schräg zur Längskante des Steins vor und ohne Druck zurück bewegen, wobei durch die Schrägstellung im Laufe der Bewegung die Messerschneide von der Spitze bis zum hinteren Ende über den Stein gleitet; man kann dies auch durch eine Bewegung in Form einer Acht tun. Ganz wichtig: Den Druck nur bei der Bewegung vom Körper weg ausüben, immer ohne Druck zurückziehen. Der Fachmann nennt diese Schleifbewegung

„Zug“ und empfiehlt etwa 70 Prozent der Züge auf der einen Messerseite, anschließend die restlichen 30 Prozent auf der anderen zu tätigen. Dies geschieht aber nicht nur in einem Arbeitsgang, sondern in mehreren: Für den Grundschliff eines eher stumpfen Messers macht man 70 solcher Züge auf der einen Seite, wendet das Messer und lässt 30 Züge auf der anderen Seite folgen (auf einem Stein mit grober Körnung). Rechtshänder schleifen die rechte Seite länger, Linkshänder die linke. In einem zweiten Durchgang folgen 28/12 Züge, was noch einmal wiederholt wird. Schließlich wird der Grobschliff mit 7/3 Zügen beendet. Das Messer ist jetzt scharf, gleitet aber noch nicht gut, weil die Oberfläche der Schneide ziemlich rau ist. Deshalb folgt ein Feinschliff (auf mittlerer Körnung) mit je zweimal 14 Zügen auf der einen und 6 Zügen auf der anderen Seite, endlich noch einmal 7/3 Züge. Jetzt kann man bereits gut mit dem Messer arbeiten, die meisten Menschen sind damit schon sehr zufrieden. Perfekt gleitet das Messer aber erst nach dem abschließenden Polieren. Dazu arbeitet man auf der superfeinen Körnung das gleiche Programm wie beim Feinschliff. Das Messer jetzt warm abwaschen, um alle Schleifrückstände zu entfernen, und gründlich abtrocknen, das Messer mit dem Rücken ins zwischen Daumen und Zeigefinger gehaltene Tuch legend! Das alles hört sich komplizierter an, als es ist. Denn wenn Sie Ihre Messer regelmäßig (je nach Häufigkeit des Gebrauchs alle 14 Tage oder ein mal die Woche) pflegen, haben Sie die Sache buchstäblich im Griff: Dann ist nur ein kurzer Grobschliff mit einmal je 28/12 und 7/3 Zügen sowie der Feinschliff (mit Polieren) nötig – und das dauert keine 30 Sekunden! Bei dieser Methode wird das Messer nicht nur geschliffen, sondern auch entgratet und damit geschärft. Prüfen Sie nach jedem Arbeitsgang die Schärfe des Messers. Es muss ohne Druck sofort durch eine Tomate gleiten oder ein Blatt normales Papier sauber zerteilen.

Einseitig geschliffene (ebenfalls japanische) Messer immer acht mal mit 15 Grad auf der geschliffenen Seite schärfen und nur zwei mal ganz flach auf der glatten Seite entgraten. Die üblichen europäischen Messer sollten Ungeübte nicht auf dem Stein schärfen, sie würden nämlich statt des U-Schliffs den empfindlichen V-Schliff bekommen und damit den Vorteil ihrer Robustheit verlieren. Ausnahme sind die hochwertige Messer kleiner Manufakturen, die am einst auch bei uns üblichen V-Schliff festhalten.

Nach dem Schleifen das Messer warm abwaschen, um alle Schleifrückstände zu entfernen, und gründlich abtrocknen!

Schärfen von eingebauten Klingen

Ein Problem beim Schärfen entsteht immer dann, wenn das Messer eingebaut oder die Schneide nicht zugänglich ist – wie bei Sparschälern und Hobeln. Kann man die Klinge ausbauen, lässt sie sich mit einem Wetzstahl einigermaßen bearbeiten – in diesem Falle die schräg angeschliffene Seite mit einem Winkel von etwa 12 Grad mehrmals bestreichen, dann die gerade Seite zwei, drei Mal ganz flach am Stahl vorbeiziehen, um nur den Grat zu entfernen. Ist die Klinge fest eingebaut, behilft man sich mit einem einfachen, kleinen Küchenmesserchen: mit dessen Rücken an der angeschrägten Innenseite der Klinge mehrmals hin- und herschaben, dann die flache Außenseite mit dem Wetzstahl flach entgraten.

Messerpflege

Es sollte sich von selbst verstehen, dass man ein Messer nicht als Flaschenöffner, Schraubenzieher oder Dosenöffner verwendet. Mit den heute üblichen rostfreien Messern hat man wenig Last – man sollte sie nicht längere Zeit Säuren oder Salz aussetzen, das könnte selbst der rostfreie Stahl übel nehmen.

Reinigen

Unter keinen Umständen dürfen Sie Messer in den Besteckkorb der Spülmaschine stellen – das ist ihr sicherer Tod! Das Wasser schlägt beim Spülen die Klingen und Schneiden gegeneinander und sie werden schnell stumpf. Wenn überhaupt, gute Messer höchstens einzeln in die Besteckschublade legen. Japanische Messer auf keinen Fall in die Maschine geben, denn die Reinigungsmittel sind zu aggressiv und der Griff könnte, die Schneide wird leiden! Diese Messer werden am besten unter fließendem heißem Wasser mit einem Tuch abgerieben und anschließend gleich getrocknet – Tuch nicht über die Schneide, sondern natürlich vom Messerrücken her verwenden! Auch Messer mit Holzgriff gehören nie in die Spülmaschine, denn das Holz verzieht sich zwangsläufig. Deshalb solche Messer auch nicht einweichen, in Nässe oder Feuchtigkeit liegen lassen. Die Klinge nicht rostfreier Messer nach dem Spülen nur trocknen, nicht mehr mit bloßen Fingern anfassen, sondern entweder ölen oder in Öl- oder Zeitungspapier einschlagen. Wenn sie angelaufen sind oder Flecken haben, mit Scheuermilch beträufeln und mit einem Naturkorken oder Luffaschwamm abreiben. Danach gründlich spülen und mit Öl einreiben (siehe Seite 411); spezielles Kamelienöl (aus Japan) oder auch Olivenöl sind am besten geeignet.

Arbeitsbretter

Manche Leute mögen es schick finden, auf Glas zu arbeiten – ihre Messer machen sie dabei kaputt! Auch auf Porzellan, Granit, sogar auf dem relativ weichen Marmor darf man nicht schneiden: Nur Plastik oder Holz sind erlaubt! Während für Restaurants und andere beruflich genutzten Küchen Plastik vorgeschrieben ist, können wir im Haushalt beim traditionellen und wesentlich besser geeigneten Holz bleiben. Denn entgegen der landläufigen (und amtlicherseits herrschenden) Meinung ist Holz hygienischer als Plastik: während sich in den durch das Schneiden verursachten Vertiefungen im Plastik die Bakterien munter vermehren, werden sie vom im Holz enthaltenen Gerbstoff abgetötet. Freilich sind manchmal aus ästhetischen Gründen Effekte erwünscht, die man nur durch farbiges Plastik erzielen kann. Und weichere Plastikbretter sind gerade für japanische Messer schonender. Die Arbeitsbretter aber niemals mit dem Messer schabend reinigen – die werden dadurch schnell stumpf, die Schneide kann schartig werden. Dazu lieber eine Ziehklinge verwenden, die ohne qualitative Einbußen in einer Schublade bereitliegen kann!

Aufbewahren

Auf keinen Fall gehören Messer lose in eine Schublade, denn dabei berühren sich die Schneiden und nehmen zwangsläufig Schaden. Entweder also

- in der offenen Originalverpackung in die Schublade legen;
- Messerhalter in der Schublade installieren (zum Beispiel für Besteckschubladen, es gibt aber auch spezielle Systeme für Küchenmesser) und die Messer dort hineinstellen;
- die Messer in einen Messerblock aus Holz oder Kunststoff (ohne Metallfassungen!) stecken;
- die Messer an eine Magnetleiste hängen – dabei darauf achten, dass immer zuerst der Messerrücken angelegt und beim Entfernen zuerst die Schneide abgehoben wird, damit diese nicht beschädigt werden kann.

Praktisch und schön: Messerbox

Man kann sie kaufen, sich aber auch leicht selbst basteln: eine ebenso simple wie schöne und praktische Messerbox: Holzspießchen (wie für Schaschlik) dicht an dicht, aber auch nicht zu fest gepackt aufrecht in eine Holzkiste stellen – große und kleine Messer einfach dazwischenstecken. Am besten erst die Hölzchen kaufen und die Höhe der Kiste nach ihnen ausrichten – dann ist eine gleichmäßige Oberfläche garantiert; denn will man die Hölzchen selbst auf eine bestimmte Länge kürzen, muss man sehr aufpassen, dass sie wirklich absolut gleich lang werden!

d2 Reiben *und* Raffeln

Eine Reibe oder Raffel braucht man, um Zutaten zu zerkleinern, hauptsächlich rohe. Berühmt gemacht hat diesen Küchengegenstand der Schweizer Arzt und Vollwert-Ernährungs-Pionier Oskar Bircher-Benner, der zu Beginn des 20. Jahrhunderts als Basis einer gesunden, vollwertigen Ernährung rohe Äpfel propagierte, und zwar fein gerieben.

Der Siegeszug des Müslis

Nicht etwa die Haferflocken waren für Bircher-Brenner das gesundheitsförderliche Element im bis heute nach ihm benannten Müsli, sondern der Apfel. Der liefere, meinte Bircher-Benner, dem Organismus „biologisch wirksame Lichtquanten" und damit Lebenskraft. Das Bircher-Müsli war also eine Apfelspeise mit Nüssen, Zitronensaft und ein paar Haferflocken drin. Was heute unter der Bezeichnung als Tütenware angeboten wird – in der, wenn überhaupt, wenig Äpfel, dafür viel Getreide und leider noch mehr Zucker stecken –, hat mit dem Vollwertideal des Erfinders nichts mehr gemein.

Dabei ist mit einer guten Reibe (fein) oder Raffel (grob) ohne jegliche industrielle Tütenhilfe eine überaus wohlschmeckende Speise schnell gemacht: ein, zwei Äpfel (zum Beispiel der säurefrische Elstar oder der knackige Glockenapfel) fein gerieben, mit etwas Zitronensaft vermischt, schon damit sich das Mus nicht unschön verfärbt, ein paar grob gehackte Nüsse dazu und ein Schlag Sahne untergemischt – ungesunden Zucker braucht man keinen und die gesunden Haferflocken können, müssen aber nicht sein.

Lebensmittel in ihrer wahren Schönheit

Die Idee des Rohen war damals unerhört, bis dahin hatte man praktisch immer alles irgendwie und meist auch viel zu lang gekocht. Auf einer Reibe fein zerkleinert, konnte man nun auch feste und harte Früchte und Gemüse sogar roh durchaus genießen. Tatsächlich ist Rohkost ja ein Genuss! Wichtig ist aber – freilich neben einer guten Vinaigrette oder Marinade –, dass die Zutaten entsprechend gleichmäßig zerkleinert sind.

Heute bieten die Küchenmaschinen meist ein Schnitzelwerk, das reiben und raffeln kann, perfekt und gleichmäßig sowie in größeren Mengen. Wer jedoch mal eben einen Apfel zu Mus reiben oder zwei Rettiche für einen Salat raffeln will, der wird dafür keine Maschine bemühen, die er danach auseinandernehmen, spülen und wieder zusammensetzen muss, sondern über eine Reibe froh sein, die er nach Gebrauch nur mal eben kurz unter den fließenden Wasserhahn zu halten braucht.

Grobe und feine Reibflächen

Die einfachste Reibe oder Raffel ist ein Blech, in das entsprechend große oder kleine Löcher gestanzt sind, an deren nach einer Seite gebogenem und scharfkantigem Rand das Lebensmittel, das man darüber rasch hin- und herbewegt, aufgerissen und so zerkleinert wird. Große Löcher raffeln grob, kleine entsprechend fein, Rosetten- oder sternförmige Löcher zermusen eher, und schlitzförmige schließlich schneiden in Scheiben, hobeln also. Es kommt nun darauf an, dass diese Schneidflächen so scharf sind, dass die Zutaten nicht ungleichmäßig gerissen, sondern so glatt wie möglich eher geschnitten werden. Denn glatte Schnittstellen verhindern Oxidation und sorgen für mehr Geschmack. Es hängt deshalb von der Qualität der Reibe oder Raffel ab, wie gut die Rohkost schmeckt!

Lange Zeit galt die Vierkantreibe aus Edelstahl als praktisches Utensil, dessen verschiedene Seiten die unterschiedlichen Ergebnisse lieferten. Aber, wie es so häufig ist, wenn einer alles können soll, dann ist er mit keiner seiner Leistungen tatsächlich Spitze. Außerdem ist das Vierkantmodell nicht wirklich praktisch in der Handhabung, weil man die Zutaten von der Seite her reiben muss und man so weniger Kraft und Druck ausüben kann, als auf der über eine Schüssel gelegten, von oben zu benutzenden Reibfläche.

Einzelreiben sind also nützlicher, und man kann sich auch mit der Reibe beziehungsweise den Reiben begnügen, die man hauptsächlich braucht. Wer gern Rösti isst, braucht eine entsprechende Raffel, die die gekochten Kartoffeln in gröbere Schnipsel zerlegt, wer lieber Möhren zur Rohkost reibt, nimmt eher die feinere Version.

In der Profiküche hat man übrigens zum Raffeln und Reiben die sogenannte Mandoline, ein teures Präzisionsgerät, das über verschiedene perfekt geschliffene Messer-, Schneid- und Reibflächen verfügt. Es arbeitet fantastisch, aber ist teuer (um 200 Euro), ziemlich raumgreifend und für den Privathaushalt überdimensioniert.

Von der archaischen zur modernen Reibe

Vor allem eine feine Reibe braucht man in der Küche ständig, für die verschiedensten Dinge: um Zitronenschale in den Teig zu reiben, Muskat in die helle Sauce, den Käse für die Pasta, Ingwer in die Marinade, den Meerrettich zum Räucherfisch oder Schokolade fürs Dessert. In jedem Fall muss die Reibe effizient arbeiten, einfach zu handhaben und am Ende leicht zu reinigen sein.

In Japan hat man schon vor Jahrhunderten, vor allem um Wasabi, die leuchtend grüne meerrettichscharfe Wasserwurzel zu zerkleinern, kleine Reiben aus einem speziellen Stück Haifischhaut angefertigt, dessen winzige Dornen so exakt neben- und übereinander sitzen, dass sie eine säbelscharfe, perfekte Reibfläche bilden. Darauf ließ sich die harte Wurzel zu feinem Mus zerkleinern. Längst ist das Naturprodukt durch eine Metallform ersetzt, charakteristisch dafür sind die versetzt angebrachten Dornen, auf denen gerieben wird, die geradezu wie Widerhaken wirken und unglaublich scharf sind (siehe Bild rechts). Man benutzt sie heute weniger für Wasabi, der so leicht verdirbt, dass man ihn lieber getrocknet und als Pulver in den Handel bringt, man nimmt sie eher für Ingwer oder auch den beliebten Rettich (daikon), der fein gerieben mit heller Sojasauce verrührt zum Shabu Shabu gehört.

Auch bei uns werden die Reiben immer schärfer: Winzige, per Laser ultrascharf gemachte Messer haben bei den hochwertigsten Produkten die durchgestanzten Löcher ersetzt. Damit werden die Zutaten nicht mehr gerissen, sondern exakt geschnitten. Inzwischen gibt es ein ganzes Arsenal dieser Modelle, Raspeln und Reiben von fein bis grob, für Zitronenschale, Ingwer, Gewürzen, wie Zimt, Muskat, auch Salz; natürlich für Käse, Schokolade, sogar harte Gemüse, wie Meerrettich, Möhren oder Kohl.

Diese präzise schneidenden Reibblätter erleichtern nicht nur die Arbeit, alles geht ruckzuck, sie nutzen die Zutaten auch erheblich besser aus. Deshalb müsste man eigentlich als Rezeptangabe präzisieren: Mit dieser ultraeffektiven Reibe genügt schon die abgeriebene Schale einer halben statt einer ganzen Zitrone, weil sie derart exakt und dünn geschnitten viel mehr Würzkraft spendet. Und wenn man dann den Saft braucht, drückt man die Zitrone über der Reibe aus, benutzt sie also als Sieb und fängt die Kernchen auf.

Welche Reibe wofür?

Natürlich steht diese Frage immer vor dem Kauf. Will man zum Beispiel häufig den Käse für seine Pasta reiben? Es ist Geschmackssache, wie man das tut. Die Bandbreite bei den Spezialisten für diese Aufgabe reicht vom italienischen Luxusmodell, bei dem die erstklassig stabile Edelstahlreibe mit perfekt scharfen Löchern in der richtigen Feinheit im edlen Kirschholzkasten sitzt, über die handlichen Mühlen-Modelle, die man teilweise auch bei Tisch direkt über dem Teller benutzen kann (je nach Geldbeutel aus Plastik, Holz, Edelstahl oder Silber) bis zu exotisch anmutenden Holz- oder Bambusreiben. Man kann sich den Käse natürlich auch mit einer der modernen Laserreiben zerkleinern, die universell einsetzbar sind.

Wir empfehlen, jeweils eine grobe und eine feine Reibe zu erwerben – so ist man für die meisten Zwecke gut gerüstet. Und zwar ein normales, breiteres Modell, das gut auf der Schüssel aufliegt. Schmale lange Reiben haben auch ihre Vorteile: Sie liegen gut in der Hand und können direkt über Topf oder Pfanne benutzt werden. Herkömmliche Reiben oder Raffeln muss man regelmäßig ersetzen, nicht nur bei heftigem Gebrauch. Sie verbiegen sich im Dauereinsatz und können schon mal rosten.

d3 Mühlen *und* Mörser

Mühlen zum Mahlen von Getreide gibt es seit Urzeiten. Die ersten Mühlen für den Hausgebrauch sind jedoch erst knapp 200 Jahre alt – vorher hat man sich mit Mörser und Pistill (Stößel) als Zerkleinerungsinstrument zufrieden geben müssen, wie das in vielen Teilen der Erde auch heute noch üblich ist.

Mühlen für Kaffee und Espresso

Die erste und bis vor gar nicht langer Zeit wichtigste Mühle war die Kaffeemühle – und ist es für viele in jüngster Zeit wieder geworden. Darüber haben wir im Zusammenhang mit der Espressomaschine bereits auf Seite 260 geschrieben – nur eine erstklassige Mühle kann infrage kommen, denn nur dann wird man als anspruchsvoller Espressogenießer wirklich Freude an der Mühle, an der Espressomaschine und am Espresso selbst haben!

Pfeffermühlen

Die Pfeffermühle folgte bald schon als zweite Mühlenart, sie wurde erstmals 1842 von der Firma Peugeot auf den Markt gebracht: Auch sie hat meist ein Kegelmahlwerk aus Edelstahl oder Keramik (in Einwegmühlen auch aus Kunststoff). Noch immer sind die meisten Mühlen für Handbetrieb gemacht, inzwischen kosten aber auch batterie- oder akkubetriebene Elektromühlen nicht mehr viel mehr – im Kasten auf der nächsten Seite sagen wir Ihnen, wofür diese Mühlen hilfreich sein können. Der Körper der Mühle kann aus Holz, Edelstahl, einem anderen Metall oder Kunststoff sein. Heute unterscheidet man kaum mehr zwischen Küchen- und Tischmühlen – die gestalterische Vielfalt bietet für jeden Gebrauch und Geschmack das Richtige.

Wie das beste Mahlwerk beschaffen sein muss, beschäftigt viele Menschen – es ist fast ein Glaubenskrieg entbrannt zwischen den Anhängern von Edelstahl oder Titan und den Befürwortern von Keramik. Mit all diesen Materialien erreicht man für eine gute Mühle große Härten von 60 oder sogar mehr HRC (siehe Seite 377), und das genügt auf jeden Fall.

In einem perfekten Haushalt wird man mehrere Mühlen haben – eine für schwarzen, eine für weißen, eventuell eine für eine bunte Pfeffermischung, möglicherweise haben Liebhaber eine für grüne (gefriergetrocknete) oder rosa Beeren. Natürlich kann man auch mit einer Mühle auskommen, in die man schwarzen und weißen Pfeffer gemischt einfüllt. Die Einwegmühlen mit Plastikmahlwerk von den großen Gewürzfirmen sind mit qualitativ anspruchsloser Massenware gefüllt und eher fürs Picknick oder den Studentenhaushalt geeignet.

Pfeffermühlen: Tipps für den Kauf

Auseinandernehmen Nehmen Sie im Laden die Mühle auseinander: große Zuführnuten im Mahlwerkkonus sind empfehlenswert, sie packen die Körner besser, und sie sollten scharfkantig sein!

Ausprobieren Probieren Sie die Pfeffermühle aus! Im guten Fachgeschäft hält man Pfeffer bereit. Um gewappnet zu sein, nehmen Sie ein paar Körnchen mit. Dabei sollten Sie auf die folgenden Punkte achten:

Scharfes Mahlwerk Die Kanten der Mühlenkomponenten müssen scharf sein, also mehr schneiden als quetschen.

Exakter, runder Lauf Achten Sie darauf, dass die Mühle auch auf engster Einstellung exakt läuft und nicht schleift – das würde sie schnell ruinieren (die scharfen Kanten also abrunden – bei billigen Mahlwerken passiert das und sie werden dann schnell wirkungslos).

Guter Einzug des Mahlgutes Das Mahlwerk sollte die Pfefferkörner gut einziehen und nicht immer wieder zurückschubsen. Das passiert entweder weil die Kanten des Mahlwerks zu rund (geworden) sind oder der Zwischenraum zwischen Kegel und Ring zu klein ist.

Justierbarkeit Eine gute Mühle hat eine gut einzustellende, dann aber möglichst sich nicht mehr selbst verstellende Justierung, um von pulverfein bis grob die Körnung des Mahlgutes variieren zu können. In Saucen bevorzugt man meist ein fein gemahlenes Pulver, auf Fleisch oder Melone etwa will man lieber ein grober gemahlenes, eher geschrotetes Korn. Ärgerlich, wenn die unten angebrachte Mutter samt Kegel und Mühleninhalt in die Suppe fällt! Es ist aber auch blöd, wenn eine oben sitzende Schraube sich beim Drehen immer fester anzieht und man viel Kraft aufwenden muss, oder der Pfeffer unten immer feiner herausrieselt.

Liegt die Mühle gut in der Hand? Es ist wichtig, dass die Mühle gut in der Hand liegt. Man muss sie ordentlich fassen und drehen können. Immer wieder findet man formal gelungene, aber beim Gebrauch in der Küche nicht praktische Lösungen: Anders als bei Tischmühlen, die man beim Essen mit sauberen Händen anfasst, muss sich eine Küchen-Pfeffermühle auch mit nassen, im Notfall auch fettigen Händen drehen lassen.

Brauche ich eine elektrische Mühle? Elektrische Pfeffermühlen sind praktisch, denn man kann sie mit einer Hand bedienen. Die Bauchhöhle eines Fisches zu pfeffern gelingt so auch allein.

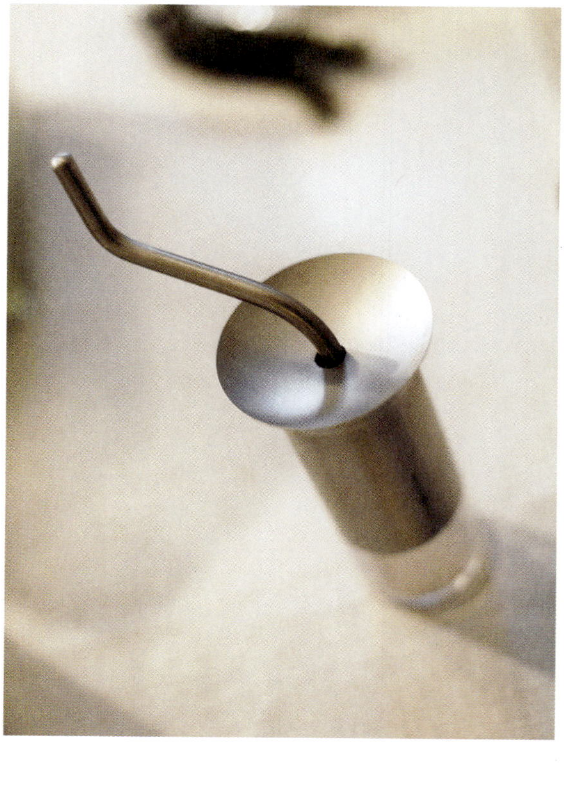

Salzmühlen

Als sich vor einigen Jahrzehnten bei uns eine vielschichtige Salzkultur entwickelte, wurden Pfeffermühlen zu Salzmühlen umfunktioniert. Doch es stellte sich schnell heraus, dass Salz für die Mahlwerke aus Edelstahl zu aggressiv ist, vor allem das Feuchtigkeit enthaltende Meersalz ließ sie rosten. Hier sind natürlich Keramik-Mahlwerke nicht nur überlegen, sondern praktisch unersetzlich. Gute Mühlen schaffen selbst die großen Kristalle von Himalaya-Salz. Auch grobkörniges Meersalz kann man in die Mühle geben, Fleur de sel (Salzblüte) oder die Flocken von englischem Maldon-Salz hineinzutun, ist natürlich purer Unsinn, denn gerade die besondere Struktur dieser Salze ist ja der Witz! Im Gegensatz zu Pfeffermühlen sind Salzmühlen wohl eher eine Sache der modischen Befindlichkeit als wirklich nötig.

Kräuter- und Gewürzmühlen

Darunter versteht man im Prinzip klassische Pfeffermühlen, die einfach umfunktioniert werden, indem man getrocknete Kräuter und Gewürze darin zerkleinert – oft verstopfen die Mühlen dabei, werden die Blätter oder Stengel leicht zu Staub zerquetscht. Und wenn die Gewürze reichlich ätherische Öle enthalten, verkleben die Mahlwerke und übertragen auf das Mahlgut mit der Zeit einen ranzigen Geschmack. Die meisten Kräuter zerreibt (rebbelt) man lieber mit dem Daumen in der Handfläche – das gibt einen besseren Vorgeschmack auf die Aromatik als das Mahlen in einer Mühle und erleichtert die richtige Dosierung. Sehr entbehrliche Geräte!

Muskatmühlen

Ob eine Mühle oder die klassische Reibe, eins davon braucht man in jedem Fall, denn fertig gemahlenes Pulver kann mit frisch geriebenem Muskat nicht mithalten. In der Muskatmühle arbeitet kein Mahlwerk, die Nuss wird vielmehr von einer Dornenkrone oder Gabel erfasst, die am Drehknauf befestigt ist. Damit dreht man die Nuss über ein Messer im Mühlenboden, das feine Flocken abschabt. Sehr sauber, exakter beim Bearbeiten und wesentlich weniger gefährlich für die Finger als eine der klassischen Muskatreiben – daher zu empfehlen!

Vom Umgang mit Mühlen

Altes Mahlgut entfernen Für alle Mühlen (außer die Muskatmühle) gilt: Wenn man sie nicht täglich benutzt, immer erst zwei oder drei Umdrehungen mahlen, damit das bereits vermahlene Pulver, das sich noch in der Mühle befindet, herausbefördert wird – es hat sein Aroma weitgehend verloren, wenn es längere Zeit herumgestanden hat.

Nicht im Dampf mahlen Niemals über kochender Flüssigkeit mahlen, denn der aufsteigende Dampf befeuchtet das gemahlene Pulver und das setzt sich im Mahlwerk fest – die Mühle verliert ihre Funktionsfähigkeit, der Geschmack wird beeinträchtigt und das Ganze ist alles andere als hygienisch. Verhindern kann man das Verkleben nur, wenn man zunächst in die hohle Hand mahlt und dann das Mahlgut über das zu würzende Gericht verteilt. Nur wenige Pfeffermühlen haben einen Auffangbehälter oder lassen sich unten verschließen, wie früher die Tischmühlen.

Mühle säubern Da es im Eifer des Gefechts doch immer mal wieder passieren kann, dass man über dem Topf mahlt und sich etwas verklebt, muss man ab und zu die Mühle auseinandernehmen und das Mahlwerk sorgfältig reinigen – bei mäßiger Verschmutzung mag eine trockene Bürste genügen, besser alles gründlich sauber spülen und abtrocknen, dann (auf der Heizung) noch gut nachtrocknen lassen, damit auch die letzen Reste von Feuchtigkeit verdunstet sind, ehe die Mühle wieder befüllt wird.

Gewürzschneider

Erst vor Kurzem kamen diese Geräte auf den Markt. Gewürzschneider sind besonders vielseitig einzusetzen, leicht zu reinigen, arbeiten unglaublich präzise, sind aber leider nicht eben billig (ab 130 Euro), da sie für den Profi-Küchenchef erdacht wurden. Sie sind eine echte Innovation: Die scharfen Titan-Mahlwerkmesser des Gewürzschneiders machen das Gerät tatsächlich zu einem Schneidwerk. Es hat einen oben offenen Trichter, den eine Scheibe nur lose abdeckt, sodass man schnell die zu mahlenden Körner, Gewürze oder getrocknete Aromaten, auch Salz einfüllen kann (Bild Seite 420, rechts). Mit wenigen Umdrehungen ist das Mahlgut exakt zerkleinert und fällt in den dazugehörigen Auffangbehälter, der auch als Standfuß dient. Sofort danach kann man etwas anderes einfüllen und mahlen – individuell zusammengestellte Mischungen oder einfach nur Pfeffer. So kommt man tatsächlich mit einer einzigen Mühle aus, kann immer optimale Qualität und bestens gelagerte Gewürze verwenden, die nicht lange in der Mühle herumgestanden haben oder sogar bereits vermahlen wurden und ihr Aroma verloren haben.

Mörser

Den Mörser können wir meist kräfte-, zeit- und arbeitsparend durch den kleinen Mixbecher oder den Zerhacker ersetzen. Kein vernünftiger Mensch wird seinen Pesto im Mörser stampfen, wenn er einen Mixstab in seiner Küche hat. Trotzdem ist ein kleiner Mörser in einer guten Küche unverzichtbar. Zum Beispiel, wenn man Safranfäden (nur solche sollte man kaufen, denn mit Pulver wird man viel zu oft übers Ohr gehauen) für eine Creme oder Sauce mahlen will, in der keine Fäden zu sehen sein sollen. Damit nichts vom kostbaren Pulver verloren geht, ist ein glatter Mörser aus Messing nützlich. Aus raueren Mörsern muss man den Safran mit heißem Wasser lösen und ausspülen.

Braucht man für manche Zubereitungen eine Mischung unterschiedlicher Gewürze, etwa um einen Braten zu würzen, einem Ragout besonderen Geschmack zu geben, für Eintöpfe oder Marinaden, kann ein robuster Mörser jedoch gute Dienste leisten. Der muss nicht nur groß genug sein, die ganze Portion zu fassen, sondern an seiner Innenwand muss man so harte Teile wie Gewürzkörner zerreiben können. Dafür muss das Material rau genug sein, um als Reibfläche zu dienen, und der Stößel ausreichend stabil und kräftig. Da sind die schweren Mörser aus Asien, die man im Asialaden für erfreulich wenig Geld (ab etwa 10 Euro) kaufen kann, aus derber Keramik oder aufgerautem Stein, eher geeignet als die feinen, glatten Mörser aus Porzellan oder Marmor, wie sie in Europa üblich sind – und dort eher für Salben, Pasten, Cremes aus Kräutern, Knoblauch und Gemüse zum Einsatz kommen. Will man mit einem solchen Mörser harte Zutaten zerkleinern, dient eine gute Prise Salz als Schmirgelhilfe.

Die Entfaltung der Aromen gelingt im Mörser perfekt – die ätherischen Öle und empfindlichen Duftstoffe werden durch das langsame Arbeiten im Mörser besonders geschont. Allerdings braucht man Kraft, um eine Portion Gewürzkörner zu feinem Pulver zu zerreiben. Man kann sich dann ruhig von einer Maschine helfen lassen: Der kleine Mixbecher (Seite 47 bis 59) ist da eine unschätzbare Hilfe. Damit ist eine solche Gewürzmischung im Handumdrehen pulverfein.

Braucht man eine Gewürzmischung in kleinsten Mengen, nimmt man am besten den Gewürzschneider (siehe oben) oder gibt sie in einen gusseisernen Gewürzmörser. Dieser Mörser, ein kleines gusseisernes Gefäß, mit seinem Gegenpart, dem Pistill, der genau hineinpasst und mit seiner gerippten Unterseite die Gewürzkörner unter einer drehenden Bewegung zerreibt, eignet sich auch für getrocknete Kräuter ausgezeichnet. Für frische Zutaten, Knoblauch, Ingwer oder frische Kräuter, sollte man sie, entgegen den Angaben des Herstellers, nicht verwenden, denn die Zutaten werden gequetscht und verändern, weil sie sofort oxidieren, ihren Geschmack negativ. Man braucht auch bei diesem Gerät ordentliche Kraft in der Hand, um gleichzeitig drücken und drehen zu können. Und man muss das Teil sorgsam vor Feuchtigkeit bewahren, damit es nicht rostet!

d3 Gewürzmischungen

Bevor man Gewürze zerkleinert, müssen die meisten von ihnen geröstet werden, damit sie sich entfalten und ihr Aroma freigeben. Nutzen Sie dafür unbedingt eine blanke Pfanne, eine Beschichtung könnte dabei Schaden nehmen, natürlich ohne jedes Fett: einfach die Körner und Samen in der Pfanne erhitzen, bis sie zu springen und zu hüpfen beginnen und betörend duften. Dabei die Pfanne immer wieder schwenken, die Gewürze schütteln, damit sie nicht zu lange an einem Fleck liegen bleiben und verbrennen. Schließlich im Möser oder im kleinen Mixbecher zum feinen Pulver zermahlen. Was nicht gleich verbraucht wird, kann man einige Zeit in einem Schraubglas aufbewahren. Aber nie zu viel auf einmal herstellen – frisch ist jede Gewürzmischung am besten!

Für dunkles Fleisch (Rind oder Lamm)

Je 1 EL weiße und schwarze Pfefferkörner, 6 Wacholderbeeren, 1 TL Kümmel, 1 EL Senfsaat, 3 Kardamomkapseln, 1 TL Pimentkörner, 1–2 getrocknete Chilischoten, 1 großes Stück Macis (Muskatblüte), ½ TL Zucker, 3 EL Meersalz

Pfeffer, zerdrückte Wacholderbeeren, Kümmel, Senf, die aus der Kapsel gelösten Kernchen des Kardamoms, die Pimentkörner und die von den Kernen befreiten Chilis sowie das Macisstückchen in der heißen Pfanne anrösten. Dann mit Zucker und Salz zu feinem Pulver mixen.

Für Schweinefleisch

Je 1 EL weiße und schwarze Pfefferkörner, 1 TL dunkle Senfsaat, 1 EL Kümmel, 3 Wacholderbeeren, 1 Nelke, 1 getrocknete Chilischote, 1 EL Delikatesspaprika, 2 EL getrockneter Majoran, 3 EL Meersalz

Pfeffer, Senfkörner, Kümmel, zerdrückte Wacholderbeeren, Nelke und entkernte Chilischote rösten. Mit Paprikapulver, Majoran und Salz im Mörser oder Mixbecher pulverisieren.

Für helles Fleisch (Kalb, Geflügel, Kaninchen)

2 EL weiße Pfefferkörner, 1 EL helle Senfsaat, 1 TL Koriandersamen, ½ TL Fenchelsamen, ½ Lorbeerblatt, 1 fingernagelkleines Stück Muskatnuss, 1 EL getrockneter Thymian, 1 Stück Zitronenschale, 1 kleine getrocknete Chilischote, ½ TL Zucker, 3 EL Meersalz

Pfeffer, Senfkörner, Koriander- und Fenchelsamen, Lorbeerblatt, Muskat, Thymian und Zitronenschale sowie entkernte Chilischote in der heißen Pfanne rösten. Mit Zucker und Salz pulverfein mixen.

Tipp: Frische Kräuter gehören nicht in eine Gewürzmischung, die gibt man lieber beim Kochen hinzu oder am Ende ins fertige Gericht. Das gilt auch für robuste Kräuter, die es vertragen, mitgekocht zu werden, wie Rosmarin. Nur wenn Kräuter im getrockneten Zustand eine andere Würzkraft haben, wie Majoran oder Thymian, kann man sie in die Mischung einarbeiten.

d4 Siebe

Von Joachim Ringelnatz wissen wir: Die Löcher sind die Hauptsache an einem Sieb. Und das Lexikon erklärt uns: Ein Sieb ist ein „Flechtwerk zur Größentrennung von Feststoffen". Feststoffe unterschiedlicher Größe, das können beispielsweise Getreidekörner sein, die man durch Siebe mit unterschiedlichen Lochgrößen aussieben und so sortieren kann. In der Müllerei verwendet man eine Reihe immer feinerer Siebe, um die immer weiter ausgemahlenen Bestandteile des Korns zu trennen, und so die unterschiedlichen Produkte zu erzielen, vom groben Schrot über Dunst und Grieß bis zum feinen Mehl.

Siebe in der Küche

In der Küche braucht man Siebe, um feste Bestandteile aus einer Flüssigkeit aufzufangen, um eine glatte, feine Konsistenz zu erzielen (beispielsweise von Suppen und Saucen), um unerwünschte Bestandteile aus der Flüssigkeit zu entfernen, sie zu herauszufiltern (Teeblätter, Kernchen oder Schalenbestandteile), oder um Flüssigkeit abtropfen zu lassen, etwa von Nudeln, Salat, Obst oder Gemüse, Quark oder Joghurt. Siebe benötigt man täglich für die unterschiedlichsten Aufgaben. Es gibt viele Arten von Sieben: Abtropfsieb, Küchensieb, Teesieb, Mehlsieb, Passiersieb, man spricht auch vom Seiher, in der Fachsprache heißt es Passoire (das runde Küchensieb) oder Chinois (das Spitzsieb). Ein nützlicher Küchengegenstand mit vielen Namen und ein jeder klärt auch gleich über den speziellen Nutzwert auf. Im Prinzip kommt es, da hat Ringelnatz vollkommen recht, auf die Löcher an, nämlich auf ihre Größe.

Abtropfsieb (Durchschlag) und Seiher

Das Abtropfsieb oder der Durchschlag hat die größten Löcher. Es ist eine Art Schüssel, aus Metall (Emaille oder Edelstahl) oder aus Plastik, mit Füßchen und vielen kleinen Löchern am Boden und immer weniger, dafür größeren Löchern in der Seitenwand. Es dient zum Abtropfen von gewaschenem Salat, Obst oder Gemüse, deshalb ist es geräumig und es braucht auch nicht hitzebeständig zu sein. Denn es sind meist die rohen Zutaten, die hierin abgetropft werden. Ein Durchschlag wird zum Seiher, sobald er hitzebeständig ist – also zum Abgießen von Kartoffeln, Nudeln und blanchiertem oder gekochtem Gemüse geeignet (Bild Seite 435, Mitte).

Das Küchensieb

Das Küchensieb hat die Form einer Halbkugel mit Griff und besteht aus einem fein- bis grobmaschigen, netzartigen Material, das unbedingt aus Edelstahl sein sollte – alles andere ist auf die Dauer weder hitze- noch säurebeständig. Es sollte robust und stabil verarbeitet sein, sonst fliegt es nach einiger Zeit auseinander, wenn man es energisch ausklopft. Und das ist zum Reinigen oftmals nötig, um alles, was in den Maschen stecken bleibt, herauszuschlagen. Perfekt ist ein bis zu fingerbreiter Schüttrand aus Edelstahl, der zusätzlich für Stabilität sorgt. Der Griff sollte gut in der Hand liegen, gegenüber eine stabile Lasche zum Auflegen sein. Küchensiebe kann man eigentlich nie genug haben, auf alle Fälle in mehreren Größen. Vom Teesieb (mit ungefähr 8 bis 10 Zentimeter Durchmesser), das Teetrinker natürlich ausschließlich für ihren Tee nutzen und deshalb ein zweites brauchen, um die Zitronenkerne aufzufangen oder Puderzucker über den Kuchen zu stäuben. Bis zum großen Brühsieb (das so heißt, weil man brühheiße Sachen darin abtropfen lassen kann, zum Beispiel die Bestandteile einer Brühe) mit 20 (als Spitzsieb – siehe Seite 434) bis 25 Zentimeter Durchmesser, als sehr feines Haarsieb.

Es gibt fein- bis grobmaschige Siebe. Und sogar zweiflügelige, die zu Kugelkörbchen zusammenzuklappen sind, etwa für Teeblätter, die man darin nach dem Ziehen leicht wieder aus der Kanne heben kann, oder für Gewürze, die so im Suppentopf beieinanderbleiben und sich mit einem Griff wieder entfernen lassen. In großen verschließbaren Siebkörben kann man sogar andere Zutaten, zum Beispiel Reis für die Beilage, in der Brühe mitgaren und ausquellen lassen.

Wenn Flüssigkeiten im Spiel sind, gibt es zwei Arten, ein Sieb zu nutzen: Man kann mit dem Sieb abseihen und passieren. Beim Abseihen läuft die Flüssigkeit von selbst ab, im Sieb bleiben die festen Bestandteile übrig. Das wird für das folgende Rezept genutzt. Im Gegensatz zum Abseihen muss man zum Passieren stets nachhelfen, entweder mit dem Kochlöffel oder mit einem Gummischaber wird die gesamte Masse durch die Maschen gedrückt, passiert. Festere Mischungen treibt man sogar mit einem flachen (im Spitzsieb), natürlich entsprechend spitz geformten) Holzstößel hindurch, bis im Sieb nur noch Spelzen und ungewünschte Reste bleiben. Will man ein paar frische Himbeeren durch ein Sieb streichen, kann die klassische Porzellankugel an einem Holzstab sehr gute Dienste leisten.

d4 Quark-Mousse

Ein leichtes Dessert, in jeder Beziehung: einfach zu machen und federleicht am Gaumen. Außerdem prima vorzubereiten und immer eindrucksvoll. Also ideal für Gäste. Auch, weil man die Speise bereits am Vortag zubereiten muss, damit sie über Nacht in einem Sieb abtropfen kann. So bekommt die Mousse ihre duftige Konsistenz und Festigkeit. Falls das Sieb nicht wirklich haarfein ist, macht das nichts: einfach mit Küchenpapier oder einem Tuch auslegen.

Für vier Personen
250 g Magerquark
1–2 EL Honig
1 TL Vanillezucker
abgeriebene Zitronenschale
1–2 EL Zitronensaft
1 Prise Salz
150 g Sahne
250 g Erdbeeren
(oder andere Früchte der Saison)
1–2 TL Zucker
1 EL Orangenlikör
evtl. kandierte Veilchen zum Dekorieren

Quark mit Honig, Vanillezucker, Zitronenschale und Zitronensaft sowie der Salzprise in eine Schüssel füllen. Mit dem Pürierstab einmal durchfahren, bis alles glatt und gut gemischt ist.

Die Sahne wegen der geringen Menge am besten im Sahneschläger (siehe Seite 450) steif schlagen. Mit einem Gummischaber unter die Quarkmasse heben, sie damit gleichmäßig auflockern.

Ein rundes Küchensieb mit einem Blatt Küchenpapier auslegen, die Quarkmasse einfüllen, das Sieb vorsichtig aufklopfen, damit sich die Mousse darin schön gleichmäßig verteilt – daran denken, dass die Kugelform des Siebs der Speise nachher ihre Form verleiht. Über eine Schüssel hängen und bis zum nächsten Tag in den Kühlschrank stellen.

Zum Servieren die Mousse auf einen Teller stürzen, das Küchenpapier abziehen. Erdbeeren (oder andere Früchte) in Scheibchen schneiden, mit Zucker und Orangenlikör vermischt eine halbe Stunde marinieren. Dann rund um die Mousse hübsch anrichten. Mit kandierten Veilchen dekorieren.

d4 Avocado-Creme

Dafür muss die Avocado reif sein. Man kann das spüren, wenn man sie in die Hand nimmt und ebenso behutsam wie gleichmäßig drückt: Ihr Fleisch sollte etwa so nachgeben, wie zimmerwarme Butter auf sachten Fingerdruck – allerdings funktioniert das nur mit dünnschaligen Sorten; bei den dickschaligen muss man sich auf sein Gefühl verlassen, oder eigens zum als Sofort-Verzehr ausgewiesene Früchte kaufen. Unreife Avocados schmecken nicht nur nicht, sie lassen sich auch nicht zu einer glatten Creme mixen. Legen Sie sie in einem solchen Fall für ein paar Tage zum Nachreifen neben einen Apfel in die Obstschale. Der verströmt Äthylen, das der Avocado auf die Sprünge hilft …

Für zwei bis drei Personen
1–2 reife Avocado
1 Schalotte
1 rote Chilischote
½ Bund Schnittlauch
1 unbehandelte Zitrone
½ TL Salz
2 Pimentbeeren

Die Avocado halbieren, den Stein entfernen, mit einem Löffel das Fruchtfleisch herauslösen.

Sollte die Avocado überreif sein und bereits braune Fäden im Fleisch eingelagert haben, muss man das Fleisch durch ein Sieb streichen, um diese Fäden zu entfernen. Danach das Püree mit einer Gabel verrühren dabei die übrigen Zutaten untermischen: sehr fein gewürfelte Schalotte, entkernte und winzigklein gewürfelte Chilischote und feine Schnittlauchröllchen.

Ansonsten kann man alles nur grob zerkleinern und mit dem Avocadofleisch in einem Mixbecher pürieren. In jedem Fall den Saft der Zitrone zufügen, nach Belieben auch etwas abgeriebene Zitronenschale, außerdem natürlich Salz und Piment.

Zum Beispiel auf Crostini, Vollkornbrotecken oder auf kleinen Pumpernickeltalern servieren. Oder als Sauce zu frisch gekochten Pellkartoffeln.

Flotte Lotte

Ein schöner und treffender Name für ein so praktisches Teil wie dieses Passiergerät, Passiersieb, auch Passier- oder Gemüsemühle genannt. Sie verdankt ihre bei uns längst als Gattungsbegriff verstandene Bezeichnung jener Charlotte Giebel, die in den 50er-Jahren dieses praktische Ding für Deutschland erstmals produzieren ließ. Sie wird bis heute unter diesem Markennamen verkauft, aber längst nennt man auch alle anderen Gemüsemühlen so.

Erfunden wurde die Gemüsemühle in Frankreich, schon lange vor dem Krieg, von Jean Mantelet, der auf seinem Erfolg mit diesem Moulin-Legumes später die Haushaltsgerätefirma Moulinex gründete. Tatsächlich gibt es diesen „Passevite", wie man in Frankreich und in der Schweiz dazu sagt, bis heute. Das Gerät wird – moderne und bessere Zeiten! – nicht mehr aus Weißblech, sondern aus Edelstahl gefertigt, das sich leichter reinigen und sauber halten lässt, vor allem aber Säure- und Rostangriffen trotzt, spülmaschinenfest und absolut geschmacksneutral ist.

In der Küche ist das Gerät unersetzlich: Wie sonst soll man das gekochte Gemüse für die Cremesuppe pürieren oder glattes Apfelmus erzielen oder Himbeersauce ohne Kernchen? Einfach die gekochten Früchte oder Gemüse in die weite Öffnung schütten und durch bequemes Kurbeln durchpassieren, schnell und mühelos. Alles, was hart geblieben oder faserig ist, auch Schalenreste oder Kerne, bleibt zurück.

Aber: Nur mit dem richtigen Modell! Das muss nämlich erstens über Siebscheiben mit Löchern in der richtigen Größe verfügen. Die der feinen Scheibe müssen so fein sein, dass auch Himbeerkernchen darin aufgefangen werden. Zweitens müssen die Scheiben absolut dicht im Gerät sitzen, sonst könnten zum Beispiel Apfelspelzen vom Kerngehäuse oder Gräten bei einer Fischsuppe hindurchwitschen. Und drittens, dieser Aspekt ist vielleicht der wichtigste, müssen die Klammern oder Halter, mit denen das Gerät auf eine Schüssel oder einen Topf gesetzt wird, unten am Siebtopf angebracht sein. Das ist bei den meisten Gemüsemühlen nicht der Fall, und dann hocken sie mit ihrem Griff und dem gegenüber befestigten Halter am oberen Rand tief in statt über dem Topf oder der Schüssel. Dann aber ist darunter kein Platz mehr für das passierte Püree ...

Die drei wichtigen Kriterien beim Kauf einer Flotten Lotte:

1. Sehr feine Passierscheiben gehören zum Lieferumfang.
2. Scheiben sind passgenau und sitzen fest.
3. Halterungen im Topf sind unten und nicht am oben Rand angebracht!

d4 *Hopfauer* Apfelspeise

Ein Dessert, das leicht, erfrischend und immer wieder köstlich ist. Natürlich nur mit selbst gekochtem Apfelmus! Das bekommt seinen charakteristischen Geschmack nicht nur mit den eigens dafür ausgesuchten Äpfeln – zum Beispiel einer Mischung aus Schweizer Glockenäpfeln, Elstar, Rubinette und Golden Delicious, oder auch Berlepsch und Ingrid Marie; man kann auch mit den verschiedensten Gewürzen immer für einen überraschenden Duft sorgen. Seinen Stand, seine cremig-feste Konsistenz verdankt das Apfelmus dem Pektin, das im Kerngehäuse steckt – und deshalb muss das unbedingt mitgekocht werden. Hinterher braucht man natürlich eine Gemüsemühle, um Kerne und Spelzen zu entfernen.

Für vier bis sechs Personen
1,2 kg aromatische Äpfel
1 Zitrone
2 Gewürznelken
nach Belieben auch
– 1 Stück Zitronengras
– 1 Sternanis
– 1 Chilischote (frisch oder getrocknet)
½ Zimt- oder Vanillestange
100 g Zucker
1 Prise Salz
200 g Sahne
100 g Edelbitterschokolade
evtl. einige frische Himbeeren

Die Äpfel waschen, vierteln, Blütenansatz und Stiel entfernen, das Kerngehäuse jedoch unbedingt belassen. In einen Schnellkoch- oder Dampfdrucktopf füllen (siehe Seite 339), mit Zitronensaft beträufeln, gut umwenden, damit alles schön hell bleibt. Ein Stück Zitronenschale zufügen. Ebenso die Gewürze und den Zucker sowie die Salzprise.

Den Topf nach Vorschrift verschließen, rasch zum Kochen bringen und unter Druck setzen. Die Äpfel etwa 5 bis 8 Minuten weich dünsten. Nach Vorschrift abdampfen lassen und den Topf öffnen.

Alles in ein Passiersieb schütten und durchdrehen. Das Apfelmus nochmals abschmecken, eventuell mit Zucker die Süße korrigieren, schließlich abkühlen, kalt stellen und fest werden lassen.

Zum Servieren das Mus in Portionsgläser oder -Schälchen verteilen. Die Schokolade auf einem guten Hobel (siehe Seite 398) in feine Raspel schneiden. Die Sahne ohne weitere Süße steif schlagen. Jeweils auf dem Apfelmus als Haube verteilen. Zum Schluss mit Schokoraspel bestreuen. Eine Himbeere als Dekoration obenauf setzen.

d4 # Kartoffelsuppe

Eine wunderbar cremige und trotzdem herzhafte Suppe, weil sie, durch die Gemüsemühle passiert, gerade den richtigen Grad von feiner Konsistenz bekommt.

Für vier bis sechs Personen
800 g mehlig kochende Kartoffeln
1 Möhre
1 Lauchstange
¼ Sellerieknolle
1 Zwiebel
2–3 Knoblauchzehen
2 EL Olivenöl oder Butter
Salz, Pfeffer
1 EL getrockneter Majoran
evtl. 1 Petersilienwurzel
3 Stengel glatte Petersilie

Kartoffeln, Möhre, Lauch, Sellerie, Zwiebel und Knoblauch putzen beziehungsweise schälen und grob würfeln.

In einem ausreichend großen Topf – gut geeignet ist hier der Schnellkoch- oder Dampfdrucktopf – das Öl oder die Butter erhitzen, das Gemüse darin andünsten, dabei salzen, den Majoran darüber verteilen und auch pfeffern. Wenn vorhanden, auch die zerklei nerte, geschälte Petersilienwurzel mitdünsten. Schließlich alles knapp mit Wasser bedecken. Die Blätter von den Petersilienstielen abzupfen, die Stiele zusammenschnüren und in den Topf legen. Zugedeckt etwa eine halbe Stunde (unter Druck etwa 10 Minuten) gar kochen.

Schließlich zunächst die Flüssigkeit abgießen, allerdings auffangen. Die festen Bestandteile durch die Gemüsemühle passieren und zurück in den Topf füllen. Mit so viel aufgefangener Gemüsebrühe verdünnen, bis die Suppe die gewünschte Konsistenz hat. Sehr kräftig abschmecken.

Zum Servieren in tiefe Teller verteilen. Einen Kringel Olivenöl auf die Oberfläche setzen oder einen guten Löffel Tomagrette (Seite 48) darauf verteilen.

Das Spitzsieb

Das Spitzsieb fehlt in keiner Profiküche und ist in der Tat eine überaus praktische Sache: Es weitet sich nicht rund wie eine Schüssel, sondern läuft, wie der Name sagt, spitz zu. Das bedeutet, dass die Flüssigkeit über die gesamte Fläche bis zur Spitze hinab seitlich abfließen kann und deshalb das Sieb nicht verstopft. Ein gefülltes Spitzsieb lässt sich mit nur einem Kochlöffel oder einer Schöpfkelle als Tropfenfänger unterhalb der Spitze von Schüssel zu Schüssel transportieren, weil alles, was abfließt, erst an der Spitze abtropft. Allerdings: Ein Spitzsieb braucht ein sehr tiefes beziehungsweise hohes Gefäß, damit alles abtropfen kann – sobald die Siebspitze in der durchpassierten Flüssigkeit versinkt, kann nichts mehr abfließen. Ein Gestell, in dem das Sieb dann hoch über der Schüssel eingehängt werden kann, ist also nicht nur praktisch, sondern oft dringend erforderlich, wie zum Beispiel bei der Flotten Lotte Seite 431 zu sehen. Spitzsiebe gibt es als Haar- beziehungsweise Gazesieb und als Ganzmetallausgabe, die mehr oder weniger fein gelocht ist. Letztere sind besonders dann angesagt, wenn auch feste Bestandteilen durch das Sieb getrieben werden sollen, etwa Gemüse für eine Cremesuppe.

Das Pasta- und Blanchiersieb

Solch ein Sieb muss vor allem ausreichend groß sein, damit man auch größere Mengen kochen kann. Für eine anständige Portion Pasta, die für eine größere Runde reicht, kommt man mit den höchstens 20 bis 22 Zentimeter breiten Sieben, die für den Haushalt vorgesehen sind, nicht aus. Die besten, solidesten und robustesten Siebe findet man beim Profibedarf für Groß- und Restaurantküchen. Dort kann man auch größere Formate finden, die übrigens immer zusätzlich verstärkt sind, zu relativ günstigem Preis. Ruhig auch mal im Internet stöbern, dort kann man Siebe in sämtlichen Größen, Formaten und Feinheiten bestellen.

In der Gastronomie verwendet man gern geteilte Siebe, die nur die Hälfte, ein Drittel oder sogar Viertel eines Topfrunds ausfüllen, damit lassen sich bis zu vier unterschiedliche Sorten Pasta im selben (natürlich riesigen) Topf gleichzeitig kochen. Im Haushalt kommt man mit einem ausreichend, nämlich topfgroßen Sieb aus, wie es mit den speziellen Pastatöpfen angeboten wird, mit dessen Hilfe kann man die Pasta fassen und bequem aus dem Topf heben. Dieses Sieb eignet sich auch hervorragend zum Blanchieren von Gemüse, weil man dieses darin gleich zum raschen Abkühlen in Eiswasser stellen kann.

Mehlsieb

Man kann auch ein normales Sieb nehmen, aber das Mehlsieb ist praktischer. Das Mehl wird beim Durchsieben aufgelockert und mit Sauerstoff versorgt, erhält erst dadurch gute Backeigenschaften. Mittels eines Griffes lässt man entwe-

Spitzsieb

Pasta- oder Blanchiersieb

Mehlsieb

der eine Rosette am Boden eines Bechers über einem Siebgeflecht kreiseln oder man rüttelt den Siebkörper am Griff mit feststehender Gabel hin und her: Das Mehl rieselt luftig-locker durch. Auch für Puderzucker zu empfehlen.

Siebkellen

Man findet sie für kleines Geld in Asienläden, und zwar in unterschiedlichen Breiten, bis zu Topf- und Pfannendurchmesser. Die gerade richtig eng geknüpften, flachen Siebflächen aus Messingdraht sind an einem Bambusstiel befestigt; sie sind leicht, kosten nicht viel und sind prächtig geeignet, die Pasta, Gemüse oder was auch immer mit einem Griff aus dem Kochwasser zu heben, abtropfen zu lassen und in eine Schüssel zu transportieren. Sehr empfehlenswert! Kleine Siebkellen, oval geformt, um Eier aus dem Kochwasser zu heben, rund für Knödel, sowie länglich, um sie auch als Schneebesen nutzen zu können, sind praktisch, vor allem, wenn sie griffbereit über dem Herd oder der Arbeitsfläche hängen und gleich zur Hand sind, wenn man sie braucht.

Das Abschüttsieb

Das Abschüttsieb ist ein flacher, gelochter Vorsatz aus Edelstahl, den man statt des Deckels auf eine Seite des Topfes steckt, wenn man ihn ausgießt; durch die Löcher kann das Kochwasser ablaufen, der Inhalt wird im Topf zurückgehalten. Trotzdem braucht man Topflappen, damit die kippenden Hände vor dem heißen Dampf geschützt sind. Besonders für Pasta praktisch, die so nicht vollständig abtropfen und gleich im Topf mit dem Sugo vermischt werden kann.

Die Salatschleuder

Eigentlich eine höchst praktische Sache, wenn man nicht eines jener Modelle aufgeschwatzt bekommen hat, das angeblich einen so hilfreichen Zweitnutzen bietet: bei der nämlich das herausgeschleuderte Wasser in einer Schüssel aufgefangen wird und die man dann gleich als Salatschüssel verwenden soll. Es empfiehlt sich vielmehr das klassische Modell der Salatschleuder, deren Schüssel nach unten offen ist (auch eine Art Sieb!). Eigentlich ist dieses Gerät dann eine Salatwaschmaschine: Die Salatblätter locker einfüllen, die Schleuder mit ihrem Deckel verschließen, in das Spülbecken setzen, den Wasserhahn öffnen, seinen Strahl in die Öffnung lenken und nun so lange am Zugfaden ziehen und das Sieb sich drehen lassen, bis unten nur noch sauberes Wasser ausläuft. Wasserhahn schließen, schleudern – fertig! So einfach, so unendlich praktisch! Aber Sie müssen lange suchen, bis Sie eine solche Salatwaschmaschine finden. Bleiben Sie beharrlich, es gibt sie! Vielleicht führt ja mehr Nachfrage endlich auch zu größerer Verbreitung dieses sinnvollen Geräts. Und was ist vom angeblichen Zweitnutzen der anderen Geräte zu halten? Es gibt wahrlich schönere Salatschüsseln als die von der Salatschleuder!

Siebkellen

Abtropfsieb

Salatschleuder

d5 Folien, Backpapier *und* Beutel

Küchenpapier zum Sauberwischen, Klarsicht- oder Alufolie, Backpapier für Bleche und Formen und natürlich Gefrierbeutel in allen Größen – man kann sich gar nicht mehr vorstellen, wie man einmal ohne diese nützlichen Dinge leben konnte.

Klarsicht- und Alufolie

Diese Folien sind unersetzlich, ohne sie geht gar nichts. Klarsichtfolie nimmt man, um Zutaten abzudecken, frisch zu halten, vorm Austrocknen zu schützen, zum Marinieren einzuwickeln, das Pausenbrot einzupacken. Man kann in Alufolie dünsten oder schmoren, sie schützt vor Spritzern, bewahrt im Ofen das Gebäck davor, zu dunkel zu werden ... Diese Liste ließe sich seitenweise fortsetzen.

Man braucht sowohl Klarsicht- als auch Alufolie täglich und immerzu. Deshalb ist es auch so wichtig, dass die Rollen griffbereit an- oder untergebracht sind und man stets ohne Umstand die nötige Menge abreißen kann. Zur Not tut's die Abrisskante an der Verpackung, aber für ungeduldige Leute taugt sie nicht, sondern reißt sofort ein. Besser ist deshalb ein solider Spender an strategisch richtiger Stelle in der Nähe des Hauptarbeitsplatzes. An der Wand oder in einer Schublade. Da kann man unter unzähligen Modellen wählen. Wichtig ist eine wirklich scharfe Reißkante.

Um Lebensmittel oder Speisen für den Kühlschrank abzudecken oder einzuwickeln, empfiehlt sich eigentlich immer Klarsichtfolie (oder ein wiederverwendbares Häubchen aus Plastikfolie). So kann man auf einen Blick sehen, was sich darunter verbirgt, und nichts bleibt in der Kühlschrankecke unentdeckt. Alufolie hat den Nachteil, dass säurehaltige Speisen sie angreifen und sogar auflösen können.

Sobald Hitze ins Spiel kommt, zum Grillen oder Garen im Backofen, ist natürlich Alufolie nötig. Für größere Bratenstücke gibt es extrabreite und extrastarke Folie. Immer das Gargut auf die glänzende Seite legen (G auf g – so lässt sich das gut merken!), sie reflektiert und verstärkt dadurch die Hitze innen, die matte Seite lässt die Hitze besser eindringen. Während man umgekehrt diesen Effekt nutzt, um den Auflauf vor zu starker Bräunung oder die Topfgriffe im heißen Backofen vor zu großer Hitze zu schützen – hier sollte die glänzende Seite nach oben beziehungsweise außen zeigen.

Man kann auch einfach eine Rolle Alufolie an einem Stab hinter dem Herd an der Wand befestigen. Sobald gebraten wird und Spritzer drohen, zieht man die Folie wie ein Rollo bis zur Arbeitsfläche herab. Danach wird das beschmutzte Stück einfach abgeschnitten, die Wand darunter mitsamt allen Kellen ist sauber!

Backpapier

Mit Backpapier spart man sich das Einfetten von Blechen und Backformen und später lästigen Abwasch. Auch lässt sich das Gebäck damit leichter

auf die Servierplatte befördern und zerbricht nicht so schnell. Man kann darin auch „en papillotte“ zubereiten, also verschiedene Zutaten wie Fleisch, Fisch oder Gemüse mit den gewünschten Aromaten und Gewürzen verpacken und im Ofen backen; dabei darauf achten, dass über dem Gargut ein Freiraum bleibt, damit der Dampf zirkulieren kann. Backpapier ist beschichtet und verträgt die übliche Backofenhitze bis ungefähr 250 Grad Celsius.

Backfolien

Besser noch als Unterlage für Kuchen und Gebäck geeignet sind die modernen Backfolien aus Teflon oder Silikon, die man immer wieder verwenden kann, und die schnell gereinigt sind, weil auf deren glatter Oberfläche garantiert nichts ansetzen oder festbacken kann. Allerdings darf man auf ihnen nicht schneiden, das nehmen sie sehr schnell übel!

Bratschlauch

Den Bratschlauch aus bis 200 Grad hitzebeständiger Folie kann man bequem von der Rolle wickeln und nach Bedarf entsprechend zuschneiden, sodass man immer die gewünschte Größe zur Verfügung hat. Gleichgültig, ob man nur ein kleines Lachskotelett oder ein ganzes Brathähnchen mitsamt Gemüse einpacken will. Empfindliche Zutaten bleiben darin in der Ofenhitze vor Austrocknen geschützt, garen im eigenen Saft und bekommen doch eine schöne Kruste, wenn die Garzeit entsprechend lang ist. Das eine Ende wird bereits vor dem Einfüllen mit dem mitgelieferten Verschlussband verschnürt. Dann legen Sie Fisch, Fleisch, Gemüse hinein und geben etwas Wasser, Wein oder eine andere aromatische Flüssigkeit (ist notwendig, damit schnell ausreichend Dampf entsteht) hinzu, nach Gusto auch Gewürze und (aus geschmacklichen Gründen) Butter oder Öl. Abgesehen davon kann man auf Fettzugabe verzichten, weil die Zutaten im Bratbeutel nicht anbacken, sondern eher in der feuchten Atmosphäre auf eine komplexe Weise garen – zwischen dünsten, dämpfen und braten.

Den jetzt wie ein Beutel wirkenden Schlauch so weit wie möglich öffnen, damit viel Luft hineinkommt. Dann wird auch das andere Ende verschlossen, sodass man eine Art Riesenbonbon erhält. Dabei darauf achten, dass die Verschlussnaht nach oben kommt! Dort in der Mitte mit der Schere einen kleinen Schnitt setzen, damit der beim Erhitzen entstehende Dampf entweichen kann – vergisst man dies, gibt's unweigerlich eine kleine Explosion! In die Mitte des kalten Blechs (Fettpfanne) betten und auf der unteren Schiene in den vorgeheizten Ofen schieben – der Bratschlauch darf dessen Wände nicht berühren. Auch der Grill darf nicht zugeschaltet werden! Schon bald entsteht durch die Hitze im Bratschlauch ein feuchter Dampf, der das Paket dekorativ aufbläht. Die Garzeit verändert sich gegenüber der „normalen“ Dauer im Ofen nicht. Weil auf eine Fettzugabe verzichtet werden kann, eignet sich diese Methode des Garens hervorragend für die Diätküche. Außerdem bleiben Saft und Aromen sehr gut erhalten, auch in kleineren Portionen. Und obendrein spart man Arbeit: Ofen und Bratenpfanne oder Backblech bleiben sauber! Weiterhin gibt es speziell für das Dämpfen in der Mikrowelle entwickelte Folienbeutel (siehe Seite 241).

Gefrierbeutel

Gefrierbeutel aus Plastikfolie braucht man nicht nur zum Einfrieren. Man kann darin auch Reste im Kühlschrank unterbringen und später in der Mikrowelle wieder aufwärmen. Zum Einfrieren muss möglichst alle Luft aus dem Beutel gezogen werden. Dafür ist ein Vakuumiergerät praktisch. Da gibt es eine große Bandbreite: vom leichten

Haushaltsmodell, das mit den handelsüblichen Folienbeuteln auskommt bis zu (fast) professionellen Geräten, die spezielle, stabilere Folienbeutel verlangen, die auch nicht so leicht verletzt werden können, zum Beispiel von herausstehenden Knochen. Es kommt also ganz darauf an, ob man nur gelegentlich auf Vorrat kocht und die zweite Portion einfrieren will, oder ob es regelrechte Wintervorräte sind, die für längere Zeit eingefroren werden sollen, Obst und Gemüse aus dem eigenen Garten oder größere Mengen Fleisch (aus eigener Schlachtung oder Jagd).

Ansonsten sind Gefrierbeutel in allen Größen bei den unterschiedlichsten Gelegenheiten in der Küche nützlich. Zum Beispiel auch für das Pausenbrot oder zum Marinieren: Etwa Hühnerflügel in den Beutel geben und Sojasauce, Honig und Aromaten (Knoblauch, Ingwer, Chili, Kräuter, Pfeffer, Zimt und Nelken) zufügen, den Beutel so halten, dass keine Luft mehr drinbleibt (Öffnung nach oben), glattstreichen, umknicken und mit einem Gummi oder Draht verschließen. Jetzt den Inhalt kneten, damit sich alle Zutaten gut vermischen und rund um das Fleisch verteilen – so kommt man mit einem Minimum von Marinade aus und erzielt einen besseren Effekt, als wenn man die Teile in einem Topf oder einer Schüssel marinieren würde.

Spritzbeutel

In den meisten Fällen dürfte ein Gefrierbeutel sogar ein fast ebenbürtiger Ersatz für einen Spritzbeutel sein, der zum Beispiel hilfreich ist, wenn man eine weiche Füllung in ihre Hülle praktizieren will. Da genügt es oft, die Masse in einen solch preiswerten Beutel zu packen und eine Ecke abzuschneiden, um damit bequem und einigermaßen sicher arbeiten zu können. Und am Ende wirft man den Beutel einfach weg.

Wenn's aber darum geht, exakt zu arbeiten, zum Beispiel aus Baisermasse gleich große, runde Macarons auf ein Blech zu setzen (siehe Seite 122) hat man einen solchen Plastikbeutel nicht so gut im Griff wie einen richtigen Spritzbeutel oder Spritzsack. Er ist aus einem stabileren, beschichteten Material und liegt deshalb besser in der Hand. Auch gibt es dafür spezielle Tüllen mit unterschiedlichem Durchmesser, die die Füllung gleich entsprechend formen. So lassen sich glatte und gerippte Punkte, Streifen und Verzierungen in professioneller Akkuratesse spritzen. Und mit einer ganz langen Tülle aus Metall kann man sogar Krapfen mit Marmelade füllen.

d6 *Diverse* Spezialisten

Alles, was man beim Kochen immer schnell zur Hand haben muss, wird in diesem Kapitel beschrieben. Und das ist mehr als man vielleicht zunächst denkt.

Die große Vielfalt

Es gibt so viele kleine Spezialisten für fast alles. Dazu gehören zum Beispiel Suppen- und Saucenkellen, die am besten über dem Herd bereithängen, dazu Schaumlöffel zum Herausheben von Nudeln oder Gemüse, Knödelheber, Trichter zum Abfüllen, Dosierhilfen zum Abmessen, Bratkartoffelwender, Schneebesen, Gummischaber, Paletten, Spachtel, Tortenplatten, Tortenheber, Bratenwender, Siebe, Reiben, Flaschenöffner, Korkenzieher, Schraubglasöffner. Auch Küchenbeile, Kuchengitter, Kirschentsteiner, Salatnetz, Rühr- und Abtropfschüsseln, Töpfe, Bürsten und Tücher können gehängt werden. Messer sind am besten an einer Magnetleiste oder in speziellen Blöcken untergebracht, Kochlöffel kann man wie die Rührschaufel für den Wok, Reislöffel, Salatbesteck, Passierhilfen und Pinsel aufrecht in Töpfe stellen. In den Schubladen unter der Arbeitsfläche liegen Pinzetten zum Ziehen von Gräten aus Fischfilets, Teigrädchen und Teigkärtchen, Nussknacker und Nussmesser, Eierschneider, der Zitronenkegel, Knöpfle-Hobel und Spätzle-Presse, Ausstechformen, Plätzchenmodel und das Nudelholz (entweder tatsächlich aus Holz, das freilich immer ausreichend bemehlt werden muss, oder mit Teflonbeschichtung, an der weniger anhaftet – manche Verwender empfinden diese Rollen aber als zu leicht), und über dem Herd stehen Eierpicker und Zeituhr. Viele der Utensilien haben wir an anderem Ort ausführlich im Buch besprochen, einige verstehen sich von selbst, einige wollen wir hier kurz ansprechen.

Spezialisten für Knoblauch

Der Knoblauch scheint die Erfinder besonders herauszufordern. Da gibt es beispielsweise Pressen mit einer ausreichend großen Kammer, in die man die Zehen sogar mit Schale legen kann und es kommt trotzdem ein feines, sauberes Püree heraus. Vor allem hat man sich viele Gedanken um die Reinigung des Gerätes gemacht: Das Pressen selbst geht ja schnell, aber die anschließende Säuberung kann alle Vorteile zunichtemachen. Einige Hersteller liefern ein bürstenartiges Teil dazu, um die Löcher im dicken Metallboden frei zu stoßen. Das ist aber umständlich. Auch Teflonbeschichtungen halten nicht, was die Hersteller versprechen. Inzwischen hat man mit verschiedenen Klappmechanismen bessere Ergebnisse erreicht: Man kann bei diesen Pressen eine solide Lochplatte so schwenken, dass sich die Reste unter dem Wasserstrahl leicht herausspülen lassen. Durchaus empfehlenswerte Geräte! Knoblauchpressen erleichtern eigentlich nur die klassische Methode des Pürierens von Knofel im Mörser. Dabei sollte man aber immer Salz und Öl zufügen, denn sonst oxidiert die Masse und wird bitter. Profiköche behaupten oft, beim Pressen des Knoblauchs passiere dies auch – da hätten sie recht, wenn man das Püree anschließend so stehen ließe. Wer es aber gleich weiterverarbeitet, braucht das nicht zu befürchten. Ein kleines, schnelles Püree kann man auch prima auf einer feinen Reibe herstellen, etwa einer japanischen Wasabi-Reibe mit extrem spitzen Zähnen (siehe Seite 417). Das sogenannte Knoblauchkärtchen arbeitet genauso, eine scheckkartengroße Plastikkarte mit kantigen Erhebungen – unspektakulär, aber effektiv, das Mus ist noch glatter als durch die Presse gedrückter Knofel. Oder man greift auf die feinen neuen Reiben zurück, die ebenfalls im Kapitel d2 ab Seite 416 beschrieben werden. Aber immer gilt: Unverzüglich nach dem Reiben weiterverarbeiten, um Oxidation zu vermeiden! Indes: Nicht immer wünscht man sich den Knoblauch als Püree, manchmal wünscht man den Biss kleiner Knoblauchwürfelchen. Bevor man sich ans Würfeln machen kann, gilt es jedoch, die Schale zu entfernen. Wenn die Knollen nicht mehr ganz jung sind, ist das Schälen sehr mühsam, weil die papierdünne, trockene Haut bricht und splittert und sich partout nicht lösen will. Oder, wenn die Knollen frisch sind, viel Saft austritt und alles klebt. In diesen Fällen kann ein Knoblauchschäler nützen – nichts weiter als eine Röhre aus Silikon: Man legt die Zehe hinein, rollt sie leicht drückend hin und her – schon springt die Schale von alleine ab. Kleiner Nachteil: Die Zehe wird dabei etwas gequetscht, also feucht vom eigenen Saft und teilt ihren Duft unverzüglich und intensiv den zugreifenden Fingern mit. Hier hilft nur ein Handschuh. Am einfachsten ist die asiatische Methode, ganz ohne Spezialgerät: Mit der breiten Klinge des relativ schweren Messerbeils oder eines großen Messers flach auf die Zehe hauen, sodass die Haut abspringt: Die Schalen wegsammeln, den nun schon grob zerquetschten Knoblauch nach Wunsch fein hacken – fertig.

Technisch anspruchsvoller ist der Knoblauchschneider: Eine ingeniöse Konstruktion, bei der ein durch Drehen vorangetriebener Stempel die Zehen durch ein Messergitter presst, sodass Stifte herauskämen, wenn nicht ein sich mitdrehendes Messer Würfelchen dahinter abschneiden würde. Arbeitet makellos, lohnt sich aber auch nur bei größeren Mengen, weil man die Zeit zum Säubern des Geräts mitrechnen muss.

Geschwinder ist ein ähnlich konzipiertes Teil, ebenfalls mit einem Gitter aus Messern, in dem sich Scheiben in Würfelchen schneiden lassen. Diese Scheiben schneidet man mit einem großen Messer oder dem Knoblauchhobel, legt sie auf eine mit kleinen Quadratstiften versehene Platte, klappt das Messer drüber, drückt oder haut kurz drauf – und schon ist alles fertig. Funktioniert mit verschiedenen Einsätzen auch bei Zwiebeln, Champignons, Kartoffeln (für Pommes Frites). „Genius“ genannt – und ist tatsächlich genial, aber nicht ganz billig.

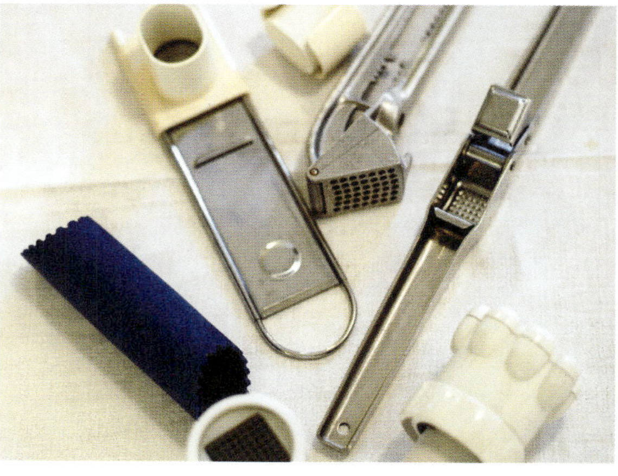

Kartoffeln verarbeiten

Die in Deutschland besonders häufige Vor- und Zubereitung von Kartoffeln wartet geradezu auf findige Ideen! Es beginnt mit dem Waschen oder Bürsten oder Schrubben der erdigen Knollen: Vor allem, wenn Biokartoffeln aus schwerem Boden kommen, können – auch durch verschiedene Krankheiten bedingt – an der Schale hartnäckige Erdreste haften, die sich nicht leicht entfernen lassen. Da helfen die billigen, hartborstigen Gemüsebürsten aus China (siehe unten) oder notfalls der Topfreiniger aus Edelstahlspiralen. Eleganter und ebenfalls wunderbar effektiv sind spezielle, raue Handschuhe zum Kartoffelwaschen.

Roh werden die Kartoffeln mit dem Sparschäler (siehe Seite 390) geschält, mit dessen Spitze oder schwertartigem Ansatz man die Augen und schadhafte Stellen gut ausstechen kann. Eine handbetriebene Kartoffelschälmaschine wird sich nur anschaffen, wer eine mehrköpfige Familie zu versorgen hat, eine elektrische kann zur Küchenmaschine gehören.

Gekochte Kartoffeln spießt man vorzugsweise auf spezielle Kartoffelgabeln mit drei Zinken, die verhindern, dass sie gespalten werden, was eine normale Gabel fast unweigerlich tut. Wer beim Schälen seinen Daumen vor der unerbittlichen Hitze frisch gekochter Kartoffeln schützen will, dem sei ein ganz normales Pflaster über diesen edlen Körperteil empfohlen – klingt albern, ist aber durchaus nützlich!

Sind die (mehligen) Kartoffeln geschält, kommen sie in die Presse, durch die man sie direkt in einen Topf mit heißer Milch drückt. Wer ein seidiges Püree liebt, braucht dieses Gerät unbedingt – die Presse ist durch nichts zu ersetzen. Mit einem Stampfer bleiben im Püree immer Stückchen – die man freilich auch lieben kann! Wer es dann aber versucht, mit dem Handmixer oder Pürierstab glatt zu bekommen, erhält zähen Tapetenkleister. Luftig wird das Püree nur, wenn man es locker mit dem Kochlöffel oder dem Schneebesen (siehe Seite 450) per Hand aufschlägt.

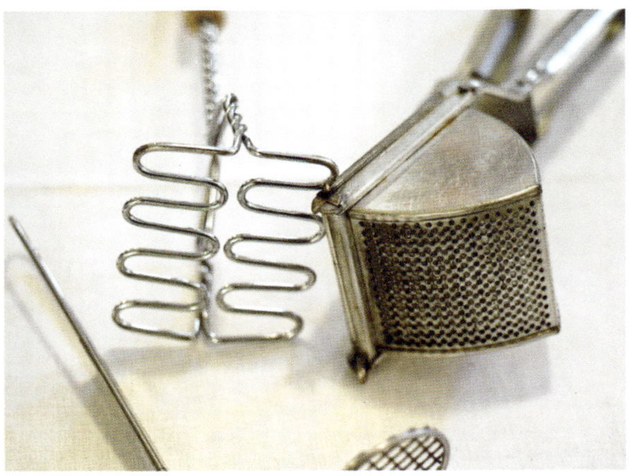

d6 *Warmer* Kartoffelsalat

Nehmen Sie hierfür eine festkochende Sorte, zum Beispiel Sieglinde, Selma oder Bamberger Hörnla (Kipfler).

Für vier Personen
1 kg festkochende Kartoffeln
2 Zitronen
Salz, Pfeffer aus der Mühle
1 rote Chilischote
1 Bund Frühlingszwiebeln oder
1 große Zwiebel (Tropea oder Roscoff)
1 großes Bund glatte Petersilie (vorzugsweise glattblättrige)
2–3 EL Olivenöl
200 g gekochter Schinken (nach Belieben)

Kartoffeln kochen. Währenddessen die Sauce vorbereiten: Zitronen auspressen – sie sollten fünf EL Zitronensaft geben! In der Salatschüssel mit viel, also einem EL Salz (Kartoffeln schlucken Salz!) und Pfeffer verrühren.

Chili entkernen und sehr fein würfeln, Frühlingszwiebeln längs halbieren und dünne Halbringe schneiden, Haushaltszwiebeln würfeln. Petersilie waschen, abzupfen und in Streifchen schneiden. Alles mit dem Zitronensaft vermischen. Kartoffeln schälen und in dünne Scheiben schneiden, die ruhig teilweise zerfallen dürfen. In die Schüssel geben, alles umwenden. Jetzt erst das Öl hinzufügen.

Wer mag, mischt jetzt auch in feine Streifen oder Quadrätchen geschnittenen Schinken unter – klingt erstaunlich, schmeckt aber sensationell gut.

Varianten:
Halb Zitronensaft, halb Balsamico nehmen und statt des Olivenöls ein frisches steirisches Kernöl.

Statt Zitronensaft Estragonessig und ein kräftiges Olivenöl (zum Beispiel aus der Provence, aus Griechenland oder Spanien) verwenden.
Limettensaft nehmen, 4 bis 6 Chilischoten, ebenso fein gehacktem Knoblauch und Ingwer, statt Petersilie Koriander und statt Olivenöl eine Mischung aus 4 EL Kokossahne, 2 EL Fischsauce und 1 EL Sesamöl.

Noch ein Tipp zu einem warmen Kartoffelsalat, wie wir ihn zum sonntäglichen Brunch lieben: Die heißen Kartoffeln schälen und ganz in die Salatsauce legen, wenn alle fertig sind sie nacheinander in der Schüssel mit Messer und Gabel in Scheiben schneiden. Dabei nehmen sie sofort die Sauce mit ihrer Würze an, saugen sich damit voll und man kann auf die Zugabe von Brühe verzichten.

Rund um die Zitrone

Will man ein Gericht mit Zitronensaft würzen, setzt man natürlich nicht eine elektrische Presse in Bewegung – es sei denn, Sie pressen gleich eine größere Menge Zitronen aus (etwa wenn Sie aus der Schale einen Zitronenlikör, Limoncino oder Limoncello bereiten wollen) und frieren den Saft zum späteren Gebrauch portionsweise ein. Normalerweise sind also kleine, schnelle Lösungen gefragt. Am schnellsten ist man, wenn man die Zitrone unter Druck rollt, um möglichst viele Zellwände zu zerstören. Dann halbiert man die Frucht quer und presst sie mit der Hand aus – um die Kerne aufzufangen über einem Sieb oder der zu einer Schale gewölbten Hand mit ganz leicht gespreizten Fingern, sodass nur der Saft zwischen ihnen hindurchlaufen kann. Nachteil: Nur wer außerordentlich kräftig ist, gewinnt allen Saft. Selbst die Zuhilfenahme einer Gabel zum Auflockern des Fruchtfleischs und Zerstören der Kammern und Zellen hilft nur bedingt.Limetten geben übrigens mehr Saft, wenn man sie nicht halbiert, sondern um die Mitte drei Segmente abschneidet, die man jeweils mit den Fingern zusammendrückt. Anschließend auch das stehen gebliebene Kernstück zusammenpressen.

Der Zitronenkegel aus Holz oder Metall

Solch ein Kegel ist eine sehr handliche, geniale Sache: Man bohrt damit in die in einer Hand gehaltenen Zitronenhälfte und löst allen Saft aus, gleichgültig wie groß sie ist, schnell und vollständig. Arbeitet man über einem Sieb, sind auch gleich alle Kerne weg. Mit diesem Kegel kann man also auch die großen, saftreichen Früchte aus Griechenland, Spanien, Sizilien und vor allem von der amalfitanischen Küste auspressen.

Zitronenpressen

Viele der klassischen Zitronenpressen aus Glas, Porzellan oder Kunststoff sind so klein, dass sie sich nur für die supermarktsäuerliche Netzware eignen. Deren reicher Kernesegen quillt dann gerne über den Zackenkranz, der sie zurückhalten soll, und landet mit dem Saft in der Auffangrinne. Sitzt der Kegel mit gelochter Rinne über einem Auffangbecher, besteht wenigstens diese Gefahr nicht. Nicht immer mit befriedigendem Ergebnis, weil bei nicht voll ausgereiften, weichen Zitronen weniger ergiebig, sind die verschiedenen kleinen Einhandpressen, die die Hälften nur zusammendrücken. Unpraktisch sind auch jene in die ganze Zitrone zu drehenden Röhren, Zitronentrichter, die versprechen, dass die Zitronen damit angezapft werden und über mehrere Tage hinweg entsaftet werden können – Pustekuchen. Denn aufbewahren kann man die angestochenen Zitronen ohne empfindlichen Geschmacksverlust natürlich nicht.

Hebel-Obstpresse

Anders ist es mit der großen Hebel-Obstpresse. Auch in ihr werden die Fruchthälften zusammengedrückt, aber mit enormer Kraft, wodurch sie vollkommen ausgepresst werden können. Uneingeschränkt empfehlen kann man sie für Zitrusfrüchte nicht, da bei dieser Methode ein Gutteil der ätherischen Öle, die in der Schale stecken, ebenfalls in den Saft gelangen. Je stärker der Druck, umso mehr. Das kann so viel sein, dass der Geschmack dadurch stark verändert und beeinträchtigt wird – was einige in der Gastronomie verwendeten Geräte ebenfalls tun. Wenn die Früchte mit Wachsen, Konservierungsmitteln oder gar Spritzmitteln (Insektiziden) behandelt wurden, gelangen auch diese in den Saft – das schmeckt dann nicht nur unangenehm, sondern ist auch unbekömmlich: Also sehr darauf achten, woher die Früchte kommen und im Zweifelsfall Bioware wählen ...

Glänzend geeignet jedoch sind diese Geräte für Ananas: Die gründlich gewaschene Frucht mit der Schale in längliche Stücke schneiden und auspressen. Dabei jedes Stück zwei Mal um 90 Grad drehen, einmal in der Längsachse und einmal quer – also insgesamt drei Mal drücken. Jetzt ist aller Saft ausgepresst. Warum man sich diese Arbeit machen soll? Weil man so einen klaren, ungetrübten und sehr dicht schmeckenden Saft bekommt, ganz anders als der schaumige, leicht oxidative Saft, den der elektrische Entsafter produziert oder der entsteht, wenn man die Ananas mixt und abtropfen lässt. Der mit dieser Presse gewonnene Saft schmeckt vor allem in Mixgetränken unvergleichlich gut. Außerdem kann man die abgeschnittenen Schalen auspressen, wenn man die Ananas für ein Dessert zugerichtet hat – es kommt noch erstaunlich viel Saft dabei heraus, der dann zum Drink werden kann! Geeignet weiterhin zum Auspressen von Granat-

äpfeln sowie kleinen Mengen von Johannis-, Stachel- und Jostabeeren, Him- und Brombeeren. Das Gerät gibt es mit Saugnapf zu Befestigung oder es hat Löcher in seinem Fuß, damit man es festschrauben kann – tut man dies, hat man einen ständigen Störfaktor in seiner Küche installiert. Besser: Auf dem Hochschrank unterbringen und bei Bedarf herunterholen, bei der Verwendung gut festhalten.

Die Zitrone bei Tisch

In Italien, wo Zitronen etwas ganz Alltägliches sind, stellt man einfach einen Teller mit Zitronenhälften auf den Tisch, auch wenn man nur ein paar Tropen braucht. Uns in Deutschland sind Zitronen zu wertvoll (zu teuer!), um so verschwenderisch mit ihnen umzugehen. Man mag sich daher – etwa zum Nachwürzen, zum Beträufeln des Wiener Schnitzel oder von Austern – der aus dem Restaurant bekannten Klappen bedienen, mit deren Hilfe man aus schmalen Schnitzen selbst den letzten Tropfen Saft gewinnen kann. Praktisch sind auch Gazehäubchen mit Gummizug, die man über auszupressende Zitronenhälften zieht, damit darin die Kerne zurückbleiben.

Schneiden, Ausstechen, Teilen, Zertrümmern

Messer und andere Schneidwerkzeuge wurden in mehreren Kapiteln ausführlich besprochen. Daneben gibt es nun aber noch eine ganze Menge kleiner Helfer, die hier gewürdigt werden sollen.

Scheren

Kein Zweifel: Die Küchenschere ist ein notwendiges Universalgerät, das in keiner Küche fehlen darf. Tatsächlich sollte sie so konstruiert sein, dass man mit ihr nicht nur die selbstverständlichen Arbeiten verrichten kann, sondern auch solche, die man sonst eventuell versucht sein könnte, mit einem Messer zu erledigen. Welches diese Aufgabe dann übel nimmt, weil es dazu nicht gedacht ist. Zum Beispiel die sich nicht lösenden Stege am Drehverschluss einer Olivenölflasche auftrennen oder den Zugring der Sardinendose oder der Dose mit den Wasabi-Erbsen aufbiegen ...

Stabil sollte die Küchenschere sein, denn manchmal sind auch dickere Materialien zu schneiden, Blumendraht zum Beispiel, der gerne mal in einem Kräuterbund dazwischenkommt. Und möglicherweise kann sie sogar die Geflügelschere ersetzen – die man aber trotzdem haben sollte, wenn man gern ganze Hähnchen oder Enten brät. Man schneidet mit ihr nicht nur die Tiere auf und zerteilt die Gelenke, sondern kann sogar die Rippenknochen von Kaninchen oder einem Spanferkel zurechtstutzen. Wichtig ist, dass sie breite, abrutschfeste Griffe zum kraftvollen Zupacken hat und eine Einbuchtung am Ende der unteren Schneide, in die man den Knochen sicher einlegen kann, damit er beim Zudrücken nicht wegrutscht.

Alles für Eier

Der Eierpicker ist für die meisten Menschen ein ebenso unverzichtbares Utensil wie die Zeituhr, die daran erinnert, wann die Eier fertig sind. Mit einer spitzen Nadel wird die Eischale über der Luftblase am dicken Ende durchstochen, damit diese entweichen kann, wenn sie sich beim Erhitzen ausdehnt, und das Ei nicht sprengt.

Der Eierschneider ist ein äußerst praktisches Gerät: Man kann die hartgekochten Eier damit in Scheiben schneiden, auch zur Dekoration. Oder nach dem ersten Durchschneiden um 90 Grad drehen und nochmals durchteilen, sodass man kleine Würfel erhält. Für Eiersalat und Saucen mit Ei eine äußerst praktische, flink zu erledigende Sache. Und dann kann man damit auch Champignons in exakt gleich dünne Scheiben schneiden! Der Eiertrenner hingegen ist absolut überflüssig: Schlägt man das Ei am Schüsselrand auf, kann man das Eiweiß ohne Weiteres vom Eigelb trennen, indem man es aus der einen Schalenhälfte gleiten lässt und das Eigelb mit der anderen auffängt.

Spätzle und Knöpfle

Für diese süddeutschen Spezialitäten haben sich die Erfinder eine Menge einfallen lassen. Denn das Spätzleschaben mit der Hand ist eine mühsame Sache – früher galt, dass ein schwäbisches

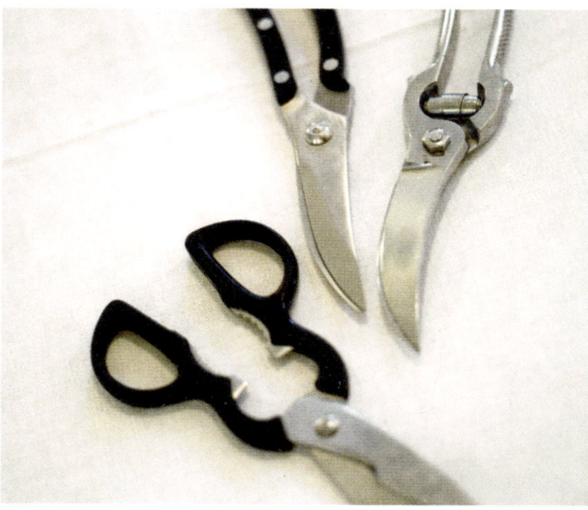

Scheren

Eierschneider

Mädel erst dann heiratsfähig ist, wenn sie das perfekt beherrscht. Da würden heute viele einsam bleiben, gäbe es nicht die Spätzlepresse (eigentlich eher Spätzledrücker oder vulgo Spätzlescheißer): Da füllt man den Teig in eine Art Büchse mit Löchern und presst ihn mittels eines Stempel und Hebels durch. Je nachdem wie fest der Teig ist und wie stark man drückt, werden die Spätzle dünner oder dicker. Bei den früher üblichen runden Löchern wurden sie aber alle gleich – man konnte sofort erkennen, dass sie gedrückt wurden und nicht geschabt waren. Heute gibt es Pressen aus Plastik, die eine Vielzahl verschieden geformter und verdrehter Öffnungen haben. Dadurch bekommen die Spätzle eine ganz individuelle Struktur und Figur und sind am Ende von handgemachten nicht mehr zu unterscheiden – auch geschmacklich nicht.

Man kann den Spätzleteig auch durch eine mit Löchern versehene Wanne streichen oder eine Lochscheibe hobeln, dann bekommen sie ebenfalls durch unterschiedlich starken Druck und variable Geschwindigkeit der Streichbewegung ein persönliches Aussehen. Die Spätzle werden dann aber etwas runder und üppiger – es sind mehr Knöpfle. Wobei es eigentlich gar keinen Unterschied zwischen Spätzle (Schwaben und Allgäu) und Knöpfle (Baden) oder Wasserstriwala (Elsass) gibt.

Ausstechformen und Plätzchenmodel

In der Backschublade tummeln sich die unterschiedlichsten Formen, Schablonen und Model – auch die chinesischen Gemüseausstecher (Sternzeichen und Tiere) fristen hier ein etwas fremdelndes Dasein neben den üblichen, angeblich kindgerechten Gebäckausstechern in Form von Sonne, Mond und Sternen. Sie sind wunderschön, exakt und massiv gearbeitet, vor allem Sellerie-, Möhren-, Kohlrabi, Rettich- und Gurken- oder Zucchinischeiben kann man damit dekorativ ausstanzen: als Suppeneinlage oder zur Verzierung von Gerichten. Wer in Schwaben lebt, hat natürlich Model für Springerle, in Aachen Model für Printen, im Rheinland und Westfalen für Spekulatius. Für Geburtstagskuchen gibt es Schablonen, um Schriftzüge und Motive aufzusieben oder zu streuen. Alles Teile, die nicht wirklich wichtig in der Küche sind; doch je länger man sie benutzt, umso lieber gewinnt man diese Gegenstände, die auch aus sentimentalen Gründen in ihrer Schublade bleiben dürfen. Wenn man Platz dafür hat.

Die Eismühle

Wer nur gelegentlich mal für sich oder maximal drei Personen eine Caipirinha oder einen Daiquiri mixt, braucht keinen elektrischen Eis-Crusher. Da tut es auch eine feste Plastiktüte, in die man die Eiswürfel füllt und anschließend mit dem Fleischklopfer zertrümmert. Oder eine einfache Eismühle aus Aluminium, deren Messer die Eiswürfel gegen einen Rechen drücken und dadurch zerkleinern. Das zertrümmerte Eis fällt in einen Behälter, den man mit einer kleinen Drehung abnehmen kann – genau die Portion für einen Drink. Alles einfach abtropfen lassen und wieder wegstellen – schneller und einfacher geht's nicht!

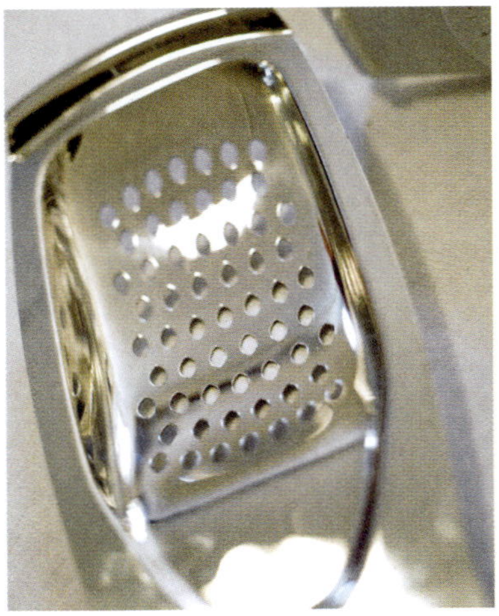
Spätzlehobel

Spätzlepressen

Chinesische Ausstecher

Schlagen, Rühren, Schaben

Manch einer mag glauben, in der mit Maschinen reich bestückten modernen Küche brauche man solche Geräte nicht mehr – Pustekuchen! Für kleinere Handreichungen oder spezielle Zubereitungen taugen handliche Geräte manchmal besser als komplizierte Maschinen!

Schneebesen

Schneebesen verschiedener Größe gehören in jede Küche, denn schnell etwas luftig aufschlagen oder durchrühren kommt häufig vor, wenn man nur ein wenig anspruchsvoll kocht. Am besten sind die klassischen Schneebesen aus Edelstahl – wenn man einen Schnee- oder Rührkessel (halbkugelige Schüssel oder Topf, den man ins Wasserbad setzt, siehe Vanillebuttercreme Seite 64) oder einen unten gerundeten Topf benutzt. Ist die Rundung so eng, dass der Schneebesen sie nicht erreicht, wird es freilich problematisch, denn dann kann sich dort etwas festsetzen und anbrennen. Dann sind Schläger mit Kugeln am Ende von dünnen, biegsamen Stäben besser geeignet – oder bizarr geformte Geräte, mit denen man in alle Ecken dringt.

Sahneschläger

Die beste Schlagsahne, dicht und schwer und herrlich aromatisch, schlägt man nicht mit der Küchenmaschine, dem Handmixer, einem Schneebesen oder gar dem Stabmixer – nein, das macht der gute alte Sahneschläger. Ein simples System: Drei Lochscheiben sind am unteren Ende eines Stabes mit geringem Abstand angebracht, in einem passenden Becher werden sie in der Sahne rasch auf und ab bewegt. Die durch die Löcher flitzende Sahne wird mit etwas Luft unterfüttert und dick – wenn man zu lange schlägt, bekommt man Butter.

Kochlöffel

Kochlöffel verschiedener Größen und Formen dürfen nicht fehlen. Der klassische runde Löffel ist ebenso oft im Einsatz wie der mit einer spitz geformten Seite, mit der man die Topfrundung besser erreichen kann. Für Risotto gibt es den speziellen Kochlöffel mit Loch in der Mitte, durch das der Reis strömen kann, ohne zerdrückt zu werden. Auch dieser Löffel muss so geformt sein, dass er den gesamten Topfboden erreicht. Wer seinen Risotto am liebsten rührt (für manche Reissorten, etwa Carnaroli, die empfehlenswerteste Methode – eine „rührlose" Zubereitungsart siehe Seite 341), sollte sich solch einen Löffel (meist aus Kirschholz) leisten. Praktisch ist auch ein spachtelartiger Kochlöffel für große Töpfe und Pfanne, für die Zubereitung von Rührei oder Omelett unbedingt erforderlich, weil man nur mit deren relativ breiter und glatter „Schneide" sauber schaben kann – wenn man nicht den Silikonschaber dafür nimmt.

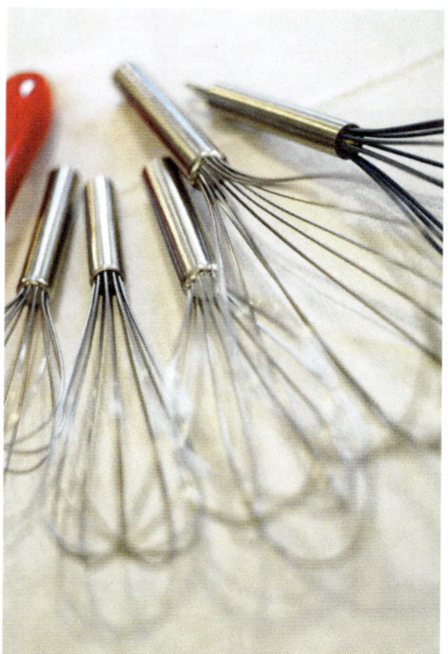

Schneebesen

Sahneschläger

Kochlöffel

Girolle

Ein Spezialgerät für Liebhaber – von Käse wie von Schokolade. Denn die Girolle, eigentlich geschaffen für den berühmten Schweizer Hartkäse Tête de Moine, eignet sich ebenso für speziell angefertigte Schokoladenblöcke. Auf einem Brett ist eine Stange montiert, an der man einen Schaber kreisen lässt: Je nach Druck schneidet er dicke oder dünne Locken vom Käse oder den runden, dicken, mit einem Loch versehenen Schokoladenrollen, die es in verschiedenen Geschmacksrichtungen und Mustern gibt. Unbedingt haben muss man sie nicht, die Girolle, aber es ist ein relativ preiswertes Gerät, das außerordentliche Anrichtungsmöglichkeiten erlaubt und für Spaß beim Herstellen sorgt.

Der Fleischklopfer

Ein Basisgerät, auf das man kaum verzichten kann. Wie sollte man sonst seine Schnitzel richtig dünn und zart bekommen, das Carpaccio glatt streichen (falls nötig) oder die Fleischscheibe für eine Roulade vergrößern? Früher gab es in fast jedem Haushalt die martialischen Hämmer mit Zacken oder Buckeln, die dazu geeignet waren, auch das zäheste Fleisch einer alten Kuh zu erweichen: Die Fleischfasern wurden regelrecht zertrümmert. Diese Aufgabe hat man längst dem Steaker übertragen, durch dessen Messer so mancher Metzger die Scheiben laufen lässt. Eine barbarische Methode, die eigentlich ein Betrug ist: Das Fleisch gleicht dann eher Hackfleisch, wird aber weiterhin als Steak verkauft und berechnet. Dabei ist die Oberflächenstruktur aufgerissen, vergrößert und bietet Bakterien beste Chancen, sich hier einzunisten und zu vermehren. Und die Zellstruktur ist ebenfalls zerstört, Saft läuft aus, gerinnt beim Braten wieder und das Ganze ist ein weichlich-schwammiges Gebilde, zwar nicht zäh, aber auch nicht zart, sondern charakterlos. Nein, ein Fleischklopfer ist nur dazu da, ein gutes Fleisch noch besser zu machen: Das Muskelfleisch an kritischen Stellen von den Sehnen zu lösen, damit es sich nicht verzieht; eine ungleich dick geschnittene Scheibe auf gleiche Stärke zu bringen, damit sie auch gleichmäßig gart; einem unschön geformten Fleischstück die perfekte Form zu geben; eine Scheibe für bestimmte Zubereitungen (Saltimbocca, Rouladen, Vögerl) noch etwas mehr auszutreiben und zu vergrößern, feiner und eleganter zu machen. All das erledigt am besten ein glatter, stempelartiger Klopfer aus Edelstahl (Plattiereisen).

Girolle

Fleischklopfer

Fischschupper

Wer beim Fischhändler oder Teichwirt einkauft, kann diesen bitten, den Fisch zu schuppen. Es sei denn, man will den Karpfen oder die Meerbarben noch zwei Tage im Kühlschrank aufbewahren. Dann ist es besser, die Fische erst unmittelbar vor der Zubereitung zu schuppen, weil dabei ja auch die Haut verletzt wird und der Infektionsdruck wächst.

Wer selber fischt, hat ohnehin einen Schupper, den er hoffentlich schon beim Fangen einsetzt, bevor er den Fisch ins Haus bringt. Draußen macht es schließlich nichts, wenn die Schuppen dabei weit umherspringen. In der Küche aber ist ein Schupper praktisch, über dem ein Auffangbehälter sitzt, den man nach getaner Arbeit säuberlich in den Mülleimer entleeren kann. Helfen kann bei dieser Arbeit ein Fischhalter, den es in manchen Küchen-Boutiquen gibt: Auf einem (fischförmigen) Brett ist eine starke Klammer befestigt, in die man den Fischschwanz fest einklemmen kann – nur zu leicht rutscht er einem ja aus der Hand.

Teigschaber: Kinderschreck mit Mehrwert

Als der Gummischaber auf den Markt kam, brach für die Kinderwelt ein schreckliches Zeitalter an: Mutter schabte nun die Teig- oder Cremeschüssel so sauber aus, dass es nichts mehr zu naschen gab! Effektiv ist das zweifelsohne und so schabte sie gnadenlos alles sauber, auch die Honigtöpfe und Marmeladengläser leer, schabte die Sahneschüssel fast spülmaschinenrein, strich das letzte Fitzelchen Mus damit durchs Sieb und reinigte es unten bis auf dünne, längst nicht mehr des Naschens werte Spuren ...

Inzwischen hat der weiße und empfindliche Gummischaber Nachfolger bekommen, bunte und robuste, vor allem sehr hitzebeständige Schaber aus Silikon, die sich auch als Kochlöffel eignen und mit denen man den ansetzenden Rand von zum Beispiel über Gas in einem Messingkessel kochender Konfitüre sauber abschaben oder eine Béarnaise rühren kann und die blendend geeignet sind, Rührei perfekt zu „rühren", vielmehr immer wieder vom Pfannenboden zu schaben.

Fischschupper

Teigschaber und Pinsel

Greifen, Wenden, Öffnen, Transportieren, Füllen

Zangen und Pinzetten

Wir wollen aus der Küche kein Labor machen, aber manchmal sind diese Geräte doch sehr nützlich oder fast unentbehrlich! Natürlich kann man eine Kneifzange aus der Werkstatt holen, um eine Lachsseite von den in ihr verbliebenen Gräten zu befreien. Aber appetitlich ist das auch nicht gerade und eine spezielle Grätenzange ist sicher handlicher, um diese Arbeit zu erledigen. Sie muss vorne exakt schließen und möglichst eine geriffelte Spitze haben, die auch feine Gräten fest greift.

Auch die Bratenzange zum Umwenden von Schnitzeln oder Steaks ist zu empfehlen: Die Manier von manchen Köchen, mit der Bratengabel ins Fleisch zu stoßen, um dieses zu wenden, zeugt von ziemlicher Verachtung für das Produkt – durch den Einstich läuft Saft aus, der dem Fleisch nachher fehlt. Sicherer ist das Wenden mit der Zange übrigens auch, denn die Zange hält das Fleisch fest – es kann nicht, wie bei Spieß oder Gabel, abrutschen und beim Zurückfallen Fettspritzer in die Umgebung schleudern. Für die Freunde des offenen Feuers und der direkten Hitze ist natürlich eine sicher greifende Grillzange unerlässlich – aber die gehört im Allgemeinen zum Grillgerät. Wenn nicht, besorgen Sie sich eine Zange, die ausreichend lange Griffe hat, damit Sie dem Feuer nicht zu nahe kommen müssen. Entweder sollte die Zange raue Greifflächen haben oder mit winzigen Dornen bewehrt sein, denn auch hier gilt: Sie muss das zu packende Gut sicher im Griff haben, denn es sollte schließlich nicht in die Glut fallen. Und schließlich ist eine Topfzange sehr praktisch, wenn man grifflose Töpfe, Pfannen oder Formen zum Braten und Backen benutzt. Diese Zange sollte so konstruiert sein, dass sie viele Greifmöglichkeiten bietet, um vom dicken Jenaer Glastopf über Auflaufformen und Bräter bis zu dünnen Backformen alles sicher im Griff zu haben. Sie mindert erfahrungsgemäß die Gefahr deutlich,

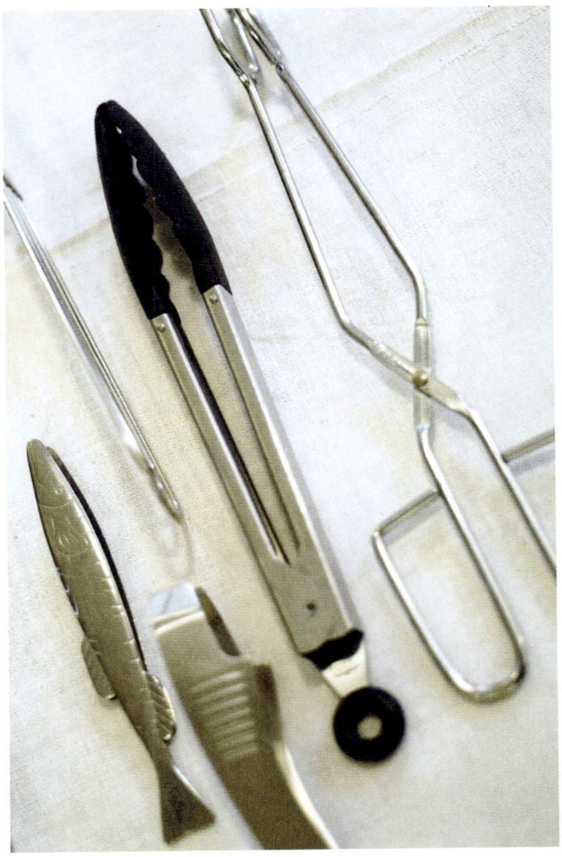

Zangen und Pinzetten

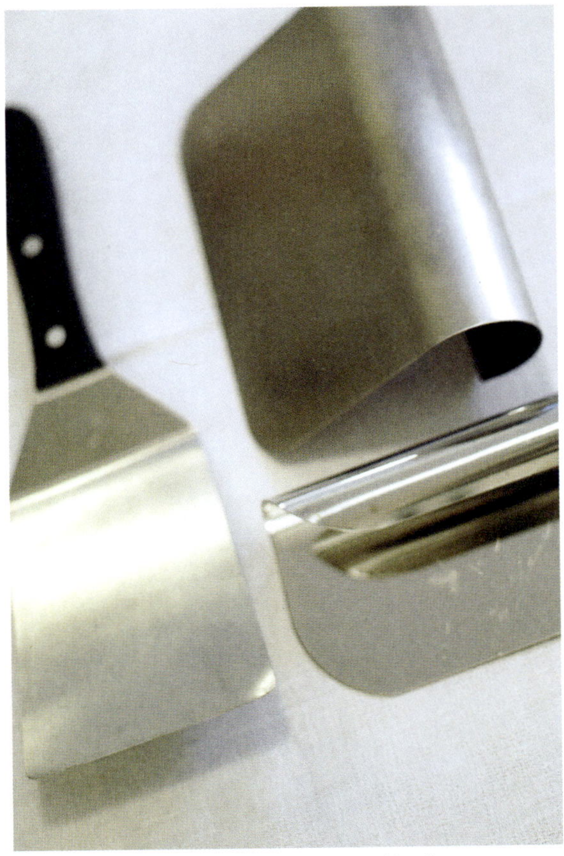

Palette und Teigkärtchen aus Metall

dass man sich beim Herausholen der Formen aus dem Backofen die Arme verbrennt.

Pinsel

Pinsel zum Einstreichen von Teig mit Eigelb oder Sahne können aus Borsten sein oder, immer häufiger, aus Silikon. Um etwa eine Teigplatte für Ravioli mit Eiweiß einzustreichen, eignen sich weiche Borstenpinsel besser als Silikonpinsel, weil das Eiweiß schlecht daran haftet und sofort abläuft. Um den Grill mit Öl zu bepinseln, besser einen Messingpinsel nehmen, alle anderen Materialien könnten unter der Hitze leiden.

Palette und Tortenblech

Paletten helfen beim Glattstreichen von Teig, Schokoguss oder Cremes auf Torten, beim Bearbeiten von Karamell auf der geölten Steinplatte, beim Transportieren von gehackten Aromaten und Gemüse, beim Lösen von Kuchen und Torten vom Backblech. Eine größere, biegsame Palette sollte deshalb in keiner Küche fehlen. Tortenblech oder Tortenplatte aus Aluminium sind nicht nur für den Transport von Torten nützlich, sondern auch zum Wenden einer Tortilla oder Frittata oder einem Omelett mit Pilzen. Das geht zwar auch mit einem flachen Topfdeckel, aber vom Tortenblech gleiten sie noch besser und reißen nicht.

Schöpfkellen und Schaumlöffel

Zwei oder drei Schöpfkellen braucht man auf alle Fälle: eine große Suppenkelle, ein kleiner Schöpfer für Sauce, zum besseren Ausgießen mit einer Schnauze versehen, und eventuell eine Bowlenkelle – nicht nur zum Ausschenken der Bowle geeignet, sondern auch zum Abfüllen von Konfitüren und Gelees.

Schaumlöffel zum Herausheben von gegarten Zutaten aus ihrem Kochwasser sind immer dann unerlässlich, wenn man nicht das ganze Kochwasser über ein Sieb oder Durchschlag abschütten will. Auch beim Blanchieren braucht man sie unbedingt. Die europäischen, meist flach oder halbrund mit Löchern, eignen sich für Knödel und kleine Portionen. Größere Portionen lassen sich besser mit den chinesischen Siebkellen herausfischen, die aus Draht geflochten und an ei-

Pinsel, Tortenblech, Teigschaber

Schöpfkellen und Schaumlöffel

nem Bambusgriff befestigt sind. Gibt's im Asialaden für wenig Geld.

Der Dosenöffner

Auch wer prinzipiell nur Frisches kocht, muss manchmal eine Dose aufmachen. Vieles ist heute in leicht zu handhabenden Ring-Pull-Dosen (sogar dafür gibt's einen speziellen, ziemlich überflüssigen Helfer) zu haben, aber Ölsardinen, eine Hausmacherwurst oder Thunfisch in Olivenöl findet man meist noch in klassischen Dosen. Im Test erwies sich ein für wenige Euro erhältlicher Zangendosenöffner als das Gerät mit dem höchsten Nutzwert. Schön, wenn manche Dinge so einfach sind.

Nussknacker und -messerchen

Nussknacker eignen sich für alle Nüsse außer Macadamianüssen – für die gibt es spezielle Geräte mit einer Schraube. Nussmesserchen brauchen die Liebhaber einer Delikatesse – zum Schälen frischer, gerade eben ausgereifter Walnusskerne mit noch weicher, hellgelber Haut. Eine Rarität, es gibt sie nur eine ganz kurze Zeit im Jahr. Die Nüsse werden normal geknackt, die Kerne vorsichtig ausgelöst, damit sie möglichst nicht zerbrechen, und dann geschält – eine fisselige Arbeit, bei der man zunächst gelbe, später schwarze Finger bekommt, aber lohnend: Die schneeweißen Kerne schmecken süß und sanft und können süchtig machen. Die Messerchen haben an einem gut in der Hand liegenden Griff eine schaufelartig gebogene, schmale Klinge, mit der man gut in die Falten der Nusskerne fahren und die zarte Haut lösen kann.

Trichter

Trichter braucht, wer zum Beispiel Öl oder Essig in größeren Gebinden kauft und für den täglichen Gebrauch in der Küche in kleinere Flaschen abfüllen will. Wer das bisher freihändig gemacht hat, möge es mal ausprobieren: Es geht schnell und sauber, man erspart sich lästige Putzerei. Achten Sie aber beim Kauf darauf, dass eine seitliche Rille im Schaft eine Entlüftung des zu befüllenden Gefäßes erlaubt, sonst kommt Ihnen womöglich die zusammengepresste Luft beim Eingießen blubbernd entgegen oder es spritzt am Flaschenrand heraus.

Dosenöffner

Trichter

Messen und Wiegen

Erfahrene Köchinnen und Köche messen eine Tasse Wasser oder Zucker nicht ab, sondern haben die Menge buchstäblich im Griff. Anfänger bekommen mit Messbecher und Löffelmaß schnell ein verlässliches Mengengefühl. Dazu gibt es alle möglichen Hilfen, aber mit einem einfachen Messbecher für Flüssigkeiten (Glas oder Plastik, achten Sie auf eine gut ablesbare Skala!) sowie klassisch gestalteten Tee- und Esslöffeln (also eher tief und nicht superflach) kommt man bestens zurecht. Zumal wir in Deutschland, anders als in England oder den USA, feste Zutaten (wie etwa Zucker und Mehl) ja nicht in Volumen, sondern Gewicht angeben.

Küchenwaage

Eine Küchenwaage braucht also jeder, der backen oder einmachen will. Da gibt es die praktischen, kaum taschenbuchkleinen flachen Geräte, die in einer Schublade Platz finden und trotzdem bis zu 5 Kilogramm abmessen können. Blitzschnell ziehen sie mit der Tara-Taste die Schüssel ab, rechnen die Flüssigkeit hinzu und am Ende sogar noch die Kalorien aus. Etwas stilvoller: Antike Schmuckstücke, denen man nicht übel nimmt, wenn sie nur noch schön sind und nicht mehr ganz so genau wiegen.

Das Bratenthermometer

Die Zubereitung eines perfekten Bratens bereitet den meisten Menschen Schwierigkeiten. Erfahrung ist da wichtig, nur Übung macht den Meister – wir haben darüber an anderer Stelle ausführlich geschrieben (ab den Seiten 192 und 327). Ein Bratenthermometer kann gute Dienste leisten, wenn man sich unsicher ist. Moderne Backöfen der gehobenen Preiskategorie haben meist diese Kontrollmöglichkeit eingebaut, ihre Programme können nach der gemessenen Innentemperatur eingestellt werden.

Am Grill oder für ältere und einfache Backöfen empfehlen sich spezielle Thermometer – es gibt sie analog, also mit einer durch das Ofenfenster abzulesenden Temperaturskala, oder digital, wobei die Temperatur per Funk aus dem Backofen an die bequem zu kontrollierende Außenstation gemeldet wird. Das Verfahren ist einfacher und preiswerter als man vielleicht meint – und kann wertvolle Dienste leisten. Denn was ist ärgerlicher als ein teurer Sonntagsbraten, der trocken und zäh geworden ist.

Küchenwaage

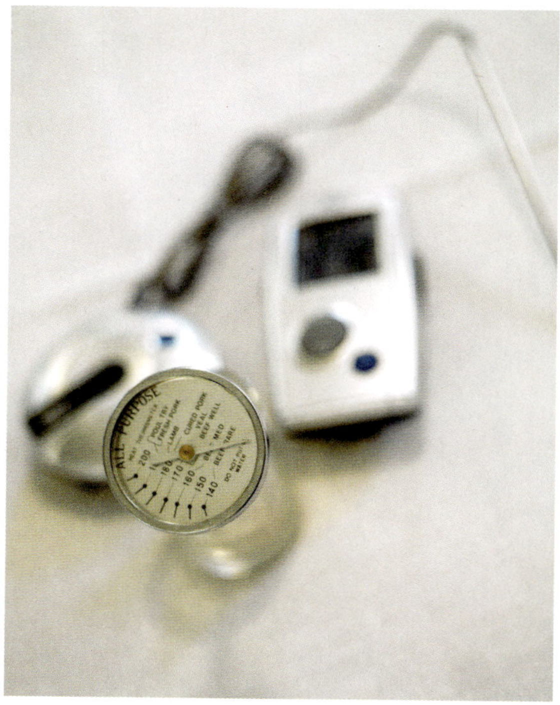

Bratenthermometer

50 dkg

Der Gasflämmer

Manche Geräte braucht man selten, dann aber umso dringender. Der Gasflämmer ist so eines: Wer eine Crème brûlée bereiten will und nicht über einen teuren Salamander verfügt, braucht so ein Ding! Auch zum Nacharbeiten von überbackenem Eischnee auf einer Torte oder über Eis ist es ideal. Und auch, wenn man mal die Weihnachtsgans abzuflämmen hat, um die letzten Reste von Federkielen zu entfernen, ist er nützlich. Man kann sich vielleicht mit dem Lötbrenner aus dem Baumarkt behelfen, eleganter (und nicht teuer) ist ein kleiner Küchenflämmer.

d6 Crème Brûlée

Ein verführerisches Dessert; kaum zu glauben, wie kinderleicht es zubereitet ist! Das Komplizierteste ist am Ende die Zuckerkruste – aber dafür hat man ja das Spezialgerät. Man kann die Crème vielfältig abwandeln, indem man sie mit den unterschiedlichsten Gewürzen parfümiert: von Apfelbrand über Chili und Ingwer bis Zitronengras.

Für sechs Personen
250 ml Milch
250 ml Sahne
1 Kolben Zitronengras oder
1 walnussgroßes Stück Ingwer oder
1 Chiliscote
oder 1 Vanilleschote
oder Zitronen-
oder Orangenschale
plus oder stattdessen einen entsprechenden Schnaps oder Likör zum Parfümieren
3–4 EL Zucker
4 Eigelb
Zucker zum Überflämmen und Glasieren

Milch und Sahne in einer Kasserolle aufkochen. Zitronengras, Ingwer, Chili oder Vanilleschote einlegen – jeweils fein gehackt, die Vanilleschote nur längs aufgeschlitzt – und etwa 10 Minuten neben dem Feuer durchziehen, also ihren Geschmack abgeben lassen.

Am Ende die gewürzte Sahnemilch mit Zucker aromatisieren und die verquirlten Eigelb einrühren. Alles sehr gründlich verquirlen, dann durch ein feines Sieb filtern und in eine Kanne mit Ausgießschnauze füllen. Damit lässt sich die Flüssigkeit leichter in Portionsschälchen (beispielsweise Souffléförmchen oder Dessertschalen) verteilen. Dafür in eine Bratenform oder die Fettpfanne des Backofens setzen. In den Ofen schieben, erst dort heißes Wasser angießen – sonst verschüttet man zu viel beim Transport, auch soll nichts vom Wasser in die Schälchen spritzen!

Bei 100 Grad Heißluft oder 110 Grad Ober- und Unterhitze eine Stunde stocken lassen. Im Ofen abkühlen, dann mit Klarsichtfolie abdecken und im Kühlschrank endgültig fest werden lassen. Davor zur Sicherheit den Garzustand überprüfen: Auf behutsamen Fingerdruck muss die Oberfläche hauchzarten Widerstand bieten. Zum Servieren die Crème mit Zucker bestreuen und mit dem Gasflämmer abbrennen, bis der Zucker appetitlich karamelisiert.

Der Siphon

Die mit Kohlensäure (CO_2) unter Druck gesetzte Flasche hat eine bewegte Geschichte hinter sich: Einst füllte man den Siphon nur mit Wasser, in dem sich die Kohlensäure löste, und spritzte mit dem dadurch gewonnenen Sprudel seinen Longdrink auf. Findige Leute kamen auf die Idee, das Wasser durch einen Tee (Infusion) oder Saft zu ersetzen – damit konnte man schon witzige Effekte bei Getränken erzielen. Und dann kam Ferran Adrià! Der spanische Küchenchef experimentierte mit dem Gerät, setzte alle möglichen Mittel ein. Zunächst nur Eiweiß oder Gelatine, später fielen ihm immer komplexere Kompositionen ein, um in Verbindung mit Frucht-, Kräuter- und Gemüsepürees oder -cremes etwas daraus zu erzeugen, das völlig neu war: Espumas. Das ist spanisch und heißt nichts anderes als Schaum, französisch mousse. Diese neuen Schäumchen hatten es in sich: Bei ihrer Herstellung wird meistens auf die Zugabe von Ei oder Fett verzichtet, wodurch das natürliche Aroma der Grundzutaten intensiver erhalten bleibt. Adriàs Espumas waren kalorienärmer und klarer, reiner im Geschmack als die bisherigen, mit dem Schneebesen aufgeschlagenen Saucen. Das faszinierte! Und ihre vielfältigen Einsatzmöglichkeiten begeisterten die Gourmets in aller Welt. Und vor allem entflammten sie die Köche, denn mit diesem Verfahren kann man sehr schnell und sicher tolle Geschmacksakzente setzen. In manchen Restaurantküchen standen bald ganze Batterien von Siphons, überall schäumte es, kaum eine Anrichtung kam mehr ohne diese Effekte auf den Tisch – die Hauptzutaten wurden zur Unterlage, verschwanden unter den Luftblasen von Schäumen und Schäumchen.

Wie das so ist bei solchen Moden: So rasch sie aufkam, so schnell erschöpfte sich die Manie des Schäumens. Heute stehen die Siphons in den Küchen von ambitionierten Hobbyköchen und den Restaurants der zweiten Garde. Nur einige unentwegte Sterneköche huldigen noch den Schäumen, die meisten setzen nur noch in Einzelfällen – dann aber meist mit Gespür und gutem Erfolg – einen besonderen Akzent damit. Das kann Spaß machen: zum Beispiel ein gut gewürztes, durchs feinste Sieb passiertes Rote-Bete-Püree mit etwas Gelatine vermischt mit dem Siphon an eine frisch geräucherte, noch lauwarme Forelle geschäumt, überraspelt mit feinem Meerrettich, dazu ein kleines Bärlauch-Pesto – mit einer solchen Vorspeise kann man seine Gäste schon beeindrucken! Die Finger weg lassen sollte man, finden wir, von den extremen Zubereitungen, zu denen sich die sogenannte Molekularküche mit den Schäumchen verstiegen hat. Denn da sind dann auf einmal komplexe, stützende Mittelchen nötig, die wir ja eigentlich lieber vermeiden. Es ist eigenartig, wenn man in der eigenen Küche Verfahren nachvollzieht, die für die Industrie entwickelt wurden, und die sorgfältig und aufwendig produzierten und teuer eingekauften Biozutaten mit all den Zusätzen versetzt, die man sonst zu sich zu nehmen sich weigert. Bei Fertigprodukten sind solche Zusätze nötig: Was Monate in einem Supermarktregal stehen soll, muss extrem haltbar sein. Aber zu Hause braucht man das nicht, und in einem Spitzenrestaurant, in dem alles frisch verwendet wird, auch nicht. Deshalb sollte jeder Profi- oder Hobbykoch überlegen, ob er seinen Gästen wirklich zumuten will, was zur sicheren Herstellung von kalten Espumas drin ist: dehydrierte Glukose, Dextrose, hydrierte pflanzliche Fette; Emulgatoren: Essigsäure- und Milchsäureester von Mono- und Diglyceriden von Speisefettsäuren, Maltodextrin; Stabilisatoren: Propylenglykolalginat, Johannisbrotkernmehl, Guarkernmehl, Natriumkarboxymethylzellulose, Natriumkasein, pflanzliche Proteine …

Der Korkenzieher

Öffnen wir zum Schluss nun lieber noch eine gute Flasche Wein. Mit einem ordentlichen Korkenzieher, dessen Spirale nicht einem Dorn mit Gewinde gleicht, sondern eine sogenannte Seele hat. Denn nur, wenn diese Spirale (am besten mit einer glatt gleitenden Teflon-Beschichtung) innen einen Freiraum aufweist, belässt sie auch dem empfindlichen, bröseligen Korken eines etwas älteren Weines genügend Stabilität, um ihn leicht und vollständig herausziehen zu können: Ein Kochwein – für die Sauce, den Koch und die Köchin …

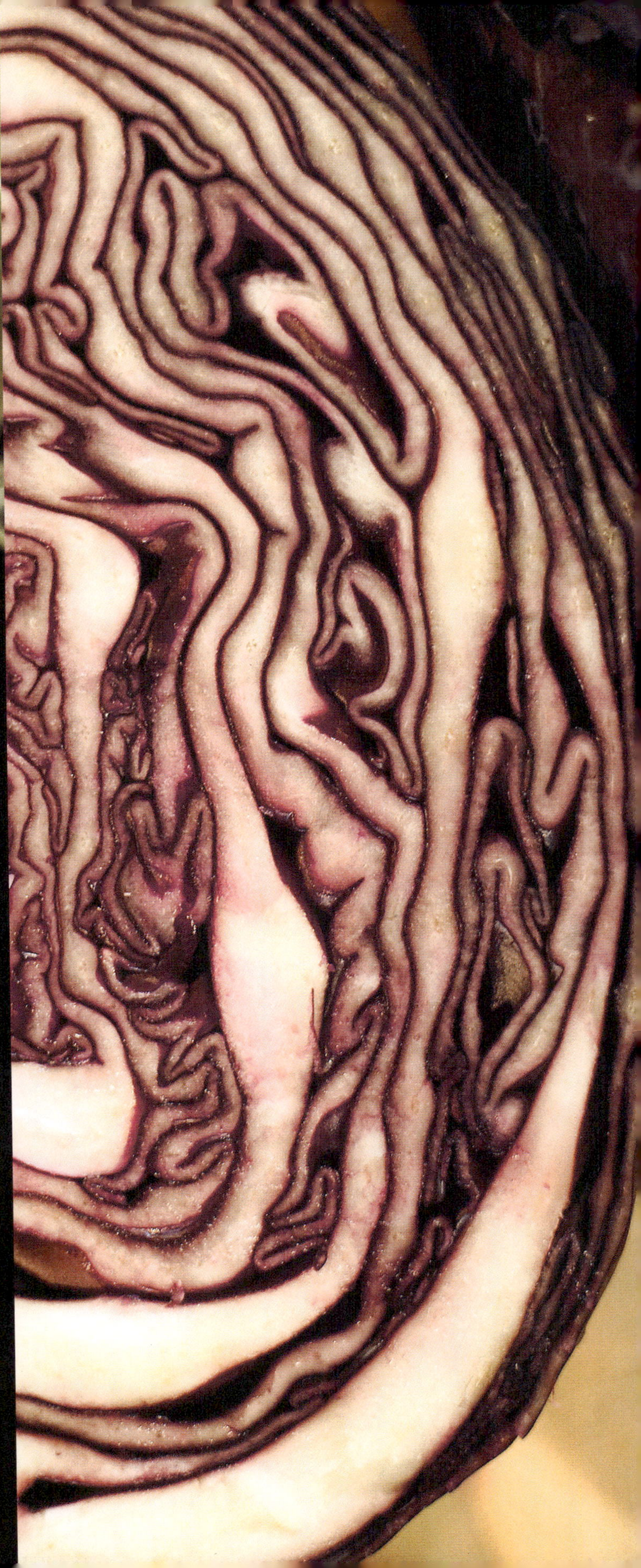

Die ideale Küche

Um gut kochen zu können, braucht man nicht nur die richtigen Geräte und gutes Handwerkszeug, es müssen vor allem die Grundbedingungen stimmen. Die Küche sollte ein angenehmer und einladender Arbeitsplatz sein, die Einrichtung praktisch, die Möbel sinnvoll, die Arbeitswege ergonomisch richtig organisiert. Natürlich entscheidet über die Gestaltung der persönliche Geschmack, der Stil muss den Vorstellungen der Bewohner entsprechen, die Aufteilung sich den individuellen Bedürfnissen anpassen und die Planungen haben sich ebenso nach dem Geldbeutel wie nach den örtlichen Gegebenheiten zu richten. Da man selbst ja nur selten eine neue Küche einzurichten hat, sollte man sich unbedingt die Erfahrung eines professionellen Küchenplaners zunutze machen.

Die Möbel

In den meisten Küchen muss man mit Raum geizen, deshalb dürfen Unterschränke keinen ungenutzten Sockel haben – entweder sollte dieser als Schublade ausgebildet sein, oder (das geht nur bei Eigenbau oder mit einem verständigen Schreiner) man nutzt als unterstes „Fach" einfach den Fußboden. Dort stehen vorne schwere Töpfe und hinten Gegenstände, die man seltener braucht. Halbbreite Zwischenböden sowohl in Ober- wie Unterschränken bieten Platz für kleinere Dinge und nutzen die Höhe besser aus, lassen gleichzeitig vorn Raum für größere, höhere Gegenstände.

Was häufig gebraucht wird, kann in offenen Regalen stehen, auf einen Blick erkenn- und greifbar.

Warmtönige, abgeblendete Leuchtstoffröhren oder ausreichend viele Niedervoltspots oder LED-Lichter unter den Hängeschränken und entlang der Regale sorgen über sämtlichen Arbeitsflächen für angenehmes Licht.

Alles, was man beim Kochen an Gerätschaften braucht, von den Schöpfkellen über dem Herd, den Sieben über dem Spülbecken bis zum Knoblauchhobel über der Arbeitsfläche, hängt an S-Haken an verchromten Rohren, die rundum, unterhalb der Oberschränke und Regale, die Wand entlang verlaufen. Was hinter den Kochfeldern hängt, wird durch eine herunterziehbare Alufolie vor Fettspritzern geschützt – die Folie wird abgeschnitten, wenn sie sehr verschmutzt ist, wieder aufgerollt, wenn alles glimpflich abging.

Zwei unterschiedliche Arbeitshöhen sind empfehlenswert, vor allem für größere Menschen: Für alle Vorbereitungs- und Zurüstarbeiten kann sie 15 Zentimeter höher als Herd und Spüle sein. Möglich wird das ganz einfach, indem man eine Arbeitsplatte auf eine zusätzliche Schubladenreihe über die normale, eigentlich immer zu niedrige Arbeitsfläche setzt. Eventuell noch praktischer: diesen Zwischenraum frei lassen für Arbeitsbretter oder zum Bereitstellen von bereits angerichteten Tellern – für diese fehlt ohnehin häufig der Platz.

Unmittelbar unterhalb von Schneide- und Arbeitsbrett sollte die Schublade für Messer reserviert werden, damit sie praktisch in Griffweite liegen. Weitere Messer hängen an einer Magnetleiste oder stecken im Messerblock.

Kühlschränke, Abfalleimer, Spülbecken

Wie groß der Kühlschrank sein muss, hängt sehr von den Einkaufs- sowie den Ess- und Trinkgewohnheiten der Benutzer ab. Empfehlenswert sind heute auf jeden Fall energiesparende Kühlschränke (und Tiefkühlschränke) mit Schubladen, aus denen die Kälte nicht bei jedem Türöffnen herausfällt. Mit diesen stimmt auch nicht mehr, was für die alten Modelle gilt, dass ein gut gefüllter Kühlschrank sparsamer ist als ein leerer! Verschieden einzustellende Klimazonen mit sehr niedriger Temperatur (Fisch und Fleisch), feuchter (Gemüse und Salate) oder trockener (Wurst und Käse) Luft sind eine überaus praktische Errungenschaft: Die Lagerzeit der Lebensmittel wird dadurch ohne Qualitätsverlust verdoppelt bis vervierfacht! In regelmäßigen Abständen werden Kühlschränke wie auch viele andere Küchengeräte von der Stiftung Warentest untersucht: Auf www.test.de finden Sie die neuesten und aktuellen Ergebnisse dieser Tests.

Die gestiegenen Ansprüche im Bereich Müllsortierung haben die Hersteller entsprechender Gerätschaften und Systeme zu neuen Ideen beflügelt. Normalerweise finden die Abfallbehälter unter der Spüle ihren Platz. Mit Fußpedal oder leichtem Kniedruck zu öffnende Türen oder ausfahrbare Systeme sind praktisch, nur zu oft hat man nasse oder fettige, verschmutzte Hände – oder gar keine Hand frei. Allerdings kann es sehr störend sein, wenn der Salat putzende oder spülende Partner dem anderen, der etwas entsorgen will, andauernd im Weg steht: Der Platz unter der Spüle kann zwar durch Müllbehälter optimal ausgenutzt werden, ist aber eigentlich gar nicht ideal! Unmittelbar daneben wäre besser – aber dort steht meist die Spülmaschine oder dienen schon Schubladen und Unterschränke als Stauraum für Töpfe oder Lebensmittel. Sehr empfehlenswert hingegen ein in die Spüle integrierter Entsorgungsschacht für Bio- beziehungsweise Kompostabfälle, die beim Putzen von Gemüse und Salat ja genau hier anfallen.

Apropos Spüle: „Sie brauchen ja nur ein Becken", reden Kücheneinrichter heute ihren Kunden ein, „Sie haben ja die Spülmaschine." Weil man im Zeitalter der Tiefkühltruhe und Fertigkost kein Gemüse mehr putzt oder Salat wäscht, oder wie ...? Wie oft wäscht man gerade Salat oder hat ein Gemüse blanchiert und muss eben schnell mal etwas abspülen! Wenigstens zwei Becken sind also für eine Küche, in der richtig gekocht wird, das Minimum! Gut wäre noch ein zusätzliches kleineres Becken zum Abgießen.

Als sinnvoll hat sich der Einhandmischer mit Schwenkhahn und Brause, den man an einem Schlauch herausziehen kann, erwiesen – er erleichtert das Füllen von schweren Töpfen (und Blumenvasen) sowie das Reinigen und Abbrausen von Backblech, Grillrost etc.

Die Dunstabzugshaube

Einst brauchten die handelsüblichen Modelle der großen Küchenhersteller enorm viel Platz, machten einen Heidenlärm, der ziemlich nervte, wenn man länger in der Küche war – und nützen taten sie leider trotzdem nicht viel ... Das hat sich in den letzten Jahren deutlich geändert, die Absaugleistungen wurden verbessert, die Filtertechnik verfeinert (für Umluft, wenn kein Kamin vorhanden oder eine Entlüftung nach außen nicht möglich ist), die entstehenden Geräusche minimiert. Trotzdem bleiben offenes Frittieren und Grillen sowie scharfes Anbraten und heftiges Kochen problematisch, was die Geruchsbildung angeht: Gegen Kohl und Hering, Krapfen und Frühstücksspeck kommen nur Profigeräte (oder wenigstens semiprofessionelle) an. Vor allem, wer eine Küche mit anschließendem Essbereich oder Wohnzimmer hat, sollte hier nicht sparen!

An der Wand stehende Kochstellen sind leichter effektiv zu beherrschen als Kochinseln, für die es wiederum die technisch besseren und variantenreicheren Entlüftungslösungen gibt. Hier ist allerdings besonders wichtig, dass man sehr rechtzeitig mit der genauen Küchenplanung beginnt, denn später lässt sich vieles nicht mehr ändern oder ergänzen.

Die Geschirrspülmaschine

Ist zu verstehen, warum ein Haushaltsgerät weit über eine Stunde für etwas benötigt, was eine Profispülmaschine in zwei Minuten erledigt? Ja, antworteten früher die Hersteller, weil im Haushalt andere Bedürfnisse herrschen, da müssen nicht nur Teller, Tassen und Gläser, sondern auch Töpfe, womöglich mit Bratensatz, und Schüsseln mit angetrockneten Essensresten sauber werden. Aber warum, so fragten wir uns dann, bieten die Haushaltsmaschinen dann nicht wenigstens die Möglichkeit, beispielsweise ein spezielles Gläserprogramm zu wählen, das die kaum verschmutzten Gläser in wenigen Minuten sauber spült? Stattdessen erfindet unermüdlicher Ingenieursgeist Spülmaschinen, in die man sein wertvolles Silberbesteck liebevoll wie in eine Schublade einsortieren soll, was mehr Zeit kostet, als wenn man es rasch per Hand abwäscht – was ohnehin anzuraten ist, weil Silber in der Spülmaschine seinen schönen blauen Glanz verliert ... Pfannen und Töpfe werden bei uns grundsätzlich nicht in der Maschine, sondern von Hand gespült. Denn wenn sie wirklich zum Kochen, nicht nur zum Wärmen benutzt worden sind, bekommt keine Maschine sie sauber!

Inzwischen haben wir und viele andere Unzufriedene wohl genug gefragt: Die besten Hersteller bieten inzwischen Maschinen mit geradezu idealen Programmen an. Längst kann man per Hebel den oberen Korb hinaufstellen, weil man unten hohe Platzteller spülen will (oder umgekehrt), und man kann sogar unter den unterschiedlichsten Korbeinrichtungen die für die eigenen Bedürfnisse sinnvollste aussuchen.

Was allerdings immer noch Probleme macht, sind die Gläser. Der lästige „Spülfehler", nämlich ein muffiger Geschmack, der sich am leichtesten in den wertvollsten Gläsern einnistet, macht immer wieder zu schaffen. Und auch das Abtropfen und der Glanz können ab und zu gar nicht wunschgemäß perfekt ausfallen. Vor allem dann nicht, wenn man etwa in der Nacht nicht noch warten will, bis der Spülgang fertig ist, um die Tür gleich zu öffnen, was die Gläser schont und das Verdunsten des Wassers beschleunigt. Einige Abhilfe schafft immerhin der „Calgonit Protector", den man in den Spülkorb hängt und der Gläser und Dekore vor Korrosion schützen und den Glanz bewahren soll. Auch Geräte mit Zeolith-Technik machten beim letzten Test einen guten Eindruck.

Vorratswirtschaft

Das Tiefkühlen ist für Gartenbesitzer gewiss die wichtigste Errungenschaft in der Küchentechnik des letzten Jahrhunderts. Alles, was in den Sommermonaten reichlich anfällt, kann man sich so weitaus besser in den Winter retten, als mit den klassischen Methoden des Einlegens, Einmachens, Dörrens oder Einsalzens. Was man aus dem eigenen Garten taufrisch erntet und sogleich verarbeitet, hat in der Qualität nichts mit dem zu tun, was man als Tiefkühlprodukt fertig kaufen kann. Gemüse, zum richtigen Zeitpunkt – also jung und zart! – geerntet und schonend per Hand geputzt, verlesen und richtig vorbehandelt (kleingeschnitten, blanchiert und abgeschreckt, vorgegart oder roh belassen), ist dann von frischem auch von einem Kenner kaum oder gar nicht zu unterscheiden. Natürlich lässt sich nicht alles gut einfrieren – vor allem sehr wasserreiche Gemüse mit dünnen Zellwänden, etwa Gurken oder Tomaten, verlieren ihre Konsistenz und schmecken dann nicht mehr. Aber Spinat und Mangold, Dicke Bohnen, noch nicht ganz ausgereifte Bohnenkerne (grüne Bohnen und Blumenkohl sind weniger geeignet, sie werden nach dem Auftauen wattig), Erbsen, Brokkoli, Himbeeren und Tomatenpüree kann man auf diese Weise wunderbar aufheben.

Man braucht allerdings viel Platz, womöglich mehrere Geräte: nicht nur für die reichlich anfallenden Gartenfrüchte, sondern auch für Brot und Gebäck, Fisch, Garnelen (die auch wir gefroren kaufen, natürlich roh gefrostet) sowie Wild, Geflügel und Fleisch. Anders wäre weder eine kontinuierliche, noch eine gastfreundliche Versorgung auf dem Lande möglich, wo man obendrein oft in größeren Mengen einkauft (Schweineviertel, Kotelettstränge, halbe und ganze Zicklein, Lämmer oder Rehe). Ein unschätzbarer Vorrat, der freilich sorgfältig beobachtet und gepflegt sein will.

Eines der wichtigsten Utensilien dazu ist der Vakuumierer. Die üblichen Beutelvakuumierer für Privathaushalte sind zu schwach, saugen die Plastiktüten vor dem Verschweißen nicht vollkommen leer – es entsteht kein wirkliches Vakuum. Und die Profigeräte, die auch mit einer starken, verletzungssicheren und also jeglicher Gefahr des Gefrierbrandes vorbeugenden Folie arbeiten, sind zu groß und viel zu teuer. Dazwischen gibt es eine Lücke, in die sich bis jetzt nur ein kleinerer Hersteller gewagt hat.

Wer einen Garten hat, wird einen Teil des überreichen Segens gerne einlegen oder einmachen – Säfte, Konfitüren, allerlei Gemüsekonserven gehören zu den Hausschätzen. Letztere aber nur noch dann, wenn auch der Geschmack oder die Verwendung das Produkt zu einer Freude machen, also das Grundprodukt eine Veränderung erfährt – zum Beispiel Salzgurken (milchsauer vergoren), Gewürz-, Senf- oder Pfeffergurken. Möhren, Erbsen, Bohnen oder die Obstkonserven früherer Zeiten haben keine Chance mehr.

Ein gewisser Weinvorrat darf für den Liebhaber auch stets im Hause sein. Wer über einen kühlen Keller verfügt, der nicht zu trocken sein darf (dann schrumpfen die Korken, es geht Flüssigkeit verloren), aber auch nicht zu feucht (dann verderben die Etiketten), kann sich glücklich schätzen. Ansonsten hilft ein (größerer) Klima- oder ein (kleinerer) Weinkühlschrank, den es inzwischen für erstaunlich wenig Geld gibt. Praktisch für die kurzfristige Lagerung und Bereithaltung perfekt gekühlten Weins ist ein spezielles Abteil in einer Kühl-Gefrier-Kombination – man kommt dann nicht mit der Lagerung anderer Lebensmittel in Konflikt. Und wenn solch ein Gerät dann obendrein Eiswürfel produziert, stehen kühltechnisch keine Wünsche mehr offen ...

Lake Periyar, Indien
WEISS

Rezeptverzeichnis

Register

N

O

P

Q

R

S

T

Die Autoren: Martina Meuth und Bernd Neuner-Duttenhofer sind verheiratet und leben und arbeiten auf ihrem Apfelgut im Nordschwarzwald. Einem weiten Publikum bekannt sind sie als Gastgeber der Fernsehsendung *„Servicezeit Essen und Trinken"* im WDR-Fernsehen.

Martina Meuth (Jahrgang 1948, in Stuttgart geboren, aufgewachsen in Kaiserslautern und Mannheim, dort humanistisches Abitur 1968) hat die Deutsche Journalistenschule in München besucht, bei *Eltern* und der *freundin* gearbeitet – dort zunächst im Text-, später im Kochressort, das sie von 1980 bis 1985 auch leitete. Seither selbständige Autorin.

Bernd Neuner-Duttenhofer studierte in München Theater- und Kunstgeschichte sowie Soziologie, leitete ab 1975 bei *Meine Familie & ich* das Kochressort und wurde 1981 zudem stellvertretender Chefredakteur, bis er sich 1985 selbständig machte.

Impressum

Stiftung Warentest
Lützowplatz 11–13
10785 Berlin
Telefon 0 30/26 31–0
Fax 0 30/26 31–25 25
www.test.de

Vorstand: Dr. jur. Werner Brinkmann

Weiteres Mitglied der Geschäftsleitung:
Hubertus Primus (Publikationen)

Lektorat: Niclas Dewitz
Lektoratsassistenz, Register: Veronika Schuster
Grafik, Satz, Titelentwurf: Gustav Assem,tür 3))) design, Wien
Verlagsherstellung: Rita Brosius (Ltg.), Susanne Beeh
Bildnachweis – Titel: Philipp Horak, Wien
Bildnachweis – Inhalt: Martina Meuth: 37 u. l., 41, 44, 45 o., 47 o., 49, 50, 51, 52 54, 58, 59, 62, 63, 71 o., 75, 76, 85, 87, 88, 89, 98, 100, 103, 104, 105, 106, 114, 119 o., 132, 134, 135, 136, 137, 148, 152, 161, 166, 167, 195 o., 196, 198, 199, 200 o., 203 o., 214, 215, 221, 225, 232, 233, 234, 250 r., 263, 264, 266, 287, 288 o., 307, 311, 319, 321, 329, 330, 333, 334, 337 o. 344, 361, 367, 387, 389, 397, 399, 400, 403 o., 404, 429, 430, 445, 458;
alle anderen: Philipp Horak, Wien
Litho: Pixelstorm, Wien
Druck: Firmengruppe APPL, aprinta druck, Wemding

Einzelbestellung:
Stiftung Warentest
Telefon: 0 180 5/00 24 67´
Fax: 0 180 5/00 24 68 (je 14 Cent pro Minute aus dem Festnetz, maximal 42 Cent pro Minute aus dem Mobilfunknetz)
www.test.de

ISBN: 978-3-86851-015-7